SCIENCE FICTION

Herausgegeben
von Wolfgang Jeschke

Von **Phil Farrand** erschien in der Reihe
HEYNE SCIENCE FICTION & FANTASY:

Cap'n Beckmessers Führer durch
STAR TREK – THE NEXT GENERATION · 06/5199

Cap'n Beckmessers Führer durch
STAR TREK – DIE CLASSIC SERIE · 06/5451

PHIL FARRAND

Cap'n Beckmessers Führer durch

STAR TREK™
DIE CLASSIC SERIE

Aus dem Amerikanischen übersetzt
von
RONALD M. HAHN

Deutsche Erstausgabe

WILHELM HEYNE VERLAG
MÜNCHEN

HEYNE SCIENCE FICTION & FANTASY
Band 06/5451

Titel der Originalausgabe
THE NITPICKER'S GUIDE FOR
CLASSIC TREKKERS

Aus dem Amerikanischen übersetzt von
Ronald M. Hahn
Das Umschlagbild malte Andreas Reiner

Umwelthinweis:
Dieses Buch wurde auf
chlor- und säurefreiem Papier gedruckt.

Redaktion: Rainer Michael Rahn
Copyright © 1994 by Phil Farrand
Erstausgabe bei Dell Publishing, a Division of
Bantam Doubleday Dell Publishing, Inc., New York
Copyright © 1996 der deutschen Ausgabe und der Übersetzung
by Wilhelm Heyne Verlag GmbH & Co. KG, München
Printed in Germany
Umschlaggestaltung: Atelier Ingrid Schütz, München
Technische Betreuung: M. Spinola
Satz: Schaber Satz- und Datentechnik, Wels
Druck und Bindung: Ebner Ulm

ISBN 3-453-09475-1

Jeanne Cavelos gewidmet,
Trekker/Beckmesser/1a-Korrektorin,
ohne die es dieses Buch nicht gäbe

INHALT

Danksagung 11
Einleitung 14

ERSTE STAFFEL

Das Letzte seiner Art (THE MAN TRAP) 23
Der Fall Charlie (CHARLIE X) 29
Spitze des Eisberges (WHERE NO MAN
   HAS GONE BEFORE) 35
Implosion in der Spirale (THE NAKED TIME) 38
Kirk : 2 = ? (THE ENEMY WITHIN) 42
Die Frauen des Mr. Mudd (MUDD'S WOMEN) 47
Die große Kapitänspatentprüfung 50
Der alte Traum (WHAT ARE LITTLE GIRLS MADE OF?) 57
Miri, ein Kleinling (MIRI) 62
Der Zentral-Nervensystemmanipulator
   (DAGGER OF THE MIND) 65
Pokerspiele (THE CORBOMITE MANEUVER) 69
Talos IV – Tabu (1) (THE MENAGERIE [1]) 73
Talos IV – Tabu (2) (THE MENAGERIE [2]) 77
Triathlon-Quiz: Fremde Lebensformen 80
Kodos, der Henker (THE CONSCIENCE OF THE KING) 83
Spock unter Verdacht (BALANCE OF TERROR) 88
Landeurlaub (SHORE LEAVE) 92
Notlandung auf Galileo 7 (THE GALILEO SEVEN) 97
Tödliche Spiele auf Gothos (THE SQUIRE OF GOTHOS) . . 101
Ganz neue Dimensionen (ARENA) 105
Persönliche Favoriten 110

INHALT

Morgen ist gestern (Tomorrow is Yesterday) 114
Kirk unter Anklage (Court-Martial) 118
Landru und die Ewigkeit (The Return of the Archons) 123
Der schlafende Tiger (Space Seed) 128
Krieg der Computer (A Taste of Armageddon) 133
Falsche Paradiese (This Side of Paradise) 137
Übersicht: Romanzen 141
Horta rettet ihre Kinder (The Devil in the Dark) 144
Kampf um Organia (Errand of Mercy) 147
Auf Messers Schneide (The Alternative Factor) 152
Griff in die Geschichte (The City on the Edge
    of Forever) 156
Spock außer Kontrolle (Operation – Annihilate!) 161
Ist die Raumflotte eine militärische Organisation? 165

ZWEITE STAFFEL

Weltraumfieber (Amok Time) 171
Der Tempel des Apoll (Who Mourns For Adonais?) ... 174
Ich heiße Nomad (The Changeling) 178
Ein Parallel-Universum (Mirror, Mirror) 182
Die Stunde der Erkenntnis (The Apple) 187
Planeten-Killer (The Doomsday Machine) 190
*Kirks 10 Hauptgründe, gegen die Erste Direktive
    zu verstoßen* 194
Das Spukschloß im Weltall (Catspaw) 196
Der dressierte Herrscher (I, Mudd) 200
Metamorphose (Metamorphosis) 204
Reise nach Babel (Journey to Babel) 207
Im Namen des jungen Tiru (Friday's Child) 212
Wie schnell die Zeit vergeht (The Deadly Years) 216
Tödliche Wolken (Obsession) 220
Triathlon-Quiz: Beleidigungen 224
Der Wolf im Schafspelz (Wolf in the Fold) 227
Kennen Sie Tribbles? (The Trouble With Tribbles) ... 230

INHALT

Meister der Sklaven (THE GAMESTERS OF TRISKELION) ... 234
Epigonen (A PIECE OF THE ACTION) 237
Das Loch im Weltraum (THE IMMUNITY SYNDROME) 241
Der erste Krieg (A PRIVATE LITTLE WAR) 245
Die Jungs auf'm Gang 249
Geist sucht Körper (RETURN TO TOMORROW) 254
PATTERNS OF FORCE 259
Stein und Staub (BY ANY OTHER NAME) 262
Das Jahr des roten Vogels (THE OMEGA GLORY) 266
Computer M5 (THE ULTIMATE COMPUTER) 270
Brot und Spiele (BREAD AND CIRCUSES) 273
Ein Planet, genannt Erde (ASSIGNMENT: EARTH) 277
Übersicht: Persönliche Eigenarten 281

DRITTE STAFFEL

Spocks Gehirn (SPOCK'S BRAIN) 287
Die unsichtbare Falle (THE ENTERPRISE INCIDENT) 291
Der Obelisk (THE PARADISE SYNDROME) 294
Kurs auf Markus 12 (AND THE CHILDREN SHALL LEAD) ... 298
Die fremde Materie (IS THERE IN TRUTH NO BEAUTY?) ... 301
Wildwest im Weltraum (SPECTRE OF THE GUN) 305
Übersicht: Albernheiten 308
Das Gleichgewicht der Kräfte (THE DAY OF THE DOVE) .. 312
Der verirrte Planet (FOR THE WORLD IS HOLLOW,
    AND I HAVE TOUCHED THE SKY) 316
Das Spinnennetz (THE THOLIAN WEB) 319
Platos Stiefkinder (PLATO'S STEPCHILDREN) 324
Was summt denn da? (WINK OF AN EYE) 328
Der Plan der Vianer (THE EMPATH) 333
Triathlon-Quiz: Charaktere 336
Brautschiff Enterprise (ELAAN OF TROYIUS) 340
Wen die Götter zerstören (WHOM GODS DESTROY) 345
Bele jagt Lokai (LET THAT BE YOUR LAST BATTLEFIELD) .. 349
Fast unsterblich (THE MARK OF GIDEON) 353

INHALT

Gefährliche Planetengirls (THAT WHICH SURVIVES) 357
Strahlen greifen an (THE LIGHTS OF ZETAR) 361
Planet der Unsterblichen (REQUIEM FOR METHUSELAH) .. 365
Die Reise nach Eden (THE WAY TO EDEN) 370
Die Wolkenstadt (THE CLOUD MINDERS) 374
Seit es Menschen gibt (THE SAVAGE CURTAIN) 378
Portal in die Vergangenheit (ALL OUR YESTERDAYS) 383
Gefährlicher Tausch (TURNABOUT INTRUDER) 387
Übersicht: Schadensmeldungen 392

DER ERSTE PILOTFILM

THE CAGE 397

KINOFILME

Star Trek: Der Film (STAR TREK: THE MOTION PICTURE) .. 405
Star Trek II: Der Zorn des Khan (STAR TREK II:
   THE WRATH OF KHAN) 415

Die Hauptthemen 428

Star Trek III: Auf der Suche nach Mr. Spock
   (STAR TREK III: THE SEARCH FOR SPOCK) 432
Star Trek IV: Zurück in die Gegenwart
   (STAR TREK IV: THE VOYAGE HOME) 441

Triathlon-Quiz: Planeten 451

Star Trek V: Am Rand des Universums
   (STAR TREK V: THE FINAL FRONTIER) 455
Star Trek VI: Das unentdeckte Land
   (STAR TREK VI: THE UNDISCOVERED COUNTRY) 465

Der Intergalaktische Trekker-Preis 477

Index 482

DANKSAGUNG

Um aus einem Manuskript ein Buch zu machen, bedarf es der Hilfe vieler Einzelpersonen. Die Danksagung dieses speziellen Buches muß bei Gene Roddenberry anfangen. Er und seine talentierte Mannschaft aus Regisseuren, Autoren, Schauspielern, Produktionsexperten und sonstigen Machern haben ein in der TV-Branche seltenes Gut kreiert: eine Serie, die seit drei Jahrzehnten läuft. Ohne Ihre ausgezeichnete Arbeit, meine Damen und Herren, gäbe es keine Fans, keine Beckmesserei – und dieses Buch wäre nicht erschienen. Bitte, glauben Sie mir: Ich liebe Ihre Schöpfung!

Steve Ettlinger stand mir nicht nur als Agent zur Seite, sondern auch als Hersteller. Er hat William Drennan beim Korrekturlesen, Sharon Guskin, Daniel Pinchbeck und Sean Sullivan bei der Redaktionsassistenz und der Manuskriptvorbereitung, Geoff Notkin und Jacqueline Ho beim Layout, Miriam Sarzin und Gene Aretsky beim Korrekturlesen und Jane Farnol bei der Indexerstellung koordiniert, und all dies in allergrößter Eile. Nochmals vielen Dank, Steve. Dies gilt auch für alle Angehörigen Deiner Mannschaft.

Jeanne Cavelos hat ihre beträchtlichen Talente auch bei diesem *Cap'n Beckmesser*-Band eingebracht. Jeanne, es war mir – wie immer – eine Freude, mit Dir und dem Rest der fähigen Truppe bei Dell Publishing zusammenzuarbeiten, besonders mit Mary Carlomagno, Evan Boorstyn und Danielle Clemens.

Meine Frau Lynette und meine Tochter Elizabeth haben mir während der Arbeit viel Unterstützung und Kraft gegeben, besonders als der Ablieferungstermin immer näher kam und die Arbeitstage immer länger wurden. Ich sehe es, wie schon gesagt, meine Damen, als Privileg an, Euch zu haben.

DANKSAGUNG

Besonderer Dank gilt auch David Pogue. Er hat mich seinerzeit mit Steve bekannt gemacht. Tut mir leid, daß ich vergessen habe, Dich in der Danksagung zu *Cap'n Beckmessers Führer durch STAR TREK – NEXT GENERATION* zu erwähnen.

Natürlich haben auch viele Mitglieder der Beckmessergilde wichtige Beiträge zu diesem Buch geliefert. Otto ›Hack-Man‹ Heuer, der schon viel länger *Star Trek*-Klöpse sammelt als ich, hat mir via Internet seine Liste zugeschickt. Stuart Davis und Joshua M. Truax haben Stunden damit verbracht, Informationen über die *Star Trek*-Filme zusammenzutragen. Joe Ryan hat mir entscheidende Nachschlagewerke geliehen und auch ein Thema für ein Zwischenkapitel vorgeschlagen. Cliff Cerce hat mir seine Videokassetten geliehen.

Außerdem haben folgende Einzelpersonen mindestens einen Klops zu diesem Buch beigetragen. Ich danke euch, daß ihr euch die Zeit zum Schreiben genommen habt: Steve Ballard, Erick Banks, Bret Barrett, Kurt C. Bellhorn, Lisa Boyes, Jonathan Bridge, Chris Browne, Graham Buckingham, Laurie Calvert, Peter Carter, Phyllis ›Tiny‹ Carter, Cliff Cerce, Michelle Cerce, Robert Chisnall, Jeremy Dabbs, Danny Da Silva, Matthew Davis, John S. DiGanno, Lisa Ferrington, Adam Fuller, Alex Frazer-Harrison, Sara Green, Richard Hahn, Jessica Hall, John ›KRIS‹ Halvorson, Steve Hannah, Myles S. Hildebrand, Scott Heise, Adam Hincks, Darrin Hull, Edward Huspeka, David Jackson, Gary G. Kerr, Josh M. Kielty, Mikal Krueger, Andrew LaMance, B. Keith Lawson, Eric G. Lemmon, Paul R. Lilly, Brian Lombard, Rachel Lunneborg, Wells P. Martin, Craig Mason, Stephen Mendenhall, Jeff Millward, Becky Monsess, Douglas Murray, Chad Nielson, Simon Nonington, Quimby Olmstead, Mark S. Painter sen., Annie Percik, Patricia Pozywak, Anne Price, Philip Ramati, James K. Rone, Leland Sanders, Celia Shires, Mark A. Shore, Maryann Smialkowski, David K. Smith, Christopher Steeves, Matthew Strommer, Ruth und Ian Stuart-Hamilton, Julie Watson, Lee

DANKSAGUNG

Whiteside, Geoffrey H. Wood und Edward Yee. Ich wollte euch alle bei eurem Beitrag auflisten, aber Raum und Zeit haben es verhindert.

Schließlich möchte ich, wie immer, auch Dir danken, Jesus Christus – für Deine Güte, Deine Großzügigkeit und Deine Liebe.

EINLEITUNG

Hallo, Beckmesser-Kollegen! Diesmal richtet sich unsere Aufmerksamkeit also auf das klassische *Raumschiff Enterprise*. Wer es nicht weiß: Dieses Buch ist eine Fortsetzung von *Cap'n Beckmessers Führer durch STAR TREK – NEXT GENERATION*. Auf meinen Reisen ist mir eine interessante Haltung bezüglich der klassischen *Star Trek*-Serie aufgefallen: Ich habe festgestellt, daß viele Fans der Serie *Star Trek – Das nächste Jahrhundert** die alte Serie wie den ausgeflippten alten Onkel behandeln, den man bei Familienfesten gern unerwähnt läßt. Was schade ist, denn man kann *Das nächste Jahrhundert* eigentlich nicht verstehen, wenn man nicht zu ihren Anfängen zurückkehrt. Und genau das habe ich getan.

Es war mir eine Freude, vier Monate damit zuzubringen, mir die 79 Episoden der beliebtesten Fernsehserie aller Zeiten sowie die ersten sechs *Star Trek*-Filme noch einmal anzuschauen. Sie zeugen von guter Arbeit. Und es gibt auch einen guten Grund, warum die Serie drei Jahrzehnte überdauert hat: Läßt man die einfachen Bauten und billig wirkenden Tricks außer acht, stößt man auf tolle Geschichten, die talentierte Schauspieler vorführen. Aber auch auf Geschichten, an denen man herumnörgeln kann: Geschichten, die die Grundlage all dessen sind, was heute unter *Star Trek* läuft – die Kinofilme und die Serien *Das nächste Jahrhundert*, *Deep Space Nine* und *Voyager*. Über die klassische *Star Trek*-Serie ist so viel geschrieben worden, daß ich mich sehr geehrt

---

* In Deutschland trägt die im Heyne Verlag erschienene Buchreihe den Titel ›Star Trek – Die nächste Generation‹; die TV-Serie läuft unter ›Star Trek – Das nächste Jahrhundert‹. Anm. d. Red.

EINLEITUNG

fühle, einen kleinen Beitrag dazu zu leisten. Ich habe mich wie immer bemüht, gerecht zu sein, denn schließlich wurde die Serie vor mehr als drei Jahrzehnten produziert.

Wer nicht weiß, wozu dieses *Cap'n Beckmesser*-Buch dient – hier eine kurze Übersicht: Dieses Buch enthält Besprechungen aller 79 *Star Trek*-Episoden, des anfangs im Archiv verschwundenen ersten Pilotfilms, der ›The Cage‹[1] hieß, und der ersten sechs Kinofilme. Die Besprechungen enthalten den Titel, das ›Sternzeitdatum‹ und eine kurze Inhaltsangabe. Hinzugefügt sind jeweils einige Anmerkungen und die Höhepunkte der jeweiligen Folge. Da ich weiß, daß Trekker Triviales mögen, stelle ich nebenher noch zwei Quizfragen in den Raum. Wie die Leser von *Cap'n Beckmessers Führer durch STAR TREK – NEXT GENERATION* wissen, stehe ich auf *echte* Trivialitäten. Dann kommen die Hämmer! Ich habe die Patzer in vier Kategorien eingereiht: Handlungsschwächen, Grundlagenveränderungen, Gerätekokolores sowie Anschluß- und Produktionsprobleme.

Handlungsschwächen ist ein Sammelbegriff. Alles, was die Handlung angeht oder nirgendwo anders reinpaßt, ist hier zu finden. Unter *Grundlagenveränderungen* kann man erfahren, ob die in einer Folge gemachten Aussagen denen einer anderen völlig widersprechen. *Gerätekokolores* spricht sämtliche technischen Probleme an, die mir bezüglich der Maschinerie des *Star Trek*-Universums über den Weg gelaufen sind. Im Abschnitt *Anschluß- und Produktionsprobleme* belichte ich die Irrtümer bei der eigentlichen Erschaffung sämtlicher Folgen der Serie, in der die ursprüngliche Besatzung vorkommt.

Noch ein Wort über die Quellen, die ich während der Erstellung dieses Buches verwendet habe: Ich habe mir in einer Videothek einen kompletten Satz der Firma Paramount mit

---

[1] ›The Cage‹ wurde im deutschen Fernsehen (SAT1) unter dem Titel ›Der Käfig‹ innerhalb der Dokumentation ›Raumschiff Enterprise – Von einem Jahrhundert in das nächste‹ gezeigt.

EINLEITUNG

den Fassungen der Erstausstrahlung der 79 Episoden und ›The Cage‹ besorgt. Außerdem habe ich mir ein Sechserpaket *Star Trek*-Filme zugelegt. Einige dieser Bänder zeigen Szenen, die im Kino nicht zu sehen sind.

Beinharte Fans der alten *Star Trek*-Serie werden sofort erkennen, daß ich die Episoden nicht in der Reihenfolge ihrer Entstehung abhandle. Ich habe sie in der Reihenfolge der Erstausstrahlung aufgelistet. (Wirklich, ich höre das Protestgeheul schon, während ich dies hier schreibe! [Zwinker, zwinker]). Mir ist klar, daß *alle* anderen Nachschlagewerke die Episoden in der Produktionsreihenfolge aufführen. (Ich war freilich nie einer von denen, die gern mit den Wölfen heulen.) Natürlich haben Jeanne und ich mehr als einmal über dieses Thema diskutiert. Aber als Purist hielt ich es für wichtiger, die Episoden so zu sehen, wie die Macher sie den Fans ursprünglich anboten. Außerdem gehe ich davon aus, daß die Sender sie in den vergangenen zwanzig Jahren auch in dieser Reihenfolge ausgestrahlt haben. Auch *Star Trek: The Next Generation* wird in der Reihenfolge der Produktion gesendet. Diese Methode führt dazu, daß ›Die schwarze Seele‹ (SKIN OF EVIL) vor ›Die Seuche‹ (SYMBIOSIS) besprochen wird, weil sie vor ›Die Seuche‹ produziert wurde. Deswegen kommt Yar in ›Die schwarze Seele‹ ums Leben und wird in ›Die Seuche‹ auf wunderbare Weise wiedererweckt. (Auch wurde ›Wiedervereinigung? (II) (UNIFICATION [2])‹ vor ›Wiedervereinigung? (I) (UNIFICATION [1])‹ produziert, aber erst nach Teil I ausgestrahlt). Dieser Probleme wegen habe ich die Folgen in *Cap'n Beckmessers Führer durch STAR TREK – NEXT GENERATION* in der Sendereihenfolge aufgeführt, und aufgrund der Vereinheitlichung bin ich auch hier so verfahren. Nachdem all dies gesagt ist, möchte ich noch darauf hinweisen, daß man bei Paramount offenbar mit dieser Vorgehensweise einverstanden ist: Nach der zwölften Episode der klassischen Serie (›Kodos, der Henker‹) werden auf den Kaufvideos sämtliche Vorschauen auf ›die nächste Reise‹ in der Sendereihenfolge

EINLEITUNG

gebracht (außer auf jenen Hüllen, auf denen man sich eindeutig geirrt hat). Natürlich wirft dies für knallharte Beckmesser eine interessante Frage auf: Das Band, das ich von Paramount erworben habe, behauptet zum Beispiel beharrlich, ›Der Tempel des Apoll‹ spiele nach ›Weltraumfieber‹. Das Referenzmaterial von Pocket Books behauptet, auf ›Weltraumfieber‹ folge ›Planeten-Killer‹. Tja, was soll man nun glauben? Dem gedruckten Wort? Oder dem, was man mit eigenen Augen auf einer Videokassette der gesendeten TV-Fassung sieht? (Oh, welche Qual, Beckmesser zu sein!)

Sollten Sie die Episoden zufällig auf Video haben, holen Sie sie raus und greifen Sie, wenn Sie sich durch dieses Buch arbeiten, zur Fernbedienung. Sollten Sie etwas finden, das mir entgangen ist, oder einen Patzer, den ich für einen solchen halte, ganz anders sehen (oder gar Fehler in *diesem* Buch finden), schreiben Sie an die Adresse am Ende dieses Buches. Ihr Beitrag macht Sie zum Mitglied der Beckmessergilde.

Im übrigen gilt die Erste Direktive der Beckmesser noch immer, auch wenn sie unwesentlich modifiziert werden mußte. Die Hauptregel der Beckmesserei lautet nun: »Alle Patzer, die gefunden werden, müssen aus einer Quelle stammen, die laut der Produktion als authentisch gilt.« Anders gesagt: Alles, von dem die Firma Paramount behauptet, daß es authentisch sei, darf zerpflückt werden. Bevor ich nun erzähle, was laut Paramount authentisch ist, ein paar Worte über den Sinn der Änderung: Die Beckmesser-Hauptdirektive, die in *Cap'n Beckmessers Führer durch STAR TREK – NEXT GENERATION* steht, lautete ursprünglich: »Die Informationen in diesem Buch stammen nur aus der Fernsehserie.« Damals existierten 152 Stunden von *Star Trek: Das nächste Jahrhundert*.[2] Ich hatte damals den Eindruck, alles, was die Macher uns über die Serie erzählen könnten, würde in diesen

---

[2] Im folgenden: ST/DNJ

EINLEITUNG

152 Episoden mitgeteilt werden. Andererseits existieren nur 79 Episoden der klassischen Serie. Die Macher hatten eigentlich keine Zeit, uns alles zu berichten, was sie uns vielleicht noch über das *Star Trek*-Universum sagen wollten. Nachschlagewerke können diese Lücken füllen, solange ihr Inhalt von Paramount sanktioniert wird. Auch könnte sich jede TV-Serie bald in Einzelheiten festfahren, nähmen ihre Macher sich die Zeit, jeden kleinen Ausrüstungsgegenstand zu erklären. Auch hier können Nachschlagewerke so lange helfen, wie ihre Erläuterungen zu dem passen, was auf dem Bildschirm zu sehen ist (und die Produktion die Gerätschaften korrekt einsetzt).

Was ist also laut Paramount maßgebend? Ich habe aus mehreren Quellen die gleichen Angaben gehört: Alle TV-Folgen sämtlicher *Star Trek*-Inkarnationen sind authentisch. Ebenso die Filme und Nachschlagewerke von Pocket Books. Außerdem halte ich die Baupläne der alten *Enterprise* von Franz Joseph Designs für maßgebend, denen Gene Roddenberry seinen persönlichen Segen gegeben hat: Sie tragen nicht nur seinen persönlichen Stempel, sondern sind auch in der wissenschaftlichen Station auf der Brücke in *Star Trek – Der Film* sichtbar.

Im Gegensatz dazu halten die Macher die *Star Trek*-Romane nicht für maßgebend: Diese Abenteuer sind in Wahrheit nie passiert. Will man sich also als Beckmesser erweisen, indem man aus einem Roman zitiert, verletzt man die Beckmesser-Direktive. Beckmesser verletzen, wie man weiß, *nie* diese Direktive. Glauben Sie mir also bitte, wenn ich sage, daß ich mich als Oberbeckmesser dieser Direktive ebenso unterwerfe wie die Flottenkapitäne der ihren. Eine Verletzung der Beckmesser-Direktive könnte mich immerhin aus der Gilde ausschließen!

Noch eine letzte Anmerkung: Hin und wieder zeige ich in diesem Buch Patzer auf, indem ich *Cap'n Beckmessers Führer durch STAR TREK – NEXT GENERATION* und der klassi-

EINLEITUNG

schen Serie Informationen entnehme. Das Patzersuchen ›zwischen den Serien‹ ist bestimmt noch nicht erschöpfend behandelt worden. Hier sind nur ein paar Dinge mit eingeflossen. Ich war der Meinung, falls Sie auch ein Fan von *NEXT GENERATION* sind, würde es Sie vielleicht interessieren.

Fröhliches Beckmessern!

ERSTE STAFFEL

DAS LETZTE SEINER ART
(THE MAN TRAP)

Sternzeit: 1513.1 - 1513.8

Die *Enterprise* fliegt zum Planeten M-113; die dort lebenden Forscher Robert und Nancy Crater müssen sich ihrer jährlichen medizinischen Untersuchung unterziehen. Nur eines verhindert, daß die Inspektion zur Routine wird: McCoy und Nancy Crater waren einander einst zugetan. Doch das medizinische Vorhaben gerät zur Katastrophe: Mitglieder der Besatzung sterben an totalem Salzentzug. Kirk und Spock zwingen Robert Crater auf dem Planeten zu einigen Antworten: Nancy ist in Wahrheit seit einem Jahr tot. Eine einheimische Lebensform des Planeten M-113 – die letzte ihrer Art – hat sie getötet. Das Geschöpf lebt von dem Salz, das es seinen Opfern entzieht, – und kann jede beliebige Gestalt annehmen. Bei der Ankunft der ersten beiden Landegruppen posierte es als Nancy Crater. Doch nun hat es sich in Gestalt eines Besatzungsmitglieds Zutritt zur *Enterprise* verschafft.

> **Trekker-Quiz**
> 1. An welches Besatzungsmitglied wendet sich Uhura, damit ihre Tür repariert wird?
> 2. Wie lautet die Aufschrift von McCoys Türschild?

Kirk gibt Sicherheitsalarm für das Schiff und kehrt mit Spock und Robert Crater an Bord zurück. Das Geschöpf gelangt schließlich in McCoys Quartier. Es gibt sich erneut als Nancy Crater aus und bittet den Arzt um Schutz. Als Kirk mit einem Phaser eintritt, stellt McCoy sich ihm fassungslos entgegen. Das Geschöpf nutzt die Gelegenheit, um Kirk anzugreifen und beinahe zu töten. Dann überwindet sich McCoy dazu, auf das Abbild der Frau zu schießen, die er vor vielen Jahren geliebt hat.

DAS LETZTE SEINER ART

Anmerkungen

Shatner brüllt recht ordentlich. Als das Geschöpf seinem Kör-
per Salz entziehen will, läßt er sich gehen und verzieht sehr
überzeugend das Gesicht. In seinem Buch The Star Trek
Compendium *merkt Allan Asherman an, ein Kritiker der*
Science Fiction-, Fantasy- und Horror-Filme Shatners hätte ihn
wegen eben dieser Fähigkeit als ›männliche Fay Wray‹ be-
zeichnet. Ein ›Titel‹, der mir gefällt.

Des weiteren kommt in dieser Episode ein interessantes
Kostüm vor: Eine Korridoraufnahme zeigt eine Frau, die
Hosen trägt! Sind Mikrominiröcke etwa nur für weibliche Offi-
ziere reserviert? (Ich weiß natürlich, daß in ›Spitze des Eisber-
ges‹ sämtliche Frauen Hosen tragen, aber zu dieser Episode
kommen wir später.)

Handlungsschwächen

• Kurz nachdem Kirk zum ersten Mal hinuntergebeamt ist,
bittet er das Besatzungsmitglied Darnell hinauszugehen. Darnell hatte zuvor einen unschicklichen Kommentar über Nancy
Crater abgegeben. Nancy schlendert aus dem Gebäude und
zeigt sich Darnell in Gestalt eines Mädchens, das er auf Rigleys Vergnügungsplaneten kennengelernt hat. Sie wirft ihm
ein Halstuch zu und schlendert fort. Gleich darauf lechzt Darnell hinter ihr her. Was ist denn das für eine Disziplin? Abgesehen davon, daß die Frau verheiratet ist – glaubt er denn
wirklich, Kirk habe ihn mitgenommen, damit er im Sand her-
umtoben kann? A propos – zu welchem Zweck hat Kirk den
Mann überhaupt mitgenommen? (Etwa, damit er stirbt?)

• Jemand sollte Kirk ein paar Vorgehensweisen der Infante-
rie beibringen. Mir ist zwar klar, daß seine Ausbildung mit der
Steuerung und Führung eines Raumschiffe zu tun hatte, aber
er sollte mindestens über ein Grundwissen verfügen, was als
Barrikade gegen feindlichen Beschuß taugt. Kurz nachdem er
und Spock auf den Planeten beamen, um sich Antworten auf
ein paar Fragen zu holen, werden sie von Crater beschossen:

DAS LETZTE SEINER ART

Sein Phaser trifft ein Steinbauwerk neben ihnen und zerlegt die mittlere Säule eines ›Tors‹, das aus drei aufrecht stehenden Säulen besteht und auf denen ein langer, schwer aussehender Querstein liegt. Kirks Reaktion: Er wirft sich *unter* dem Ding zu Boden. Man darf nicht außer acht lassen, daß Crater die mittlere Säule schon desintegriert hat. Noch ein Schuß, und das ganze Ding würde auf den Captain krachen. Kurz darauf wiederholt Kirk diesen Fehler auch noch! Er hechtet unter einen Stapel Steinplatten, deren gesamtes Gewicht ebenfalls auf zwei Säulen ruht. Zum Glück will Crater ihm nur Angst einjagen und nutzt die Gelegenheit nicht, ihn unter einem Schutthaufen zu begraben.

• Wie schon unter *Anmerkungen* notiert, schreit Kirk laut auf, als das Geschöpf seinem Körper Salz entzieht. Dies wirft die Frage auf: Wieso haben die anderen Opfer nicht geschrien? Kirk und McCoy haben Nancy doch auf dem Planeten schreien hören, nachdem sie das erste Besatzungsmitglied getötet hat. Wenn Darnell geschrien hätte, hätten sie ihn nicht auch hören müssen?

Grundlagenveränderungen

• In dieser Episode sagt Spock, der Planet Vulkan habe keinen Mond. Doch die planetare Landschaft in *Star Trek: Der Film* zeigt in der Szene, in der Spock sich in den Zustand des *Kohlinar* versetzen will, etwas, das eindeutig wie ein Mond aussieht. Freilich befindet sich noch ein anderer Planet in der Nähe. Ob der Mond wohl ihn umkreist?

Gerätekokolores

• Dieser Kokolores kommt in der Serie so oft vor, daß die Auflistung jedes Falles dieses Buch um etliche Seiten erweitern würde! In den Anfangsszenen der Episode umkreist die *Enterprise* M-113. Als sie sich von der Kamera entfernt, erkennt man am Ende der Triebwerksgondeln deutlich kugelförmige Wölbungen. Kurz darauf entfernt sich die *Enterprise* von

DAS LETZTE SEINER ART

der Kamera, und am Ende der Gondeln befinden sich Öffnungen. Offenbar hat man die Gondeln zwischen den Aufnahmen zu ›Spitze des Eisberges‹ (dem zweiten Pilotfilm) und ›Pokerspiele‹ (der ersten Episode der Serie) geändert. Jedesmal wenn die Produzenten nun eine Schiffsaufnahme aus ›Spitze des Eisberges‹ in einer anderen Folge verwendet haben, sind an den Enden der Gondeln wieder Öffnungen zu sehen. Leider wurde der Vorspann nie erneuert, so daß man diesem Problem in sehr vielen Folgen begegnet. (Nur die Tatsache, daß manche Episoden die ›Kugelform‹-Aufnahme nicht enthalten, sorgt dafür, daß dieser Patzer nicht in jeder Folge auftaucht!)

• Allem Anschein nach muß sich die Besatzung erst noch an die Kommunikatoren gewöhnen. Kirk hat beispielsweise Schwierigkeiten, den seinen zu öffnen. Dies passiert zweimal – zum ersten Mal kurz nach Darnells Tod, zum zweiten Mal, als Spock auf Green stößt. Als Kirk das Schiff beim Start der zweiten Landegruppe anrufen will, zieht er den Kommunikator heraus, hält für den Bruchteil einer Sekunde inne, als wolle er ihn aufschnippen, und packt ihn dann mit der freien Hand, um ihn aufzuklappen! (Nach allem, was vorher passiert ist, kann man es Shatner nicht verübeln, daß er diesmal kein Risiko eingehen will.) Auch die Tontechnik scheint noch mit den Kommunikatoren zu experimentieren: Mehrere Öffnungszirper fehlen.

• Ähnlich ergeht es auch der Mannschaft, die erst noch die Gegensprechanlagen durchschauen muß – kleine Lautsprecher, an denen ein Licht aufleuchtet, wenn sie aktiviert sind. Kirk benutzt korrekterweise die an seinem Sessel, wobei er, wenn er sprechen will, einen Knopf drückt, und ebenso, wenn das Gespräch beendet ist. Spock drückt den Knopf jedoch nur einmal, als er auf die Meldung reagiert, daß die erste Gruppe gelandet sei. Kurz nachdem das Geschöpf sie im Korridor angreifen will, macht Uhura den gleichen Fehler: Sie läuft zu einem Interkom, drückt den Knopf (das Licht geht an),

DAS LETZTE SEINER ART

redet und eilt dann zum Turbolift. Das Licht zeigt, daß die Anlage noch aktiv ist. Möglicherweise will sie aber nur fort von
dem Geschöpf und beabsichtigt, später irgendeinem armen
Hund den Befehl zu geben, die Anlage auszuschalten! Außerdem – und dies erwähne ich *nur* der Vollständigkeit halber –
ist das Licht des Interkom über der Transportersteuerung ständig an – auch als Kirk es korrekt an- und wieder ausschaltet.

• Zu Beginn der Serie weiß die Mannschaft offenbar noch
nicht, was ein Tricorder kann: Gegen Ende der Mission der
zweiten Landegruppe will McCoy Nancy suchen, doch Kirk
hält ihn zurück. Er will lieber an Bord zurückkehren und die
Infrarotsensoren einsetzen, um beide Forscher aufzuspüren.
McCoy hat natürlich einen Tricorder bei sich, aber wahrscheinlich hat er das Bedienungshandbuch noch nicht gelesen und weiß nicht, daß er Lebenszeichen aufspüren kann.

• Die Infrarotsensoren des Schiffes werfen zudem eine Frage
auf: In ihrer Nähe liegen zwei eben ermordete Angehörige der
Besatzung. Da ein menschlicher Körper eine Weile braucht,
bis er erkaltet ist, müßten Spocks Infrarotsensoren die Leichen da nicht aufspüren?

Anschluß- und Produktionsprobleme

• Am Anfang der Mission der ersten Landungsgruppe trägt
Kirk McCoys Tricorder. Als sie Craters Hauptgebäude erreichen, hängt er über seiner linken Schulter. Kirk reißt einen
Witz und bückt sich, um für McCoy ein paar Kräuter zu
pflücken, die dieser Nancy schenken soll. Dabei verschwindet
der Tricorder plötzlich. Die folgenden Aufnahmen zeigen, daß
er in Kirks Hand gehüpft ist.

• Nachdem sich das Geschöpf in ein Besatzungsmitglied
verwandelt und Zugang zum Schiff gefunden hat, verfolgt es
Yeoman[3] Rand. Sie trägt ein Tablett mit einer Mahlzeit, zu der

---

[3]   In der deutschen Fassung heißt ein Yeoman je nach Laune der Macher
      ›Bootsmann‹ oder ›Corporal‹.

DAS LETZTE SEINER ART

auch ein Salzstreuer, ein Teller mit Sellerie und eine Schale bunter Nahrungswürfel gehören. Das Geschöpf folgt ihr in Sulus Arbeitsraum. Die nächste Szene zeigt Sulu beim fröhlich Mampfen der Würfel aus der Schale. In einer Großaufnahme liegen die Würfel plötzlich auf einem Teller! Dann liegen sie wieder in der Schüssel. Sicher, Sulu hat genug Zeit, sich einen Teller zu greifen, die Würfel aus der Schale zu schütten, die Kamera eine Großaufnahme machen zu lassen und sie wieder in die Schale zurückzuschaufeln... Aber warum sollte er?

Quiz-Antworten

1. Bobby
2. 3F 127

DER FALL CHARLIE
(CHARLIE X)

Sternzeit: 1533.6-1535.8

Die *Enterprise* begegnet dem Frachtraumer *Antares* und nimmt einen jungen Mann namens Charlie Evans an Bord. Er soll zur Erdkolonie Alpha V gebracht werden, wo seine Verwandten leben. Charlie ist vierzehn Jahre zuvor bei der Bruchlandung eines Frachters auf dem Planeten Thasia gestrandet. Irgendwie ist ihm das Überleben gelungen. McCoy stuft ihn zwar als normalen Siebzehnjährigen ein, doch Charlies Aktivitäten deuten bald auf außergewöhnliche Kräfte hin. Im Freizeitraum 3 führt er Kartentricks vor und versieht auf wundersame Weise drei Spielkarten mit dem Bild von Bootsmann Rand. Als Rand erkennt, daß Charlie in sie verknallt ist, bittet sie Kirk, mit dem Jungen zu sprechen. Kirk redet mit ihm und will Charlie im Zweikampf ausbilden, damit er Zeit mit ihm verbringen kann. Doch als ein Besatzungsmitglied in der Sporthalle lacht, läßt Charlie es im Nichts verschwinden.

Kirk weiß nun, daß er Charlie nicht zur Kolonie Alpha V bringen kann. Der undisziplinierte junge Mann könnte mit seinen Fähigkeiten auf dem Planeten eine Katastrophe auslösen. Leider kommandiert Charlie aber schon das Schiff und läßt es nach seinem Willen fliegen. In letzter Sekunde taucht ein Schiff der Thasianer auf. Deren Sprecher erläutert, man habe Charlie die Kraft verliehen, Materie umzuwandeln, damit

> **Trekker-Quiz**
> 1. Welche Spielkarte läßt Charlie in Bootsmann Rands Kleid materialisieren?
> 2. Wo ›brennt‹ laut Spock ›der Tiger, weil niemand seine Mutter kennt‹?

DER FALL CHARLIE

er auf ihrem Planeten überleben konnte. Nach seinem Verschwinden haben sie sich aufgemacht, um ihn zurückzuholen, denn sie wissen, welchen Schaden seine Unreife anrichten kann.

Bemerkenswerte Dialoge
»Das hätte er nicht tun sollen. Das war nicht nett. Er hat über mich gelacht. Ich laß mich nicht auslachen.« – Charlie, als er Kirk seine Tat erklärt.

Höhepunkte
Die Episode ist voller großartiger Momente, die der Charlie verkörpernde Schauspieler gut herüberbringt. Er hat bei der Darstellung eines jungen Mannes, der von den Pubertätswehen hin- und hergerissen wird und Fähigkeiten hat, die er kaum kontrollieren kann, ausgezeichnete Arbeit geleistet.

Handlungsschwächen
• Kirk identifiziert die *Antares,* die ihm Charlie Evans übergibt, als Transportschiff. Als die *Antares* explodiert und er seine Vorgesetzten über den rätselhaften Verlust informiert, mutiert es zum ›science probe ship‹[4]. (Ja, ich weiß, es *muß* kein Widerspruch sein. Die Bandbreite der Aufgabenstellung erscheint mir aber abscheulich weit.)
• Nach Charlies Kartentricks auf dem Freizeitdeck redet Kirk mit einem Angehörigen des Küchenpersonals: Er sagt zu dem Mann, auf der Erde sei Thanksgiving[5], und er möchte, daß das Fleisch wenigstens nach Truthahn *aussieht.* Er beendet das Gespräch, dreht sich um und geht zum Turbolift. Charlie kommt um die Ecke und fängt ein Gespräch mit ihm

---

[4] ›Diese Szene ist in der deutschen Fassung nicht enthalten.
[5] Da dieser amerikanische Feiertag im deutschen Sprachraum so gut wie keine Rolle spielt, sagt Kirk in der deutschen Fassung: »Also, mein Lieber, auf der Erde ist heute Ostern. Dann malen Sie mal die Frühstückseier 'n bißchen bunt an, ja?«

DER FALL CHARLIE

an. Kurz darauf ruft der Mann aus der Küche die Brücke an und informiert Kirk, man habe *echte* Truthähne an Bord[6]. Charlie kichert sich eins. Die Produktion will wohl damit ausdrücken, daß er für die Verwandlung zuständig war. Es ist aber unwahrscheinlich, daß Charlie Kirks Gespräch mit dem Mann aus der Küche gehört hat, und in der ganzen Episode deutet nichts daraufhin, daß er Gedanken lesen kann. Charlie kann nur Materie verformen. Woher weiß er, daß (und was) Thanksgiving[7] ist? War Kirks Gespräch im Gang nur ein Zufall?

• Einmal spielt Charlie mit Spock in dieser Folge Schach. Der Vulkanier schlägt ihn natürlich nach nur zwei Zügen. Als Charlie daraufhin frech wird, geht Spock hinaus. In diesem Moment dreht der junge Mann die Augen nach oben und läßt alle weißen Figuren schmelzen. Das Interessante daran: Es sind seine eigenen! Beim ersten Hinsehen glaubte ich, es seien Spocks Figuren. Er war wohl so wütend, weil seine Figuren ihn so schlecht haben aussehen lassen.

Gerätekokolores

• In dieser Episode legen die Türen der *Enterprise* ein recht eigenartiges Verhalten an den Tag. Zum ersten Mal bei der Schachpartie zwischen Kirk und Spock. Als die Szene beginnt, sitzen beide am Tisch; hinter Kirk steht ein Angehöriger der Besatzung in der offenen Tür. In der folgenden Großaufnahme ist die Tür geschlossen, ohne daß ein Geräusch das Schließen begleitet hätte. Als Charlie eintritt, öffnet sie sich mit einem eigenartigen Gurgeln. (Es klingt so, als hätte der Tontechniker das Band nicht richtig zum Laufen gekriegt, als der Effekt aufgezeichnet wurde.) Das nächste Mal passiert es, als Charlie Rands Unterkunft verläßt: Zwar öffnet sich die Tür,

---

[6] In der deutschen Fassung stellt sich heraus, daß die Eier mysteriöserweise schon bunt sind.

[7] bzw. Ostern

DER FALL CHARLIE

aber nicht ganz. Sie ragt gute fünfzehn Zentimeter aus dem Türpfosten heraus.

• Nachdem Charlie das Schiff übernommen hat, stattet er Rand einen Besuch ab. Als er eintritt, sitzt sie im Freizeitdreß mit einem Datenblock da. Rand steht auf, stellt sich mit dem Rücken vor einen Bildschirm, greift heimlich nach hinten und schaltet ihn ein. Eine Großaufnahme ihrer Hand zeigt, daß das rote Anzeigelicht *ausgeht*. Anders gesagt, bis dato war der Bildschirm *an*. Trotzdem hat sie sich mit niemandem unterhalten. Wollte sie dem Rest der Mannschaft etwas zum Gaffen geben? (»Nun, da der Tag sich dem Ende nähert, laden wir Sie ein, sich morgen die nächste Folge unserer Serie *Die Sekretärin des Captains* anzuschauen ...«) Zum Glück können Kirk und Spock ihre Unterhaltung mit Charlie trotz des abgeschalteten Bildschirms hören.

• Es stimmt zwar, daß Charlie Phaser verschwinden lassen kann, aber hätte McCoy ihm nicht ein Schlafmittel verabreichen können?

• Um die Lage wieder unter Kontrolle zu bringen, locken Kirk und Spock Charlie in einen mit einem Kraftfeld versehenen Raum. Was soll das denn? Charlies Kräfte sind geistiger Natur! In der *ST/DNJ*-Episode ›Augen in der Dunkelheit‹ (NIGHT TERRORS), merkt Lieutenant Data an, man kenne kein Verfahren, mit dem man telepathische Sendungen blockieren kann. Vermutlich arbeiten telepathische Sendungen im gleichen Bereich wie umgewandelte Energien. Wenn es im 24. Jahrhundert kein bekanntes Blockierungsverfahren gibt, gibt es auch im 23. Jahrhundert keins, das müßte Spock doch bekannt sein. Klare Sache: Charlie löst einfach die ganze Wand auf und tritt ins Freie!

Anschluß- und Produktionsprobleme

• Kurz nach seiner Ankunft auf der *Enterprise* wird Charlie von McCoy ärztlich untersucht. In einer Szene liegt er auf dem Rücken und bewegt mit den Füßen irgendwelche Blöcke.

DER FALL CHARLIE

McCoy wirft hin und wieder einen Blick auf die medizinische Anzeigetafel neben den Blöcken, um die Ergebnisse abzulesen. Alle Großaufnahmen zeigen deutlich Charlies Gesicht. Die einzige Erklärung ist, daß er auf dem Übungstisch auf und ab springt.

• Nach den Kartentricks auf dem Freizeitdeck stößt Charlie im Korridor auf Kirk. Der Captain trägt ein Goldhemd mit schwarzem Kragen. Während des Gesprächs ruft Uhura ihn von der Brücke aus an. Captain Ramart von der *Antares* schickt eine Botschaft. Kirk tritt mit Charlie in den Turbolift. Schnitt zur Brücke. Der Turbolift geht auf, und als Kirk im Raum erscheint, trägt er ein grünes Hemd mit V-Ausschnitt.

• Nachdem Charlie aus dem von einem Kraftfeld geschützten Raum entkommen ist, tritt er seinen verhinderten Häschern entgegen und läßt sie erstarren. Nun ja ... fast. Spock kriegt noch ein Zwinkern hin. Was nur mit der unheimlichen Stärke der Vulkanier zu tun haben kann.

> **Quiz-Antworten**
>
> *1. Das Kreuz-As*
> *2. Im Dschungel*

SPITZE DES EISBERGES

(WHERE NO MAN HAS GONE BEFORE)

Sternzeit: 1312.4–1313.8

A m Rand der Galaxis findet die *Enterprise* den Flugschreiber der USS *Valiant*. Laut einer zweihundert Jahre alten Aufzeichnung ist die *Valiant* am Rand der Galaxis auf eine Energiebarriere gestoßen. Sechs Angehörige der Besatzung sind umgekommen, ein siebenter wurde schließlich gerettet. Später interessierte sich die Mannschaft stark für außersinnliche Wahrnehmungen. Spock ist sich zwar nicht ganz sicher, glaubt aber, der letzte Eintrag des Bandes sei der Befehl des Captains, das Schiff zu vernichten. Kirk beschließt, mit der Mission fortzufahren, und nähert sich dem galaktischen Rand weiter. Bald trifft auch die *Enterprise* auf die Energiebarriere. Es kommt zu Kurzschlüssen, das Schiff wird hin und her

> **Trekker-Quiz**
>
> 1. Wie heißt Elizabeth Dehners Vater?
> 2. Welches Tier hat Kirk auf Dimorus mit Giftpfeilen beschossen?

geworfen, auf der Brücke brechen zwei Offiziere zusammen. Kirk befiehlt den Rückzug. Die beiden Offiziere, Lieutenant Commander Gary Mitchell und Dr. Elizabeth Dehner, erholen sich offenbar schnell.

Mitchell entwickelt bald darauf neue Fähigkeiten, er kann u. a. Gedanken lesen und Gegenstände durch Willenskraft bewegen. Als Kirk ihn in einer unbemannten Dilithiumverarbeitungsfabrik auf Delta Vega aussetzen will, entkommt er mit Dehner. Auch sie entwickelt übernatürliche Kräfte. Kirk, der Mitchell in einem verzweifelten Versuch stoppen will, nimmt sich ein Phasergewehr und verfolgt die beiden. Es gelingt ihm, Dehner von den Gefahren ihrer unglaublichen Kraft zu

SPITZE DES EISBERGES

überzeugen. Da sie ihr eigenes Leben opfert, kann Kirk Mitchell töten, bevor der neu entstandene ›Gott‹ sie alle vernichten kann.

Anmerkungen

Für die, die es nicht wissen: Diese Episode ist eigentlich der erste Pilotfilm. Ich bemühe mich, mit Pilotfilmen sanft umzugehen, denn in der Regel vergeht zwischen der Produktion eines solchen und der tatsächlichen Serie beträchtliche Zeit. Vergleicht man diese Folge mit den anderen der ersten Staffel, gibt es reichlich Unterschiede. Eine komplette Liste würde aber schnell langweilig werden, deswegen nur ein paar Beispiele:
- *Auf dem Freizeitdeck befindet sich ein Riesenbildschirm.*
- *Vom Schnitt her sind die Uniformen jene, die man aus ›The Cage‹ kennt, inklusive der Hosen tragenden Frauen (die Klamotten sitzen jämmerlich, möchte ich hinzufügen).*
- *Spocks Augenbrauen haben einen steileren Winkel.*
- *Kirk hat nur zwei Streifen am Ärmel; Spock einen.*
- *Kirks Kommandosessel trägt ein Namensschild, neben ihm ragt ein Mikrofon auf.*

Die Folge protzt mit einem hübschen Hintergrundbild der Dilithiumverarbeitungsfabrik von Delta Vega; der ›Einbau‹ der Akteure vor dem Standfoto funktioniert ziemlich gut.

Handlungsschwächen

- Der Episodentitel [›Where No Man Has Gone Before‹] ist verwirrend. *Wer* geht hin, wo noch nie jemand gewesen ist? Bezieht sich der Titel auf Gary Mitchell? Hat die Besatzung der *Valiant,* die als erste auf diese Barriere stieß, nicht die gleichen Erfahrungen hinter sich? Bezieht sich der Titel also auf sie? Wenn ja, warum wird die Episode nach einem zweihundert Jahre zurückliegenden Ereignis betitelt?
- Sämtliche Bilder zeigen die Energiebarriere als relativ schmales Band. Warum also fliegt Kirk nicht einfach darüber

SPITZE DES EISBERGES

hinweg? Er hat doch die Absicht herauszufinden, was *hinter* der Barriere ist. Daß der *Valiant* etwas zugestoßen ist, war längst bekannt. Reicht dies nicht als Motiv, jeden Kontakt mit der Barriere zu vermeiden? Wenn man sie umfliegen würde, wäre die Folge freilich schnell zu Ende ...

• Nach Mitchells Veränderung machen Kirk und Spock sich Sorgen über seine Fortschritte. In einer Szene sehen sie, wie schnell er einen Bildschirmtext überfliegt. Na und? Wer genau hinschaut, sieht, daß er immer wieder die gleiche Seite liest!

• Mitchell ist offenbar doch nicht so göttlich, wie alle glauben. Er kann nicht mal den Namen des Captains richtig schreiben. Auf dem Grabstein, den er für Kirk erschafft, steht ›James R. Kirk‹. Andere Episoden geben Kirks Namen jedoch als ›James T. Kirk‹ an.

• Der Funkoffizier in der letzten Szene wirkt, als schliefe er auf seinem Posten! Ob er in den vergangenen Tagen zuviel Streß hatte? Ist er außer sich vor Schmerz, weil er nie seinen Gefühlen gefolgt ist und Dehner um ein Rendezvous gebeten hat?

Gerätekokolores

• Die Draufsicht einer Turbolifttür zeigt einen interessanten Patzer. Es gibt keine Lücke zwischen Korridor- und Liftboden! Sollen wir etwa glauben, daß die Bodentechnik des 23. Jahrhunderts nahtlos funktioniert?

• Die Computerakten zeigen, daß Elizabeth Dehner fünf Fuß und zwei Inches[8] groß ist. Gary Mitchell mißt fünf Fuß und neun Inches[9]. Doch als Mitchell Dehner in die Haftzelle begleitet, ist sie eigenartigerweise fast so groß wie er. Falls sich jemand diese Frage stellt: Man sieht auch ihre Stiefelabsätze. Sie sind ebenso hoch wie die Mitchells.

---

[8] ca. 1,58 m
[9] ca. 1,75 m

SPITZE DES EISBERGES

- Die Computerakten zeigen ebenso, daß Elizabeth Dehner 21 (Geburtstag: Sternzeit 1089.5) und Gary Mitchell 23 Jahre alt ist (Geburtstag: Sternzeit 1087.7). Mit anderen Worten: Die Ziffer vor dem Punkt entspricht einem Jahr? Was aber nicht stimmen kann, da die Episode von Sternzeit 1312.4 bis 1313.8 spielt, nach diesem Standard also länger als ein Jahr dauern würde.

Anschluß- und Produktionsprobleme

- Wer sind die Typen, die sich am Ende dieser Episode raufen? Die Schlägerei beginnt zwischen Kirk und Mitchell, doch dann wechselt die Szene, und zwei andere verdreschen sich. Es ist wirklich schwer zu sagen, wer hier wer sein soll. (Mir ist klar, daß dieser Pilotfilm ein festes Budget hatte, aber bevor diese Episode entstand, war das Stunt-Stand-In-Geschäft in Hollywood schon in voller Blüte. Hätte man nicht jemanden finden können, der wenigstens die gleiche *Haarfarbe* hat wie Shatner?)
- Während des Kampfes zieht Kirk sich mehrere Schnitte im Gesicht zu. Hinterher auf der Brücke hat er nur eine bandagierte Hand. Sein Gesicht ist makellos.

Quiz-Antworten

1. *Gerald*
2. *Ein ›Nageding‹. (Ich habe dies hauptsächlich deswegen zur Quizfrage gemacht, weil das Wort so ähnlich klingt wie Worfs Beschreibung der Angreifer auf Qs Planeten in der ST/DNJ-Episode ›Rikers Versuchung‹ (HIDE AND Q). Worf nennt sie ›Tierdinger‹.)*

IMPLOSION IN DER SPIRALE
(THE NAKED TIME)

Sternzeit: 1704.2-1704.4

Die *Enterprise* erreicht den Planeten Psi 2000, um eine Gruppe von Wissenschaftlern abzuholen. Spock und Lieutenant Joe Tormolen beamen in Isolieranzügen hinunter und finden die sechs Forscher tot auf. Tormolen zieht geistesabwesend einen Handschuh aus und kratzt sich an der Nase. Dann faßt er mit der Hand die Seite eines Schreibtisches an, und eine rote Flüssigkeiten tropft auf sie nieder. Kurz darauf beamen Spock und Tormolen wieder an Bord. Während der folgenden Lagebesprechung berichtet Kirk über die momentane Mission: Die irdische Wissenschaft braucht Beobachtungen der zusammenbrechenden uralten Welt aus nächster Nähe. Deswegen geht die *Enterprise* näher heran, als der Durchmesser des Planeten schrumpft.

> **Trekker-Quiz**
> 1. Wo möchte Riley den offiziellen Tanz abhalten?
> 2. Welche Botschaft wird auf die Innenseite der Turblifttür gemalt?

Inzwischen benimmt Tormolen sich immer seltsamer. Nachdem Sulu und Lieutenant Kevin Riley ihn an einem Selbstmord gehindert haben, führen auch sie sich eigenartig auf. Sulu fegt mit einem Degen durch die Gänge, Riley kommandiert das Schiff vom Maschinenraum aus. Kirk erlangt die Kontrolle erst zurück, als McCoy entdeckt, daß das Wasser des Planeten wie Alkohol wirkt, und ein Gegenmittel entwickelt. Inzwischen läuft die *Enterprise* Gefahr, in der planetaren Atmosphäre zu verbrennen. Die Mannschaft führt in den Triebwerken eine nie versuchte Implosion durch. Zwar funktioniert die Taktik, doch wird das Schiff drei Tage in die Ver-

IMPLOSION IN DER SPIRALE

gangenheit geschleudert – eine Nebenwirkung, von der Kirk annimmt, sie könne sich irgendwann als nützlich erweisen.

Anmerkungen
Die Produktion hat diese Handlungsidee erneut in der ST/DNJ-Folge ›Gedankengift‹ (THE NAKED NOW) verwendet. Ich persönlich glaube, die ursprüngliche Episode hatte einen glaubhafteren Grund für die Gefahr, in der das Schiff schwebt. In ›Gedankengift‹ hätte Picard nur den Traktorstrahl umkehren und die Ziolkovsky aus der Gefahrenzone schleppen müssen, bevor die Lage wirklich heikel wurde. Aber natürlich hat er es nicht getan.

Bemerkenswerte Dialoge
»Tut mir leid, weder noch.« – Uhuras Kommentar auf Sulus Anrede ›schöne Maid‹.

Handlungsschwächen
• Lieutenant Joe Tormolen beamt in eine Situation hinein, in der sämtliche Forscher auf merkwürdige Weise ums Leben gekommen sind. Er trägt einen Isolieranzug. Allem Anschein nach war jemand der Meinung, es könne klug sein, die Landegruppe von irgend etwas im Forschungszentrum zu *isolieren*. Doch was tut Tormolen? Er zieht den Handschuh aus und legt eine Hand auf den Schreibtisch. (Muß ich noch mehr sagen?)

• Noch etwas, das Joe Tormolen und seine unbedeckte Hand betrifft: Auf diesem Planeten hat das Wasser nicht nur die Wirkung von Alkohol – es läuft auch bergauf! Seine Hand ist deutlich oberhalb des roten Kleckses an der Tischseite, aber die Tropfen finden ihn trotzdem.

• Nachdem Riley sich im Maschinenraum eingeschlossen hat, braucht Scott mehrere kostbare Minuten, um ein Loch in eine Wand zu schneiden, um die Tür öffnen zu können. Wäre es nicht einfacher, die Tür aufzuschneiden – oder gar in den

IMPLOSION IN DER SPIRALE

Maschinenraum zu beamen, wie Kirk es in ›Das Gleichgewicht der Kräfte‹ getan hat? (Nicht zu vergessen, daß er es
sogar getan hat, als die *Enterprise* mit Warp 9 unterwegs
war.)

• Nur ein Informationshäppchen, ein Patzer ist es eigentlich
weniger: Einmal stößt Spock mit einem irren Lachen gegen den
Graffitikünstler. Spock befiehlt ihn ins ›Labor‹. (Ein interessantes
Ziel; ich hätte das Lazarett gewählt.) Später, nachdem die Ursa-
che des Wahnsinns isoliert ist, ruft McCoy das Labor an. Raten
Sie mal. Der Graffitikünstler ist Spocks Befehl nachgekommen!
Sein irres Gackern kommt auch aus dem Interkom!

• Nachdem Kirk sich an dem alkoholischen Wasser infiziert,
verfällt er in ein Selbstgespräch über die Anforderungen seines Berufes. Die Szene beantwortet eine brennende Frage
dieser Serie: Warum lechzt Kirk hinter jedem außerirdischen
Rock her, der ihm begegnet, Androiden eingeschlossen? Antwort: Weil es ihm nicht gestattet ist, mit den Frauen auf der
Enterprise zu fraternisieren!

Grundlagenveränderungen

• Damals wußten die Macher wohl noch nichts von Spocks
unglaublich empfindlichem Gehör. Gegen Ende von ›Spock
außer Kontrolle‹ flüstert McCoy Kirk zu, er solle nicht erwähnen, daß er gesagt hat, Spock sei der beste Erste Offizier der
Flotte. Daraufhin wendet sich Spock an seinem Platz um und
dankt ihm für das Kompliment. In ›Implosion in der Spirale‹
sagt Sulu, er werde die Brücke verlassen. Er tut es auch, aber
Spock schaut nur in seinen Scanner.

Gerätekokolores

Gleich nach dem Vorspann zeigt eine Momentaufnahme die
Enterprise in der Kreisbahn um Psi 2000. Der Planet rotiert in
bezug zum Schiff von rechts nach links. Der Hauptschirm auf
der Brücke zeigt jedoch, daß er von links nach rechts rotiert.

• Dem bereits erwähnten Isolieranzug scheint es an einer

IMPLOSION IN DER SPIRALE

wichtigen Fähigkeit zu mangeln: an Dichte. Der Kopfteil des Anzugs ist ein ziemlich lose sitzendes Ding mit zahlreichen Lücken, durch die Bakterien eindringen können.

• In dieser Episode beweisen die automatischen Türen einen erstaunlichen Grad an Wahrnehmungsfähigkeit: Als Spock sich infiziert, flieht er in den Konferenzraum 2, um sich dort auszuheulen. Er ist kaum durch die Tür, als sie sich auch schon schließt. Als er dann an der Tür lehnt, bleibt sie geschlossen! Woher wußte sie, daß sie dies tun sollte? Hat sie gespürt, daß Spock einen Gefühlsausbruch erlebte und ihre Unterstützung brauchte?

• Nachdem Scott das Schott durchschnitten hat, um die Tür zum Maschinenraum öffnen zu können, nimmt er die Platte mit den bloßen Händen fort. Da fragt man sich, wie schnell ein Schott wohl abkühlt, nachdem man es mit einem Schneidbrenner bis zur Weißglut erhitzt hat.

• Am Ende der Folge macht die *Enterprise* eine Zeitreise in die Vergangenheit, bis Kirk die Schubkraft der Triebwerke umkehren und verlangsamen kann. Die Großaufnahme der Schiffsuhr zeigt, daß sie rückwärts läuft, anhält und dann vorwärts läuft. Die Uhr ist mit Zylindern versehen, auf denen Zahlen stehen. Leider ist der Getriebemechanismus der Zylinder abgeschaltet. Dieses Problem führt dazu, daß die Uhr beim Vorwärtslaufen 7:59, 7:00 und dann 8:01 anzeigt. Ist das nicht etwas verwirrend?

Anschluß- und Produktionsprobleme

• Als die Schiffstriebwerke implodieren, verziehen Kirk, McCoy, Uhura und Rand schmerzhaft das Gesicht. Ihr Verhalten steht im Widerspruch zu den Offizieren am Ruder, der Navigation und an Scotts Platz. Den Typen geht es wohl bestens. Ist der Schmerz nur ein örtliches Phänomen?

Quiz-Antworten

1. Auf der Bowlingbahn
2. BEREUT, IHR SÜNDER!

KIRK : 2 = ?

(THE ENEMY WITHIN)

Sternzeit: 1672.1-1673.1

Dei einer Mustersammelmission auf dem Planeten Alpha 177 beamt Scott Kirk zurück an Bord. Der Captain stolpert von der Plattform, der besorgte Scott begleitet ihn in sein Quartier. Kaum sind sie fort, schaltet sich der Transporter wieder ein und beamt einen zweiten Kirk ins Schiff. Was die Mannschaft nicht weiß: Eine Transporterfehlfunktion hat Kirk in zwei Hälften gespalten – eine gute und eine böse. Während der Gute sich in seiner Kabine entspannt, schlägt der Böse zu. Dann macht Scotty den Versuch, ein Tier des Planeten an Bord zu beamen: Er sieht, daß der Transporter es in zwei Hälften spaltet. Nach Untersuchung der Ergebnisse erkennen Spock und der gute Kirk, daß irgendwo auf dem Schiff ein böser Kirk existiert. Eine gestrandete Landegruppe, der auch Sulu angehört, verkompliziert die Lage noch mehr. Die Nacht bricht herein; die Temperatur des Planeten erreicht –120 Grad F[10].

> **Trekker-Quiz**
>
> 1. Was steht auf Rands Türschild?
> 2. Wie nennt McCoy den Techniker Fisher, als er ihn wieder zu Bett bringt?

Während Scotty alles unternimmt, um den Transporter zu reparieren, spüren Spock und der gute Kirk den bösen Kirk auf. Nach erfolgter Reparatur bringt der gute Kirk den bösen in den Transporterraum. Ein erneutes Beamen setzt die beiden erfolgreich wieder zusammen, und die Landegruppe kann an Bord geholt werden.

---

[10] ca. –84 Grad Celsius.

KIRK : 2 = ?

Anmerkungen

Eine Szene dieser Episode offeriert einen kurzen Blick auf Scotts rechte Hand. Falls Sie es noch nicht bemerkt haben: Dem Schauspieler James Doohan, der den Scotty spielt, fehlt an einer Hand der Mittelfinger. Es ist verblüffend, zu welchen Tricks die Macher während der gesamten Serie gegriffen haben, um diese Tatsache zu verschleiern. Man achte in jeder beliebigen Szene auf die Hand, und man wird sehen, daß Doohan sie ständig ballt oder versteckt. Ich bringe dies nur aus einem Grund zur Sprache: Wieso diese Skrupel, Doohans Hand zu zeigen? Ihm fehlt ein Finger. Na und? Scott ist Inge-nieur. Ist es da nicht wahrscheinlich, daß er während seiner Laufbahn den einen oder anderen Unfall hatte? In Star Trek V: Am Rand des Universums, *wurde dieser Unfug außen vor gelassen. In diesem Film gibt es eine Szene (Scott und Uhura beim Essen), in der man die Hand deutlich sieht. (Eine weni-ger deutliche Szene kommt auch in* Star Trek IV: Zurück in die Gegenwart *vor.)*

Handlungsschwächen

• Nachdem Scott den Techniker Fisher an Bord beamt, hat der Transporter eine Fehlfunktion. Gelber Erzstaub, der Fi-shers Kleidung bedeckt, ist der Verursacher dieses Problems. Der Chefingenieur äußert Besorgnis über die Anlage und bit-tet den Techniker Wilson – nachdem er die Instrumente sorg-fältig geprüft hat –, einen ›Synchronmesser‹ zu holen, um sie noch einmal zu überprüfen. Bevor Wilson jedoch zurückkehrt, beamt Scott den Captain an Bord. Dann hat er den Syn-chronmesser wohl doch nicht gebraucht?

• Kurz nach der Ankunft auf dem Schiff greift der böse Kirk Bootsmann Rand an. Als sie im Lazarett davon berichtet, er-weckt sie den Eindruck, seine Tat habe sie ernstlich verstört. Sie verzieht sogar das Gesicht, als der böse Kirk Wiedergut-machung anbietet und darum bittet, sie später besuchen zu dürfen. Ihre Reaktionen dürften völlig normal sein: Der Mann

KIRK : 2 = ?

wollte sie vergewaltigen. Doch am Ende der Episode verhält Rand sich plötzlich so, als sei alles in bester Ordnung. Ihre Genesung kommt etwas zu schnell. Dann äußert Spock, der böse Kirk habe ›interessante Qualitäten‹ aufgewiesen. Was soll das heißen? Fragt er sich etwa, ob Rand die ›Offenheit‹ (um einen äußerst üblen Euphemismus zu verwenden) des bösen Kirk insgeheim genossen hat? (Meiner Frau ist zudem aufgefallen, daß Spock Rand nach diesem Kommentar ziemlich lüstern angafft. Das ist wohl nicht sehr vulkanisch, oder?)

• In einer Szene sagt Spock zum guten Kirk, die Mannschaft dürfe nichts von der Transporter-Fehlfunktion erfahren. Er meint, der Captain könne es sich nicht leisten, ›weniger als perfekt‹ zu sein. Laut Spock führt jede Unvollkommenheit dazu, daß Kirk den Respekt der Mannschaft und somit seine Kommandofähigkeit verliere. Offenbar erstreckt sich dieses notwendige Bild der Perfektion auch aufs Körperliche: Als der böse Kirk die Schrammen in seinem Gesicht verbergen will, geht er in die Ankleidenische seiner Kabine und öffnet einen *Make-up*-Behälter. Kirk hat ihn wahrscheinlich immer dabei, um häßliche Haut- und Altersfalten zu tarnen. (Zum Glück ist die *Enterprise*-Mannschaft in den Kinofilmen wirklich gealtert, und die Hauptdarsteller dürfen ihre Jahre nun öffentlich zeigen.)

• Während Spock den Versuch macht, den guten Kirk dazu zu bewegen, wieder in den Transporter zu steigen, macht er eine eigenartige Aussage: Er sagt, er sei nicht nur halb Mensch, sondern auch halb Nichtmensch, und seine beiden Hälften lägen ständig miteinander unterschwellig im Widerstreit. Müßte er es nicht umgekehrt sagen? Ich habe immer gedacht, er sei auf seine vulkanische Abstammung stolz. Würde Spock nicht eher seine menschliche Hälfte als fremdartig bezeichnen?

• Nachdem der gute Kirk beschlossen hat, den Transporter noch einmal zu benutzen, schnallt er den bösen Kirk von seinem Krankenbett im Lazarett los. Ein Kampf folgt; der böse

KIRK : 2 = ?

Kirk gewinnt. Er geht rasch auf die Brücke, wo Lieutenant John Farrell ihn über die gestrandete Landegruppe informiert. Dabei sagt er: »Kein Wort von Mr. Solo, Sir.« Wer ist Mr. Solo? Ist der Solo aus *Solo für O.N.C.E.L.* etwa auch auf dem Planeten gestrandet? (Vielleicht hat auch der *Millennium Falcon* aus *Krieg der Sterne* eine Bruchlandung dort gebaut?)

Gerätekokolores

• Der größte Patzer dieser Episode ist natürlich der: Warum schickt die Mannschaft keine Raumfähre auf den Planeten, um Sulu und die anderen zu retten? (Die inoffizielle Antwort lautet: Die Produktionsmannschaft hatte noch keine Fähre für die *Enterprise* gebaut. Sie muß deswegen inoffiziell sein, weil man als Beckmesser mit der Realität nichts am Hut hat!)

• Sulu hat offenbar eine Art rotierende Düse auf seinem Phaser. Einmal setzt er ihn dazu ein, um einige Felsen zum Glühen zu bringen. Er hält ihn völlig still, aber der Strahl fegt hin und her.

• Kurz vor dem Kampf zwischen den Kirks im Lazarett zeigt uns die medizinische Anzeige über des bösen Kirks Bett dessen Herzrhythmus. Während des Kampfes, als der böse Kirk sich anstrengt, steigt der Rhythmus an. Die Sache hat nur einen Haken: Der Böse liegt gar nicht mehr auf dem Bett. Er befindet sich am anderen Ende des Raumes! Wieso mißt das Gerät also seinen Herzschlag?

Anschluß- und Produktionsprobleme

• Aus irgendeinem Grund haben die Macher die erste Szene auf dem Planeten seitenverkehrt in den Film kopiert. Man achte auf Kirks und Sulus Scheitel. Man achte auch darauf, daß auf dem Planeten niemand ein Emblem auf dem Hemd trägt. Nachdem der Techniker Fisher gestürzt ist und Kirk und Sulu zu ihm eilen, wird alles wieder normal. Doch das Emblem von Kirks Hemd taucht erst wieder auf, als er den Transporterraum verläßt. (Ich persönlich nehme an, die Ma-

KIRK : 2 = ?

cher sind so vorgegangen, um die planetare Kulisse größer erscheinen zu lassen. Ein Umdrehen der Kulissen läßt die Gegend völlig anders wirken. Wenn es stimmt, wurden die Embleme bewußt fortgelassen. Hätte man aber wirklich clever sein wollen, hätten die Akteure sie nur auf der falschen Seite zu tragen brauchen.)

• Da der gute Kirk weiß, daß sein böses Ich versuchen wird, sich im Maschinenraum zu verstecken, geht er mit Spock dorthin, um ihn zu fassen. Dabei richtet der böse einen Phaser auf den guten Kirk und weicht zurück. In der Totale sieht es so aus, als hätte der böse Kirk einen kleinen Phaser vom Typ I in der Hand. In den Großaufnahmen hat er einen größeren vom Typ II.

• Bei der letzten Konfrontation zwischen dem guten und dem bösen Kirk (auf der Brücke) wechseln die Schrammen im Gesicht des Bösen die Seite! In den meisten Fällen befinden sie sich auf seiner linken Gesichtshälfte, doch bei einigen Großaufnahmen hüpfen sie auf die rechte. Und wenn nicht, hat ihm jemand noch ein paar Schrammen beigebracht.

• Als Kirk wieder mit sich vereint ist, kommt es zu einem kleinen Anschlußproblem: McCoy fragt, wie es ihm geht. Kirk dreht sich um, weil er antworten will, und dann, bei der Großaufnahme, wieder. (Es *muß* natürlich kein Fehler sein, vielleicht rotiert Kirks Kopf auch nur um 360 Grad!)

Quiz-Antworten

1. 3C 46
2. Bucko[11]

---

[11] In der deutschen Fassung nennt er ihn einfach bei seinem Namen.

DIE FRAUEN DES MR. MUDD
(Mudd's Women)

Sternzeit: 1329.8-1330.1

Die *Enterprise* verfolgt einen unidentifizierten Frachter. Als das Schiff in einen Asteroidenschwarm eintaucht, läßt Kirk die Deflektorschirme ausfahren, um es zu schützen. Gleichzeitig beamen Spock und Scott die Besatzung des Frachters auf die *Enterprise*: einen Mann – Harcourt Fenton ›Harry‹ Mudd – und drei atemberaubend schöne Frauen. Leider verbraucht das Unternehmen den gesamtem Dilithiumvorrat des Schiffes. Kirk setzt Kurs nach Rigel XII, die nächste Kolonie, auf der das Element abgebaut wird, und wirft Mudd den illegalen Betrieb eines Raumschiffes vor. Als Mudd vom Problem der *Enterprise* erfährt, läßt er sich von seinen Frauen schnell einen Kommunikator und Informationen über Rigel XII beschaffen.

> **Trekker-Quiz**
>
> 1. Welchen Raumschifftyp steuert Harry Mudd am Anfang dieser Episode?
> 2. Wieviel hat Harry Mudd gewogen, als seine Akte zuletzt auf den neuesten Stand gebracht wurde?

Als Kirk mit Ben Childress, dem Oberbergmann auf Rigel XII, verhandeln will, stellt er fest, daß Mudd ihm zuvorgekommen ist. Childress weigert sich, ihm die Kristalle zu verkaufen. Er möchte sie viel lieber gegen Mudds Frauen eintauschen und verlangt, daß Mudd freigelassen wird. Als die Frauen auf den Planeten gebeamt sind, ist Childress jedoch ›zu beschäftigt‹, um die Kristalle herauszugeben. Erst als Kirk die Wahrheit über die Frauen entdeckt, hält er seinen Teil der Abmachung ein: Mudd hat die Frauen nämlich mit der ›Venusdroge‹ behandelt, um sie attraktiver zu machen, als sie eigentlich sind.

DIE FRAUEN DES MR. MUDD

Trotzdem bittet Childress eine der Frauen, bei ihm zu bleiben, um mit ihr über eine gemeinsame Zukunft zu reden.

Handlungsschwächen

• Als Harry Mudd entdeckt, daß die *Enterprise* neue Dilithiumkristalle braucht, kommt ihm eine Idee: Er erzählt den Frauen, sie werden bald reiche Bergleute heiraten, und er werde Kirk bald die Befehle geben. Dies erzählt er ihnen in dem Konferenzraum, in dem Kirk ihn zuvor verhört hat. Im Hintergrund stehen zwei Wachen, die alles mit anhören. Haben die Frauen die Typen etwa hypnotisiert? Halten sie Mudd nur für einen Schwätzer? Warum melden sie den Wortwechsel nicht dem Captain?

• Kurz nachdem Childress an Bord gebeamt ist, trifft er sich mit Kirk. Mudd und die Frauen platzen mitten in das Gespräch hinein. Moment mal! Kirk hat Mudd in eine Kabine gesperrt und eine Wache aufgestellt. Ist der Wächter etwa ebenso weggetreten wie seine Kollegen im Konferenzraum?

• Beckmesser-Kollegin Sara Green schreibt: »Laut dieser Episode ist Wunschdenken die beste Möglichkeit, sich selbst eine Runderneuerung zu schenken.«

• Am Ende der Episode ruft Kirk Spock aus Childress' Quartier auf dem Planeten Rigel XII an. Er meldet seinem Ersten Offizier, er und Mudd werden mit den Dilithiumkristallen an Bord beamen. Dann bietet er Mudd an, bei dessen Prozeß als Leumundszeuge auszusagen, und geht mit den Kristallen hinaus! (Wahrscheinlich ist er zurückgekehrt, als wir gerade anderswo zugeschaut haben!)

Gerätekokolores

• Mudd bewahrt die Droge, die er den Frauen verabreicht, in einer kleinen ovalen Schachtel mit Deckel auf. Als er jedoch zu Eve geht, um ihr eine Pille zu geben, fällt der Deckel von der Schachtel. Dann zeigt ein anderer Kamerawinkel, daß er wieder an Ort und Stelle ist.

DIE FRAUEN DES MR. MUDD

- Die Venusdroge ist eine tolle Sache: Sie glättet Falten. Sie repariert gesplissenes Haar. Sie frischt sogar das Make-up und falsche Augenwimpern auf.
- Wieso hat Uhura Mudds Funkspruch an die Bergleute nicht aufgefangen? In ›Brautschiff Enterprise‹ hat sie sogar den Funkspruch eines klingonischen Kommunikators aufgeschnappt.

Anschluß- und Produktionsprobleme

- McCoy scheint nicht genau zu wissen, welches Hemd er am Anfang der Episode im Transporterraum tragen soll: Als die Frauen an Bord beamen, trägt er ein Velourhemd mit langen Ärmeln. Als die Kamera die Frauen dann aus einem anderen Winkel zeigt, hat er plötzlich ein Medizinerhemd mit kurzen Ärmeln an. Wahrscheinlich hat er geglaubt, lange Ärmel stünden ihm besser, denn als die Kamera ihn zum nächsten Mal zeigt, hat er sich schon wieder umgezogen! (Der Grund: Man brauchte eine Großaufnahme von McCoy und hat eine aus dem Lazarett verwendet. Man kann sogar im Hintergrund einen Medoscanner sehen.)
- Als eine der Frauen Mudds McCoy im Lazarett aufsucht, läuft sie an einer medizinischen Anzeigetafel vorbei und zwinkert. Die Totale zeigt ihren Kopf deutlich innerhalb der Grenzen des Anzeigenfeldes, die Großaufnahmen aber nicht.
- Es hätte mich eigentlich nicht überraschen sollen, aber ich wäre nie darauf gekommen, daß es auf der *Enterprise* auch Insekten gibt. Gelänge es diesen lästigen kleinen Biestern, an Bord zu kommen, würde man sie nur schwer wieder los, denn sie hätten eine Menge Platz, um sich zu verstecken. Als Mudd Eve in seinem Quartier eine Pille geben will, fliegt eine Motte vorbei!

Quiz-Antworten

1. *Einen Kleinfrachter der Klasse J*
2. *240 Pfund*

DIE GROSSE
KAPITÄNSPATENTPRÜFUNG
(NACH EINER IDEE VON JOE RYAN)

Da die Gelegenheit, ein Raumschiff zu kommandieren, äußert selten ist, haben Die Ewigen Mächte diesen Test entwickelt, um potentielle Kommandanten gemäß ihren Fähigkeiten einzustufen. Behalten Sie immer im Auge, daß das Ergebnis dieses Tests Sie für alle Zeiten in eine von drei möglichen Kategorien einstuft. Die einmal festgesetzte Qualitätseinstufung wird alle möglichen Gelegenheiten diktieren, die Ihnen während Ihrer Laufbahn geboten werden. Die Prüfung wird von dem vor Ihnen befindlichen interaktiven Arbeitsplatz durchgeführt. Dieser Arbeitsplatz bietet Ihnen fünf hypothetische Planspiele an, in denen sich das fiktive Raumschiff USS *Unterpreis* wiederfindet. Jedem Planspiel folgen drei mögliche Optionen. Antworten Sie in 15 Sekunden mit der Eingabe von ›A‹, ›B‹ oder ›C‹.

Dieser Software wurde nach Ratifizierung der Gesetzes zur ›Versicherung des Prüfungspersönlichkeitsrechts‹ (Sternzeit 5370.0) folgender Nachtrag hinzugefügt: Laut den Gesetzen, die die Freiheit des Ausdrucks garantieren, wurde dieser Arbeitsplatz modifiziert, um Ihnen zu gestatten, die Antworten persönlich einzugeben. Falls Sie Ihre persönliche Antwort ergänzen wollen, können Sie die diesbezügliche Option laut Regierungsamtlicher Vorschrift 80982, § 12, Absatz AA ausüben, in dem Sie ›D‹ und dann die Aussage eingeben, die Sie zu machen wünschen. Die vom Prüfling gemachten Antworten werden in Kursivschrift angezeigt.

Die Prüfung beginnt in fünf Sekunden. Schönen Tag noch.

1. Sie verschwinden urplötzlich von der Brücke der *Unterpreis* und finden sich auf dem Planeten EADF-82 wieder, einer

DIE GROSSE KAPITÄNSPATENTPRÜFUNG

Welt, die von drei körperlosen Gehirnen beherrscht wird, die sich ›Die Herren‹ nennen. Diese bunten Gehirne lenken die umherstreunenden Bewohner des Planeten, zwingen sie, sich in 3-D-Schachturnieren zu messen, und schließen über die Ergebnisse Wetten ab. Die Herren erklären Ihnen, daß die Spiele zur Routine geworden sind. Sie brauchen frisches Blut, um dem Wettstreit mehr Würze zu verleihen, und deuten an, daß sie die Absicht haben, Ihr Schiff und dessen Mannschaft zu vernichten und Sie für den Rest Ihres Lebens bei sich zu behalten. Sie machen folgendes:

A) Sie verwetten Ihr Leben und das der Besatzung, daß Sie drei der besten Spieler von EADF-82 nicht nur im Schachspiel, sondern auch beim Armdrücken besiegen können.

B) Sie diskutieren energisch über die Definition der Empfindungsfähigkeit als jenes Kriterium, nach dem eine Kultur Persönlichkeitsrechte garantiert, und überzeugen die Herren schließlich, Sie laufenzulassen. Sie wissen genau, daß Ihre geschmacklosen Überheblichkeiten jeden möglichen Nervenkitzel ins Stocken bringen würde, den Sie eventuell ins Spiel brächten.

C) Sie versichern den Herren, sie hätten einen großen Fehler gemacht, da sie kein 3-D-Schach spielen können, bieten ihnen jedoch an, das Geschick der Einheimischen beim 1-D-Schach zu prüfen.

D) *Was denn, dies soll der Kommandantentest für die Handelsmarine sein? Ich dachte, ich sollte mich in Raum 225 melden – nicht in Raum 255. Und was soll ich jetzt tun? Na ja ... Wenn ich schon mal hier bin, könnte ich auch ein paar Fragen beantworten. Mal sehen ... Meine persönliche Meinung? Ich würde versuchen, die Herren dazu zu bewegen, mich als Manager einzustellen. Ich kenn' da nämlich einen Typen, der auf Rummelplatzens Planet mit Gehirnen jongliert. Er hat 'ne Maschine, die ihm vorübergehend das*

DIE GROSSE KAPITÄNSPATENTPRÜFUNG

*Wissen vermittelt, wie man die Gehirne der Zuschauer ent-
fernt. Wenn er seine Nummer abgezogen hat, gibt er die
Gehirne, bevor sein Wissen um seine chirurgischen Fähigkeiten verblaßt, zurück. Es ist 'ne tolle Show, aber bunte
Gehirne locken bestimmt viel mehr Zuschauer an als
graue.*

2. Die *Unterpreis* fängt den Funkspruch eines Frachters aus
der Neutralen Zone auf: Seine Triebwerke sind kaputt, und
seine Sensoren zeigen vier sich unter Tarnschirmen
nähernde romulanische Kriegsschiffe. Die Romulaner werden, wie Sie selbst, Stunden brauchen, um den Frachter zu
erreichen. Das Leben von 200 Humanoiden steht ebenso auf
dem Spiel wie der angeblich unantastbare Charakter der
Neutralen Zone. Wenn Sie den Versuch unternehmen, den
Frachter zu retten, wird die *Unterpreis* womöglich vernichtet,
und Sie zetteln einen intergalaktischen Krieg an. Sie tun folgendes:

A) Sie stürzen sich mit ballernden Phasern ins Getümmel,
   weil sie hoffen, daß die 1 : 1 000 000 stehende Chance
   zum Überleben auf Ihrer Seite ist.

B) Sie schicken einen Hilferuf an alle getarnten Klingonenschiffe und eilen dann, die Phaser im Vorhalt, mit Voll-
   dampf zum Ort des Geschehens.

C) Sie sprechen dem Captain des Frachters Ihr Beileid aus.

D) *Sie gehen außerhalb der Neutralen Zone in Stellung
   und bitten den Captain des Frachters um die Bergungs-
   rechte – für den Fall, daß noch etwas von ihm übrig bleibt,
   wenn die Romulaner mit ihm fertig sind.*

3. Die *Unterpreis* taucht in eine Raum-Zeit-Anomalie ein und
kommt in einer völlig unbekannten Region der Galaxis wieder
hervor. Sämtliche Navigationsinstrumente sind nutzlos, doch

DIE GROSSE KAPITÄNSPATENTPRÜFUNG

eine flinke visuelle Überprüfung zeigt einen in der Nähe befindlichen Planeten. Dort angekommen, entdecken Sie ein in einer Kiste lebendes Energiewesen. Das Wesen behauptet, wenn Sie es an Bord holen, könne es Sie in die Föderation zurückbringen. Leider ist die Assistentin des Wesens, eine Humanoide, mordsmäßig eifersüchtig und will dies nicht zulassen. Sie tun folgendes:

A) Sie setzen Ihren nicht unbeträchtlichen Charme ein und lenken die Assistentin ab, während Ihr Wissenschaftsoffizier die Kiste ins Schiff zaubert.

B) Sie verbringen die nächsten Stunden damit, auf respektvolle Weise mit der Assistentin zu reden.

C) Sie vermeiden eine Konfrontation, indem Sie auf die *Unterpreis* zurückkehren und den Rest Ihres Lebens damit verbringen, im All herumzugurken und sich einen neuen Heimatplaneten zu suchen.

D) *Sie rufen UPS an! Diese Typen bringen alles mögliche von einem Ort zum anderen. Sie rauschen an, kleben ein Etikett auf das Kistchen, und Sie haben es im Nu an Bord.*

4. Ihr Wissenschaftsoffizier hat gerade gemeldet, daß ein Geschöpf, das jede Gestalt annehmen kann, sich von dem Planeten, den die *Unterpreis* gerade umkreist, an Bord gebeamt hat. Es ist zwar das Letzte seiner Art, aber es hat bereits vier Besatzungsmitglieder ernstlich geschwächt: Es hat ihnen sämtliche männlichen Hormone entzogen und ihre Fähigkeit, neue zu entwickeln, für alle Zeiten geschädigt. Sie tun folgendes:

A) Sie rennen allein im Schiff herum, bis das Geschöpf Sie angreift – weil Sie nämlich hoffen, daß die Herren Ihres Stabes genug Grips haben, um Ihnen zu folgen und das Ding umzubringen.

DIE GROSSE KAPITÄNSPATENTPRÜFUNG

B) Sie führen mit Unterstützung zahlreicher Bordwachen und einem großen Haufen Beruhigungsmittel eine sorgfältige Durchsuchung aller Decks durch, um das Wesen zu fangen und auf den Planeten zurückzubringen.

C) Sie sorgen dafür, daß kein weiteres Leben mehr riskiert wird, indem sie die Mannschaft auf den Planeten beamen und auf Verstärkung warten.

D) *Sie fangen das Geschöpf ein, verscherbeln es an die Kliniken auf Transvestis V und weisen die Bordkleiderkammer an, die vier Besatzungsmitglieder mit Miniröcken auszustatten.*

5. Eine Seuche, die das menschliche Oberhautgewebe in Kunststoff verwandelt, hat die Bewohner des vierten Planeten im System Delta Omicron Alpha befallen. In vier Tagen wird dort jegliches humanoides Leben zu existieren aufhören. Das einzige bekannte Heilmittel ist ein exotisches Gebräu namens DLF-37. Die einzige bekannte Quelle dieses Gebräus ist der äußere Asteroidengürtel im System Kützelmütz. Leider haben die Bergleute im äußeren Asteroidengürtel kürzlich alle Lieferungen ins Kützelmütz-System eingestellt: Sie schämen sich ihrer momentanen Bezahlung und verlangen, bevor sie die Arbeit wieder aufnehmen wollen, niedrigere Löhne und weniger Sozialleistungen. Die Regierung von Kützelmütz IV weigert sich, den Bergleuten weniger zu zahlen, da sie glaubt, die gegenwärtigen Tarife seien der einzig adäquate Lohn. Sie tun folgendes:

A) Sie lassen von Ihrem Wissenschaftsoffizier den höchstrangigen Bergmann des anderen Geschlechts ausfindig machen und starten einen Verführungsversuch, indem Sie ihr das DLF-37 einflößen.

B) Sie überzeugen die Regierung, die Löhne der Bergleute zu senken, und verwenden die überzählige Knete aus

DIE GROSSE KAPITÄNSPATENTPRÜFUNG

dem DLF-37-Verkauf dazu, bessere Bildungseinrichtungen für die Kinder der Bergleute im äußeren Asteroidengürtel zu bauen.

C) Sie schicken eine Nachricht über die Verhandlungslage nach Delta Omicron Alpha und informieren die Leute, daß Sie das DLF-37 so schnell wie möglich vorbeibringen.

D) *Sie begeben sich eine Woche lang auf Rigleys Vergnügungsplaneten und gründen anschließend einen Schaufensterpuppenlieferungsdienst auf einem der Delta Omicron Alpha IV umkreisenden Satelliten.*

Auswertung

Geben Sie für jedes ›A‹ 100, für jedes ›B‹ 10, für jedes ›C‹ einen, und für jedes ›D‹ null Punkte. (So wie die Dinge liegen, haben Sie zwar das Recht, Ihre Antworten selbst zu bestimmen, aber die Auswerter sind nicht verpflichtet, Sie auch noch dafür zu belohnen.) Wenn Sie die Punkte zusammengerechnet haben, sind folgende Bewertungen für Sie gültig:

Falls Ihre Punktzahl über 250 liegt:
Herzlichen Glückwunsch! Sie haben sich für einen 1-A-Kommandoposten qualifiziert! Auf Sie wartet das Kommando über eins der aufregendsten Schiffe, das je die Galaxis durchquert hat. *Anmerkung:* Sind Sie zufällig eine Frau, nehmen Sie automatisch einen 1-B-Kommandoposten ein.

Falls Ihre Punktzahl über 25, aber unter 250 liegt:
Herzlichen Glückwunsch, Sie haben sich für einen 1-B-Kommandoposten qualifiziert! Ihre empfindsamen und verständnisvollen Antworten beweisen eindeutig, daß Sie die Fähigkeit haben, ein Raumschiff zu befehligen. Zu schade, daß Ihre Ansichten für die nächsten achtzig Jahre kaum mehrheitsfähig sind. Sollten Sie Frage 2 z. B. mit ›B‹ beantwortet haben,

DIE GROSSE KAPITÄNSPATENTPRÜFUNG

haben Sie wohl übersehen, daß die Klingonen *noch* unsere Feinde sind! Hoffentlich leben Sie so lange, um mitzuerleben, daß Ihr Wohlwollen Früchte trägt.

Falls Ihre Punktzahl mehr als 2, aber weniger als 25 beträgt:
Sie haben sich für einen 1-C-Kommandoposten qualifiziert. Es gibt viele rostige alte Raumstationen – manche davon befinden sich im interstellaren Raum –, die von Ihren Talenten profitieren werden. Natürlich können Sie darauf hoffen, daß sich in der Nähe Ihres Einsatzortes ein stabiles Wurmloch öffnet. Es würde Ihrem Job eine Menge Prestige einbringen.

Falls Sie 2 oder weniger Punkte haben:
Die Ferengi halten stets nach Individuen Ihres Kalibers Ausschau. Wenn Sie an dem ›DaiMon-Ausbildungsprogramm‹ teilnehmen wollen, wenden Sie sich an die ferengische Gesandtschaft.

DER ALTE TRAUM
(WHAT ARE LITTLE GIRLS MADE OF?)

Sternzeit: 2712.4

Bei der Suche nach Dr. Roger Korby, dem Ex-Verlobten von Schwester Chapel, nähert sich die *Enterprise* dem Planeten Exo III. Kurz nachdem sie in die Kreisbahn geschwenkt ist, meldet sich der Gesuchte und behauptet, eine ungeheure Entdeckung gemacht zu haben. Er bittet Kirk und Chapel, allein zu ihm zu kommen. In Grotten unter dem Planeten stoßen sie auf Korby, eine junge Frau namens Andrea und ein Wesen namens Ruk. Korby erklärt, Andrea und Ruk seien Androiden. Um die uralte Technik dieser Welt zu demonstrieren, erschafft er ein Androidenduplikat Kirks und schickt es aufs Schiff. Als es zurückkehrt, wird es von Andrea vernichtet, die glaubt, der echte Kirk sei entkommen.

> **Trekker-Quiz**
>
> 1. In den Ruinen welches Planeten revolutioniert Dr. Korby nach der Übersetzung medizinischer Akten Immunisierungstechniken?
> 2. Wie lauten, von links nach rechts gelesen, die letzten sechs Zahlen der Safekombination Kirks?

Gleichzeitig hetzt Korby Ruk auf Kirk. Ruk wurde von den Ureinwohnern konstruiert. Irgendwann vor Jahrtausenden haben sie Angst vor ihren Maschinen entwickelt und wollten sie abschalten. Die Androiden haben rebelliert und ihre Erbauer ausgerottet. Kirk wiedererweckt Ruks Erinnerungen und zwingt Korby, den riesigen Androiden zu vernichten. Dann greift er Korby an. Der Kampf zeigt, daß auch der Wissenschaftler ein Androide ist. Korby behauptet, dies sei völlig egal. Chapel ist anderer Meinung. Der mitfühlende Mann,

DER ALTE TRAUM

den sie einst gekannt hat, existiert für sie nicht mehr. Korby wird plötzlich klar, daß sie die Wahrheit spricht. Er begeht demoralisiert Selbstmord und tötet dabei auch Andrea.

Anmerkungen
Diese Episode wimmelt von wunderbaren Elementen. Die Macher haben bei Ruk ganze Arbeit geleistet. Er wirkt wirklich wie ein Riese, und daß er Kirk herumschubst, zeigt, wie stark er ist. Auch Kirk glänzt. Wie er seinen Geist mit Vorurteilen gegen Spock füllt, ist eine brillante Taktik, und die Logik, die er anwendet, um Ruks Erinnerungen zu erwecken, läuft bravourös ab. Und schließlich erzeugt Dr. Roger Korbys Verwirrung über seine Menschlichkeit Mitleid.

Bemerkenswerte Dialoge
»Wenn es darum geht zu überleben, hebt sich jede Programmierung auf.« – Ruk, als ihm der logische Weg klar wird, der ihm erlaubt, Korby anzugreifen.

Höhepunkte
Es gibt einen herrlichen Wortwechsel zwischen dem echten und dem Androiden-Kirk am Eßtisch. Die Macher haben einiges geleistet, um beide Aufnahmen zu mischen.

Handlungsschwächen
• Kurz nachdem Chapel der lieblichen Andrea mit der rauchigen Stimme begegnet, will Korby die Ängste seiner Verlobten zerstreuen, indem er ihr versichert, Androiden könnten nicht lieben. Ahem ... Ist er nicht auch ein Androide? Glaubt er nicht auch, daß er *lieben* kann?

• Kirk und seine Genossen halten offenbar nicht viel von der Technik, auf die Korby gestoßen ist. Meines Wissens gibt es in der TV-Serie keinen Hinweis darauf, daß die Föderation je nach Exo III zurückgekehrt ist, um weitere Forschungen zu betreiben.

DER ALTE TRAUM

Grundlagenveränderungen

• Schwester Chapel wirkt in dieser Episode sehr in Korby verliebt. Doch ein paar Folgen vorher, als das alkoholische Wasser in ›Implosion in der Spirale‹ sie etwas offener machte, wirkte sie sehr in Spock verliebt. (Ich nehme an, dies ist im Grunde keine veränderte Prämisse; derartiges ist möglich. Ich dachte nur, man sollte es erwähnen.)

• Zu Anfang der Episode fragt Spock Chapel, ob sie genau wisse, daß die zu hörende Stimme Korby gehört. Chapel reagiert mit der Gegenfrage, ob Spock nie verlobt gewesen sei. Spock schaut sie so nichtssagend an, als sei ihre Frage ihm unverständlich. Tatsächlich lautet die Antwort ›Ja‹, denn ›Weltraumfieber‹ enthüllt, daß Spock mit T'Pring verlobt war. (Möglicherweise antwortet er nicht, weil er – bis in die dritte Staffel hinein – in Sachen *Pon Farr*[12] etwas schüchtern ist. Komischerweise tratscht er dann mit einer Frau darüber, die er gerade erst kennengelernt hat. Siehe ›Die Wolkenstadt‹.)

Gerätekokolores

• Das ovale Lämpchen an Uhuras Lautsprecher ist wohl kaputt. So ist es während der ganzen Folge, obwohl Korby und Ruk mit ihr kommunizieren.

• Kurz nach dem Tod des zweiten Wachmannes zückt Kirk einen Kommunikator, um Verbindung mit dem Schiff aufzunehmen. Er muß zweimal schnippen, bevor er endlich aufgeht.

• Um Kirk zu duplizieren, schnallt Ruk ihn an eine riesige Drehscheibe und legt eine amorphe humanoide Form auf die andere Hälfte. Als die Scheibe sich dreht, verwandelt sich die amorphe Masse in eine Kopie Kirks. Wenn man die Gestalt bei den Aufnahmen von oben betrachtet, sieht sie, was ihre Beine angeht, leicht untersetzt aus. Offenbar ziehen sich die

---

[12] Sexueller Erregungszustand der Vulkanier, zu dem es nur alle sieben Jahre kommt.

DER ALTE TRAUM

Beine in die Länge, damit das Endprodukt ebenso groß ist wie Kirk.

• Für einen Androiden ist Ruk nicht sehr aufmerksam. In einer Szene knotet Kirk seine Fesseln auf und verwendet sie, um Korby anzugreifen. Während die linke Hand des Captains fummelt, steht Ruk links hinter ihm, ohne seine Aktivität mitzukriegen.

• Der nächste Patzer passiert gleich nach dieser Szene: Kirk greift Korby erfolgreich an, indem er den Strick um dessen Hals schlingt und im Falle eines Angriffs durch Ruk droht, den Doktor zu erdrosseln. Ruk greift an. Kirk schubst Korby Ruk entgegen und verschwindet durch die Tür. Korby hustet, spuckt und schickt Ruk hinter Kirk her. Korby ist doch ein Androide! Laut dieser Folge brauchen Androiden nicht zu essen. Müssen sie etwa atmen? Warum sollte der Strick um seinen Hals ihm so viele Probleme bereiten?

Anschluß- und Produktionsprobleme

• Auf Exo III hängt der persönliche Status offenbar von der getragenen Kleidung ab. Korby trägt einen Overall. Sein Assistent Brown trägt ein dunkles Hemd und eine Hose mit angenähtem Hosenträger. Die arme Andrea hat zwar eine Hose mit Hosenträgern, aber kein Hemd.

• Ziemlich am Anfang zeigt die Episode eine Aufnahme der *Enterprise* in der Kreisbahn um Exo III. Es sieht so aus, als seien irgendwelche Schmutzflecke auf dem Film, da sie sich absolut synchron mit dem Schiff bewegen. Dies kommt auch später noch einmal vor.

• Nachdem Ruk und Andrea Kirk dupliziert haben, zeigt Korby Chapel zuerst den echten Kirk, dann läßt er die Drehscheibe rotieren und enthüllt den Androiden. Dazu mußten zwei Szenen gedreht werden – eine mit Kirk auf der nahen und eine auf der fernen Seite der Drehscheibe. Dann wurde der Film zusammengeklebt, um eine ununterbrochene Aufnahme zu ergeben. Es funktioniert sehr gut, aber es gibt

DER ALTE TRAUM

einen kleinen Makel: Man beobachte den ersten Kirk, als er aus dem Blickfeld verschwindet. Als der Androide sichtbar wird, ist die andere Hälfte der Drehscheibe völlig flach – ihr fehlt die Vertiefung, in der der echte Kirk lag.

• Es kommt bei jeder TV-Produktion vor, daß irgendwelche Probleme die Macher zwingen, die Schauspieler wieder ins Studio zu holen, um sie ein, zwei Dialogsätze sprechen zu lassen. Meist muß der bereits gedrehte Film dann ›übersprochen‹ werden. Die Aufnahme bleibt erhalten, nur der Ton wird ›repariert‹. Man kann derartige Stellen erkennen, indem man aufmerksam dem Dialog lauscht. Sobald man eine plötzliche Veränderung im Tonfall eines Akteurs bemerkt, ist dies ein Hinweis dafür, daß sein Text neu aufgenommen wurde. Ich kommentiere derlei Dinge normalerweise nicht. Übersprochene Szenen sind oft schwierig auszumachen. Doch in dieser Episode gibt es eine Passage, die sofort zu erkennen ist: Als Chapel beim Essen mit dem Androiden-Kirk redet, hält sie ihn für den echten und sagt: »Bitte, essen Sie doch weiter.« Man achte auf die Lautstärke und den Tonfall ihrer Stimme. Er unterscheidet sich von allem, was sie vorher gesagt hat und nach diesem Satz sagt.[13]

• Als der Androiden-Kirk im Schiff ist, begibt er sich ins Quartier des Captains und nimmt das ›Kommandopaket‹ an sich – die offizielle Liste der Reiseroute der *Enterprise.* Dann geht er hinaus und steigt in den Turbolift. Sein Gang durch den Korridor stammt eigentlich aus ›Das Letzte seiner Art‹. In dieser Episode hielt Kirk nichts in der Hand. Wo ist jetzt das Kommandopaket, mit dem er nach Exo III zurückkehren soll?

> **Quiz-Antworten**
>
> 1. Orion
> 2. 554334

---

[13] Dieser Patzer ist nur in der US-Version hörbar.

MIRI, EIN KLEINLING
(MIRI)

Sternzeit: 2713.5-2717.3

In den Tiefen der Galaxis stößt die *Enterprise* auf einen Planeten, der genau wie die Erde aussieht. Kirk, Spock, McCoy, Rand und zwei Mann von der Schiffswache beamen auf ihn hinab und stoßen auf eine verfallene und anscheinend verlassene Stadt. Als McCoy ein kaputtes Dreirad untersucht, wird er von einer humanoiden Bestie angefallen, die behauptet, daß Dreirad gehöre ihr, und dann stirbt. Später stößt man auf ein Mädchen namens Miri. Miri berichtet von bösen ›Grups‹, die schlimme Dinge tun, krank werden und sterben. Rand kommt darauf, daß sie ›Grown-ups‹[14] meint. Bald findet man heraus, daß die einzigen Bewohner der Stadt Kinder sind. Noch eine weitere verwirrende

> **Trekker-Quiz**
>
> 1. Was sind McCoy zufolge die ersten Symptome der Krankheit (abgesehen natürlich von dem Ausschlag?)
> 2. Welches ›Diagramm‹ hängt an der Laborwand?

Entdeckung wird gemacht: Die Krankheit, die alle Erwachsenen hat sterben lassen, erzeugt nicht nur Deformationen und Irrsinn, sondern hat nun auch die Landegruppe im Griff. Man erfährt, daß die planetaren Wissenschaftler 300 Jahre zuvor versucht haben, das Altern aufzuhalten. Es hat funktioniert – aber nur für die Kinder, und nur so lange, bis sie die Pubertät erreichen.

Spock und McCoy nehmen in einem Labor auf dem Planeten Forschungen auf und brauen schließlich ein Heilmittel.

---

[14] Erwachsene. In der deutschen Fassung: ›Die Wachsenen‹.

MIRI, EIN KLEINLING

Leider stehen die argwöhnischen Kinder ihre Kommunikatoren, so daß man die genaue Dosierung ohne Hilfe des Schiffscomputers nicht ermitteln kann. In dem Wissen, daß er ohnehin sterben muß, macht McCoy einen Selbstversuch. Kurz darauf genest er, und die Krise ist vorbei.

Anmerkungen
Dies ist die erste von mehreren Episoden, in denen Planeten eine Rolle spielen, die sich ›wie die Erde‹ entwickelt haben. Natürlich erfüllten sie für Gene Roddenberry eine sehr wichtige Aufgabe: Sie erfreuten die Buchhaltung, denn die Kulissen und Kostüme vieler Epochen der amerikanischen und europäischen Geschichte lagen bereits im Fundus. Ihr erneuter Einsatz sparte Geld. Wenn ich die ganze Parallelerden-Angelegenheit überdenke, muß ich Captain Kirk zustimmen, der gesagt hat: »Es scheint unmöglich, aber es ist so.«

Handlungsschwächen
• Zwei Tage nach dem Diebstahl der Kommunikatoren durch die Kinder können Kirk und die anderen noch immer keine Verbindung mit dem Schiff aufnehmen. Ich weiß zwar, daß Kirk dem Rest der Mannschaft befohlen hat, an Bord zu bleiben, aber ist es nicht eigenartig, daß auf der *Enterprise* niemand auf die Idee kommt, er könnte Kommunikationsprobleme haben, und ihm ein paar intakte Geräte hinunterbeamt? Daß Kirk und die anderen noch leben, ist bekannt: Man kann sie mit den Infrarotsensoren aufspüren. (Ich weiß. Die Folge wäre sehr kurz geworden, wenn sie mit dem Schiff reden könnten.)

• Was passiert eigentlich mit den Kommunikatoren des Wachpersonals? Als die Kinder mit den Kommunikatoren der restlichen Landegruppe davonschleichen, sind die Wachen auf Patrouille. Müßten sie ihre eigenen Kommunikatoren nicht mitnehmen – für den Fall, daß sie Kirk kontaktieren müssen?

MIRI, EIN KLEINLING

- Kurz nachdem McCoy sich zum Versuchskaninchen gemacht hat und die Besinnung verliert, sagt Spock, er werde den medizinischen Geist nie verstehen. Ich glaube, daß er McCoy nur allzu gut versteht: Der Vulkanier weiß, daß man ein Versuchskaninchen braucht, um das Serum zu testen. Er füllt die Spritze, dann entschuldigt er sich, er müsse nachsehen, wie Kirk mit den Kindern vorankommt. Spocks Abgang läßt die Spritze vor McCoys und aller Augen ganz allein. Wie aufs Stichwort nimmt McCoy sie an sich und gibt sich eine Injektion.
- Am Ende der Episode sagt Kirk zu Spock: »Volle Kraft voraus, Warp 1.« Warum sagt er es nicht zum Navigator, der doch direkt vor ihm sitzt? Sprechen die beiden nicht mehr miteinander?

Gerätekokolores
- Einmal sagt Spock zu McCoy, ihr Gebräu könne auch ein ›Becher des Todes‹ sein. Laut meinen Unterlagen blickt er dabei aber auf eine Flasche statt auf einen Becher, und das sollte ein Vulkanier, der auch noch Wissenschaftler ist, eigentlich wissen.[15]

Anschluß- und Produktionsprobleme
- In dieser Episode hat die Tontechnik zweimal vergessen, das Zirpen von Kommunikatoren einzublenden, als sie geöffnet werden – einmal bei Kirk, einmal bei Spock.
- Gegen Ende dieser Folge entführen die Kinder Bootsmann Rand und fesseln sie an einen Stuhl. Bei sämtlichen Totalen ist das Seil um ihre Taille und unterhalb ihrer Ellbogen um sie gewickelt. Bei den Großaufnahmen verläuft es *oberhalb* der Ellbogen.

Quiz-Antworten

1. *Hohes Fieber, Gliederschmerzen und verschleiertes Sehvermögen*
2. *Das Mutationsdiagramm*

---

[15] He, Phil, das war nur metaphorisch gemeint!

DER ZENTRALNERVENSYSTEM-MANIPULATOR
(DAGGER OF THE MIND)

Sternzeit: 2715.1-2715.2

Nachdem die *Enterprise* die Strafkolonie auf Tantalus V mit Nachschub versorgt hat, beamt sie eine für die Erde bestimmte Aktenkiste an Bord. Niemand ahnt jedoch, daß sich in der Kiste ein Flüchtling befindet. Der höchst erregte und beunruhigte Mann dringt schließlich auf die Brücke vor und verlangt Asyl. Er behauptet, er sei Dr. Simon Van Gelder, ein Mitarbeiter Dr. Tristan Adams', des Leiters der Institution. Adams bestätigt seine Behauptungen und erklärt, Van Gelder sei einer fehlgeschlagenen neuen Therapie zum Opfer gefallen. Auf McCoys Drängen hin beschließt Kirk, die Sache zu untersuchen, und beamt zusammen mit Dr. Helen Noel auf den Planeten.

> **Trekker-Quiz**
> 1. Wohin sollen die Unterlagen gehen, die die *Enterprise* an Bord beamt?
> 2. Wie lange hat Van Gelder mit Adams zusammengearbeitet?

Adams führt sie großzügig durch die Anstalt und zeigt ihnen den ›Nerven-Neutralisator‹, die Maschine, die Van Gelder krank gemacht hat. Gleichzeitig erfährt Spock von Van Gelder, daß Adams die Maschine als Folterinstrument einsetzt, um den menschlichen Geist umzuformen.

In der Nacht kehren Kirk und Noel in die Anstalt zurück, um das Gerät zu untersuchen. Dann taucht Adams auf, setzt es gegen Kirk ein und liefert ihm eine schmerzhafte Demonstration. In ihr Quartier zurückgekehrt, schickt Kirk Noel in das Luftversorgungssystem, um das Kraftfeld der Anstalt abzuschalten. Dies gelingt ihr, so daß Spock herunterbeamen

DER ZENTRALNERVENSYSTEMMANIPULATOR

kann. Der Erste Offizier löst den Fall und ruft die Bordwache, die die Lage unter Kontrolle bringt.

Handlungsschwächen

• Der Strafkolonie fehlt es wirklich an Sicherheit: Van Gelder gelingt es trotz seines durchgedrehten Zustandes in der *einzigen* Kiste zu entkommen, die auf das Schiff gebeamt wird. Zudem verfügen die Lebensbereiche der Anstalt über Belüftungsröhren, die so groß sind, daß man hindurchkriechen kann. Natürlich gäbe es ohne diese Schwächen keinen Film, da Van Gelder das Schiff sonst nicht erreichen und Noel das Kraftfeld nicht abschalten könnte, damit es zu einem guten Ende kommt.

• Als Kirk unter dem Einfluß des Manipulators steht, befiehlt Adams, er solle seinen Phaser ziehen und ihn auf den Boden fallen lassen. Kirk zieht langsam die Waffe, richtet sie auf den Strahlenemitter an der Decke und läßt sie dann fallen. Dann verlangt Adams, Kirk solle das gleiche mit dem Kommunikator tun. Kirk zieht ihn langsam heraus, öffnet ihn und macht einen Versuch, die *Enterprise* zu rufen. Adams dreht die Energie hoch. Trotzdem kann Kirk die *Enterprise* noch einmal rufen. Wenn er so viel Kraft hat, dies zweimal zu tun, warum konnte er dann nicht den Phaser abfeuern und die Höllenmaschine vernichten?

• Als Kirk die Wirkung des Manipulators entdeckt, will Adams sie an ihm demonstrieren. Er will Kirk überzeugen, daß in der Strafkolonie alles in Ordnung ist. Die Sache hat nur einen Haken: Jeder, der mit dem Manipulator behandelt wurde, agiert anschließend wie ein Zombie oder ein Irrer. Ob die Mannschaft den Unterschied nicht bemerken würde, wenn der Captain zurückkehrt? Wenn Kirk nicht zurückkehrt, würde man nicht weitere Ermittler schicken? (Mir ist einfach unklar, was Adams damit erreichen will, daß er Kirk foltert.)

• Kirk und Spock sprechen noch immer nicht miteinander. Der Mann sitzt nur ein Stück vor seinem Sessel, und Kirk

DER ZENTRALNERVENSYSTEMMANIPULATOR

weist Spock an, sie aus der Kreisbahn zu bringen. Spock grinst nur, sagt aber nichts. Im Hintergrund hört man, daß die Offiziere an der Navigation und am Steuer Schalter betätigen, um Kirks Befehl auszuführen.

Grundlagenveränderungen

• Interessant, daß Spock die Bewußtseinsverschmelzung als ›höchst persönliche‹ Angelegenheit und Teil der vulkanischen Intimsphäre bezeichnet. Allem Anschein nach ist sie aber nicht *allzu* persönlich, da er sie nämlich in der Serie alle naselang praktiziert.

Gerätekokolores

• Offenbar ist es McCoy gleichgültig, ob Adams ihn hört, als er ihn einer Lüge bezichtigt. Bei einem Gespräch vom Schiff zum Planeten, das Kirk und Adams führen, kommt McCoy hinzu und sagt, Adams Aussagen klängen nicht ganz wahr. Kirk sagt zu Adams, er solle sich bereithalten, und schaltet den Lautsprecher ab. Adams müßte McCoys Worte deutlich gehört haben.

• In ›Implosion in der Spirale‹ hat McCoy Kirks Hemd zerrissen, um ihm eine Spritze zu geben. Offenbar haben ihn die Uniformbügler der *Enterprise* zur Schnecke gemacht, denn in dieser und anderen Episoden gibt er Spritzen gleich durch die Kleidung.

• Die Schalttafel des Nervensystem-Manipulators hat ein interessantes Merkmal, einen großen, zentral liegenden Anzeiger, der dem Operateur sagt, wann die Maschine *abgeschaltet* ist. Man beachte, daß das Gerät keine Anzeige hat, die zeigt, wann es eingeschaltet ist.

• Als Kirk Spock mitteilt, er wolle die Nacht in der Strafkolonie verbringen, hört Van Gelder ihr Gespräch in seinem Lazarettbett mit und ruft: ›Nein!‹ Dementsprechend nimmt der Klopfton, der seinen Herzschlag anzeigt, Tempo auf. Die Pulslinie auf der Anzeige über ihm bleibt freilich konstant.

DER ZENTRALNERVENSYSTEMMANIPULATOR

• Aus irgendeinem Grund verfügt der Raum, in dem sich der Manipulator befindet, über eine ganz normale Scharniertür aus dem 20. Jahrhundert. Alle anderen in dem Komplex sind sich automatisch öffnende Türen, wie man sie von der *Enterprise* her kennt.

Anschluß- und Produktionsprobleme

• Dr. Helen Noels Uniform wirkt hinten und vorn ein wenig zu kurz. In einigen Szenen sieht man auch andere Kleidungsstücke, die man in der Serie normalerweise nicht zu Gesicht bekommt. Der gute Geschmack verbietet eine detaillierte Beschreibung.

• Das Hintergrundgemälde der Tantalus-Strafkolonie ist im Grunde eine Überarbeitung der Dilithiumverarbeitungsfabrik auf Delta Vega (›Spitze des Eisberges‹). Außerdem weist Tantalus V verblüffende Ähnlichkeit mit Alpha 177 (›Kirk : 2 = ?‹) auf.

Quiz-Antworten

1. An das Kriminologische Zentralinstitut in Stockholm

2. Sechs Monate

POKERSPIELE
(THE CORBOMITE MANEUVER)

Sternzeit: 1512.2-1519.1[16]

Am dritten Tag einer kartographischen Mission begegnet die *Enterprise* einem ihr den Weg verstellenden Würfel. Kirk will ihn umfliegen, doch plötzlich gibt er Strahlung ab und kommt auf das Schiff zu. Nachdem er mit Phasern vernichtet wurde, geht die Reise weiter. Kurz darauf nähert sich ein riesiges kugelförmiges Schiff. Commander Balok gibt bekannt, die *Enterprise* sei ins Gebiet der ›Ersten Föderation‹ eingedrungen, und kündigt an, sie in zehn Minuten zu vernichten.

> **Trekker-Quiz**
> 1. Wie viele Überlappungsgrade läßt Spock bei der Sternfotografie zu?
> 2. Wie oft untersucht McCoy Kirk?

Da keine Alternative besteht, greift Kirk zu einem Bluff: Er behauptet, die *Enterprise* bestehe aus einer ›Corbomit‹ genannten Substanz. Wenn ein Feind sie angreife, reflektiere sie seine Energie und zerstöre dessen Schiff. Nach Ablauf des zehnminütigen Ultimatums läßt Balok sie am Leben. Er will ihr Schiff zu einem Internierungsplaneten schleppen. Als das riesige Schiff verschwindet, taucht ein kleiner Kreuzer auf. Da Kirk weiß, daß Baloks Traktorstrahl den Hauptteil der Energie verbraucht, macht er einen erfolgreichen Versuch, die *Enterprise* loszureißen. Diese Tat beschädigt offenbar Baloks Kreu-

---

[16] Vor der ersten Bordkonferenz gibt Kirk in der deutschen Fassung merkwürdigerweise die Sternzeit mit 2518.4 an. Nach dem Beschuß des Würfels mit 2518.6. Dann fragt er sich, ob man weiter ›in diese Galaxie‹ vordringen soll.

POKERSPIELE

zer, so daß Kirk zurückkehrt und seine Hilfe anbietet. Als er an Bord gebeamt ist, entdeckt er, daß ihr Gegner in Wirklichkeit ein winziges, sympathisches Wesen ist, das den Charakter und die Wünsche der *Enterprise*-Mannschaft prüfen wollte, um sie besser zu verstehen.

Bemerkenswerte Dialoge
»Ach, er macht einen Countdown.« – Bailey, nachdem Sulu ihn korrigiert, daß sie statt 8 Minuten nur noch 7:45 Minuten zu leben haben.[17]

Höhepunkte
Der Anflug von Baloks Schiff ist eine große Leistung der Produktion, die seine Riesenhaftigkeit im Gegensatz zur Enterprise wunderbar verdeutlicht. Es fliegt heran und wird immer größer...

Außerdem hat Spock in dieser Episode zwei exzellente Augenblicke. Minuten bevor Baloks Ultimatum abläuft, gibt er einen Kommentar über das Schachspiel ab, wobei er sagt, nach dem Schachmatt gäbe es keine Chance mehr. Kirk reagiert gereizt, und Spocks menschliche Seite sagt beinahe ›Verzeihung‹, bevor seine vulkanische eingreift und er eine emotionslosere Antwort gibt.[18] Als die zehn Minuten fast um sind, wirft Spock einen Blick über die Brücke und erwähnt die Ähnlichkeit Baloks mit seinem Vater. Er tut dies wohl nur deswegen, um eine abfällige Antwort der Mannschaft zu provozieren, denn er weiß, daß er ihre Reaktion mit einer Weisheit kontern und die herrschende Spannung auflösen kann.

Handlungsschwächen
• Kirk muß ein unglaublich begnadeter Redner sein: Als er die Mannschaft aufmuntert, zeigt ein Schnitt eine Szene im

---

[17] In der deutschen Fassung schreit Bailey »Ich will nicht sterben!« – Sulu spricht merkwürdigerweise nicht von 7:45, sondern von 4:21 Minuten.
[18] Wer dies in der deutschen Fassung sucht, sucht vergebens.

POKERSPIELE

Korridor, in der ein Mann mitten in der Bewegung innehält. Obwohl Kirk mehrere Sekunden lang gesprochen hat, setzt der Typ noch immer nicht den Fuß auf den Boden!

• Spock bezeichnet die Warnboje als ›Fliegenfänger‹. Werden auch im 23. Jahrhundert noch Fliegenfänger verwendet? (Der Sohn meines Nachbarn James Strathee kannte so etwas schon Anfang der neunziger Jahre nicht mehr.)

• Als Balok ein Getränk seines Heimatplaneten serviert, zögert Kirk, mit ihm zu trinken. Er fragt sich wohl, ob der merkwürdige Fremdling dem Trunk etwas beigemischt hat. Um ihm zu beweisen, daß dem nicht so ist, nimmt Balok die Kelle aus der Schale, schenkt sich ein Glas ein und trinkt. Nun geben Kirk und die anderen nach. Doch wenn er Baloks Motiven gegenüber argwöhnisch ist, warum sollte dies seine Bedenken zerstreuen? Das Getränk, das Balok ihm reicht, stammt doch gar nicht aus der Schale. Die Drinks stehen fertig zubereitet auf einem Tablett! Balok hätte sie ohne weiteres manipulieren und die Flüssigkeit aus der Schale trotzdem trinken können. Außerdem nimmt McCoy nicht einmal eine Tricordermessung der Flüssigkeit vor. Woher will er wissen, ob das fremde Gebräu für Menschen ungefährlich ist?

Grundlagenveränderungen

• Während der letzten Minuten von Baloks Countdown erinnert sich Spock an seine Eltern. Interessanterweise erwähnt er sie jedoch in der Vergangenheit. Die Episode ›Reise nach Babel‹ zeigt aber, daß beide sich bester Gesundheit erfreuen.

Gerätekokolores

Große Verwirrung umgibt die bei der Kommunikation verwendete Rufpfeife. Manchmal folgt ihr ein Pieps, manchmal auch nicht. Trotzdem scheint Kirk stets zu wissen, wann der Pfiff ihm gilt. Beispielsweise diskutiert er nach der Begegnung mit dem Würfel mit McCoy die Ereignisse des Tages in seiner Kabine. Das Pfeifen erklingt, Kirk beugt sich sofort vor und ant-

POKERSPIELE

wortet. Einige Zeit später erklingt das Pfeifen erneut, doch Kirk bleibt sitzen. Klar, denn Lieutenant Bailey gibt kurz darauf bekannt, daß die Botschaft nicht Kirk, sondern der Mannschaft gilt. Trotzdem macht der Captain nicht die geringste Bewegung in Richtung Bildschirm. Woher weiß er, daß die Botschaft nicht für ihn bestimmt war? (Ich weiß es: Er hat das Drehbuch gelesen!)

• Bei ›Implosion in der Spirale‹ habe ich auf die Fehlfunktionen der Schiffsuhr hingewiesen, die dazu führen, daß immer dann, wenn die Sekunden auf ›00‹ stehen, die Minuten falsch angezeigt werden. Sogar Sulu läßt sich davon verwirren. Als er meldet, man habe nur noch eine Minute, zeigt die Uhr in Wirklichkeit ›2:01‹, ›1:00‹ und dann ›1:59‹ an. Wenn man weiß, daß die Uhr falsch geht, bedeutet dies nicht, daß die Mannschaft weniger als *zwei* Minuten bleiben?

Anschluß- und Produktionsprobleme

• Als die Mannschaft den geringen Schaden repariert, den die Vernichtung des Würfels verursacht hat, besprechen Kirk und Spock den nächsten Schritt. In einer Aufnahme hat Spock einen Stöpsel im rechten Ohr. Der Aufnahmewinkel ändert sich, und der Stöpsel ist urplötzlich weg.

> **Quiz-Antworten**
>
> 1. Einen
> 2. Vierteljährlich

TALOS IV – TABU (1)
(THE MENAGERIE [1])

Sternzeit: 3012.4-3012.6

Die *Enterprise* erhält die Anweisung, sich in Raumbasis 11[19] zu melden. Dort angekommen, behauptet Commodore Mendez, man habe ihr keinen solchen Befehl geschickt. Während Kirk und er herauszufinden versuchen, wer den falschen Funkspruch gesendet hat, besucht Spock einen alten Freund. Christopher Pike, vor Kirk Captain der *Enterprise,* ist in der Raumbasis interniert. Ein Reaktorunfall hat ihn völlig verkrüppelt, nur sein Verstand arbeitet noch.

> **Trekker-Quiz**
> 1. Welches Band soll der Computer laut Spock kurz vor Kirks Eintreffen auf der Enterprise *abspielen?*
> 2. Wie heißt Pikes Chefarzt?

Spock übermittelt der *Enterprise* falsche Anweisungen, entführt das Schiff und nimmt Pike mit. Der Schiffscomputer setzt Kurs auf Talos IV, einen Planeten, den zu betreten der Kode 7 verbietet – die einzige noch geltende Flottenorder, die die Todesstrafe nach sich zieht. Kirk und Mendez verfolgen die *Enterprise* in einer Raumfähre und zwingen Spock, sie an Bord zu holen. Der Erste Offizier verordnet sich zwar selbst Arrest, aber er weigert sich, die Computersteuerung des Schiffes auszuschalten. In der folgenden Kriegsgerichtsverhandlung führt er eine visuelle Aufzeichnung der Ereignisse aus ›The Cage‹ (dem ersten Pilotfilm der TV-Serie) vor. Kurz nach der Aufzeichnung von Pikes Gefangennahme erhält Mendez ein Kommuniqué der Raumflotte: Subraum-Mo-

---
[19] In der deutschen Fassung kann eine Raumbasis auch schon mal Raumstation heißen.

TALOS IV – TABU (1)

nitore zeigen, daß die *Enterprise* nun Sendungen von Talos IV empfängt. Mendez wird befohlen, Kirk des Kommandos zu entheben, da er den Kode 7 verletzt hat.

Anmerkungen
Hätte ich nicht gewußt, daß alle Aufnahmen der Begegnung der Pikeschen Enterprise *mit Talos IV aus dem ersten Pilotfilm der Serie stammen, wäre ich von der Episode sehr beeindruckt gewesen. Oberflächlich betrachtet sieht es so aus, als hätte man für nur zwei Episoden völlig neue* Enterprise-*Kulissen gebaut! Außerdem wurde gute Arbeit geleistet, um eine zu dem alten Material passende Rahmenhandlung auzutüfteln. Und eine gute Story.*

Höhepunkte
Gegen Ende der Episode – als Kirk seinen Ersten Offizier heftig vor McCoy verteidigt und dann feststellen muß, daß es doch angebracht war, Spocks Handlungen zu beargwöhnen, sieht er sich aufgrund der Handlungen seines Esten Offiziers plötzlich einem möglichen Kriegsgericht gegenüber. Ein eisiger Augenblick.

Handlungsschwächen
• In einer Szene zieht Mendez die streng geheime Akte über Talos IV hervor. Kirk zögert, sie zu lesen, aber Mendez sagt, er werde aussagen, er habe ihm die Erlaubnis dazu erteilt. Im Hintergrund hört Miss Piper zu, als Kirk und Mendez über den Inhalt reden. Wenn die Akte streng geheim ist, was macht sie dann im gleichen Zimmer?

• Ich hoffe zwar, daß dies die Story nicht völlig ruiniert, aber laut ›Talos IV – Tabu (2)‹ ist Mendez eine von den Talosianern erschaffene Illusion. Er ist aber der gleiche Mendez, der in Raumbasis 11 die Fähre besteigt. Raumbasis 11 ist bei maximaler Warp-Geschwindigkeit sechs Tagesreisen von Talos IV entfernt, und das ist eine lange Strecke. Können die Talosia-

TALOS IV – TABU (1)

ner wirklich über solche Strecken Illusionen erzeugen, oder hat Spock einen Talosianer an Bord der Fähre geschmuggelt? Wenn sie über solche Entfernungen Illusionen erzeugen können – müßte dann nicht das Betreten des gesamten Sektors verboten sein?

• Spock hat sich wohl die Augenbrauen ausgezupft. In ›The Cage‹ sind sie ziemlich buschig; in allen anderen *Enterprise*-Folgen bilden sie eine schmale Linie.

Gerätekokolores

• Pikes Zimmer im Krankenhaus auf Raumbasis 11 hat eine Tür mit Scharnieren. Will das medizinische Personal ihn etwa daran hindern, mit seinem ›Rollstuhl‹ davonzufahren?

• Raumbasis 11 hat offenbar das ausgeschlachtete Armaturenbrett des Zentralnervensystem-Manipulators aus der Strafkolonie Tantalus V erworben. Am Ende von ›Der Zentralnervensystem-Manipulator‹ behauptet Dr. Van Gelder, die Maschine sei ausgeschlachtet worden, doch nun ist sie ein Bestandteil des Computerraums der Raumbasis 11. Die listigen Techniker haben sie sogar neu verkabelt und zu einem Kommunikationsbord umgebaut. Außerdem haben sie das Problem mit dem ›Aus‹-Licht beseitigt (siehe ›Der Zentralnervensystem-Manipulator‹). Es leuchtet nun auf, als Spock einen Kanal öffnet – statt wie in ›Der Zentralnervensystem-Manipulator‹ aufzuleuchten, wenn die Maschine abgeschaltet wird.

• Auch jetzt hoffe ich, daß meine Beobachtung die Story nicht restlos vernichtet: Pike wird auf Talos IV sterben. Ich kann nur hoffen, daß die Firma Duracell eine Filiale auf diesem Planeten hat – denn Mendez sagt, Pikes Herz werde von einer Batterie angetrieben.

• Die Bildschirme der *Enterprise* haben wirklich verblüffende Talente: Als Kirk und Mendez an Bord beamen, beobachtet Spock sie auf dem Schirm seines Quartiers. Als Kirk dann entdeckt, daß er keine Kontrolle über das Schiff ausüben

TALOS IV – TABU (1)

kann, schaltet der Schirm automatisch um und zeigt Mendez'
Reaktion. Hut ab vor diesen Genies!

Anschluß- und Produktionsprobleme
• Als Kirk, Spock und McCoy zur Raumbasis 11 beamen,
zeigt der Hintergrund, daß Tag herrscht. In der nächsten
Szene sieht man durch die Fenster von Mendez' Büro, daß
Nacht ist. Dann zeigt eine Momentaufnahme, daß es wieder
Tag ist. Dann zeigen die Fenster, daß es Nacht ist.
• Gleich nachdem Pike von Raumbasis 11 verschwindet,
hält Mendez inne und schaltet plötzlich einen Bildschirm ein.
Er sagt: »Hier Mendez. Was ist denn?« Er klingt tatsächlich so,
als beantworte er einen Anruf – nur hat ihn niemand kontak-
tiert. Ich nehme an, die Tontechniker haben vergessen, hier
ein Pfeifen einzufügen.
• ›Nummer Eins‹ aus Pikes und Schwester Chapel aus
Kirks Mannschaft weisen eine erstaunliche Ähnlichkeit auf.
(Hmmm. Woran das wohl liegen kann?)
• Offenbar haben die Macher bislang noch keine Ausgehuniform für Scott entworfen. Während der Anhörung ist er der
einzige, der keine trägt.

Quiz-Antworten

1. *Alpha 7 Baker*
2. *Phil (Ein Name, der mir irgendwie gefällt).*

TALOS IV – TABU (2)
(THE MENAGERIE [2])

Sternzeit: 3013.1-3013.2

Als das Kriegsgericht die Sendungen von Talos IV sieht, geht Spocks Prozeß ohne Öffentlichkeit weiter. Sie schildern die Expedition, die Pike vor vielen Jahren dorthin geführt hat. Laut der Übertragung erkennt Pike bald, daß die Talosianer über ungeheure Kräfte verfügen: Sie können ihn in jede Umwelt versetzen, die er sich wünscht. Doch eine Konstante bleibt immer – eine Frau namens Vina. Darauf angesprochen, beantwortet sie schließlich Pikes Fragen: Sie war vor Jahren die einzige Überlebende der Notlandung eines Raumfrachters. Die Talosianer wollten ihren Planeten neu bevölkern – mit Menschen –, deswegen brauchten sie einen ›Adam‹ für ihre ›Eva‹. Als ihnen klar wurde, daß man Menschen nicht domestizieren kann, haben sie die *Enterprise* abreisen lassen. Vina ist zurückgeblieben. Zwar haben die Talosianer, die sie nach der Bruchlandung zusammenflickten, gute Arbeit geleistet, aber sie wußten nicht, wie Menschen aussehen. In Wirklichkeit ist Vina deformiert.

> **Trekker-Quiz**
> 1. Was soll Pike für Vina während der Picknick-Illusion von dem Pferd holen?
> 2. Mit welcher Initiale kürzt Commodore Mendez seinen zweiten Vornamen ab?

Der Bildschirm verdunkelt sich, dann taucht das Abbild eines Talosianers auf. Er bietet an, Pike den Rest seines Lebens mit Vina verbringen zu lassen. Mit ihren Kräften können die Talosianer ihm die Illusion völliger Gesundheit vermitteln. Commodore Mendez verblaßt: Er war nie in der Raumfähre oder an Bord des Schiffes. Die Talosianer haben ihn als Illusion erzeugt,

TALOS IV – TABU (2)

um Kirk daran zu hindern, die Kontrolle über die *Enterprise* zu übernehmen. Am Ende der Episode geht der ›erneuerte‹ Christopher Pike mit Vina in die Unterwelt von Talos IV.

Bemerkenswerte Dialoge

»Möchten Sie etwa, daß ich meine Theorie an Ihrem Kopf ausprobiere?« – Pike zum Anführer der Talosianer, als er vermutet, daß die Laserwaffen wirklich funktionieren.

Höhepunkte

Zu Beginn des dritten Aktes dieser Geschichte haben die Macher ausgezeichnete Arbeit geleistet: Die neuen Aufnahmen von Kirk, Spock und Mendez vor dem schwarzen Hintergrund sind bestens integriert.

Handlungsschwächen

• Am Ende von ›Talos IV – Tabu (1)‹ erfährt Kirk, daß die Bilder, die er auf dem Schirm sieht, von Talos IV stammen. Außerdem erhält er die Nachricht, daß die Flotte ihn eben deswegen seines Kommandos enthoben hat. Doch am Anfang des zweiten Teils marschiert das Kriegsgericht wieder in den Raum hinein und sieht sich die Filmvorführung weiter an. Die Macher erklären dies, indem sie Kirk sagen lassen, die Mannschaft habe alles unternommen, um die Übertragung der Bilder zu verhindern – doch erfolglos. Wenn jemand Bilder überträgt, bedeutet dies auch, daß man sie sich ansehen *muß*? Na schön, Mendez, Kirk und Pike müssen Spocks Prozeß weiterführen, aber könnten sie nicht in einem anderen Raum tagen oder zumindest einen Lappen über den Bildschirm hängen?

• Gegen Ende der Folge ruft der Navigator Mendez an und sagt ›Brücke an Commander‹. Ist Mendez nicht Commodore? (Na schön, ›Commander‹ kann allgemein gesehen stimmen, aber in ›Planeten-Killer‹ wird Decker ständig als ›Commodore‹ bezeichnet.)

TALOS IV – TABU (2)

- Am Ende der Folge hat man den Eindruck, als nenne Kirk den Ersten Offizier ›Miss Spock‹.[20] Dies ist kein gutes Zeichen und könnte andeuten, daß Kirk vorhat, für die Ereignisse der vergangenen Stunden persönliche Vergeltung zu fordern. (Andererseits klingt Kirk fast immer so, als würde er ›Miss Spock‹ sagen).

Gerätekokolores
- Agiert der Computer nicht mehr als Protokollant? Als die Offiziere im ersten Teil während der Verhandlung den Raum betreten, schaltet ein weiblicher Fähnrich den Computer ein. In der Pause schaltet sie ihn ab. Als die geschlossene Verhandlung beginnt, schert sich niemand mehr um das Gerät.
- Komischerweise haben die Talosianer nach all den Jahren noch immer nicht das ›Dach‹ ihres an die Oberfläche des Planeten führenden Aufzugs repariert. Damals hat Pikes Crew es nämlich bei dem Versuch abgesprengt, den Captain zu retten. Als Pike mit Vina in der letzten Szene dieser Episode in den Aufzug steigt, ist es noch immer abrasiert. Wahrscheinlich hat Vina nicht gescherzt, als sie sagte, die Talosianer hätten vergessen, wie man Maschinen repariert. Der offene Schacht muß bei Regen ziemlich lästig sein.

Anschluß- und Produktionsprobleme
- Einmal unterhalten sich Pike und Vina in Pikes Käfig über die Talosianer. Die Talosianer wollen Vina bestrafen; sie verschwindet schreiend. Als die Bilder über den Schirm flimmern, kehrt die Szene zur Kriegsgerichtsverhandlung zurück. Dabei hört man einige recht bizarre Toneffekte, die mit dem, was auf dem Schirm passiert, nicht das geringste zu tun haben.

Quiz-Antworten

1. *Eine Thermoskanne mit Kaffee*
2. *I.*

---

[20] Solche Patzer werden natürlich durch die Sychronisation völlig eliminiert.

TRIATHLON-QUIZ:
FREMDE LEBENSFORMEN

Ordnen Sie die Völker den Beschreibungen und Episoden zu:

Volk		Beschreibung		Episode
1. Argelianer	A	Bekämpften Menschen auf der *Enterprise*	a	›Die Stunde der Erkenntnis‹
2. Capellaner	B	Wußten nicht, daß sie in einem Raumschiff leben	b	›Spock unter Verdacht‹
3. Ekosianer	C	Spielten mit Sklaven	c	›Die fremde Materie‹
4. Elasianer	D	Felsengeschöpfe, die Festspiele veranstalteten	d	›Krieg der Computer‹
5. Eminiarer	E	Telepathen, die in Ruhe gelassen werden wollten	e	›Der Fall Charlie‹
6. Excalbianer	F	Meisterhafte Tunnelbauer	f	›Fast unsterblich‹
7. Eymorg	G	Von Frauen versklavt	g	›Im Namen des jungen Tiru‹
8. Fabrini	H	Konstruierten Traktorstrahlnetze	h	›Stein und Staub‹
9. Ernährer Vaals	I	Abscheulich anzusehen	i	›Weltraumfieber‹
10. Gideonen	J	Entsprechen Kommunisten	j	›Spocks Gehirn‹
11. Gorn	K	Friedvolle Dilithium-Beschützer	k	›Wildwest im Weltraum‹
12. Halkaner	L	Lebten alle 100 Jahre einen Monat	l	›Epigonen‹
13. Horta	M	Sie trugen Dilithiumkristalle als Talismane	m	›Kampf um Organia‹

TRIATHLON-QUIZ: FREMDE LEBENSFORMEN

Volk		Beschreibung		Episode
14. Iotianer	N	Sadistische Teleki-neten	n	›The Cage‹
15. Kalandaner	O	Gaben einer Ma-schine Obst	o	›Der Wolf im Schafs-pelz‹
16. Kelvaner	P	Bauten einen Aste-roidendeflektor	p	›Das Gleichgewicht der Kräfte‹
17. Klingonen	Q	Friedfertige Liebha-ber des Vergnügens	q	›Horta rettet ihre Kin-der‹
18. Kohms	R	Bewegten sich wie der Blitz	r	›Meister der Sklaven‹
19. Medusaner	S	Entwickelten einen Tarnschirm	s	›Der verirrte Planet‹
20. Melkoten	T	Lebten mit dem Kopf in den Wolken	t	›Ganz neue Dimen-sionen‹
21. Morg	U	Lebten von den Fan-tasien anderer	u	›Der alte Traum‹
22. Kleinlinge	V	Für sie war Krieg besser als Liebe	v	›Das Spinnennetz‹
23. Organier	W	Wollten sich über-flüssiger Bevölke-rung entledigen	w	›Seit es Menschen gibt‹
24. Platonier	X	Verliehen Charlie Evans seine Macht	x	›Der Plan der Vianer‹
25. Die Weisen	Y	Verdummten durch Zenitschnuppern	y	›Strahlen greifen an‹
26. Versorger	Z	Konstruierten Astero-iden-Außenposten	z	›Das Jahr des roten Vogels‹
27. Romulaner	AA	Führten einen Com-puterkrieg	aa	›Ein Parallel-Univer-sum‹
28. Scalosier	BB	Ihr König heiratete Elaan	bb	›Patterns of Force‹
29. Stratosbewohner	CC	Haben normaler-weise hundert Arme	cc	›Die Wolkenstadt‹
30. Talosianer	DD	Geber von Schmer-zen und Lust	dd	›Miri, ein Kleinling‹

TRIATHLON-QUIZ: FREMDE LEBENSFORMEN

Volk	Beschreibung	Episode
31. Thasianer	EE Ihre Männer erle-	ee ›Der Obelisk‹
	ben *Pon Farr*	
32. Die Alten		ff ›Platos Stiefkinder‹
		gg ›Gefährliche Plane-
33. Tholianer		tengirls‹
		hh ›Was summt denn
34. Troglyten		da?‹
35. Troyianer		ii ›Brautschiff Enter-
36. Vianer		prise‹
37. Vulkanier		
38. Yangs		
39. Zeoniten		
40. Zetarier		

Auswertung

(Das Ergebnis basiert auf der Anzahl korrekter Antworten)

0–10	Normal
10–25	Außergewöhnlich
26 und mehr	Legen Sie das Buch von Anton und Hahn[21] flink beiseite und versuchen Sie es noch mal!

Richtige Antworten:

1. Q o	8. B s	15. Z gg	22. L dd	29. T cc	36. MM x
2. V g	9. O a	16. CC h	23. FF m	30. U n	37. EE i
3. GG bb	10. W f	17. A p	24. N ff	31. X e	38. HH z
4. M ii	11. KK t	18. J z	25. P ee	32. NN u	39. JJ bb
5. AA d	12. K aa	19. I c	26. C r	33. H v	40. LL y
6. D w	13. F 9	20. E k	27. S b	34. Y cc	
7. DD j	14. II l	21. G j	28. R hh	35. BB ii	

---

[21] Uwe Anton/Ronald M. Hahn: Star Trek-Enzyklopädie, München: Wilhelm Heyne Verlag 1995.

KODOS, DER HENKER
(The Conscience of the King)

Sternzeit: 2817.6-2825.3

Nach dem Mord an einem guten Freund fragt sich Kirk, ob der Verdacht des Toten stimmt: Er hat nämlich geglaubt, Anton Karidian, der Chef einer Schauspielergruppe, sei in Wahrheit Kodos, der Henker. Zwanzig Jahre zuvor hat eine Seuche die Nahrungsmittel des Planeten Tarsus IV vernichtet: Gouverneur Kodos hat über 4000 Kolonisten exekutieren lassen, um die noch vorhandenen Vorräte zu strecken. Obwohl die Behörden seine verbrannte Leiche gefunden haben, wurde nie zweifelsfrei bewiesen, daß es sich um Kodos gehandelt hat. Von den neun Menschen, die ihn identifizieren könnten, haben nur zwei überlebt: Captain Kirk und Lieutenant Kevin Riley.

> **Trekker-Quiz**
> 1. Wie heißt der Captain der Astral Queen?
> 2. Womit wird Lieutenant Riley vergiftet?

Kirk organisiert den Transport der Truppe zu ihrem nächsten Engagement. Unterwegs sucht er in den Datenbanken des Bibliothekscomputers nach Verbindungen zwischen Kodos und Karidian. Als ein auf Überspannung geschalteter Phaser fast sein Quartier in Brand setzt, entschließt er sich zu einer direkten Vorgehensweise: Er erzwingt eine Begegnung mit Karidian und verlangt, er solle das Todesurteil vorlesen, das viele Jahre zuvor Kodos ausgesprochen hat. Der Computer vergleicht die Stimmlage der beiden, kommt aber zu keinem konkreten Ergebnis. Als die Truppe später eine Sondervorstellung für die Mannschaft gibt, hört Kirk, daß Karidian gesteht, Kodos zu sein. Ebenso hört er Karidians Toch-

KODOS, DER HENKER

ter Lenore, die ihrem Vater beichtet, sie habe alle Augenzeugen seiner Tat umgebracht. Als Lenore mit Hilfe eines Phasers entkommen will, tötet sie versehentlich ihren Vater. Dann wird sie auf der Stelle verrückt.

Anmerkungen
Als ich die Episode zum ersten Mal sah, glaubte ich, Karidian kritisiere Kirk, indem er ihn ein »perfektes Symbol unserer technisierten Gesellschaft, automatisiert und elektrolysiert ...« nennt. Ich glaubte, endlich zu verstehen, warum Kirk kein Haar auf der Brust hat. Weil er elektrolysiert wurde! Leider sagt Karidian – schade um den guten Witz – ›elektronisiert‹.

Höhepunkte
Nachdem die Darstellerin der Lenore Karidian getötet hat, liefert sie ein überzeugendes Porträt des Irrsinns ab. Als sie sich über seinen Leichnam beugt, sieht man förmlich, daß Kirk bewußt wird, wie nahe die Frau Karidian stand, und er tief getroffen ist.

Handlungsschwächen
• Daß angeblich nur neun Menschen Augenzeugen des Massakers an 4000 Kolonisten waren, erfordert eine nähere Untersuchung: Immerhin haben die 4000 restlichen Kolonisten ebenfalls überlebt! Hat keiner von ihnen Kodos gesehen? Dann muß er wohl in extremer Abgeschiedenheit gelebt haben. Andererseits war er aber Bürgermeister einer gar nicht so kleinen Ortschaft mit 8000 Einwohnern. In Orten dieser Größe ist der Bürgermeister normalerweise jedem bekannt.

• Zum gleichen Thema: Wenn sich in den Computerakten ein Bild und eine Tonaufnahme von Kodos' Stimme befindet, wozu brauchen die Behörden dann noch Augenzeugen? Irgendwo muß doch ein eindeutig identifizierbares Merkmal verzeichnet sein. (Na schön, DNS-Vergleiche waren noch nicht aktuell, als diese Episode gedreht wurde, aber wie wär's mit simplen Fingerabdrücken?)

• Das Publikum der Sondervorstellung müßte sich eigentlich fragen, was hinter der Bühne vor sich geht: Kirk schleicht in Sichtweite der Zuschauer herum und unterhält sich in normaler Lautstärke mit Riley, der dann auf seine Erörterungen eingeht.

• Der Darstellerin der Lenore steht ein Preis für Dienste zu, die über alles Verlangte hinausgehen: Nachdem sie die Morde gestanden hat, zieht Karidian sie an sich und jammert, er habe das einzig Kostbare in seinem Leben verloren. Dabei schreit er aus nächster Nähe: »Nichts hast du mir gelassen!« in ihr Ohr. Das muß doch wehtun.

Grundlagenveränderungen

Der über Kirks Verhalten zunehmend besorgte Spock sucht McCoy im Lazarett auf. Während des Gesprächs trinkt McCoy und bietet Spock ein Getränk an. Spock lehnt ab und behauptet, seinen Ahnen sei die Wirkung des Alkohols erspart geblieben. McCoy schließt daraus, dies müsse der Grund sein, weswegen ›sie‹ besiegt wurden. Wen meint er mit ›sie‹? Die Vulkanier? In ›Das Loch im Weltraum‹ sagt Spock mit Nachdruck, die Vulkanier seien niemals besiegt worden. Zugegeben, in dieser Episode kommt McCoys Bemerkung unvorbereitet, aber Spock antwortet in der gesamten Serie ständig auf Aussagen dieser Art seitens des Doktors.

Gerätekokolores

• Nachdem der Computer Kirk allgemeine Informationen über Kodos gegeben hat, kommt er zu den Einzelheiten. Er fängt damit an, daß er ›Sternzeit 2794.7, Kodos ...‹ sagt. Dann wird er von Kirk unterbrochen. Der Computer hat schon gesagt, daß die letzte verfügbare Unterlage über Kodos zwanzig

KODOS, DER HENKER

Jahre alt ist. Viele Episoden spielen vor Sternzeit 2794.7, und in allen ist Kirk Captain der *Enterprise*. Er kommandiert das Schiff aber nicht schon seit zwanzig Jahren. Wie also kann die Sternzeit in Kodos' Akte stimmen?

• Auch sonst hat der Computer keinen guten Tag. Als Kirk nach Augenzeugen des Massakers fragt, lautet die Antwort, es seien neun, die gegen Kodos aussagen könnten. Später eruiert Spock, der den gleichen Computer benutzt, daß von diesen neun Menschen nur noch zwei leben. Wie können sieben Tote aussagen?

• Der Computer rettet schließlich seinen Hals, indem er Spock die richtige Antwort gibt, obwohl dieser die falsche Frage stellt. Spock gibt ihm eine Namensliste und weist ihn an, irgendeine Episode in ihrer gemeinsamen Vergangenheit zu finden. Die Namen auf der Liste lauten James Kirk, Thomas Leighton, Kevin Riley und Anton Karidian. Ein paar Szenen später berichtet Spock McCoy von dem Massaker auf Tarsus IV. Der Dialog soll uns glauben machen, der Computer habe dieses Ereignis als das ausgewählt, was die vier Personen miteinander verbindet. Das dürfte aber nicht so sein, da Anton Karidian während des Massakers auf Tarsus IV noch gar nicht existierte. Damals gab es nur Kodos.

• Es ist eventuell schäbig, die *Spritzflasche* zu erwähnen, die Lenore verwendet, um Rileys Glas mit Gift zu füllen.

• Eine der medizinischen Anzeigetafeln im Lazarett muß geeicht werden. Kurz nach seinem Zusammenbruch im Maschinenraum wird Riley ins Lazarett gebracht. Als die Kamera zu eben diesem Ding hochfährt, sind Pulslicht und Klopfgeräusch asynchron.

Anschluß- und Produktionsprobleme

• Die Stadt, die man durch das Fenster in Dr. Thomas Leightons Wohnung erblickt, hatte wahrscheinlich den gleichen Architekten wie die Stadt auf dem Heimatplaneten von

Captain Christopher Pike. In ›Talos IV – Tabu (2)‹ gibt es eine Picknickszene mit Pike und Vina. In der Ferne sieht man diese Stadt. (›The Cage‹ identifiziert sie als Mojave, und den Planeten als Erde.)

• Leightons Heimatwelt weist verblüffende Ähnlichkeit mit Alpha 177 (›Kirk : 2 = ?‹) auf.

• Hier tauchen zum ersten Mal auf den Rohren hinter dem großen Abschirmgitter im Maschinenraum Zahlen auf.

• Mit dieser Episode wechselt die Vorschau für die nächsten Folgen auf meinen ungekürzten Kaufvideos von der Produktions- zur Sendereihenfolge.

Quiz-Antworten
1. *Jon Daily*
2. *Tetralubisol*

SPOCK UNTER VERDACHT

(BALANCE OF TERROR)

Sternzeit: 1709.2-1709.6

Bei einem Patrouillenflug in der Nähe der Neutralen Zone verliert die *Enterprise* den Kontakt mit den Außenposten 2 und 3. Laut eines vor einem Jahrhundert abgeschlossenen Subraum-Vertrages bildet die Zone das Niemandsland zwischen der Föderation und dem Reich der Romulaner. Die Erde hat die Außenposten errichtet, um das Gebiet auf Verletzungen hin zu überwachen. Plötzlich taucht ein Schiff in der Nähe von Außenposten 4 auf und schießt einen leuchtenden Plasmaball ab, der ihn vernichtet. Danach verschwindet das Schiff im Nichts. Als die Bewegungssensoren anzeigen, daß es sich in die Neutrale Zone zurückzieht, nimmt Kirk an, es handele sich um einen Romulaner mit einem Tarnschirm. Spock fängt ein Bild der romulanischen Brücke auf und empfiehlt einen sofortigen Angriff. Die Romulaner sind Nachfahren der Vulkanier und noch immer kriegerisch. Seiner Ansicht nach verstehen sie nur die Sprache des Kampfes. Nach einer verwickelten Schlacht, bei der es ständig hin und her geht, siegt Kirk und bietet den Romulanern an, sie aus ihrem beschädigten Schiff zu beamen. Der Kommandant erwidert, dies sei nicht seine Art, und betätigt einen Hebel, der sein Schiff vernichtet.

> **Trekker-Quiz**
>
> 1. Welche Sektion eines Außenpostens wird am Anfang der Episode auf dem Bildschirm gezeigt?
> 2. Wie heißt der Romulaner, der um zwei Dienstgrade befördert wird?

Anmerkungen

Die Episode beginnt mit einer Hochzeit. Kirk nimmt seinen Platz hinter dem Podium ein und redet über das schöne Privileg, dessen Schiffskapitäne sich erfreuen. Der Monolog wird später als Teil von Miles und Keiko O'Briens Trauung in der ST/DNJ-Episode ›Datas Tag‹ wiederverwendet.

Bemerkenswerte Dialoge

»Der da ist ein Zauberer.« – Der romulanische Kommandant, der mit einem Untergebenen über Kirks Fähigkeit spricht, seine nächsten Schritte vorauszuberechnen.

Handlungsschwächen

• Eins der Dinge, die die Milchstraße interessant machen, ist ihre ständige Bewegung. Sie rotiert nicht nur inwendig, sondern auch in Beziehung zu anderen Galaxien. Ich frage mich, wie die Föderation auf Asteroiden in einer völlig geraden Linie an der Neutralen Zone Außenposten errichten kann. Umkreisen diese Asteroiden etwa Sterne? Man kann einen Asteroiden nicht einfach ins All ziehen und dort lassen, wo man ihn haben will, weil er abtreibt. Oder verfügen diese Asteroiden über irgendeinen Antriebsmechanismus, der ihre Position konstant hält?

• Als Spock seine Meldung über die Romulaner macht, nennt er ihre Heimatwelten ›Romulus‹ und ›Remus‹. Wenn man davon absieht, daß die Namen der *irdischen* Mythologie entstammen – warum nennt der Bildschirm sie ›Romulus‹ und ›Romii‹?

• Auf den Seiten 324–326 des Buches *The Making of Star Trek*[22] zitiert Stephen E. Whitfield aus der Anleitung für *Star Trek*-Autoren. Sein Auszug enthält einen Test, der erkennen lassen soll, ob die Autoren die Science Fiction-Elemente der Serie überhaupt verstehen, und macht deutlich, daß ein

---

[22] London: Titan Books 1991.

SPOCK UNTER VERDACHT

Raumschiffkapitän während einer Krise einen weiblichen
Bootsmann niemals in die Arme nehmen würde – besonders
nicht in einer Krise, in der es um die drohende Vernichtung
der Enterprise geht. Laut Autorenanleitung ist dies völlig unglaubwürdig. Nun raten Sie mal, was Kirk macht, bevor das
romulanische Plasma die Enterprise trifft? Er nimmt Rand in
die Arme!

• Tomlinson scheint die Arbeit im Phaserraum wirklich Spaß
zu machen. Als er von der Brücke den Befehl erhält, die Phaser abzufeuern, hält er eine dramatische Sekunde inne, dann
brüllt er: »Feuer!« Ob es nicht besser wäre, einfach auf den
Knopf zu drücken?

• Als beide Schiffe im All tot spielen, unterhalten sich die
Mannschaften im Flüsterton. Das Vakuum überträgt jedoch
keine Töne. Warum also flüstern sie? (Ich weiß; sie glauben
wahrscheinlich, sie befänden sich in einem U-Boot.)

• Hat Kirk den Romulaner wirklich drei Wochen lang hin und
her gejagt? Haben die Dialoge am Anfang der Episode nicht
darauf hingewiesen, es dauere drei Wochen, bis man eine
Nachricht vom Flottenhauptquartier erhalten könne? Am
Ende der Folge trottet Rand herein und meldet Kirk, die Flotte
habe geantwortet.

Gerätekokolores
• Nach der völligen Vernichtung von Außenposten 4 kann
die Enterprise noch mehrere Sekunden lang Fernsehbilder
von ihr empfangen.

• Als Kirk erfährt, daß das romulanische Schiff sich einem
Kometen nähert, reicht er Spock ein Buch. Ein Buch? Was ist
aus den Datenbanken des Bibliothekscomputers geworden?

• Kirk weist die Mannschaft ständig an, die Phaser abzufeuern, aber jedesmal zeigen die Außenaufnahmen der Enterprise, daß Photonentorpedos verschossen werden. Auch die
Explosionen sehen aus wie die von Photonentorpedos.

• Nach dem ersten Gefecht mit dem romulanischen Schiff –

SPOCK UNTER VERDACHT

einem Scharmützel, in dem die *Enterprise* keinen einzigen Treffer abbekommt – brennt die Phasertransferspirale plötzlich durch. Sind die Waffensysteme der *Enterprise* wirklich so schlecht? Auf der Brücke scheint niemand zu glauben, daß Kirk sie überschätzt hat, und doch hören sie einfach auf zu arbeiten!

• Laut Scott verfügt das romulanische Schiff nur über Impulstriebwerke. Was bedeutet, daß es sich langsamer als mit Lichtgeschwindigkeit bewegt. Trotzdem überholt die Waffe der Romulaner die *Enterprise,* als diese in einem Notfall mit Warp-Geschwindigkeit fliegt. Warp-Geschwindigkeit ist viel schneller als Lichtgeschwindigkeit. Wie können die Romulaner so viel über den Subraum wissen, um eine Waffe zu konstruieren, die über einen Warp-Antrieb verfügt, wenn ihre Schiffe nur mit Impulstriebwerken ausgerüstet sind?

• Warum weist Kirk, als sich die *Enterprise* vor der Plasmawaffe zurückzieht, Sulu nicht an, zur Seite auszuweichen und aus der Schußlinie zu gehen? Ist die Plasmawolke so intelligent, daß sie ihnen folgen kann? Und wenn ja, wie? Die Wolke sieht durchsichtig aus (keine sichtbaren Stromkreise).

• Einige Glühbirnen der Rotalarm-Schalttafeln scheinen durchgebrannt zu sein. Als Spock zurückeilt, um die Phaser abzufeuern, leuchtet im Korridor keine Rotalarm-Lampe auf.

Anschluß- und Produktionsprobleme

• Nach einem ersten Blick auf die Romulaner zieht Spock erstaunt die Augenbrauen hoch. Kein Wunder: Sein Vater befehligt nämlich das romulanische Schiff! (War nur 'n Witz. Beide werden vom gleichen Schauspieler verkörpert.)

• In dieser Episode hat man die meisten Romulaner mit Helmen versehen, um ihre Ohren zu verbergen. Der Grund: Man konnte die Ausgaben für die Spitzohren sparen.

Quiz-Antworten

1. Z-6
2. Decius

LANDEURLAUB
(SHORE LEAVE)

Sternzeit: 3025.3-3025.8

Die *Enterprise* umkreist in der Region Delta Omicron einen Planeten, um der Mannschaft Landeurlaub zu gewähren. Die Sensoren haben auf dieser Welt nur Pflanzenleben gemeldet. Eine Landegruppe nimmt die Schlußinspektion vor. Dabei sieht McCoy etwas äußerst Ungewöhnliches: Ein großes weißes Kaninchen taucht auf, zieht eine goldene Taschenuhr hervor, ruft aus, daß es sich verspätet habe und rennt fort. McCoy ist natürlich klar, daß die Szene aus *Alice im Wunderland* stammt, aber er findet keine Erklärung dafür. Er meldet den Vorfall Kirk, der sofort auf den Planeten beamt. Bald darauf kommt es zu weiteren Ungereimtheiten: Sulu findet einen uralten Polizeirevolver. Bootsmann Barrows wird von Don Juan attackiert. Dann kommt es zur Tragödie: Ein Ritter hoch zu Roß stößt McCoy eine Lanze durchs Herz.

> **Trekker-Quiz**
> 1. In welcher Reihenfolge verlassen die Urlauber das Schiff?
> 2. Wo hat McCoy das Freudenmädchen schon mal gesehen, das am Ende der Folge an seinem Arm hängt?

Nachdem Spock sich zur Landegruppe gesellt hat, formuliert er eine Theorie. Anscheinend bringt auf diesem Planeten der Gedanke an einen Gegenstand oder einen Menschen selbige zur Existenz. Dann taucht der ›Verwalter‹ auf, der erklärt, die Welt sei der Vergnügungsplanet einer anderen Rasse. Ihm sei eben erst bewußt geworden, daß die Besucher keine Ahnung davon haben. Nachdem er ihnen den wiederherge-

LANDEURLAUB

stellten und erholten McCoy präsentiert, lädt er sie zum Bleiben ein, damit sie sich vergnügen.

Handlungsschwächen

• Fähnrich Angela Martine hat sich offenbar schnell erholt. In der vorherigen Episode (›Spock unter Verdacht‹) hat sie ihren Verlobten verloren. Diesmal schäkert sie mit einem Mann namens Rodriguez. (In der Reihenfolge der Produktion liegen zwischen ›Spock unter Verdacht‹ und dem aktuellen Ereignis zwar sieben Folgen, was Martine die Chance einräumt, ihren Verlust zu überwinden, doch bei der Sendung hat man darauf keine Rücksicht genommen.)

• Ich frage mich, welcher Akteur wohl an Insekten gedacht hat: Angeblich soll auf dem Planeten nur Pflanzenleben existieren. Laut Handlungsführung kommt dazu noch das, woran die Leute denken. Da Insekten in drei verschiedenen Szenen auftauchen, muß doch jemand an sie gedacht haben. Erstmals tauchen sie auf, als Kirk an Ruth denkt. Kurz nachdem er die anderen auffordert, sich am See zu treffen, zeigt eine Aufnahme Ruths vorbeifliegende Insekten. Dann, als McCoy Barrows ermuntert, das Prinzeßchenkleid anzuziehen, flattert ein weißer Schmetterling durchs Bild. Und als Sulu dann vor einem Samuraikrieger flieht, fragt Kirk ihn, ob er sonst noch jemanden von der Landegruppe gesehen hat. Man schaue genau hin: Ein Insekt fegt heran, und Kirk weicht ihm sogar aus. (Mir ist zwar klar, daß diese Szenen im Freien gedreht wurden und Insekten deshalb unvermeidlich waren, aber interessant es ist trotzdem.)

• Und jetzt ein dicker Patzer: Als Spock materialisiert, sagt Sulu: »Jemand beamt von der Brücke herunter.« Besatzungsmitglieder beamen *vom Schiff* herunter. Sie beamen auch aus dem *Transporterraum* herunter. Aber sie beamen nicht von der *Brücke.*

• Nachdem es Spock nur mühsam gelungen ist, auf den Planeten zu beamen, macht sich natürlich auch niemand die

LANDEURLAUB

Mühe, die Möglichkeit zu erwähnen, eine Fähre könne die ›Gestrandeten‹ abholen.

• Kirk und Spock wirken wirklich ängstlich, als ein Tiger in ihrer nächsten Umgebung auftaucht. Worüber sorgen sie sich? Wenn man genau hinschaut, sieht man doch, daß das arme Tier angekettet ist.

• Weiß Sulu nicht, wie man einen Tricorder bedient? Als Kirk den Ritter erschossen hat, der McCoy aufspießt, merkt Sulu an, er sähe wie eine Schaufensterpuppe aus. Außerdem meldet er Kirk, der Tricorder funktioniere noch. Daraufhin schreit Kirk nach Spock. Der Erste Offizier läuft um den ganzen See herum, nimmt Sulu den Tricorder ab und macht eine Messung. Traut Kirk seinem Steuermann nicht zu, dies selbst zu tun?

• Der Verwalter scheint irgendwelche Vorbehalte gegen Spock zu haben. Er spricht jedermann mit seinem Dienstgrad an, doch ihn nennt er nur ›Mr. Spock‹.

• Was ist aus Martine geworden? Als sie vor dem angreifenden Flugzeug fliehen, läuft sie mit Rodriguez fort, knallt gegen einen Baum, fällt bewußtlos um und taucht für den Rest der Episode nicht mehr auf. Hat der Beschuß des Flugzeugs sie getötet? Am Ende der Episode erklärt der Verwalter, man habe wieder alles gerichtet. McCoy sieht wirklich erholt aus (falls man sein durch die Freudenmädchen hervorgerufenes albernes Grinsen als Hinweis darauf nehmen kann). Wenn Martine überlebt hat, müßte sie dann nicht am Ende der Folge auch wieder auftauchen?

Gerätekokolores

• Sulu findet einen wirklich interessanten ›Polizeirevolver‹– mit sieben Kugeln! Sulu verschießt vier bei seinen Zielübungen, und Kirk ballert weitere drei auf den Ritter.

Anschluß- und Produktionsprobleme

• Die von dem Kaninchen erzeugten Fußabdrücke liegen deutlich nebeneinander. Die Fußabdrücke echter Kaninchen

LANDEURLAUB

wirken jedoch schleifend. (Ich wohne im Wald; hier leben viele wilde Tiere. Das Kaninchen kann diese Abdrücke nicht erzeugt haben.)

• Als Kirk seiner alten Freundin Ruth begegnet, setzen die Macher Hintergrundmusik ein, zu der auch eine Flöte gehört. Die Instrumentierung plätschert dahin und trägt nett zur Unterstützung der Szene bei – bis auf das Cello. Erstens ist es verstimmt. Zweitens klingen die Töne, als stammten sie aus einem anderen Stück! Grauenhaft. Ich muß jedesmal lachen, wenn ich es höre. Als Kirk zum ersten Mal ›Ruth‹ sagt, achte man auf das Cello: Es klingt, als spiele der Musiker einfach irgendeine Note.

• Der Anfang der Episode enthält eine Aufnahme, die in der Folge selbst nie verwendet wird: Es ist eine Großaufnahme von Barrows' linker Seite, als sie sich an einen Baum lehnt. Sie trägt schon das Prinzeßchenkleid. Eine Hand reicht um den Baum herum, um ihr Gelenk zu ergreifen.

• Sämtliche Dialoge sprechen von einem einzelnen Flugzeug, und die meisten Aufnahmen zeigen auch nur eins. Trotzdem sind für einen kurzen Augenblick plötzlich zwei am Himmel zu sehen.

• Nach dem Verschwinden von McCoys Leiche gehen Kirk und Spock dorthin zurück, wo sie gelegen hat. Dabei verursachen sie eigenartige Geräusche – als gingen sie über Sperrholzplatten.

• Die Uniformen der Raumflotte haben einige komische Eigenheiten: In einer Szene rauft sich Kirk mit der Nervensäge Finnegan, den er von der Akademie her kennt. Sein Hemd hält sich ganz gut, doch dann tritt Finnegan ihm in den Unterleib, und er fällt auf den Rücken. Noch ist sein Hemd ganz, aber als die Szene zu einer Großaufnahme wechselt, ist es an der rechten Schulter eingerissen. Als Don Juan hinter Bootsmann Barrows herhechelt, wird ihre Jacke an der rechten Schulter eingerissen. Doch am Ende der Episode, als sie den Minirock wieder anzieht, ist alles repariert.

LANDEURLAUB

• Wer beim Erscheinen des Verwalters auf den Baumstumpf in der Bildmitte achtet, sieht, daß der Schatten eines Mikroauslegers über ihn fällt.

Quiz-Antworten

1. *In alphabetischer Reihenfolge. (Man achte am Anfang der Episode auf die Hintergrundstimmen beim Gespräch zwischen Kirk und Spock in der Kabine des Captains.)*
2. *In einem Kabarett auf Rigel II.*

NOTLANDUNG AUF GALILEO 7[23]

(THE GALILEO SEVEN)

Sternzeit: 2821.5-2823.8

Auf dem Weg zum Planeten Makus III begegnet die *Enterprise* einer quasarähnlichen Formation. Kirk schickt die Fähre *Galileo* aus, um sie zu erforschen. Leider bemächtigt sich die Formation der Fähre und saugt sie in sich hinein. Sie hat die gesamte Umgebung des Weltraums ionisiert, was die Schiffssensoren nutzlos macht. Als wäre dies noch nicht genug, hat die *Enterprise* Medikamente an Bord, die pünktlich auf Makus III abgeliefert werden müssen, was die Suchmöglichkeiten der Mannschaft einschränkt.

Auf der *Galileo* schätzen Spock und Scott den Schaden ein, den ihre Bruchlandung auf einem unbekannten Planeten hervorgerufen hat. Zwei andere Offiziere schauen sich in der Umgebung um. Bald darauf wird einer der beiden von einem

> **Trekker-Quiz**
>
> 1. Wie lang ist die Galileo?
> 2. Mit den Bewohnern welches Planeten weisen die Riesen Ähnlichkeiten auf?

riesigen Speer getötet. Der Planet ist offenbar die Heimat eines Volkes wilder Riesen. Da man Treibstoff braucht, regt Scott an, den Handphasern Energie zu entnehmen, auch wenn sie der einzige Schutz der Fährenmannschaft sind. Als die Fähre startet, wird sie von den Riesen gepackt und am Boden festgehalten. Da Spock keine Alternative sieht, schal-

---

23 Da in dieser Folge kein Planet namens Galileo VII vorkommt und von einem solchen auch nie die Rede ist (wohl aber von einer *Raumfähre* dieses Namens), kann man nur vermuten, daß der für den deutschen Titel Verantwortliche an rasender Hirnerweichung litt.

97

NOTLANDUNG AUF GALILEO 7

tet er die Rückstoßdüsen ein. Dies verbraucht zwar viel Treibstoff, gestattet ihnen aber, sich lozureißen. Die Fähre dringt in
die Kreisbahn vor, aber die *Enterprise* ist schon nach Makus
III aufgebrochen. In einem letzten verzweifelten Versuch wirft
Spock den restlichen Treibstoff ab und zündet ihn. Das riesige Feuer erregt Sulus Aufmerksamkeit. Kirk wendet sofort
das Schiff, um seine Leute zu retten.

Handlungsschwächen

• Die *Galileo* soll angeblich ein quasarähnliches Gebilde untersuchen. Trotzdem begleiten McCoy und Scott die Wissenschaftler. Sicher, sie werden am Ende gebraucht, aber daß sie
überhaupt mitgeschickt wurden, ist doch reichlich unmotiviert.

• Als Spock, Boma und Gaetano die Riesen erschrecken
und vertreiben wollen, stoßen sie in ein felsiges Gelände vor
und ballern in die Gegend, in der sie sie vermuten. Zunächst
mal: Warum lähmt man die riesigen Kerle nicht? Daß Spock
sie nicht töten will, ist klar, aber sind sie nicht ausgezogen,
um sie zu betäuben? Dann läßt Spock Gaetano zurück. Wo
soll hier die Logik sein? Latimer ist umgekommen, obwohl er
Teil eines Teams war. Ist es nicht wahrscheinlich, daß ein einzelner Wächter ebenso umgebracht wird?

• Am Ende der Episode meldet Uhura, man habe fünf Personen aus der Fähre gerettet. Kirk lächelt und setzt Kurs auf
Makus III. Moment mal: Woher weiß er, daß die beiden anderen nicht noch auf dem Planeten sind? Und außerdem: Wieso
fragt er nicht, *wer* die fünf Geretteten sind? Zieht er automatisch den Schluß, daß die höheren Offiziere überlebt haben?
(Wenn ich so darüber nachdenke ... Dies könnte der Beweis
dafür sein, daß es in der Flotte ein ungeschriebenes Gesetz
gibt: Wer einen niedrigen Dienstgrad hat, hat auch die Pflicht,
als erster draufzugehen! Diese Regel könnte auch eine
Menge andere Dinge erklären.)

• Nachdem man bis zum letzten Augenblick nach der *Galileo* gesucht hat, weiter nach Makus III und dann wieder

NOTLANDUNG AUF GALILEO 7

zurück zur Fährenmannschaft fliegt, läßt Kirk erneut Kurs auf Makus III setzen und ordnet Warp 1 an. Warp 1? Müßte er nicht schneller fliegen? Hat er etwa nicht vor dem Abflug bis zum letztmöglichen Termin gewartet?

Gerätekokolores

• Als Boma aus der Fähre steigt, um an Latimers Begräbnis teilzunehmen, schließt er den unteren Teil des Ausgangs mit der Hand. Sonst öffnet und schließt sich die Luke automatisch.

• Die von den Riesen verwendeten Schilde sehen nach simplem Holz und Leder aus. Sie verfügen aber offenbar über eine sehr tolle Vergrößerungstechnik: Als ein Riese seinen Schild zu Boden wirft, nimmt er auf der Stelle monströse Ausmaße an.

• Es ist wirklich beeindruckend, wie schnell sich die Fensterläden der *Galileo* schließen: Als die Riesen das Fahrzeug angreifen, sieht man, daß die Fenster im Inneren der Fähre offen sind. Einen Augenblick später zeigt eine Außenaufnahme sie geschlossen. Offenbar können diese Dinger in Null Komma nichts reagieren. Im Fall eines Angriffs kann man sowas wirklich gut gebrauchen.

• Die Macher haben sich wirklich bemüht, uns mit der Investition des als ›Treibstoffabwurf‹ markierten Schalters zu verblüffen. Wenn man Spocks Handbewegungen sieht, könnte man meinen, der Schalter befände sich auf dem mittleren Instrumentenbrett zwischen den beiden Vordersitzen. Ist aber nicht so: Man achte sorgfältig auf die Konsole mit der Aufschrift FUEL JETTISON (Treibstoffabwurf), und man wird sehen, daß es sich in Wahrheit um eine Kiste handelt, die an der Fährenseite hängt!

Anschluß- und Produktionsprobleme

• Bei dem Streit, ob man eine Begräbniszeremonie abhalten soll oder nicht, faucht McCoy Spock an, er solle ihnen erlauben, als Menschen statt als Maschinen zu sterben. Als er

NOTLANDUNG AUF GALILEO 7

diese Worte spricht, weist seine Stimme einen bizarren Effekt auf, fast wie ein Echo.

• Als Spock Gaetanos Leichnam zur Fähre zurückträgt, fliegen zwei Speere in seine Richtung. Der zweite trifft einen Felsen – und Styroporfetzen fliegen in alle Richtungen! Kein Wunder, daß es den Riesen so leicht fällt, Findlinge dieser Größe zu heben und auf die Fähre zu schleudern. Dies erklärt natürlich auch, wieso die Fähre ihre brutalen Attacken so leicht übersteht.

• A propos Riesen. Ich meine, die Macher hätten sich bei der Größe dieser Kerle etwas mehr Mühe geben können. Ein Team meldet, sie seien zehn bis zwölf Fuß[24] groß.[25] Doch als einer von ihnen Latimer tötet, bringt das Zottelbiest im besten Fall acht Fuß[26] auf die Beine. Als ein zweiter Riese die Fähre angreift, ragt er von der Hüfte an aufwärts über sie hinaus. Schließlich sieht der Fußabdruck eines weiteren Riesen etwa drei Fuß[27] lang aus. Ich bin knapp einsachtzig, aber meine Füße sind (Scherz beiseite) höchstens einen Fuß lang. Ich habe keine Probleme mit der Stabilität. Andererseits sollen diese Riesen doppelt so groß sein wie ich, aber ihre Füße sind *dreimal* so lang! Ich wette, daß sie keine Schwierigkeiten haben, bei einer steifen Brise aufrecht zu stehen.

• Zurück zum Thema Felsen: Spock unternimmt einen tapferen, doch schlußendlich fruchtlosen Versuch, uns am Ende der Episode zu überzeugen, ein schwerer Stein habe sein Bein an eine Felswand genagelt.

Quiz-Antworten

1. ca. 7,30 m
2. Hansens Planet

---

[24] ca. 3–3,5 m.
[25] Diese Meldung ist in der deutschen Fassung nicht enthalten.
[26] ca. 2,45 m.
[27] ca. 90 cm.

TÖDLICHE SPIELE AUF GOTHOS
(THE SQUIRE OF GOTHOS)

Sternzeit: 2124.5-2126.3

Als die *Enterprise* ein ödes Gebiet des Alls durchquert, stößt sie auf einen bisher unbekannten Planeten. Im nächsten Augenblick verschwinden zuerst Sulu und Kirk. Eine Landegruppe findet die beiden zu Wachsfiguren erstarrt auf dem Planeten in einem Schloß wieder. Plötzlich taucht ein Lebewesen auf, erlöst sie und stellt sich als Trelane, den Squire von Gothos, vor. Trelane kann offenbar mit Willenskraft Materie in Energie umwandeln und umgekehrt. Nach sorgfältiger Beobachtung mutmaßen Kirk und Spock, daß Trelanes Kräfte von einer Maschine er-

> **Trekker-Quiz**
> 1. Wie groß ist der Planet Gothos?
> 2. Was ist laut Trelane Spocks einzige versöhnliche Tugend?

zeugt werden: Da der Squire sich nie weit von einem großen Spiegel entfernt, stellt Spock die Hypothese auf, die Maschine müsse sich hinter ihm befinden. Kurz darauf fordert Kirk Trelane zu einem Duell heraus und zerschießt dabei den Spiegel mit einer Pistole. Als Trelane verschwindet, beamen alle zur *Enterprise* zurück. Kirk befiehlt Höchstgeschwindigkeit, doch in welche Richtung sich das Schiff auch wendet, der Planet verstellt ihm ständig den Weg. Kirk beamt wütend auf den Planeten zurück. Der schäumende Trelane inszeniert eine höhnische Gerichtsverhandlung und klagt den Captain des Verrats an. Als er ihn mit einem Säbel aufspießen will, tauchen Trelanes Eltern auf – Energiewesen von hohem Niveau –, bitten Kirk wegen des Verhaltens ihres

TÖDLICHE SPIELE AUF GOTHOS

Kindes um Entschuldigung und nehmen Trelane mit nach Hause.

Anmerkungen

Trelane scheint der Vorläufer Qs aus ST/DNJ zu sein. Er ist frech und verfügt über große Macht. Er stellt Kirk sogar vor Gericht, so wie Q später mit der Mannschaft der Enterprise 1701-D *verfährt.*

Bemerkenswerte Dialoge

»Ich bin gegen Sie. Ich bin gegen disziplinlosen Intellekt. Ich bin gegen Macht, die kein konstruktives Ziel kennt.« – Spock zu Trelane.

Handlungsschwächen

• Der Dialog soll andeuten, daß Trelane seine Forschungen bezüglich der Erde mit Mitteln bewerkstelligt, die ihm erlauben, das Licht zu analysieren, das von diesem Planeten kommt. Da Gothos aber 900 Lichtjahre von der Erde entfernt ist, sind seine Informationen demgemäß 900 Jahre alt. Trelane sagt, daß er Napoleon bewundert und spricht über den Tod Alexander Hamiltons. Napoleon kam etwa um 1800 an die Macht; Hamilton starb 1804. Dementsprechend müßte die Episode etwa im Jahr 2700 spielen – vier Jahrhunderte später.

• Einmal versucht Lieutenant DeSalle Trelane auszutricksen, indem er sich mit einem Phaser von hinten an ihn heranschleicht. Trelane sieht ihn natürlich im Spiegel und läßt ihn erstarren. Es fällt mir sehr schwer zu glauben, DeSalle könnte annehmen, Trelane würde ihn nicht sehen. Oder ist ihm einfach nicht aufgefallen, daß gleich vor ihm ein riesiger Spiegel hängt?

• Nachdem Spock die erste Landegruppe an Bord gebeamt hat, befiehlt Kirk, die *Enterprise* solle sofort aus der Kreisbahn schwenken. Er hat es offenbar eilig. Jedenfalls mehr oder we-

TÖDLICHE SPIELE AUF GOTHOS

niger. Obwohl er weiß, daß die *Enterprise* Trelanes Einfluß-
sphäre so schnell wie möglich entkommen muß, nimmt er
sich die Zeit, mit Spock im Transporterraum ein Schwätzchen
zu halten, bevor er den tatsächlichen Befehl zum Abflug gibt.

Gerätekokolores
• Am Anfang der Episode sondiert Spock das All vor der
Enterprise und meldet, es sei leer. Kirk setzt Kurs auf die
Leere, als Spock zum Platz des Navigators hinuntergeht.
Dann meldet er eine umfassende plötzliche Störung. Er tut
dies, während er auf den Navigatorplatz schaut. Kirk bittet De-
Salle – der zufällig am Navigatorplatz sitzt –, dies zu bestätigen, doch er kann es anfangs nicht. Sind seine Instrumente
so eingestellt, daß nur Vulkanieraugen sie zu lesen vermögen? Beide schauen doch auf die gleiche Armatur!
• Als Kirk Trelanes Spiegel zerstören will, fragt er, ob die Maschine, die die freundliche Atmosphäre aufrechterhält, dann
noch die gleiche sei. Spock erwidert, die Maschine, die für
die Atmosphäre sorgt, müsse viel größer sein. Ach ja? Seit
wann hat denn die Größe Auswirkungen auf Fähigkeiten?
Früher in der Episode zeigen uns die Macher ein Atemgerät,
das aus einer kleinen Maske und einem buchgroßen Gürtel-
pack besteht. Man will uns wahrscheinlich glauben machen,
wir hätten es mit einer Sauerstoffflasche und einer Atem-
maske zu tun, wie sie im 23. Jahrhundert üblich sind. Wenn
die Technik vervollkommnet wird, neigt man dann nicht auch
dazu, sie kleiner zu machen? Wenn Trelanes Technologie so
weit fortgeschritten ist, wäre es dann nicht trügerisch, wenn
man annimmt, seine Maschinerie müsse eine gewisse Größe
haben?

Anschluß- und Produktionsprobleme
• Nachdem die erste Gruppe auf den Planeten gebeamt ist,
schnippt DeSalle seinen Kommunikator auf und meldet sich
bei der *Enterprise*. Da er keine Antwort erhält, schaltet er das

TÖDLICHE SPIELE AUF GOTHOS

Gerät wieder ab. Dann zeigt eine Halbtotale, daß er es *noch einmal* abschaltet.

• Der Planet Gothos wirkt manchmal durchsichtig.

Quiz-Antworten

1. *1E*
2. *Spock ist ungezogen*

GANZ NEUE DIMENSIONEN
(ARENA)

Sternzeit: 3045.6-3046.2

Nachdem ein unbekanntes Schiff Cestus III angegriffen hat, nimmt Kirk die Verfolgung auf. Als die *Enterprise* gerade die Oberhand über den Feind gewinnt, meldet sich ein mächtiges Volk aus einem nahen Sonnensystem und bringt die zwei Schiffe zum Halten. Die Metronen geben bekannt, beide Schiffe seien während der gewalttätigen Auseinandersetzung in ihren Machtbereich eingedrungen. Dies wollen sie nicht gestatten. Sie bestimmen, daß die Kapitäne beider Schiffe auf einem öden Planeten allein gegeneinander kämpfen sollen. Dem Sieger und dessen Schiff winken die Freiheit; der Verlierer und sein Schiff werden vernichtet. Die Metronen merken an, der Planet sei reich an Material, aus dem man Waffen herstellen kann. Sekunden später findet sich Kirk einem echsenähnlichen Zweibeiner gegenüber, der zum Volk der Gorn gehört. Bald findet er heraus, daß der Gorn zwar viel stärker, aber unbeweglicher ist. Nachdem Kirk einen großen Felsklotz von einem Abhang direkt

> **Trekker-Quiz**
> 1. Was hat Kirk in seine Bambuskanone gesteckt?
> 2. Wie weit haben die Metronen die Enterprise in die Galaxis hinausgeworfen, als Kirk ins Schiff zurückkehrt?

auf den Gorn geworfen hat, entdeckt er noch eine beunruhigende Tatsache: Der Gorn kann eine bemerkenswerte Menge an körperlicher Belastung ertragen. Kirk flieht, stolpert in eine Falle des Gorn und verletzt sich am Bein. Doch zum Glück wird ihm klar, daß er über alle Materialien verfügt, um Schießpulver herzustellen. Er baut sich eine primitive Kanone

105

GANZ NEUE DIMENSIONEN

und macht den Gorn mit einer Ladung Rohdiamanten kampfunfähig. Kirk weigert sich jedoch, seinen Gegner zu töten –
eine Haltung, in der die Metronen etwas Vielversprechendes
sehen.

Anmerkungen
*Es ist erstaunlich, wie viele Stunts die Akteure in dieser Serie
ausführen müssen. Nachdem die Landegruppe am Anfang
der Folge auf Cestus III erscheint, greifen die Gorn an. Kirk
und Spock laufen durch ein explodierendes Trümmerfeld.*

Höhepunkte
*Die Folge hat lustige Momente, als Kirk sich bemüht, einen
basketballgroßen Felsen aufzuheben, um ihn auf den Gorn zu
schleudern: Der Felsen trifft das zweibeinige Reptil am Brustkorb und prallt ab, ohne es auch nur zu verlangsamen. Dann
hebt der Gorn einen riesigen Findling und wirft ihn zu Kirks
Stellung hoch. Wenn ich Kirk wäre, würde diese Reaktion
meine Zuversicht in meine Fähigkeiten, den Typen zu schlagen, nicht gerade fördern.*

Handlungsschwächen
• Als Kirk von der Brücke der *Enterprise* verschwindet,
schreit Uhura auf. Warum nur? In der vorigen Folge ist er
ebenfalls so verschwunden, und sie hat nicht geschrien.
• Bei der ersten Begegnung mit dem Gorn gestattet Kirk
dem Riesenreptil, seine Beine zu packen und ihn in den
Schwitzkasten zu nehmen. Ich verstehe nicht, warum der
Gorn Kirk nicht einfach beißt. Es scheint, als hätte er ein wirklich übles Gebiß. Vielleicht hat er aber schon zum Mittag-
essen ein paar Kolonisten auf Cestus III verspeist und festgestellt, daß Menschen ihm nicht munden. (He, das war nun
wirklich eine sehr chauvinistische Bemerkung, und Sie sollten
sich was schämen, wenn Sie beim Lesen gegrinst haben! Nur
weil ein Fremdling große und rasiermesserscharfe Zahnrei-

GANZ NEUE DIMENSIONEN

hen hat, bedeutet es noch lange nicht, daß er weniger zivilisiert ist als wir. Es könnte ja auch sein, daß die Gorn tagsüber Sauerteigfladen und Tee genießen ... Aber ja doch.)

• Der Gorn-Captain sollte genauer zielen oder sich eine Brille zulegen: Als er sich eine Handwaffe basteln will, nimmt er einen Stein, um einen Kristallklotz zu bearbeiten. Wer bei dieser Szene genau hinsieht, erkennt, daß er ständig danebenhaut!

• Als Kirk die Kanone bauen will, sucht er sich zuerst ein Bambusrohr und ein Stück Seil. Wenigstens sieht es wie ein Bambusrohr aus. (Ich bin auf den Philippinen aufgewachsen, und manche meiner Freunde haben Bambus dieses Durchmessers verwendet, um daraus Benzinkanonen zu basteln.) Wenn es sich um Bambus handelt, muß Kirk die Segmente herausgeschlagen haben, als wir gerade anderweitig beschäftigt waren: Man achte auf das Äußere des Rohrs. Jede horizontale Linie zeigt ein Segment an. Und Bambus ist nur zwischen den einzelnen Segmenten hohl.

• Was das Seil angeht, das Kirk findet: Nicht vergessen, daß er es nur haben will, um es aus Festigkeitsgründen um das Bambusrohr zu wickeln. Aus irgendeinem Grund glaubt er jedoch, das gefundene Seil sei zu lang. Er vergeudet viele kostbare Sekunden damit, es zu kürzen, indem er es mit einem Stein zerschneidet. Komischerweise ist das Stück, das er fallen läßt, nur ein paar Fuß[28] lang. Warum wickelt er es nicht einfach öfter um das Rohr?

• Auf der Suche nach Kirk begibt sich der Gorn-Captain auf einen Trampelpfad. Einen Trampelpfad? Wer hat ihn auf diesem öden Planeten angelegt?

• Kirk nimmt die Chemikalien, die er für das Schießpulver braucht und schaufelt alle Elemente in sein Bambusrohr. Dann schüttet er den Inhalt auf einen Felsen. Nun haben sich die Elemente gründlich vermischt. Wie man es erwarten kann.

---

[28] Ein paar Fuß? (Zwischen 60 und 90 cm).

GANZ NEUE DIMENSIONEN

Doch als die Kohle zu Staub zermahlen ist, haben sich Schwefel und Kaliumnitrat auf wunderbare Weise wieder in saubere Häufchen getrennt, so daß er sie im richtigen Verhältnis mischen kann.

• Ich muß zugeben, daß die Metronen wirklich sehr kultiviert sind: Als sie Kirk in sein Schiff zurückbringen, waschen sie sein Gesicht, reinigen seine Kleider und heilen offenbar auch sein Bein.

Grundlagenveränderungen

• Dem Anschein nach hat die Föderation in der Zeit zwischen dieser Episode und ›Das Spukschloß im Weltall‹ ein Verfahren zur Herstellung kostbaren Geschmeides entwickelt: In dieser Folge findet Kirk einen Haufen Rohdiamanten und bezeichnet sie als ›unglaubliches Vermögen‹. In ›Spukschloß‹ behauptet er jedoch, man könne solche Klunker mit Leichtigkeit künstlich herstellen.

Gerätekokolores

• Als Kirk und die anderen nach Cestus III beamen, finden sie die Kolonie völlig zerstört vor. Kurz darauf greifen die Gorn an. Auf der Suche nach besseren Waffen eilt Kirk zur Waffenkammer und findet einen Photonen-Granatwerfer. Er und Spock bauen ihn in einer großen Vertiefung an dem Damm auf, der dem Feind am nächsten ist. Sie legen eine Granate in den Werfer und hechten zum gegenüberliegenden Damm. Das verwirrt mich. Müßte der entferntere Damm sie der Druckwelle nicht noch mehr aussetzen? Wenn sie die Sorge haben, sie könnten zu nah am Werfer sein, wenn er feuert, warum tauchen sie dann nicht in der Waffenkammer unter? Sie liegt doch gleich nebenan.

• Damit die Opponenten ihr Gefecht aufzeichnen können, versorgen die Metronen Kirk und den Gorn-Captain mit tragbaren Geräten. Es stellt sich heraus, daß sie auch Simultanübersetzer sind und wie Walkie-Talkies funktionieren. Noch

GANZ NEUE DIMENSIONEN

beeindruckender ist die Tatsache, daß die Metronen günstig irgendeine feuersteinartige Vorrichtung auf dem Recorder plaziert haben, damit Kirk Funken erzeugen kann, um die Kanone abzuschießen. (Der Simultanübersetzer muß eine Art Schweizer Offiziersmesser sein. Ich frage mich, ob die Metronen auch ein Modell herstellen, an dem Klingen, ein Schraubenzieher und eine kleine Schere angebracht sind. Wenn sie's täten, würde ich eins kaufen. Die Dinger können manchmal sehr nützlich sein.)

Anschluß- und Produktionsprobleme

• Während des Gorn-Angriffs auf Cestus III findet Kirk einen Photonen-Granatwerfer. Er verläßt die Waffenkammer und stellt eine Eisenkiste ab. Dann wechselt die Perspektive – und er hat die Kiste wieder an der Hand.

• Als es so aussieht, als werde Kirk verlieren, lassen die Metronen die *Enterprise*-Mannschaft zuschauen. Kurz darauf zeigt eine Halbtotale den winzigen Kirk in der Gebirgsregion umherhumpeln. Wer genau hinsieht, erkennt, daß Kirk in Wahrheit kurz nach Beginn der Einstellung urplötzlich in die Szene hineinspringt.

Quiz-Antworten

1. *Diamanten, Kaliumnitrat, Schwefel und Kohle*
2. *500 Parsec*

PERSÖNLICHE FAVORITEN

Fragen Sie mich nicht, warum dies meine Lieblingspatzer aus der TV-Serie und den ersten sechs Filmen sind: Ich weiß es nämlich selbst nicht genau. Wie schon in *Cap'n Beckmessers Führer durch STAR TREK – NEXT GENERATION* gesagt, zeigen sich meine Lieblinge meist erst dann, wenn ich eine bestimmte Folge zum dritten- oder viertenmal gesehen habe. Irgendwie sind sie eine reine Goldgrube: Ich schaue zu, zergliedere, denke nach, und im Verlauf des ganzen Aufwandes an geistiger Energie fange ich plötzlich irgend etwas auf, das ich vorher nie gesehen habe: Ich lasse das Video zurücklaufen und schaue mir die Szene noch einmal an. Dann muß ich lächeln und kann nicht glauben, daß es mir zuvor nicht aufgefallen ist. Es gibt natürlich auch Patzer, die mir entgehen. Sobald mir ein Beckmesser-Kollege schreibt »Ist dir der eine schon aufgefallen ...«, hole ich das Video hervor, lasse es im Schnellgang an die angegebene Stelle vorlaufen – und da ist er, der nächste Eintrag für mein Buch. (Ich weiß, ich werde ein Leben dazu brauchen!) Wie zuvor habe ich die Patzer nach Episoden aufgelistet. In den Episodenbesprechungen sind sie natürlich auch enthalten.

1. ›Der Fall Charlie‹. Charlie begleitet Kirk auf die Brücke. Kirk betritt den Turbolift in einem goldenen Hemd. Als er aussteigt, trägt er ein grünes.

2. ›Kirk : 2 = ?‹ Die Eröffnungsszene auf dem Planeten ist seitenverkehrt. Kirks und Sulus Scheitel befinden sich auf der falschen Seite. Interessanterweise fehlen an ihren

PERSÖNLICHE FAVORITEN

Hemden die Insignien. Die Macher hatten wohl vor, die
Szene umzukehren, denn als Kirk auf die *Enterprise*
zurückkehrt, sind die Insignien plötzlich wieder da.

3. ›Landru und die Ewigkeit‹. Als Kirk und die Landegruppe
   kurz nach dem Herunterbeamen vor dem Mob fliehen,
   fliegt ein Felsen von der Größe einer Melone auf sie hinab
   und trifft ein Besatzungsmitglied am Kopf. Er prallt ab;
   der Typ rennt weiter.

4. ›Horta rettet ihre Kinder‹. Auf der Suche nach den Tun-
   nels des Siliziumwesens kommen Kirk und Spock an
   eine Weggabelung. Kirk deutet nach *rechts* und sagt zu
   Spock: »Sie gehen nach links.« Dann deutet er nach *links*
   und sagt: »Ich gehe nach rechts.«

5. ›Griff in die Geschichte‹. Einmal treffen sich Kirk und
   Edith Keeler auf der zu ihrer Wohnung führenden
   Treppe. Als Edith stolpert, fängt Kirk sie auf. In der Totale
   hat sie noch beide Schuhe an. Dann zeigt die Großauf-
   nahme, daß sie Kirk dankt, weil er ihr Leben gerettet hat.
   Die Szene blendet in eine Totale zurück. Edith geht die
   Treppe hinauf und hat nur noch einen Schuh an.

6. ›Der erste Krieg‹. In dieser Episode taucht ein wütendes,
   fauchendes Biest namens Mugato auf. Es hat einen Rep-
   tilienkamm auf dem Rücken und tödliche, mit Gift gefüllte
   Reißzähne. Doch als die Macher eine Großaufnahme seiner Fußabdrücke brauchten, hat man einfach die des
   großen weißen Kaninchens aus ›Landeurlaub‹ verwendet.
   Deswegen hinterläßt die wilde Bestie Kaninchenspuren!

7. ›Seit es Menschen gibt‹. In dieser Episode platzt Kirks
   Hose: An einer Stelle liegt der Captain auf dem Rücken
   und setzt die Beine ein, um einen Angreifer abzuwehren.

PERSÖNLICHE FAVORITEN

Als er die Knie an die Brust zieht, erscheint an seinem Hintern ein weißer Strich.

8. *Star Trek: Der Film.* Am Ende des Films unterhalten sich Spock und McCoy mit Kirk auf der Brücke. Spock trägt eine Jacke mit orangefarbenen Ärmelstreifen. McCoy trägt eine mit grünen Ärmelstreifen. Dann wechselt die Aufnahme. Nun trägt Spock die Jacke McCoys – und umgekehrt.

9. *Star Trek II: Der Zorn des Khan.* Zu Beginn des Films nimmt Saavik an der *Kobayashi Maru*-Übung teil. Bei den Aufnahmen, die sie im Kommandosessel zeigen, sieht man im Hintergrund die Tür des Steuerbord-Turbolifts. An ihr hängt ein Stück Papier, das wie die Schablone wirkt, mit der man die Türverzierung hergestellt hat. Kurz darauf zeigt eine andere Aufnahme, daß es weg ist – nur die Verzierungen sind noch da.

10. *Star Trek III: Auf der Suche nach Mr. Spock.* Als die *Enterprise* im Raumdock liegt, melden die Sensoren einen Einbruch in Spocks Quartier. Als Kirk die Brücke verläßt, um den Fall zu untersuchen, zeigt eine Großaufnahme den Bauplan des Schiffes und ein Quadrat – die Position des Eindringlings. Dieses Bild stammt aus den Bauplänen der alten *Enterprise,* und auf ihnen ist der betreffende Raum als ›Brig‹ (Knast) ausgewiesen.

11. *Star Trek V: Am Rand des Universums.* Die listigen Macher jubeln uns in der Szene einen unter die Weste, in der Spock Kirk auffängt, bevor dieser auf den Boden knallt: Statt einen Schwebedraht an Shatners Fuß zu befestigen und ihn mit dem Kopf nach unten aufzuhängen, hat man die Drähte an seiner Seite befestigt und läßt ihn horizontal baumeln. Dann hat man eine Kulisse mit hori-

PERSÖNLICHE FAVORITEN

zontal verlaufenden Bäumen gebaut (damit es so aussieht, als hänge er mit dem Kopf nach unten) und die Kamera auf die Seite gekippt. Als die Kamera jedoch rotiert
und zurückfährt, um Kirk in der Totale zu zeigen, sieht
man den Draht, der aus seiner Seite hervorragt.

12. *Star Trek VI: Das unentdeckte Land.* Im Abspann wird
Uhuras Name als ›Uhuru‹ angegeben.

MORGEN IST GESTERN

(TOMORROW IS YESTERDAY)

Sternzeit: 3113.2-3119.1

Nachdem die *Enterprise* der Gravitation eines Schwarzen Loches entronnen ist, wird sie in die Vergangenheit geschleudert und findet sich in den sechziger Jahren in der Nähe der Erde wieder. Als sie über Nebraska dahintreibt, schickt die US-Luftwaffe ihr einen Abfangjäger entgegen. Da Kirk von Spock erfährt, daß das Flugzeug wahrscheinlich mit Atomsprengköpfen ausgestattet ist, läßt er einen Traktorstrahl auf die Maschine richten. Leider erträgt sie die Spannung nicht und löst sich auf. Da Kirk keine andere Chance sieht, läßt er den Piloten an Bord beamen. Captain John Christopher erfährt bei seinem Aufenthalt auf der *Enterprise* so viel über

> **Trekker-Quiz**
>
> 1. Zu welcher Raumstation ist die Enterprise unterwegs, als sie dem Schwarzen Loch begegnet?
> 2. Wo wurden dem Computer weibliche Neigungen verliehen?

die Zukunft, daß er sie verändern könnte. Kirk will das Problem zuerst damit lösen, indem er ihm verbietet, zur Erde zurückzukehren. Spätere Ermittlungen ergeben jedoch, daß Christopher zurückkehren muß: Sein noch nicht geborener Sohn wird nämlich einen wichtigen Beitrag für die Weltraumforschung leisten.

Nachdem Kirk die physischen Beweise zurückbekommen hat, die Christophers Maschine aufzeichnete, setzt er Kurs auf die Sonne. Spock hat berechnet, daß eine Beschleunigung in Richtung Sonne und dann zurück die *Enterprise* zuerst in die Vergangenheit und dann in die Zukunft schleu-

MORGEN IST GESTERN

dern wird. In dem Moment, in dem Christopher die *Enterprise* erstmals sah, transportiert ihn die Mannschaft in den Pilotensitz seiner Maschine zurück und begibt sich in ihr eigenes Jahrhundert.

Handlungsschwächen

• Bei der Überprüfung relevanter Beiträge Christophers vergißt Spock, auch dessen Nachfahren zu überprüfen. Dies ist zwar nützlich für die Handlung, aber absolut unvereinbar mit der üblichen Akkuratesse Spockscher Tätigkeit. Später in dieser Folge berechnet er, als er im Transporterraum steht, mehr als hundert Variable der Zeitsprunggleichung. Komischerweise kommt niemand auf die Idee, ihn zu fragen: »Haben Sie auch bestimmt keine Variable vergessen, so wie Sie vergessen haben, Christophers Nachfahren zu prüfen?«

• Große Verwirrung herrscht um die Sternzeiten. Stellen sie wirklich irgendein Datum dar? Die *Enterprise* umkreist die Erde in den sechziger Jahren, und beide Hauptoffiziere machen Logbucheintragungen, die sie mit den Sternzeiten 3113.2–3114.1 angeben. Wie kann das stimmen? Sie haben doch keine Garantie, daß sie je wieder in die Zukunft zurückkehren können, und selbst wenn es so wäre, sie haben keine Garantie, daß ihre Ankunftszeit der Zeit ihres Verschwindens auch nur nahekommt.

• Spock bezeichnet den Prozeß des Anfluges auf ein Objekt mit starker Gravitation [die Sonne] und das Abstoßen mit voller Kraft, so daß der Rückstoß sie wieder in ihre Zeit zurückstößt, als Schleudereffekt. In der Zukunft muß man eine andere Definition von Schleudern haben. Die Produktion illustriert den Effekt am Ende der Episode: Die *Enterprise* rast auf die Sonne zu, hält abrupt an, wendet langsam und beschleunigt erneut.

• Zeitlogik – die Anwendung der Logik auf die Bizarrheiten der Zeitreise und der dazugehörenden Paradoxa – ist zwar eine geistig anstrengende Arbeit voller Hintertürchen, aber

MORGEN IST GESTERN

nehmen wir uns doch mal ein Problemchen vor, das mit Christophers Rückkehr zu tun hat: Als er in die Vergangenheit gereist ist, lädt die *Enterprise* ihn in dem Moment in seiner Maschine ab, in dem er sie zum ersten Mal gesehen hat. Man beachte, daß die *Enterprise* am Himmel von Nebraska sofort verschwindet. Die verschwindende *Enterprise* ist die, die zu Beginn der Episode in die Erdatmosphäre eintauchte. Aus diesem Fakt ziehe ich den folgenden Schluß: Das Zeitreisemodell der Macher geht davon aus, daß in einem beliebigen Zeitraum nur eine physische Manifestation einer Entität existieren kann. (Tatsächlich behandelt dieses Modell ein Standardzeitreiseproblem: Mal angenommen, Sie verbringen Ihr ganzes Leben damit auszutüfteln, wie man eine Zeitmaschine baut. Als es Ihnen gelungen ist, kommen Sie zu der Ansicht, daß es reine Zeitverschwendung war, die ganzen Jahre damit zu vergeuden. Sie reisen also in die Vergangenheit, um Ihrem jüngeren Ich zu sagen, wie es geht. Dies verändert natürlich die Zukunft, weil Sie nun nicht mehr Ihr ganzes Leben damit zubringen, die Sache auszutüfteln. Deswegen haben Sie, wenn Sie alt sind, auch keinen Grund, in die Vergangenheit zu reisen, um Ihrem jüngeren Ich zu erzählen, wie es geht. Da Sie also nicht in die Vergangenheit reisen, um Ihrem jüngeren Ich diesen Tip zu geben, verbringen Sie Ihr Leben damit, darüber nachzudenken, wie man eine Zeitmaschine baut. Kompliziert, was?) Da in jeder beliebigen Zeit nur eine Manifestation der *Enterprise* existieren kann, wird die vorherige *Enterprise,* sobald sie in die Zeit kommt, in der sie ursprünglich erschien, zu existieren aufhören.

Dieses Szenarium ist nicht unproblematisch. Wenn in einem beliebigen Zeitraum nur eine Entität existieren kann, hätte Christopher von der Erde verschwinden müssen, als die *Enterprise* in die Zeit vor seiner ersten Sichtung des Schiffes zurückkreiste. In diesem Moment existierte Christopher an zwei physischen Orten zur gleichen Zeit. Deswegen könnte er die Maschine nicht geflogen haben, um der *Enterprise* über-

MORGEN IST GESTERN

haupt zu begegnen. (Ich könnte so weitermachen, aber außer Kopfschmerzen brächte es uns allen wenig ein.)

Grundlagenveränderungen

• Der Transporter ist ein wunderbares Gerät: Er kann einen sitzenden Piloten aus dem Cockpit seiner Maschine holen und ihn in stehender Position rematerialisieren lassen.

• Als der Luftwaffen-Sergeant Kirk und Sulu entwaffnet, zeigt die Aufnahme deutlich, daß beide Kommunikatoren offen sind. Kurz darauf öffnet der Sergeant einen davon persönlich noch einmal. Die Kommunikatoren zirpen nie. Hat die Mannschaft endlich begriffen, wie man die Dinger auf stummen Betrieb schaltet? Es ist der Sache zwar angemessen, daß die Kommunikatoren bei verdeckten Unternehmen nicht zirpen, aber die Macher vergessen den Dialog, um es zu untermauern.

> ### Quiz-Antworten
>
> *1. Raumbasis 9*
> *2. Signet XIV*

KIRK UNTER ANKLAGE
(COURT-MARTIAL)

Sternzeit: 2997.3-2950.1

Da das visuelle Logbuch der *Enterprise* die Ereignisse während eines Ionensturms anders wiedergibt als Kirk, führt Commodore Stone von Raumbasis 11 eine Untersuchung durch. Bei dem Sturm hat Kirk Lieutenant Commander Benjamin Finney in eine Wartungskapsel[29] geschickt, um Messungen vorzunehmen. Kirk behauptet, er habe vor dem Abwurf der Kapsel vorschriftsmäßig Alarmstufe Rot ausgelöst, um Finney die Chance zu geben, sich in

> **Trekker-Quiz**
> 1. Wie heißen die Angehörigen des Kriegsgerichts?
> 2. Welche Auszeichnungen hat Kirk laut dieser Episode erhalten?

Sicherheit zu bringen. Laut der Computeraufzeichnungen hat er die Kapsel jedoch *vor* dem Alarm abgeworfen. Wenn dies stimmt, hat er Finney getötet. Stone rät Kirk, er solle einen Schreibtischjob annehmen, dann werde die Flotte die Sache unter den Teppich kehren. Kirk weigert sich; er zwingt Stone dazu, ein Militärgericht einzuberufen.

Bei der Verhandlung sprechen alle Beweise gegen Kirk. Als alles verloren scheint, entdeckt Spock, daß er den Schiffscomputer beim Schachspielen schlagen kann. Da er ihn selbst programmiert hat, müßte dies unmöglich sein. Offenbar hat jemand am Computer und den Aufzeichnungen herumgepfuscht. Die Verhandlung wird auf die *Enterprise* verlegt. Kirk entdeckt mit Hilfe der Schiffssensoren, daß Finney

---

[29] Die deutsche Fassung schwafelt völlig ahnungslos von einem nicht näher bezeichneten ›Schirm‹.

KIRK UNTER ANKLAGE

noch lebt. Er wollte Kirk wegen eines Zwischenfalls vernichten, der ihn vor Jahren auf der Beförderungsliste ganz nach unten gesetzt hat. Stone hebt alle Anklagepunkte auf.

Höhepunkte

Als das Gericht im Fall Kirk ein Urteil fällen muß, entdeckt McCoy den schachspielenden Spock in einem Konferenzraum. Er beschuldigt ihn, das kaltblütigste Lebewesen zu sein, dem er je begegnet sei. Daraufhin erwidert Spock freundlich: »Oh, danke, Doktor.« Er läßt McCoy zur Tür zurückgehen und berichtet dann ganz gelassen, daß er den Computer schon viermal geschlagen hat. Eine tolle Szene mit herrlichem Knalleffekt.

Handlungsschwächen

• Während der Verhandlung bezeugt die Personaloffizierin der *Enterprise*, *Fähnrich* Kirk habe Finneys Fehler entdeckt. Andererseits hat Gary Mitchell in ›Spitze des Eisberges‹ gesagt, *Lieutenant* Kirk habe an der Akademie gelehrt. Ist Kirk wirklich für eine Weile aus dem Weltraum zurückgekehrt, um an der Akademie zu lehren?

• Als das Militärgericht auf die *Enterprise* umzieht, tauschen Kirk, Spock und McCoy ihre Ausgehuniformen gegen die regulären. Müßte nicht wenigstens Kirk seine Ausgehuniform aus Respekt vor dem Gericht anbehalten? Auch Spocks Prozeß wurde auf einem Schiff abgehalten, und er trug während der ganzen Zeit eine Ausgehuniform.

• Kurz vor Durchführung des Experiments, das beweisen soll, daß Finney noch lebt, spricht Kirk über die Fähigkeiten des Sonarsensors und sagt, man könne einen Verstärker zuschalten, um die Wirkung ›in der Größenordnung eins hoch vier‹ zu erhöhen. Eins hoch vier ist ... eins![30]

---

[30] In der deutschen Fassung sagt Kirk lediglich, der Sonarsensor mache auch die leisesten Geräusche hörbar.

KIRK UNTER ANKLAGE

• Als Kirk Finney aufstöbert, berichtet der geistesgestörte Lieutenant Commander, er habe die Triebwerke deaktiviert, so daß die *Enterprise* verglüht, wenn die Kreisbahn enger wird. Kurz darauf greift Kirk Finney an; die beiden ringen einige Zeit im Maschinenraum. Ich weiß zwar, daß Kirk allen anderen befohlen hat, auf der Brücke zu bleiben – aber dies war *bevor* er von der Gefahr wußte, in der das Schiff schwebt. Wäre es für Spock nicht logischer, in den Maschinenraum zu eilen und dem Captain bei der Aktivierung der Triebwerke zu helfen? Oder wenigstens Scott an Bord zu beamen?

Grundlagenveränderungen

• Raumbasis 11 scheint sich verändert zu haben. Die Momentaufnahmen in dieser Episode unterscheiden sich von denen aus ›Talos IV – Tabu (1)‹. Außerdem ist hier Commodore Stone der Chef, während es in ›Talos IV‹ Commodore Mendez war. (Sicher, beide Punkte sind erklärbar, aber die Macher machen nicht den geringsten Versuch. Den ganzen Ärger hätte man sich ersparen können, indem man die Raumstation einfach ›10‹ genannt hätte.)

• Wieso gibt es bei Spocks Prozeß in ›Talos IV – Tabu‹ keinen Ankläger? Die *ST/DNJ*-Episode ›Wem gehört Data?‹ (THE MEASURE OF A MAN) zeigt doch, daß die Flotte für jede juristische Situation Vorschriften hat.

• Das Abspielen des visuellen Computerlogbuchs ist in dieser Episode ziemlich gut. Der Computer hat sogar die Fähigkeit, Großaufnahmen von Kirks rechter Hand zu machen und das Bild aus anderen Winkeln zu zeigen. Doch als Spock die Logbücher der *Enterprise*-Mission von Talos IV abspielt, die denen in dieser Folge recht ähnlich sehen, hat Kirk gesagt, kein Schiff könne so perfekte und detaillierte Aufnahmen machen.

• Während des Experiments, das Finney aufstöbern soll, tarnt McCoy den Herzschlag aller Anwesenden mit weißem

KIRK UNTER ANKLAGE

Rauschen. Abgesehen von der Tatsache, daß das Instrument, das er dazu verwendet, verdächtig nach einem Mikrofon aussieht, hält er es mitten auf Spocks Brust. Laut ›Die Frauen des Mr. Mudd‹ befindet sich sein Herz aber auf der linken Seite.

Gerätekokolores

• Die gesamte Episode basiert auf der Tatsache, daß Kirk den Kapselabwurfknopf auf der rechten Lehne des Kommandosessels vor er dem Alarmknopf gedrückt hat. Die rechte Lehne weist aber nur fünf Knöpfe auf. Sollen wir etwa angesichts der komplizierten Operationen, die ein Captain als Teil seiner Pflichten ausführen muß, annehmen, daß Kapselabwürfe so hoch oben auf der Liste stehen, daß die Erbauer der *Enterprise* tatsächlich gezwungen waren, einen Knopf mit dieser Funktion am Sessel des *Captains* anzubringen? Wann hat man Kirk je einen Knopf drücken sehen, um Alarm zu geben? Gibt er nicht einfach immer nur den Befehl dazu? Komischerweise ist der Knopf, den er alle naselang drückt – nämlich der Kommunikationsknopf – nicht einmal beschriftet.

• Der Gerichtscomputer scheint einige Probleme mit Namen zu haben. Er kündigt zwar Spock und Kirk an, vergißt aber die Personaloffizierin und McCoy.

• Der riesige Schraubenschlüssel, mit dem Finney Kirk beim Kampf mattsetzen will, irritiert mich. Gibt es auf der *Enterprise* wirklich so große Schrauben?

Anschluß- und Produktionsprobleme

• Als Kirk und Finney miteinander raufen, zerfetzen die Macher erneut auf künstlerische Weise Kirks Hemd, damit er seinen männlichen Brustkorb zeigen kann. Leider hat man vergessen, das Hemd seines Stuntdoubles ebenso zu zerreißen.

121

KIRK UNTER ANKLAGE

Quiz-Antworten

1. *Commodore Stone, Space Command Representative
   Lindstrom und die Captains Krasnowsky und Chandra.*
2. *Palmenblatt des Friedensrates von Axanar; Ehrennadel
   für taktische Verdienste 1. Klasse von Kragite; Pren-
   taris-Ehrenband 1. und 2. Klasse; Große Verdienst-
   medaille[31]; Silberpalme mit Mondkristallen; Tapferkeits-
   stern 1. Klasse der Raumflotte der Vereinten Planeten.*

---

[31] Ungedienten Übersetzern ist es mittlerweile in Fleisch und Blut über-
gegangen, militärische Orden zu ›Medaillen‹ mutieren zu lassen.

LANDRU UND DIE EWIGKEIT

(THE RETURN OF THE ARCHONS)

Sternzeit: 3156.2-3158.7

Die *Enterprise* erreicht Beta III, um das Verschwinden des seit hundert Jahren vermißten Raumschiffes *Archon* zu klären. Kirk, Spock, McCoy und drei Mann von der Wache beamen auf den Planeten und entdecken eine primitive Ortschaft, deren Bewohner allesamt wirken, als stünden sie unter Beruhigungsmitteln. Dann, um 18.00 Uhr, drehen fast alle durch – sie zündeln, plündern und fahren einander an die Gurgel. Der Trupp

> **Trekker-Quiz**
>
> 1. *Wer bleibt zurück, um den Bewohnern von Beta III zu helfen, mit ihrer Freiheit fertig zu werden?*
> 2. *Wo genau liegt Beta III?*

flieht in ein Haus und bittet, über Nacht bleiben zu dürfen. Kirk erkundigt sich nach dem Verhalten der Bürger, aber ihr Gastgeber erklärt, es sei der Wille ihres Führers Landru.

Schließlich stehen Kirk und Spock Landru gegenüber – einem hochkomplizierten Computer, der das Leben auf Beta III lenkt. Vor Jahrtausenden hat Landru dem Volk inmitten eines tobenden Krieges einen besseren Weg gezeigt – den der Ruhe und des Friedens. Vor seinem Tod hat er einem Computer sein Wissen eingegeben und ihm die Macht verliehen, das Leben seiner Untertanen zu steuern. Vor einem Jahrhundert haben sich die Überlebenden der havarierten *Archon* ihm unterworfen oder wurden umgebracht. Da er der *Enterprise* das gleiche Schicksal ersparen will, wendet Kirk ein, das Individuum brauche Freiheit, um seine Kreativität auszudrücken. Er überzeugt den Computer, daß er die Kreativität

LANDRU UND DIE EWIGKEIT

eingrenzt und deswegen für das Gemeinwesen schädlich ist. Landru kriegt einen Kurzschluß.

Anmerkungen

In dieser Episode fragt sich Spock, ob ihr Eingreifen eine Verletzung der Ersten Direktive sei. Kirk meint, die Erste Direktive beziehe sich nur auf sich entwickelnde Welten – Beta III hingegen stagniere. Wenn dies so ist, warum hat Picard dann gezögert, den Ornaranern in der ST/DNJ-Episode ›Die Seuche‹ (Symbiosis) zu helfen? In dieser Episode wird ein ganzer Planet von einer Droge namens Felicium abhängig gemacht. Crusher wollte helfen, aber Picard weigerte sich. Ist eine ganze Kultur, die sich nur der Aufrechterhaltung ihrer gemeinsamen Sucht widmet, etwa nicht stagnierend genug?

Handlungsschwächen

• Während der Predigt über die Segnungen seiner Kultur behauptet Landru, sie sei konfliktlos und kenne keine Krankheiten. Wie interessant! Während der ›Festivitäten‹ schleifen Männer Frauen wie Kartoffelsäcke hinter sich her, werfen mit Steinen Fensterscheiben ein und plündern die Geschäfte. Könnte man dies nicht als Konflikt ansehen? Außerdem führt McCoy Regers Tochter nach dem ›Fest‹ in einen Nebenraum, und Kirk meint, Reger solle sich nicht sorgen, McCoy wolle ihr nur einen ›shot‹[32] geben. Wenn es auf Beta III keine Krankheiten gibt, wieso reagiert Reger dann, als wisse er, was er mit ›Schuß‹ meint?

• Aus irgendeinem Grund schlägt Spock einen von Landrus Gesetzgebern nieder, statt ihm auf vulkanische Weise an die Schulter zu greifen. Sogar Kirk kommentiert sein ungewöhnliches Benehmen. Glaubt Spock, sein Nervengriff könne hier nichts bewirken, da Landru den Geist der Menschen steuert?

---

[32] Injektion (aber auch Schuß!).

LANDRU UND DIE EWIGKEIT

Grundlagenveränderungen

• Angeblich geht es am Anfang der Folge darum, die Erste Direktive zu beachten, aber Kirk beamt trotzdem mit der Landegruppe auf eine Hauptstraße, auf der sich zahlreiche Menschen ein Stelldichein geben. In ›Brot und Spiele‹ beamt die Gruppe vor der Stadt herunter, damit man den Transportereffekt nicht sieht.

Gerätekokolores

• Am Anfang dieser Episode bricht Sulu zusammen, als ein Gesetzgeber ihn mit einem Stab kampfunfähig macht. Als Kirk nach unten beamt, müssen die Gesetzgeber ihn und die anderen in eine Absorptionskammer bringen, um das gleiche mit ihnen anzustellen. Warum machen sie es nicht einfach mit dem Stab?

• Nachdem Reger den Trupp in Sicherheit gebracht hat, packt er eine aus der Zeit vor Landru stammende Lichttafel aus. Zuerst wirkt sie so, als gäbe sie in alle Richtungen Licht ab, doch als Reger sie auf einen Kamin legt, wirft sie einen Schatten an die Wand. Wenn beide Seiten dieses Dings Licht abgeben, dürfte es keinen Schatten werfen.

• Als Landru Hitzestrahlen auf die *Enterprise* richtet, macht Scott eine interessante Aussage: Er meldet Kirk, die Schutzschirme verzehrten sämtliche Energie des Schiffes. Scott sagt, man könne weder Warp- noch Impulsantrieb einsetzen. Er weiß also, wie man den Warp-Antrieb einsetzt, um die Schutzschirme zu unterstützen? Dies ist hochinteressant, denn als Barclay in der *ST/DNJ*-Episode ›Die Reise ins Ungewisse‹ (THE NTH DEGREE) das gleiche versucht, hält LaForge es für eine tolle Sache.

• Die Tür zur Absorptionskammer weist eine verblüffende Ähnlichkeit mit den Türen der Untergrundzivilisation von Exo III auf (siehe ›Der alte Traum‹).

• Nachdem Kirk und Spock ein Loch in den Audienzsaal geschossen haben, richten sie ihre Phaser auf Landru.

LANDRU UND DIE EWIGKEIT

Der Computer setzt die Waffen außer Gefecht. Wenn er Phaser neutralisieren kann, warum hat er es nicht getan, bevor Kirk und Spock das Loch in die Wand geschossen haben?

Anschluß und Produktionsprobleme

• Kurz nach Beginn der Festivitäten suchen Kirk und die anderen einen Unterschlupf. In einer Szene fliegt ein Felsbrocken von der Größe einer Melone auf sie nieder und trifft ein Besatzungsmitglied mitten auf den Kopf. Überraschenderweise scheint dies dem Mann nichts auszumachen. Der Stein prallt einfach ab. Von diesen Typen müßte man bei Landeunternehmen mehr haben!

• Kirk und die anderen finden während der Ausschreitungen Obdach im Haus eines gewissen Reger. Er bringt sie nach oben – in ein Schlafzimmer mit interessanten Fenstern: Bei jeder Halbtotale sind sie völlig schwarz, doch bei den Großaufnahmen mit Kirk sind sie plötzlich transparent und gestatten einen deutlichen Blick auf die Straße und das, was dort geschieht.

• Als Kirk und die Landegruppe Reger zu einem Versteck folgen, ruft Landru die Massen herbei, um sie anzugreifen. Kirk befiehlt, die Phaser auf Lähmung mit breiter Streukraft einzustellen. Dann ruft er: »Feuer!« Alle tun so, als würden sie schießen, aber aus McCoys Waffe kommt kein Strahl.

• Landru verwendet offenbar die gleiche Technik, die man auch aus McCoys Lazarett kennt. Jedenfalls erzeugen beide die gleichen Laute.

• Als Landru erstmals im Gewölbe auftaucht, achte man auf die Wachen an der Tür im Hintergrund: Einer von ihnen legt die Hände auf die Ohren. Dann schaltet Landru Hyperschallwellen ein, und alle anderen greifen sich ebenfalls an die Ohren. (Ich frage mich, ob der Akteur sein Stichwort falsch verstand und die Hände zu früh auf die Ohren legte.)

• Kurz nachdem McCoy in das Gewölbe zurückkehrt, wird

LANDRU UND DIE EWIGKEIT

Kirk in einer Großaufnahme gezeigt – und sein Scheitel ist auf der falschen Seite!

• Nachdem Kirk Landrus wahren Charakter enthüllt hat, zeigt eine Aufnahme aus der Perspektive des Computers den Captain und Spock im Audienzsaal stehend. Im Hintergrund kann man durch die großen Türhälften eine blaue Wand erkennen. Als die beiden eingetreten sind, existierte aber keine blaue Wand vor dem Audienzsaal. Der Blick durch die Tür müßte einen langen Gang zeigen.

• Als Landru einen Kurzschluß hat, brennt genau unter der niedrigeren gelben Tafel links ein Schießpulverstreifen und hinterläßt eine große schwarze Verfärbung. Sobald Kirk und Spock den Computerraum betreten, verschwindet der schwarze Fleck.

Quiz-Antworten

1. *Der Soziologe Lindstrom*
2. *Im Sonnensystem C-111*

DER SCHLAFENDE TIGER
(Space Seed)

Sternzeit: 3141.9-3143.3

Nach der Entdeckung des im All treibenden Raumschiffes SS *Botany Bay* beamt Kirk mit einigen Leuten zu dem uralten Gefährt hinüber. Laut ihrer Berechnungen ist das Schiff mindestens 200 Jahre alt. An Bord entdeckt man über siebzig Menschen im Kälteschlaf. Das Auftauchen der Gruppe löst Alarm aus, und ein Mann erwacht. McCoy stabilisiert ihn im Lazarett. Später will Kirk den Mann verhören, doch dieser sagt nur, sein Name sei Khan. Spocks Bemühungen in der Bibliothek enthüllen Khans Identität: Er ist Khan Noonian Singh, Angehöriger einer ausgewählten Gruppe genetisch veränderter Menschen, die in den neunziger Jahren des 20. Jahrhunderts den Versuch machten, die Welt zu erobern. Laut Spocks Recherche ist über den Verbleib von achtzig bis neunzig dieser Übermenschen nichts bekannt. Allem Anschein nach sind sie mit der *Botany Bay* geflohen.

> **Trekker-Quiz**
> 1. Wo liegt Raumbasis 12?
> 2. Wo und wann hat Khan geherrscht?

Mit Hilfe seines starken Charismas verführt Khan die Schiffshistorikerin Lieutenant Marla McGivers. Sie hilft ihm, seine Gefährten zu wecken, die dann die *Enterprise* übernehmen. Als Khan Kirk töten will, wechselt McGivers die Seiten und hilft dem Captain, das Schiff zurückzuerobern. Da Kirk weiß, daß Khan und die seinen niemals glücklich werden, wenn sie keine Welt erobern können, setzt er sie auf Ceti Alpha V aus. Er weiß, daß das Leben dort schwierig ist, aber er versteht auch, daß Khan »lieber in der Hölle regieren als im Himmel dienen will«.

DER SCHLAFENDE TIGER

Anmerkungen

Die Science Fiction geht immer Risiken ein, wenn sie für bestimmte zukünftige Ereignisse genaue Daten nennt. Ich weiß, daß für die Menschen der sechziger – als diese Episode erstmals ausgestrahlt wurde – die neunziger Jahre noch weit entfernt waren. Ich frage mich, ob Gene Roddenberry sich in seinen wildesten Träumen je ausgemalt hat, daß seine Schöpfung auch dann noch gesendet werden würde.

Der Name Khan Noonian Singh klingt vertraut, nicht wahr? Dem Anschein nach hat den Machern der Klang seines Namens so gut gefallen, daß sie ›Khan‹ weggelassen, ›Singh‹ in ›Soong‹ verändert und ihn für Datas Schöpfer, Dr. Noonian Soong, verwendet haben.

Kernige Dialoge

»Nach meinen Erfahrungen ist es am besten, wenn Sie die Halsschlagader gleich unter dem linken Ohr durchschneiden.« – McCoy zu Khan, als er sich weigert, dessen Fragen mit einem Messer an der Kehle zu beantworten.

Höhepunkte

Ricardo Montalban liefert als Khan eine grandiose Vorstellung. Wie er McGivers verführt, ist packend (Scherz beiseite).

Handlungsschwächen

- Khan ist angeblich ein Produkt der Genetik. Trotzdem sieht er wie 35 aus. Wenn er die Erde spätestens 1999[33] verließ, muß er irgendwann vor 1965 zur Welt gekommen sein. War die Wissenschaft 1965 wirklich schon in der Lage, Menschen genetisch zu verändern? Oder gehen die Macher davon aus, Khan sei das Ergebnis irgendeines Hochgeschwindigkeitsklonings und -alterns?

---

[33] In der deutschen Fassung spricht Kirk von 2090.

DER SCHLAFENDE TIGER

- Kurz nachdem Khan erwacht, gibt Kirk ihm Zugang zu allen technischen Handbüchern des gesamten Schiffes. Soll uns das vernünftig erscheinen? Khans Schiff heißt *Botany Bay*. Kirk weiß, daß Botany Bay der Name eines Gefängnisses war. Wäre es nicht vernünftiger zu warten, bis man etwas mehr über diesen Typen weiß, bevor man ihm derlei Informationen gibt?

- Die Episode besagt, 1993 habe eine Gruppe genetisch manipulierter Menschen die Herrschaft über vierzig Nationen an sich gerissen. Ich muß an dem Tag eine alte Folge von *Raumschiff Enterprise* gesehen haben, weil es mir völlig entgangen ist.

- Auch wenn Kirk behauptet, die Menschen der neunziger Jahre des 20. Jahrhunderts seien abenteuerlicher als die des 23. Jahrhunderts gewesen – ich kann mir einfach keinen Bekannten vorstellen, der den Aufreißer-Satz anwendet, mit dem Khan McGivers betört. Als sie ihn zum ersten Mal im Lazarett besucht, dankt er ihr für ihre Hilfe bei seiner Wiedergeburt und fügt hinzu: »Bitte, nehmen Sie Platz und unterhalten Sie mich.«[34]

- Die Mannschaft steht echt auf Sellerie. Es muß eine Delikatesse sein. In ›Das Letzte seiner Art‹ bringt Rand Sulu ein Essenstablett. Darauf befinden sich bunte Würfel und mehrere Sellerieknollen. Als man in dieser Episode das Essen für Khan zubereitet, kommt McCoy hinzu, runzelt die Stirn und sagt etwas von einem Festessen. Alle haben eine Schale bunter Würfel vor sich, und mittendrin – bums! – ein Brettchen mit Sellerie! (War etwa Dr. Who zu Besuch?)

- Als Khan die Macht über das Schiff an sich reißt, kappt er alle lebenserhaltenden Systeme zur Brücke. Als Kirk dem Ersticken nahe ist, nimmt er einen Logbucheintrag vor und empfiehlt Belobigungen für fünf Besatzungsmitglie-

---

[34] In der deutschen Fassung sagt er ganz einfach: »Setzen Sie sich und erzählen Sie mir was.«

DER SCHLAFENDE TIGER

der der Brücke. Die Szene zeigt aber deutlich sieben Personen, Kirk nicht mitgerechnet. Ist er böse auf die letzten beiden?

Grundlagenveränderungen
• Die Dialoge deuten an, daß der Krieg, den die genetisch Veränderten gegen Ende des 20. Jahrhunderts angezettelt haben, die ganze Welt betraf. Doch die *ST/DNJ*-Episode ›Der Mächtige/Mission Farpoint‹ (MISSION FARPOINT) besagt, daß der Dritte Weltkrieg in der Mitte des 21. Jahrhunderts stattfand. Wenn der eugenische Krieg weltweit war und im 20. Jahrhundert stattfand, müßte der Krieg im 21. Jahrhundert dann nicht Vierter Weltkrieg heißen?

Gerätekokolores
• Nach ›Landeurlaub‹ war ich der Meinung, die Velcrogurte der Phaser seien eine viel bessere Erfindung als die Holster, die in der angeblich weiterentwickelten *ST/DNJ*-Serie verwendet werden. (Sie wissen vielleicht noch, daß die *ST/DNJ*-Phaser die fiese Eigenart haben, zu schnell laufenden Besatzungsmitgliedern aus dem Holster zu springen). In ›Landeurlaub‹ hat Kirk eine absolut niederschmetternde Prügelei, aber sein Phaser ist immer korrekt befestigt. Aber ach, meine Zuversicht in den Gurt erhielt mit dieser Episode einen schweren Schlag: Als Kirk die Scheibe über Khans Schlafabteil zertrümmert, schrammt sein Arm gegen den Phaser, und dieser fällt zu Boden.
• Bei dem Versuch, die Mannschaft zu überreden, sich ihm anzuschließen, bringt Khan Kirk in eine Dekompressionskammer und läßt die Luft heraus. Ein Meßgerät an der Tür der Kammer zeigt deutlich den momentanen Druck an. Auf der Großaufnahme beträgt er 10 HG und fallend. Doch Augenblicke später, als die Kamera auf Kirk zufährt, zeigt ein kurzer Blick auf das Meßgerät 20 HG.

DER SCHLAFENDE TIGER

Anschluß- und Produktionsprobleme

• Kirk, McCoy, Scott und McGivers beamen zur *Botany Bay*. Im Transporterraum steht Scotts Assistent in einem blauen Overall an den Kontrollen. Als der Transport beginnt, zeigt eine Großaufnahme eine rote Uniform mit zwei Streifentressen, und Hände, die verdächtig nach denen Scotts aussehen.

• Die Macher haben auf der ganzen *Botany Bay* Blinklichter verteilt. Man achte auf sie, als die Landegruppe rematerialisiert. Alle Lichter flackern nur ganz leicht. Die Macher haben diese sehr schwierige Szene nahezu perfekt gestaltet.

Quiz-Antworten

1. Auf einem Planeten im System Gamma 400

2. Khan herrschte von 1992 bis 1996 über Asien und den
   Mittleren Osten

⭐

KRIEG DER COMPUTER

(A TASTE OF ARMAGEDDON)

Sternzeit: 3192.1-3193.0

Die *Enterprise* erreicht den Planeten Eminiar VII, um dort diplomatische Beziehungen aufzunehmen. Obwohl die Eminiarer die Warnung aussprechen, nicht näher zu kommen, gibt Kirk den gegensätzlichen Befehl. Nachdem er mit einer Landegruppe auf den Planeten gebeamt ist, werden er und Spock herzlich zum Ratssaal eskortiert. Anan 7, der Leiter des Hohen Rates, drückt seine Besorgnis über ihre Ankunft

> **Trekker-Quiz**
>
> 1. In welchem Sternhaufen befindet sich Eminiar VII?
> 2. Wohin fliegt die Enterprise am Ende dieser Episode?

aus, denn Eminiar VII führt seit fünfhundert Jahren Krieg. Seine Aussagen verwirren Kirk, da der Planet keinerlei Kriegszerstörungen aufweist.

Plötzlich ertönt Alarm, eine große Tür geht auf und enthüllt ein Computersystem. Laut den Aussagen der Eminiarer hat gerade ein wüster Angriff stattgefunden; eine halbe Million Menschen sei dabei gestorben. Eine Tricordermessung enthüllt nichts. Dann offenbart Anan 7, daß der Krieg von Computern ausgetragen wird: Die Maschinen berechnen, wer gestorben ist; die Betroffenen müssen sich in der Desintegrationskammer melden. Leider sagen die Computer auch, die *Enterprise* sei vernichtet worden. Anan 7 erwartet von der Mannschaft, daß sie auf den Planeten beamt, damit man sie töten kann. Um dies sicherzustellen, hält er die Angehörigen der Landegruppe als Geiseln fest. Nachdem Kirk und Spock entkommen sind, kehren sie in die Kampfzentrale zurück und zerstören die Computer. Diese Handlung zwingt die Emini-

KRIEG DER COMPUTER

arer, sich der Möglichkeit eines wirklichen Krieges zu stellen. Angesichts der bevorstehenden Verwüstungen optieren sie für Gespräche mit dem Feind.

Handlungsschwächen

• Als die *Enterprise* Eminiar VII erreicht, schickt der Hohe Rat des Planeten die Botschaft, man solle ihm fernbleiben. Uhura meldet, er sende im ›Raumflotten-Kode 7-10‹. Später sagt Spock, der letzte Kontakt mit Eminiar VII sei vor fünfzig Jahren erfolgt, als die USS *Valiant* den Planeten besucht hat. Dann haben sich die Kodes der Flotte in dieser Zeit wohl nicht geändert, denn es kann nur die *Valiant* gewesen sein, von der man auf dem Planeten diesen Kode erfahren hat.

• Kirk und die Landegruppe sind zwar nicht in die Verluste des Angriffs einbezogen, doch eine Frau namens Mea 3 wird für tot erklärt. Mea 3 stand im Augenblick des Angriffs jedoch genau neben Kirk. Bei der Computersimulation hat der Feind angeblich Fusionsbomben über seinem Ziel abgeladen und zur Detonation gebracht. Fusionsbomben unterscheiden aber nicht: Wenn der Angriff, dessen Zeuge Kirk war, Mea getötet hat, dann auch ihn. Oder gab es schon zuvor einen Angriff, der im Dialog unerwähnt bleibt?

Gerätekokolores

Raumbasis 11 hat sich neue Computersysteme zugelegt, da nun die Eminiarer über jene verfügen, die in ›Talos IV – Tabu (1)‹ zu sehen waren. Dazu gehört auch die Schalttafel, die die Basis ursprünglich von der Strafkolonie Tantalus (siehe ›Talos IV – Tabu (1)‹ übernommen hatte. Was aber nicht unlogisch ist: Als Commodore Stone Commodore Mendez auf Raumbasis 11 ersetzte, bekam er wahrscheinlich die Mittel, um die Systeme zu überholen. Doch wirklich interessant an dieser Folge ist, daß die Eminiarer es auch geschafft haben, das Schrott-Computersystem von Beta III zu erstehen, das sich

KRIEG DER COMPUTER

einst Landru nannte. Kurz bevor Kirk alle Computer zerstört, sieht man im Hintergrund ein Gerät, das genau so aussieht wie das am Ende von ›Landru und die Ewigkeit‹. Na schön, es hat ein paar anders aussehende Schaltflächen, aber das hat damit zu tun, daß es durchbrannte und ein paar Ersatzteile brauchte.

• Die Darstellung der Explosion, laut der die *Enterprise* vernichtet wurde, wackelt. Auf der Weltkarte in der Kampfzentrale wächst sie zu einem weißen Oval heran, dann ruckt sie hoch und verblaßt.

• Die Türen auf Eminiar VII ähneln verdächtig denen des Absorptionskammereingangs in ›Landru und die Ewigkeit‹ und denen der Untergrundzivilisation von Exo III (siehe ›Der alte Traum‹).

• Als Anan begreift, daß Scott die Mannschaft nicht zur Vernichtung auf den Planeten beamen wird, befiehlt er mittels planetarer Waffen einen Angriff auf das Schiff. Der *Enterprise*-Steuermann bezeichnet die Strahlen als ›äußerst starke Schallvibrationen‹ und gibt ihre Stärke in Dezibel an. Aber wenn dies so ist, wie können sie die *Enterprise* dann treffen? Auf allen Bildern sieht man das Schiff ein großes Stück außerhalb der Atmosphäre, im Vakuum. Und im Vakuum bewegen sich keine Schallwellen!

• Als der erste Angriff auf die *Enterprise* schiefgeht, redet Anan 7 mit dem Föderationsgesandten Fox, der noch an Bord ist, und bekennt seinen Fehler. Gleichzeitig befiehlt er, die planetaren Waffen zurückzuhalten, bis die *Enterprise* ihren Verteidigungsschirm senkt. Fox befiehlt Scott, den Schirm zu deaktivieren, aber der Chefingenieur weigert sich. Dann nimmt Fox Anans Einladung an, zu einem weiteren Gespräch auf den Planeten zu kommen, und beamt prompt nach unten. Muß die *Enterprise* den Schirm nicht ausschalten, um den Transporter einzusetzen? Als die Gorn die *Enterprise* am Anfang von ›Ganz neue Dimensionen‹ [ARENA] angreifen, deutet der Dialog zwischen Sulu und Kirk an, daß

135

KRIEG DER COMPUTER

dies nötig ist. Wenn der Schirm ausgeschaltet ist, als Fox zum Planeten beamt, warum greifen die Eminiarer nicht an?

Anschluß- und Produktionsprobleme

> ### Quiz-Antworten
> 1. NGC-321
> 2. Argama II

- Die Aufnahme kurz vor Spocks Zerstörung einer Desintegrationskammer zeigt, daß die Tür des Raumes offen ist. Als man die Szene aus einem anderen Blickwinkel zeigt, ist sie plötzlich geschlossen.

FALSCHE PARADIESE
(THIS SIDE OF PARADISE)

Sternzeit: 3417.3-3417.7

Auf Omicron Ceti III erleben Kirk und eine Landegruppe eine freudige Überraschung: Die dort vor drei Jahren gelandeten Kolonisten waren, ohne davon zu wissen, der Berthold-Strahlung ausgesetzt. Laut Spock müßten alle tot sein. Doch überraschenderweise stößt man auf eine blühende Kolonie. Um das Problem zu klären, befragt Spock seine alte Bekannte Leila Kalomi. Als Leila ihm zeigen will, warum die Kolonisten die tödliche Strahlung überlebt haben, gehen sie auf eine

> **Trekker-Quiz**
>
> 1. Wo hat Spock einen Drachen gesehen?
> 2. Wie lautet die Kombination von Kirks Safe (von links nach rechts)?

Ansammlung von Gewächsen zu. Spock wird plötzlich von einer Pflanze mit feinem Staub besprüht. Kurz darauf lächelt er. Der Staub sind Sporen, die unter der Berthold-Strahlung gedeihen. Dringen die in den Leib eines Menschen ein, verleihen sie ihm absolute Gesundheit und Lebensfreude.

Bald darauf beamt McCoy die Pflanzen auf die *Enterprise* und infiziert die gesamte Mannschaft. Die Leute beamen in Massen auf den Planeten. Dann wird auch Kirk von den Sporen beeinflußt. Als er nach unten beamen will, durchpulst ihn bei der Vorstellung, sein Schiff zu verlassen, eine Woge von Zorn. Die starke Emotion bringt die Sporen um. Nach dieser Entdeckung holt Kirk Spock an Bord und provoziert ihn zu einer Prügelei. Die Sporen verlassen auch ihn. Mittels durch Kommunikatoren übertragener Schallwellen provozieren sie die Besatzung zu Streitereien. Von den Sporen befreit, kehren alle auf ihren Posten zurück.

FALSCHE PARADIESE

Handlungsschwächen

• Die Kolonisten haben es trotz der Sporeninfektion erstaunlich weit gebracht: Mit nur wenigen mechanischen Gerätschaften ist es ihnen in drei Jahren gelungen, eine Reihe sehr hübscher Häuser zu errichten, einschließlich eines Hauses mit Asphaltschindeln! Ich weiß zwar, daß sie einige Vorräte mitgebracht haben, aber ich hätte damit gerechnet, daß ihre Behausungen irgendwie modulartiger aussehen. Es kann natürlich auch sein, daß ihnen der Zurück-zur-Natur-Stil gefällt. Dann hätten sie ihre Dächer aber mit Holzschindeln decken sollen.

• Auch nachdem McCoy die Gesundheit der Kolonisten bestätigt hat, hält Kirk an dem Befehl fest, sie zu evakuieren. Warum? Was ist falsch daran, die Leute auf dem Planeten zu lassen? Sie sind glücklich und gesund. Wenn Kirk gern ein rauhes und kämpferisches Leben führt, na schön. Aber warum kann die Flotte die Kolonisten nicht in Ruhe lassen?

• A propos Kirk: In dieser Episode ist er wirklich zickig, oder nicht?

• Angeblich sterben die Mikroben, wenn sie starken Emotionen ausgesetzt werden. Als Spock sich infiziert, durchläuft er einige ziemlich heftige Emotionen. Müßten die Mikroben nicht schon dabei absterben?

• McCoy vergißt für einen Moment seinen Südstaatenakzent, als er zu Kirk »Wer stellt sich schon gegen das Paradies, Jimmy-Boy?« sagt.[35] Die nächsten Worte – »McCoy, Ende« – sagt er auf seine übliche Art.

• Kurz bevor Kirk besprüht wird, zeigt eine Halbtotale den Platz des Navigators; der Boden davor ist deutlich leer. Erst als Kirk sich auf den Platz des Steuermanns setzt, ragt die Pflanze langsam auf und besprüht ihn. Wieso bewegt sie sich überhaupt? Zweitens: Wo kommt sie her?

---

[35] McCoys Südstaatenakzent ist in der deutschen Fassung leider nicht zu hören.

FALSCHE PARADIESE

- Heißer Börsentip der Woche! Kaufen Sie Samsonite-Aktien! Die Firma existiert auch noch im 23. Jahrhundert: Als Kirk sich darauf vorbereitet, das Schiff zu verlassen, packt er seine Siebensachen in einen Koffer aus den sechziger Jahren. Vielleicht ist er ein Erbstück?
- Irgend jemand hätte die Adresse dieses Planeten wirklich aufbewahren sollen. Am Ende der Episode meldet McCoy, alle Kolonisten seien wieder bei bester Gesundheit. Was lernen wir daraus? Wenn irgendwelche Angehörige der Flotte an einer üblen Krankheit leiden, braucht man sie nur dorthin zu bringen, von den Sporen infizieren zu lassen, aufs Schiff zurückzubeamen, wütend zu machen und kann sie wieder gesundschreiben! Selbst wenn der Patient ein paar Jahre dort bleiben muß: absolute Gesundheit ist wohl ein ausreichender Antrieb. Und erst das Tourismusgeschäft...
- Diese Episode qualifiziert Kirk für einen Preis in der Kategorie »Die meisten Platitüden, die ein Raumschiffkapitän in einem Satz unterbringen kann«. Bei seinem Selbstgespräch über das Schicksal der Menschheit verwendet er nicht weniger als fünf hintereinander.[36]

Gerätekokolores
- Auch die Kommunikatoren scheinen von den Sporen infiziert zu sein. Sie weigern sich mehrmals zu zirpen.
- Irgend jemand hat die Türen an Bord der *Enterprise* frisch gestrichen. In dieser Episode sind die Türen im Korridor zum Transporterraum rot. In ›Morgen ist gestern‹ sind sie blau. (Um entsprechenden Fragen den Wind aus den Segeln zu nehmen: Die *Enterprise* hat nur einen Transporterraum. In ›Morgen ist gestern‹ weiß Kirk, daß Captain Christopher versuchen will, von Bord zu beamen, und sagt zu Scott, er sei *zum* Transporterraum unterwegs.)

---

[36] Leider läßt uns die deutsche Fassung nicht in den Genuß dieser Platitüden kommen.

FALSCHE PARADIESE

Anschluß- und Produktionsprobleme

- Die berüchtigte ›romantische‹ Musik, die schon in ›Lande-urlaub‹ Erwähnung fand, ist ebenfalls wieder mit von der Partie: In dieser Episode setzt man sie in den rührendsten Augenblicken ein, die für mich jedoch leider jeden einzelnen ruinieren.

> **Quiz-Antworten**
> 1. Berengaria VII
> 2. 5231

ÜBERSICHT:
ROMANZEN

1. Anzahl beendeter Liebschaften Kirks: acht
2. Anzahl der Frauen, die Spocks wegen in Ohnmacht fallen: fünf
3. Anzahl der Ehen McCoys: eine
4. Anzahl der Episoden, in denen Scott sich um die Triebwerke der *Enterprise* sorgt: dreiundzwanzig
5. Anzahl der von Sulu angegafften außerirdischen Weibchen: zwei
6. Anzahl möglicher Liebschaften für Uhura: eine
7. Anzahl der Frauen, die Chekov anziehend finden: drei
8. Anzahl der Synonyme, die Kirk anstelle von ›Knutschen‹ verwendet: zwei
9. Anzahl der männlichen Flottenoffiziere, die in weiblichen Körpern gehaust haben: zwei (soweit bekannt)
10. Anzahl der Frauen, die Spock hypnotisiert, damit sie ihm zu Willen sind: eine (soweit bekannt)
11. Anzahl der Frauen, die Spock zurückweisen: eine
12. Anzahl der Episoden, in denen die Macher so tun, als sei ›irgend etwas‹ passiert, als wir gerade anderswo hinschauten: zwei
13. Anzahl der Besatzungsmitglieder, die sich verlobt haben und gleichzeitig in einen anderen verliebt waren: zwei
14. Anzahl der Frauen, denen Kirk die kalte Schulter zeigt: eine

Bezüge

1. Die blonde Labortechnikerin, die Mitchell in ›Spitze des Eisberges‹ erwähnt. Lieutenant Helen Johanson beschreibt Kirk vor den Ereignissen in ›Talos IV – Tabu (1)‹

ÜBERSICHT: ROMANZEN

Miss Piper gegenüber. (Nach Kirks Reaktion scheint es, als sei die Beziehung mehr als beiläufig gewesen.) Die in ›Landeurlaub‹ durch den Verwalter reinkarnierte Ruth. Lieutenant Areel Shaw in ›Kirk unter Anklage‹. Edith Keeler in ›Griff in die Geschichte‹. (Da die Romanze in den dreißiger Jahren stattfand, qualifiziert sie sich als ›beendete Liebschaft‹.) Dr. Janet Wallace in ›Wie schnell die Zeit vergeht‹. Dr. Janice Lester in ›Gefährlicher Tausch.‹ Dr. Carol Marcus in *Star Trek II: Der Zorn des Khan.*

2. Schwester Chapel in ›Implosion in der Spirale‹. Leila Kalomi in ›Falsche Paradiese‹. Die romulanische Kommandantin in ›Die unsichtbare Falle‹. Droxine in ›Die Wolkenstadt‹. Zarabeth in ›Portal in die Vergangenheit‹.

3. Natira in ›Der verirrte Planet‹.

4. Man könnte nahezu jede Episode auflisten, in der er mitspielt, aber hier nur die wichtigsten: ›Spitze des Eisberges‹, ›Implosion in der Spirale‹, ›Die Frauen des Mr. Mudd‹, ›Pokerspiele‹, ›Ganz neue Dimensionen‹, ›Morgen ist gestern‹, ›Landru und die Ewigkeit‹, ›Ich heiße Nomad‹, ›Tödliche Wolken‹, ›Meister der Sklaven‹, ›Das Loch im Weltraum‹, ›Computer M5‹, ›Die unsichtbare Falle‹, ›Kurs auf Markus 12‹, ›Die fremde Materie‹, ›Das Gleichgewicht der Kräfte‹, ›Das Spinnennetz‹, ›Brautschiff Enterprise‹, ›Gefährliche Planetengirls‹, *Star Trek: Der Film, Star Trek II: Der Zorn des Khan, Star Trek V: Am Rand des Universums, Star Trek VI: Das unentdeckte Land.*

5. Ilia in *Star Trek: Der Film*, Vixis in *Star Trek V: Am Rand des Universums.*

6. Scott in *Star Trek V: Am Rand des Universums.* (Eventuell auch der Salzvampir in ›Das Letzte seiner Art‹.)

ÜBERSICHT: ROMANZEN

7. Bootsmann Martha Landon in ›Die Stunde der Erkenntnis‹. Sylvia in ›Wildwest im Weltraum‹. Irina Galliulin in ›Die Reise nach Eden‹.

8. Kirk ›hilft‹ Shahna in ›Meister der Sklaven‹ und ›entschuldigt‹ sich bei Kelinda in ›Stein und Staub‹.

9. Spock hält sich in ›Geist sucht Körper‹ in Chapels Körper auf. (Sie ›teilen ihr Bewußtsein‹. Oooooohhh.) Kirk hält sich in ›Gefährlicher Tausch‹ in Lesters Körper auf.

10. Am Ende von ›Das Jahr des roten Vogels‹ befiehlt Spock der Frau Cloud Williams, einen Kommunikator zu öffnen. (Ja, Henoch hat – in Spocks Körper – Chapel in ›Geist sucht Körper‹ vergessen lassen, daß die metabolischen Formeln anders sind, aber Spock hat zu dieser Zeit im Inneren von Henochs Kugel herumgebastelt.)

11. Kelinda vor der Höhle in ›Stein und Staub‹.

12. Als Kirk in ›Was summt denn da?‹ seine Stiefel anzieht. Als Kirk und Odona in ›Fast unsterblich‹ Kirks Quartier verlassen.

13. Chapel gesteht in ›Implosion in der Spirale‹ Spock ihre Liebe, während sie, wie man später in ›Der alte Traum‹ erfährt, noch mit Dr. Roger Korby verlobt ist. Spock verknallt sich in ›Falsche Paradiese‹ in Leila Kalomi, obwohl ›Weltraumfieber‹ enthüllt, daß er mit T'Pring verlobt ist.

14. Losira in ›Gefährliche Planetengirls‹. (Freilich reicht die Möglichkeit, daß jede Berührung sich als tödlich erweisen kann, unserem wackeren Captain aus, etwas zögerlich zu agieren.)

HORTA RETTET IHRE KINDER

(THE DEVIL IN THE DARK)

Sternzeit: 3196.1

Nach dem Tod einiger Dutzend Männer in den Schächten einer Minenkolonie auf Janus VI kommt die *Enterprise* zu Hilfe. Ein Augenzeuge behauptet, ein riesiges Lebewesen sei für den Tod der Männer verantwortlich. Eine runde Siliziumkugel im Büro des Koloniedirektors bringt Spock auf eine Theorie. Da die Morde kurz nach der Öffnung eines neuen Stollens und der Entdeckung Tausender dieser Kugeln begannen, fragt er sich, ob der Angreifer eine auf Silizium basierende Lebensform sein könnte. Eine Suchaktion bestätigt seine Vermutung. Als er und Kirk dem Geschöpf begegnen, wirkt es, als bestünde es aus Gestein. Phaserbeschuß läßt seinen Angriff zwar abbre-

> **Trekker-Quiz**
>
> 1. Wer löst den Wächter Schmitter am Anfang der Episode ab?
> 2. Wie stehen die Chancen, daß Kirk und Spock bei der Suche nach Horta getötet werden?

chen, aber die nächste Begegnung ruft unsichere Reserviertheit hervor: Das Geschöpf zögert, einen erneuten Phaserbeschuß zu riskieren. Ebenso zögern Kirk und Spock mit ihrem Beschuß – es sei denn, sie werden dazu gezwungen. Spock findet durch Bewußtseinsverschmelzung heraus, daß das Geschöpf eine Horta ist – intelligent, und die Mutter ihres Volkes. Alle 50 000 Jahre sterben die Horta bis auf eine und hinterlassen Tausende von Eiern. Die letzte existierende Horta wird zu ihrem mütterlichen Vormund. Als die Bergleute in ihre Kinderstube eingebrochen sind, hat sie angegriffen, um ihre Jungen zu verteidigen. Am Ende der Episode handelt Spock eine Übereinkunft aus, die sowohl den Horta als auch den Bergleuten nützt.

HORTA RETTET IHRE KINDER

Handlungsschwächen

• Zu den Spannungselementen dieser Folge gehört der Diebstahl einer Reaktorumwälzpumpe durch Horta. Die Bergleute haben angeblich keine Ersatzteile für den Reaktor. (Dies ist an sich schon kaum zu glauben, aber lassen wir das ...) Ohne die Pumpe wird ihre einzige Energiequelle in wenigen Stunden Schreckliches anrichten. Spock merkt an, daß Horta genau wußte, welches Teil sie stehlen sollte. Wie das? Der Lebensbereich Hortas läßt nirgendwo erkennen, daß ihr Volk je irgendein mechanisches Gerät gebaut hat. Außerdem ist Horta jetzt nur noch daran interessiert, den Planeten von der auf Kohlenstoff basierenden ›Seuche‹ zu befreien. Sie hat fünfzig Menschen umgebracht, um ihre Mission zu vollenden. Warum sollte sie sich die Mühe machen, eine Pumpe zu klauen? Warum macht sie sie nicht einfach unbrauchbar und zwingt die Bergleute zur Abreise?

• Bei der Untersuchung der Siliziumkugeln auf Vanderbergs Schreibtisch zitiert Spock die Aussage des Direktors, daß es ›Tausende‹ davon gäbe. Tatsächlich hat Vandenberg ›eine Million‹ gesagt. Natürlich ist tausend mal tausend eine Million, aber könnte Spock – auch wenn er Vanderbergs Angabe für leicht übertrieben hält – nicht etwas genauer sein?

• Wieso sind die Stollen, die Hortas erzeugt, so schön rund, wo ihr Körper doch elliptisch geformt ist?

• Zu Beginn der zweiten Suchaktion schlägt Kirk vor, Spock solle Scott an der Behelfspumpe assistieren. Er möchte verhindern, daß er und der Erste Offizier von dem Geschöpf getötet werden. Spock erwidert, die Möglichkeit, daß sie beide sterben, sei sehr hoch, was auch Kirks Ansicht ist. Und dann suchen sie zusammen nach dem Geschöpf! Erhöht dies nicht beträchtlich die Möglichkeiten, daß das Geschöpf sie gleichzeitig umbringt?

• Die Raumflotte scheint sich offenbar hauptsächlich auf die Frage zu konzentrieren, was ›Backbord‹ und ›Steuerbord‹ bedeutet. In *Cap'n Beckmessers Führer durch STAR TREK –*

145

HORTA RETTET IHRE KINDER

NEXT GENERATION habe ich mit ziemlichen Vergnügen einen Fehler erwähnt, den Riker in ›Der Mächtige/Mission Farpoint‹ macht: Der Computer teilt ihm mit, daß er rechts abbiegen soll – aber er geht nach links. Wie sich zeigt, befindet er sich in bester Gesellschaft: Als Kirk und Spock bei der Suche nach Horta eine Stollengabelung erreichen, deutet Kirk nach *rechts* und sagt: »Sie gehen nach links.« Dann deutet er nach *links* und sagt: »Ich gehe nach rechts.« Spock, der stets loyale Offizier, ignoriert Kirks Worte und tut das, was der wackere Captain gemeint hat.

Gerätekokolores

• An der Unterseite von Vanderbergs Schreibtisch befindet sich ein Knopf, mit dem man die Bürotür öffnet. Entweder ist er riesengroß oder beweglich, denn als er ihn zum ersten Mal betätigt, drückt er ihn am Ende des Tisches. Beim nächsten Mal greift er fast dreißig Zentimeter daneben.

• In dieser Episode vergißt Kirks Kommunikator beim Öffnen mehrmals sein Zirpen.

• McCoy heilt Horta, indem er sie mit hundert Pound[37] (man horche auf: Pound, keine Kilogramm) Thermalbeton zukleistert. Er bezeichnet die Substanz als jene Art, die man zum Bau von Notunterkünften verwendet. Wäre doch eine gute Idee gewesen, in ›Kirk : 2 = ?‹ einen Haufen von dem Zeug in eine Fähre zu laden und es zu Sulu und Co. auf den eiskalten Planeten Alpha 117 zu bringen.

Anschluß- und Produktionsprobleme

• A propos Alpha 117: Auch Janus VI ist ein Planet, der eine verblüffende Ähnlichkeit mit dem Planeten aufweist, den man in ›Kirk : 2 = ?‹ zu sehen kriegt.

> **Quiz-Antworten**
>
> 1. Sam
> 2. 2288,7 zu 1

---

[37] 1 Pound = 453,59 g.

KAMPF UM ORGANIA
(ERRAND OF MERCY)

Sternzeit: 3198.9-3201.7

Die *Enterprise* reist nach Organia. Zwischen der Föderation und dem Klingonischen Imperium sind Feindseligkeiten ausgebrochen, und die Raumflotte legt Wert auf die Kooperation des strategisch wichtigen Planeten. Kirk und Spock beamen hinunter und stoßen auf ein völlig passives Volk. Kirk warnt sie vor den Klingonen, aber Ratsleiter Ayelborne meint, es werde schon alles irgendwie in Ordnung kommen. Leider setzt die Ankunft klingonischer Raumschiffe die beiden auf dem Planeten fest. Als die *Enterprise* abfliegt, um Hilfe zu holen, besorgen die Organianer für Kirk und Spock Verkleidungen. Bald taucht ein klingonischer Commander namens Kor auf und ernennt sich zum Militärgouverneur von Organia.

> **Trekker-Quiz**
>
> 1. Welche Einheit hat in ihrem Sektor eine klingonische Flotte gemeldet?
> 2. Wie viele Wachen stehen vor Kirks und Spocks Zelle?

Nachts wollen Kirk und Spock den Organianern eine Lektion in Sachen Widerstand erteilen, indem sie einen Waffenstapel der Klingonen in die Luft jagen. Die Organianer finden derlei Gewalt abscheulich. Da Ayelborne weiß, daß Kor Kirk foltern will, um dessen Identität in Erfahrung zu bringen, gibt er die Information freigebig preis. Mehrere Stunden später erscheint Ayelborne dann in der Arrestzelle und bringt Kirk und Spock in Sicherheit. Als Kor Organianer tötet, um die beiden zurückzubekommen, greifen Kirk und Spock sein Hauptquartier an. Plötzlich werden sämtliche Waffen glühend heiß. Das gleiche gilt für die Schiffe, die sich über dem Planeten zur

KAMPF UM ORGANIA

Schlacht formieren. Ayelborne gibt gelassen bekannt, daß die Organianer keine Gewalttätigkeiten zulassen: Wenn die Föderation und die Klingonen kein Friedensabkommen unterzeichnen, werden ihre Waffen unbrauchbar gemacht. Kirk und Kor lassen sich zähneknirschend darauf ein.

Anmerkungen
Der klingonische Commander hat eine interessante Narbe im Gesicht. Es ist die gleiche, die Worf in der ersten ST/DNJ-Staffel hat.

Kernige Dialoge
»Sie wollen uns aufhalten? Sie?« – Kirk zu den Organianern, nachdem diese ausgedrückt haben, daß sie den Krieg beenden wollen.

Höhepunkte
Kirks Anspruch, die Föderation habe das Recht, Krieg zu führen, ist ein handwerklich ausgezeichneter Moment. Der Captain wird über die organianische Einmischung immer wütender und ruft schließlich: »Wir haben das Recht ...« – In diesem Moment wird er von Ayelborne unterbrochen, der ihn fragt, ob er wirklich das Recht in Anspruch nimmt, Millionen unschuldiger Wesen zu töten. Spocks Reaktion zeigt, daß er von den Organianern beeindruckt ist und sich darüber amüsiert, wie sie seinen Captain in die Ecke gedrängt haben.

Handlungsschwächen
• Laut Ayelborne wollen die Organianer sich allen klingonischen Vorschriften fügen. Als Kor Kirk einige der Vorschriften vorliest, zeigt sich, daß sich nicht mehr als drei Organianer zugleich auf öffentlichen Plätzen versammeln dürfen. Überraschenderweise trifft sich der Rat der Organianer weiterhin, obwohl er fünf Mitglieder hat. Noch überraschender: Kor sagt

KAMPF UM ORGANIA

über diese offenkundige Mißachtung der klingonischen Vorschriften nichts.

• Nachdem Kor einen Bewußtseinsscanner eingesetzt hat, um herauszufinden, ob Spock ein Händler ist, macht er ihm klar, als Fremdling stünde er ohnehin unter ständiger Beobachtung. Spock hat seine Beschatter offenbar abgehängt, denn in der gleichen Nacht jagt er mit Kirk das Munitionslager in die Luft.

• Der nächste Patzer könnte eventuell erklären, warum Spock keine Schwierigkeiten hatte, die klingonischen Beschatter abzuschütteln: Kurz nachdem Kirk Kors Büro verläßt, wird er von einem Klingonen angerempelt, der ihn beiseite schubst. Spock tritt schnell vor ihn hin, um zu verhindern, daß Kirk den Klingonen schlägt. Dann entschuldigt er sich, und der Klingone geht weiter. Dann nennt Spock Kirk ›Captain‹, und sie besprechen in gemäßigt lauten Tönen ihre Strategie. Während der ganzen Zeit steht ein zweiter Klingone ganz in ihrer Nähe und hört zu. Hat der Typ zuviel klingonischen Vurguzz gesoffen? Müßte er aus dem, was er da erfährt, nicht irgend etwas machen?

• Gegen Ende der Episode merkt Kirk an, daß die Menschen sich für die mächtigsten Wesen des Universums halten. Er sagt, es sei beunruhigend, wenn man entdeckt, daß dem nicht so ist. Er scheint in den bisherigen Folgen am laufenden Band beunruhigt gewesen zu sein, denn auf die eine oder andere Weise haben ihm folgende Völker und Personen ihre Überlegenheit bewiesen: die Thasianer in ›Der Fall Charlie‹, die Talosianer in ›Talos IV – Tabu‹, Balok in ›Pokerspiele‹, die Erbauer des Vergnügungsplaneten in ›Landeurlaub‹, Trelane in ›Tödliche Spiele auf Gothos‹ und die Metronen in ›Ganz neue Dimensionen‹.

Grundlagenveränderungen

• Nachdem die Organianer Kirk in die Pfanne gehauen und Kor seinen wirklichen Namen verraten haben, nimmt der klingonische Commander Kirk mit in sein Büro und bietet ihm ein Getränk an. Offenbar kennt Kor den klingonischen Kodex »Du sollst nicht mit deinem Feinde trinken« nicht (Worf demonstriert ihn in der *ST/DNJ*-Episode ›Rikers Versuchung‹ [HIDE AND Q]).

• Spock sagt zu Kirk, das Verhalten der Organianer erscheine ihm äußerst eigentümlich. Offenbar bezieht er sich damit auf ihre Weigerung, irgend etwas zu tun, um sich den Klingonen zu widersetzen. Zählt auf Vulkan der Pazifismus nicht zu den höchsten Tugenden? Hat Surak – der Vater all dessen, was man auf Vulkan schätzt – diesen Glauben nicht wortreich in ›Seit es Menschen gibt‹ ausgedrückt?

Gerätekokolores

• Daß Kirk, Spock und den Klingonen die anachronistischen Türen des Ratssaals nicht auffallen, läßt mir die Haare zu Berge stehen: Zu Beginn der Episode sagt Spock, die Organianer seien auf der kulturellen Richterskala in Kategorie ›D‹ einzuordnen. Nach der Entdeckung, daß sich die planetare Kultur seit Jahrtausenden nicht verändert hat, sei die Gesellschaft Organias keine primitive, die Fortschritte in Richtung Mechanisierung mache, wie die Föderation geglaubt habe. Anders ausgedrückt: Die Organianer mögen vielleicht die Funktionsweise des Rades entdeckt haben, aber nicht viel mehr. Wieso wundert sich dann niemand, daß sich die Türen ihres Ratsaales von allein öffnen und schließen, obwohl man keinen Mechanismus sieht?

• Entweder beziehen die Klingonen ihre Waffen von den Eminiarern (siehe ›Krieg der Computer‹) oder umgekehrt: Sie sind sich zu ähnlich, um von Zufall sprechen zu können.

• Als Spock die Schallgranate in den Munitionshaufen wirft, verstehe ich Kirks Deckungswahl nicht: Die Aufnahmen bis zu dieser Szene zeigen deutlich einen in der Nähe befindlichen Durchgang, der um eine Ecke führt. Statt diesen schnellen und sichereren Ausweg zu nutzen, läuft Kirk über einen

KAMPF UM ORGANIA

flachen Hof und drückt sich an eine Mauer, die der Kraft der Explosion voll ausgeliefert ist. Der zweite Haken mit dem Munitionslager ist natürlich der, daß sämtliche Wachen gerade anderswo sind!

Anschluß- und Produktionsprobleme
• Organia sieht doch aus wie Alpha 117, oder nicht?
• Gegen Ende der Episode schleichen sich Kirk und Spock in die klingonische Festung und ergreifen Kor. Spock nimmt Kors Waffe. Dann brechen Kors Truppen ein, und die Organianer schalten die Hitze ein. Alle lassen die Waffen fallen. Kor hechtet zu seiner Kommunikatorbox zurück und hat plötzlich wieder eine Waffe. Danach geht er um den Tisch herum, und sie ist weg.

Quiz-Antworten
1. XY75A47
2. Zehn

AUF MESSERS SCHNEIDE
(THE ALTERNATIVE FACTOR)

Sternzeit: 3087.6-3088.7

Bei der Erforschung eines Ödplaneten mißt die *Enterprise* eine Reihe heftiger Energiestörungen. Gleichzeitig taucht ein Lebewesen auf. Nachdem Kirk auf den Planeten gebeamt ist, stößt er auf ein Fahrzeug und einen nervlich höchst zerrütteten Humanoiden namens Lazarus. An Bord behauptet Lazarus, er verfolge einen perversen Gegner und bösartigen Zerstörer, der getötet werden muß. Er bittet um zwei Dilithiumkristalle, um den Kampf ein für allemal zu beenden. Als Kirk sich weigert, stiehlt Lazarus die Kristalle und beamt auf den Planeten zurück. Kirk folgt ihm auf dem Fuße. Lazarus' Fahrzeug wirft ihn versehentlich in einen magnetischen Korridor – eine Verbindung zwischen dem Materie- und einem Antimaterie-Universum. Auf der anderen Seite stößt er auf den parallelen Lazarus. Dieser behauptet gelassen, sein Volk habe als erstes eine Möglichkeit gefunden, den Korridor zu öffnen. Als der erste Lazarus von der Existenz seines Zwillings erfahren habe, sei er verrückt geworden und habe geschworen, seinen Doppelgänger umzubringen, selbst wenn er die Welt dabei vernichten muß. Leider bedeute eine Begegnung der beiden außerhalb des Korridors die Vernichtung des jeweils anderen. Auf Bitten des zweiten Lazarus kehrt Kirk in sein Universum zurück und schiebt den ersten Lazarus in den Korridor, wo

> **Trekker-Quiz**
>
> 1. Wie hoch ist Lazarus' Körpertemperatur, als Spock ihn auf dem Planeten findet?
> 2. Wie nennt McCoy den Wachmann, den Kirk ins Lazarett bringt?

AUF MESSERS SCHNEIDE

der Zwilling ihn erwartet. Dann beamt er rasch auf die *Enterprise* zurück und vernichtet Lazarus' Gefährt, so daß die beiden nun im Inneren des Korridors gefangen sind.

Kernige Dialoge
»*Tut weh.*« – Lazarus auf Spocks Frage, wie es seinem Kopf geht. (Der Bursche ist ein talentierter Untertreiber: Er ist gerade von einer Klippe gestürzt.)

Handlungsschwächen
• Als Kirk zu Beginn der Episode mit einem Commodore der Flotte konferiert, praktiziert er ein wenig altmodisches Stiefellecken: Vor dem Gespräch hat Uhura ihn informiert, sie habe einen Funkspruch der Flotte mit Kode 1 erhalten: Invasionsstatus. Kurz darauf fragt der Commodore Kirk nach seinen Ansichten über die Energiestörung. Da Kirk kaum Informationen hat, wählt er die sichere Antwort. Er stimmt dem hohen Tier zu: Es könne sich um die Vorhut einer Invasion handeln! Der Commodore scheint mit dieser Antwort zufrieden und erwidert, die Flotte dächte auch so. Natürlich denkt die Flotte auch so! Schließlich hat sie einen Kommandokode abgesetzt, der jedermann auf Invasionsstatus setzt!
• Einmal sagt McCoy, Lazarus habe die Gesundheit eines Dinosauriers. Im 23. Jahrhundert weiß man wohl endlich, wie gesund die Dinosaurier waren.
• Lazarus' leichter Zugang zu lebenswichtigen Gebieten des Schiffes läßt einem den Atem stocken. Kirk hat doch selbst gesagt, er gehe davon aus, es handle sich um die Vorhut einer Invasion – und Lazarus ist genau im Augenblick der Energiestörung aufgetaucht. Obwohl der Mann deutlich erregt, möglicherweise geistig nicht ganz dicht ist, darf er sogar im Maschinenraum herumlaufen. Dort angekommen, inszeniert er ein Ablenkungsmanöver und stiehlt zwei Dilithiumkristalle.

AUF MESSERS SCHNEIDE

Grundlagenveränderungen

• Am Anfang der Episode sagt der Flottencommodore, man habe die Energiestörungen in jedem Quadranten der Galaxis und darüber hinaus gespürt. Dies bedeutet, daß die Flotte über eine Möglichkeit verfügt, mit jedem galaktischen Quadranten (und darüber hinaus) zu kommunizieren. (Bedeutet es, daß sie sich auch mit anderen Galaxien verständigen kann?) Tatsächlich wird in vielen Folgen der Serie so über die Galaxis geredet, als hätte die Flotte sie bereits komplett erforscht. Andererseits deutet *ST/DNJ* an, daß die Flotte nur einen begrenzten Teil der Galaxis kennt. In *Star Trek V: Am Rand des Universums*[38] reisen Kirk und seine Mannen ins Zentrum der Galaxis, ohne daß darauf hingewiesen wird, daß die Reise sehr lange dauert. Doch als Picard und seine Leute in ›Die Reise ins Ungewisse‹ (THE NTH DEGREE) ins Zentrum der Galaxis reisen, scheinen alle über die zurückgelegte Strecke verblüfft zu sein.

Gerätekokolores

• Um sich zu vergewissern, daß Lazarus' Kopfverletzung völlig verheilt ist, brechen McCoy und Kirk auf, um ihn zu suchen. Danach begleitet Kirk Lazarus auf die Brücke. Eine letzte Aufnahme zeigt, daß McCoy an einer Korridorkreuzung steht. Im Hintergrund sieht man zwei rote Alarmleuchten, von denen eine blinkt. Offenbar ist in der anderen die Birne kaputt.

• Die medizinische Anzeige über dem Lazarettbett funktioniert offenbar auch, wenn der Patient mitten im Raum steht: Sie schlägt rhythmisch im Takt mit Lazarus' Herz, als er sich erholt. Dann steht er auf, und sie schlägt weiter.

• Irgend jemand bei der Flotte muß das Aussehen der Armatur des Nervensystem-Manipulators aus ›Der Zentralner-

---

[38] Die deutsche Fassung verlegt das *Zentrum* an den *Rand* – und dann gleich an den des *Universums!*

AUF MESSERS SCHNEIDE

vensystem-Manipulator‹ wirklich lieben: Fleißige Leser dieses Buches wissen, daß sie schon eine Reihe anderer Auftritte hatte. Diesmal gibt sie eine Vorstellung im Maschinenraum.

Anschluß- und Produktionsprobleme

• In dieser Episode fungiert ein weiblicher Lieutenant namens Masters als Chefingenieur. Kirk spricht sie zwar ständig als ›Lieutenant‹ an, aber ihre Uniform hat keine Ärmelstreifen. Mehrere Episoden haben aber gezeigt, daß die Macher den Rang eines Lieutenants durch einen einzelnen Goldstreifen am Ärmel kenntlich machen.

• Lazarus' Planet sieht wie Alpha 177 aus, oder nicht? (Die Aufnahmen erscheinen in vielen Episoden, u. a. in ›Kirk : 2 = ?‹, ›Der Zentralnervensystem-Manipulator‹, ›Kodos, der Henker‹, ›Horta rettet ihre Kinder‹ und ›Kampf um Organia‹.

• Lazarus' Bart macht eine erstaunliche Anzahl von Verwandlungen durch: einmal ist er dicht, dann schütter, dann wieder dicht.

> **Quiz-Antworten**
>
> 1. *98,5 Grad Fahrenheit*[39]
> 2. *Muskelmann*

• Eine der letzten Aufnahmen des Bildschirms in dieser Episode zeigt den Planeten ohne ihn umgebende Sterne.

---

[39] 36,6 Grad Celsius.

GRIFF IN DIE GESCHICHTE
(THE CITY ON THE EDGE OF FOREVER)

Sternzeit: 3134.0

Als Zeitstörungen eines nicht kartographierten Planeten die *Enterprise* torkeln lassen, injiziert sich McCoy versehentlich eine Dosis Cordrazin. Das Serum ruft in ihm starke Paranoia hervor, und er flieht auf den Planeten. Kirk und Spock folgen ihm mit einer Wacheinheit, machen aber bald eine verblüffende Entdeckung: Die Ursache der temporalen Kräuselung ist eine lebendige Maschine. Sie ist der ›Hüter der Ewigkeit‹ und kann als Tor in jede Zeit und an jeden Ort benutzt werden. Um seine Fähigkeiten zu demonstrieren, projiziert der Hüter die irdische Geschichte. In diesem Moment springt der durchgedrehte McCoy durch das Portal. Die Kommunikation zur *Enterprise* bricht schlagartig ab. McCoy hat offenbar die Vergangenheit verändert. Die Geschichte hat einen radikal anderen Verlauf genommen.

> **Trekker-Quiz**
> 1. Wozu braucht Spock einen Platinbarren?
> 2. Welche Nummer hat Edith Keelers Wohnung?

Der Hüter spielt die Erdgeschichte erneut ab. Kirk und Spock verfolgen McCoy. Sie landen im Jahr 1930. Diverse Ereignisse bringen sie in eine Mission in der 21. Straße, die von Edith Keeler betrieben wird, einer Frau, die in die Zukunft schaut. Durch Zugriff auf Spocks Tricorderaufzeichnungen erfahren die beiden, daß Edith Keelers Friedensbewegung den Eintritt der Vereinigten Staaten in den Zweiten Weltkrieg verhindern wird, woraufhin die Nazis siegen. Außerdem stellen sie fest, daß McCoy Edith davor bewahrt hat, bei einem Auto-

GRIFF IN DIE GESCHICHTE

unfall zu sterben. Als der entscheidende Augenblick kommt, hält Kirk McCoy zurück, obwohl er sich in Edith verliebt hat. Als sie stirbt, trägt der Wächter sie in ihre Zeit zurück und sagt: »Es ist wieder alles so wie früher.«

Anmerkungen
Dies war eine tolle Episode, und was das Aussehen des Wächters der Ewigkeit angeht, haben die Macher sehr gute Arbeit geleistet.

Kernige Dialoge
»Ich versuche, so etwas wie eine elektrische Rechenmaschine zu bauen, Miss Keeler; leider habe ich dazu nur vorsintflutliche Werkzeuge.« – Spock zu Keeler, als sie ihn nach seiner Erfindung befragt.

Höhepunkte
Das Ende der Episode ist ergreifend: Die plötzliche glückliche Wiedervereinigung Kirks und McCoys wird sofort von der Notwendigkeit überschattet, den Arzt daran zu hindern, Edith zu retten; dann McCoys vorwurfsvolle Frage und Kirks zorniger Rückzug vom Hüter der Ewigkeit.

Handlungsschwächen
• Nachdem McCoy sich das Cordrazin injiziert hat, stehen Kirk und Spock – dem Anschein nach – sprachlos herum und beobachten ihn. Auch als McCoy losschreit, tun sie nichts anderes. Warum setzt Spock seinen bewährten Griff nicht ein? Und wo wir schon mal bei dem mit Drogen vollgepumpten McCoy sind: Findet es eigentlich niemand erstaunlich, daß McCoy auf der Brücke Spocks Griff so leicht abschütteln und sich davonmachen kann?

• Um an die Tricorderaufzeichnungen der irdischen Geschichte heranzukommen, baut Spock einen mnemonischen Speicher, wie es sie im 21. Jahrhundert gibt. Damit kann er

GRIFF IN DIE GESCHICHTE

den Nachruf auf Keeler aus dem Jahr 1930 ebenso abspielen wie ihre Begegnung 1936 mit Präsident Roosevelt. Daraus schließt er, daß sie der zeitliche Brennpunkt ist, der sie alle in die Vergangenheit gezogen hat. Frage: Wie kann Spock ihren Nachruf lesen? Seine Abspielung beginnt mit der Wiedergabe der Historie, die der Wächter aufgezeichnet hat. Als sie die Zeit der Großen Depression erreicht, springt McCoy durch das Portal und bewahrt Keeler vor dem Tod. Müßten sich nun nicht auch die Aufzeichnungen des Wächters ändern? (Nicht vergessen, daß Spocks Tricorder auch die Begegnung zwischen Keeler und Roosevelt im Jahr 1936 aufgezeichnet hat.) Wenn sich die Wiedergabe des Wächters sofort ändert, gäbe es keinen Nachruf, da McCoy ihr Leben gerettet hat. (Ich nehme an, der Wächter hätte Spock ein wenig helfen und den Nachruf trotzdem einfügen können, um ihm einen Hinweis zu geben, was sie tun sollen.)

• A propos Nachruf-Aufzeichnung. Warum erzählt Spock Kirk, er wisse nicht genau, wann Keeler stirbt? In einem Nachruf findet sich gewöhnlich diese Information.

Gerätekokolores

• Als McCoy die Brücke verläßt, trägt er keinen Gurt der Art, wie die Mannschaft ihn verwendet, um ihre Phaser und Kommunikatoren festzuhaken. Er trägt auch keinen, als er die Steuerung im Transporterraum betätigt, obwohl er sich den Phaser des Transporteringenieurs schnappt. Doch als man ihn auf dem Planeten stellt, trägt er plötzlich einen. Einen weiteren Patzer bietet der Transporterchef: Als McCoy auf ihn zugeht, trägt er einen Gurt, aber als die Wachen ihn finden, trägt er keinen. Es gibt nur eine Lösung: McCoy ist zur Transporterplattform geeilt, hat es sich anders überlegt, ist zurückgekehrt, hat sich den Gürtel genommen, ihn angelegt und dann die Kontrollen umgestellt, um auf den Planeten zu beamen. Und all dies fand natürlich statt, als wir uns gerade eine andere Szene anschauten.

GRIFF IN DIE GESCHICHTE

- McCoy taucht mit einem Handphaser auf der Erde des 20. Jahrhunderts auf. Man beachte die Abfolge der Ereignisse: McCoy dreht durch. Er greift den Transporteringenieur an und stiehlt dessen Phaser. Er beamt auf den Planeten. Kirk, Spock, Scott, Uhura und ein Wachkommando folgen ihm. Die Wachen stellen ihn. Spock macht ihn kampfunfähig. Alle schauen sich die Bilder aus der irdischen Vergangenheit an, die der Wächter ihnen vorspielt. McCoy wacht auf, rennt auf das Portal zu und springt hindurch. Er hat keine Zeit, sich den Phaser eines anderen zu schnappen. Der einzige, den er möglicherweise besitzt, ist der, den er dem Transporteringenieur abgenommen hat. Anders gesagt: Nachdem Spock ihn kampfunfähig gemacht hat, hielt die Wachmannschaft es für unnötig, ihn zu entwaffnen.
- Warum setzt Uhura nicht ihren Tricorder ein, um McCoy auf dem Planeten zu lokalisieren?
- Die Zeit der Billig-Aufnahmen bricht an! Der Wächter spielt den Akteuren die Erdgeschichte zweimal vor. Beim ersten Durchlauf springt McCoy durch das Portal. Beim zweiten tun Kirk und Spock das gleiche. Da sie vor McCoy in der Mission in der 21. Straße auftauchen, müssen sie auch vor ihm in den Zeitstrom eingetaucht sein. Der Hüter der Ewigkeit behauptet, sein Rückblick auf die Geschichte könne nur in einer Geschwindigkeit erfolgen. Mit dieser Aussage liefern die Macher beinharten Beckmessern den absoluten Standard, an dem sie beurteilen können, ob die Szene korrekt ausgeführt wird. Da die Wiedergabe der Erdgeschichte nur in einem bestimmten Tempo erfolgen kann, ist der zeitliche Ablauf beider Wiedergaben also identisch. Ein gerissener Beckmesser wählt sich eine Szene aus, die in beiden Wiedergaben vorkommt – etwa einen Kanonenschuß, nach dem die Infanteristen einen Hügel erstürmen, dann die Zeit, die McCoy sowie Kirk und Spock brauchen, um durch den Bogen zu springen. *Kirk und Spock müssen eher springen als McCoy.* Aber natürlich – tun sie es nicht! Zwischen dem Infanterieangriff und McCoys

GRIFF IN DIE GESCHICHTE

Sprung durch den Bogen vergehen etwa 25 Sekunden. Kirk und Spock lassen vom Infanterieangriff bis zum Sprung jedoch 56 Sekunden vergehen. (Ich weiß nicht, warum sich überhaupt jemand die Mühe machen sollte, dies aufeinander abzustimmen. Oder erwartet etwa jemand, daß die Macher solche Details beachten?)

• Spocks Tricorder hat zwar einen kleinen Wiedergabeschirm, aber, das, was er aufgezeichnet hat, kann er nur abspielen, wenn er mit einem Computer verbunden ist. Ob das wohl stimmen kann?

Anschluß- und Produktionsprobleme

• Bei Edith Keelers Ansprache in der Mission schaut Kirk Spock an und erstarrt kurz. Sieht man genau hin, erkennt man, daß diese Aufnahme einer Großaufnahme entstammt, die ein paar Sekunden später erfolgt. In der Großaufnahme schaut er Spock an und fängt an zu reden. Offenbar brauchten die Macher noch eine Reaktionsaufnahme und haben sie der Großaufnahme entnommen.

• Auf der zu ihrer Wohnung führenden Treppe stolpert Keeler, und Kirk fängt sie auf. Danach hat sie beide Schuhe an. Sie dankt Kirk, weil er sie gerettet hat, und setzt den Weg zu ihrer Wohnung fort. Plötzlich hat sie nur noch einen Schuh an; der andere ist nirgendwo zu sehen.

Quiz-Antworten

1. Um Feldstärken
   zu verdoppeln
2. 33

SPOCK AUSSER KONTROLLE

(OPERATION – ANNIHILATE!)

Sternzeit: 3287.2-3289.8

Kurz vor der Ankunft auf dem Planeten Deneva hört Kirk, daß ein denevanischer Pilot ausruft, er sei endlich frei. Dann steuert er sein Schiff in die Sonne des Planeten. Die Lage auf Deneva ist nicht weniger spektakulär: Kirk und seine Leute werden von einem Mob angegriffen, der ihnen zuruft, man wolle ihnen nichts tun. Bald stoßen Kirk und Spock auf ein Nest eigenartig aussehender Kreaturen. Eins davon heftet sich an Spocks Rücken. Der Stachel der Kreatur bohrt sich in sein Nervensystem und will ihn mit starken Schmerzen unterwerfen. Dank sei-

> **Trekker-Quiz**
>
> 1. Wie lauten der Anrufkode und die Frequenz von Sam Kirks privatem Subraumsender?
> 2. Was ist Sam Kirk von Beruf?

ner vulkanischen Ausbildung wehrt Spock den Angriff ab und erklärt Kirk die Kreaturen: Jede ist eine riesige Hirnzelle. Obwohl sie körperlich getrennt sind, agieren sie als Einheit.

Anhand des Funkspruchs des denevanischen Piloten schließt die Mannschaft, daß die Kreaturen lichtempfindlich sind. Da Spock weiß, daß man ein Versuchskaninchen braucht, meldet er sich freiwillig. McCoy unterwirft ihn dem vollen Spektrum starker Beleuchtung. Dies blendet Spock, entfernt aber auch die Kreatur. Leider zeigen spätere Testergebnisse, daß die Kreaturen nur auf ultraviolettes Licht empfindlich reagieren. Es war gar nicht nötig, Spock zu blenden. Die über den Verlust des Ersten Offiziers betrübte Mannschaft setzt spezielle Satelliten in der Kreisbahn aus. Als das ultraviolette Licht der Satelliten die Kreaturen vernichtet, öffnet

SPOCK AUSSER KONTROLLE

sich ein vergessenes ›inneres Augenlid‹, und Spock kann wieder sehen.

Handlungsschwächen

• Das Ende der Episode weist auf Spocks überempfindliches Gehör hin. McCoy flüstert dem im Kommandosessel sitzenden Kirk etwas zu, und Spock hört mit. Doch gegen Ende der Folge hört Kirk offenbar besser als der Vulkanier: Als man ein summendes Geräusch untersucht, piepst eine Kreatur und verrät ihren Standort. Obwohl Kirk und Spock nebeneinander stehen, ist es der Captain, der dem Geräusch bis zur Quelle folgt.

• Nach der Entdeckung der Kreaturen fragt sich Kirk, ob sie in eine Falle geraten sein könnten, und befiehlt einen strategischen Rückzug. Komischerweise stehen alle auf, gehen hinaus und wenden den Kreaturen den Rücken zu! Wenn man eine Falle wittert, dreht man dem Feind wohl kaum den Rücken zu. Wie aufs Stichwort stößt eine Kreatur herab und beißt Spock in den Rücken (oder den Hintern, wenn man die Chance hat, eine schiefgegangene Aufnahme der Szene zu sehen.)

• Die Schmerzen, die Spock in dieser Episode erleidet, müssen ungeheuer sein. Seine Logik ist offenbar nur noch sporadisch vorhanden. Er liefert einen perfekt begründeten Diskurs über die Frage ab, warum er derjenige sein muß, der eine Kreatur zum Studium heranschafft. Seine Argumente sind so zwingend, daß Kirk zustimmt, ihn gehen zu lassen. Doch statt seine Methode auszuprobieren, geht Spock zum Transporter, unternimmt den Versuch, den direkten Befehl zu umgehen, auf dem Schiff zu bleiben, und schlägt zwei Offizierskollegen zusammen.

• Nach Durchführung des ersten Lichttests und der Entdeckung, daß Licht die Kreaturen tötet, verlangt Kirk, man solle weitermachen und das blendende Licht an einem menschlichen Versuchskaninchen testen. Warum? Warum

162

SPOCK AUSSER KONTROLLE

die Eile? Die *Enterprise* kann doch verhindern, daß irgendein Schiff Deneva verläßt. Spock kehrt überraschenderweise zurück und stimmt zu, daß man sich beeilen muß. Wäre es nicht logischer, die nächsten Testergebnisse abzuwarten? Sie sollen doch in knapp zehn Minuten vorliegen. Der einzige Grund für das halsbrecherische Tempo ist, Spock in die Kammer zu bringen, damit man ihn blenden und er wieder genesen kann. (Ein klassischer Handlungsbetrug.)

• Ich weiß noch, wie es war, als ich diese Episode zum ersten Mal sah, und ich erinnere mich auch noch an die Gefühle, die ich empfand, als mir klar wurde, daß Spock blind ist. Ich weiß noch, wie betrogen ich mir vorkam, als man plötzlich das Kaninchen aus dem Hut zog: »Ach, übrigens, Vulkanier haben ein inneres Augenlid, und damit ist wieder alles paletti.« (Ich stieß ein tiefes und langes Ächzen aus, als Worf in der *ST/DNJ*-Episode ›Die Operation‹ (ETHICS) das gleiche passierte.)

Grundlagenveränderungen

• Kirk und die Landegruppe folgen Aurelans[40] Geschrei zu Sams Büro. Drinnen stoßen sie auf den toten Sam, die schreiende Aurelan und den besinnungslosen Peter. Peter ist Aurelans und Sams Sohn. Alle tun so, als sei die Familie damit komplett. Doch wo sind die beiden anderen Jungen? Laut ›Der alte Traum‹ hat Sam nämlich drei Söhne.

Gerätekokolores

• Nachdem Scott Spocks Versuch vereitelt hat, das Schiff ohne Erlaubnis zu verlassen, richtet er einen Phaser auf ihn und geht im Transporterraum umher. Einmal gerät sein Phaser dabei vor die Haube, die sich in der Mitte der Transportersteuerung befindet. Wenn Spock sich in diesem Augenblick zum Angriff entschlossen hätte, wie hätte Scott mit der Haube im Weg schießen können?

---

[40] Die deutsche Fassung tauft die Dame auf den Namen Aurelia.

Anschluß- und Produktionsprobleme

• Nach der Entdeckung, daß ultraviolettes Licht die Geschöpfe umbringt, befiehlt Kirk der Mannschaft, Satelliten in der Kreisbahn auszusetzen. Steuermann Sulu merkt an, man sei an Ort und Stelle. Man beachte, daß er ein goldenes Hemd ohne Ärmelstreifen trägt. Kirk sagt ›Energie‹, und die Szene wechselt zu einer Aufnahme der Steuer- und Navigatoranlage. Nun trägt der Steuermann ein rotes Hemd ohne Ärmelstreifen. Was ist mit Sulu passiert?

> **Quiz-Antworten**
>
> 1. GSK 783, Sub-
>   raumfrequenz 3
> 2. Biologe

IST DIE RAUMFLOTTE EINE MILITÄRISCHE ORGANISATION?

Hätte man mir die Frage gestellt, als ich *Cap'n Beckmessers Führer durch STAR TREK – NEXT GENERATION* schrieb, wäre meine spontane Reaktion ›Offensichtlich!‹ gewesen. Von der Disziplin der Mannschaft abgesehen, war alles, was ich sah, militärisch: die Uniformen, die Bewaffnung, die Schiffe, die Dienstgrade, die Befehlsstruktur. Ich ging einfach davon aus, daß die Raumflotte ein Äquivalent heutiger militärischer Streitkräfte ist, und nutzte jede Gelegenheit, den Mangel an militärischer Disziplin auf Picards *Enterprise* zu kritisieren.

Dann trafen Briefe bei mir ein, in denen stand, Picard habe ausdrücklich gesagt, die Flotte habe *nichts* mit dem Militär zu tun. Außerdem macht das Gerücht die Runde, Gene Roddenberry habe persönlich deutlich gemacht, daß die Flotte keine militärische Organisation sei. Nach allem, was ich gehört habe, gehen viele davon aus, daß sie eine Organisation ist, die von Menschen wie Jacques Cousteau befehligt wird. Nachfolgend eine kleine Sammlung von Zitaten und Situationen, die sich mit diesem Thema beschäftigen. Ich überlasse die Entscheidung meinen Lesern.

1. Wen ruft man zu Hilfe? Immer wenn die Drohung einer Invasion durch Streitkräfte oder andere Gruppierungen im Raum steht, antwortet die Raumflotte auf die Herausforderung. (›Spock unter Verdacht‹, ›Kampf um Organia‹, ›Das Loch im Weltraum‹). Falls jemand mit einer Invasion der USA drohen würde, würden wir nicht Jacques Cousteau zu Hilfe holen, sondern das Militär.

IST DIE RAUMFLOTTE EINE MILITÄRISCHE ORGANISATION?

2. ›Gestern ist morgen.‹ In dieser Episode erwidert Kirk, als Christopher ihn fragt, ob die Marine die *Enterprise* gebaut hat, er arbeite in einer gemischten Einheit.

3. ›Kampf um Organia‹. Kirk sagt zu den Organianern, er sei kein Diplomat, sondern Soldat.

4. ›Der erste Krieg‹. In dieser Episode versorgt die Flotte ihre Verbündeten mit Waffen. Fällt die Versorgung mit Waffen nicht in aller Regel in den Aufgabenbereich des Militärs?

5. ›Wen die Götter zerstören‹. Garth merkt an, Kirk sei der beste militärische Kommandeur der Galaxis – gleich nach ihm natürlich. Kirk erwidert darauf, *nun* sei er in erster Linie Forscher. (Er will nur fair sein.)

6. *Star Trek II: Der Zorn des Khan.* Als David Marcus sagt, Wissenschaftler seien stets nur die Bauern des Militärs gewesen, bezieht er sich auf die Flotte. Seine Mutter erwidert, die Flotte habe für hundertjährigen Frieden gesorgt.

7. *Star Trek V: Am Rand des Universums.* Das Hauptquartier beauftragt Kirk, die entführten Botschafter auf Nimbus III zu retten. Ist die Rettung von Geiseln nicht in aller Regel eine militärische Operation?

8. *Star Trek VI: Das unentdeckte Land.* In der Lagebesprechung am Anfang fragt ein weiblicher Captain, ob man die Flotte einmotten wolle. Der Diskussionsleiter erwidert, die Forschungs- und Wissenschaftsprogramme seien davon nicht berührt. Was ist also dann berührt? Vielleicht der *militärische* Bereich? Auf der gleichen Versammlung merkt ein anderer an, wenn man die Flotte entwaffne, sei

IST DIE RAUMFLOTTE EINE MILITÄRISCHE ORGANISATION?

man Aggressoren schutzlos ausgeliefert. Ich glaube, die Verteidigung gegen Aggressoren ist eine der Aufgaben des Militärs. (Übrigens, wenn wir schon dabei sind: Die Klingonen sind nicht die einzigen Gegner der Föderation. Warum zieht man das ›Einmotten der Flotte‹ in Betracht, wenn man sich mit nur *einem* potentiellen Gegenspieler einigt? Später, beim Essen mit den Klingonen auf der *Enterprise*, fragt Chang Kirk, ob er bereit sei, die Flotte aufzugeben. Spock mischt sich in das Gespräch ein und deutet diplomatisch an, Kirk sei der Meinung, die Flotte habe stets friedliche Missionen ausgeführt. Als Kirk diese Aussage bezweifelt, unterbricht Chang ihn und meint, er brauche sich nicht zu zieren, im Weltraum seien »alle Krieger kalte Krieger«.

ZWEITE STAFFEL

⭐ WELTRAUMFIEBER[41]
(AMOK TIME)

Sternzeit: 3372.7

Als Spocks Verhalten unstet wird, schickt Kirk ihn zu einer Generaluntersuchung ins Lazarett. McCoys beunruhigende Meldung enthüllt ein zunehmendes chemisches Ungleichgewicht in Spocks Organismus. Im Quartier des Ersten Offiziers verlangt Kirk Aufklärung. Zögernd teilt Spock ihm mit, daß vulkanische Männer das *Pon Farr* durchlaufen, die Paarungszeit, in der primitive Gefühle mit der Logik Schlitten fahren. Er muß auf den Ritualgrund seiner Familie zurückkehren oder bei diesem Versuch sterben. Als das Schiff Vulkan erreicht, bittet Spock Kirk und McCoy, beim *Koon-ut-kal-if-fee,* der Eheschließungs- oder Ablehnungszeremonie dabeizusein.

> ### *Trekker-Quiz*
>
> 1. *McCoy sagt, Spock sei bezüglich seines Zustands ebenso verschwiegen wie welches Tier?*
> 2. *Auf welchem Planeten kehren die Aalvögel alle elf Jahre zu ihren Nistplätzen zurück?*

Alles geht gut, bis T'Pring, Spocks erwählte Partnerin, die Eheschließung verweigert. Laut vulkanischer Tradition optiert sie für Ablehnung und wählt jemanden aus, der für sie kämpft. Leider fällt ihre Wahl auf Kirk. Da dieser die Implikationen der Herausforderung nicht versteht und verhindern

---

[41] Falls Sie der Meinung sind, Cap'n Beckmesser habe einen anderen Film gesehen: Irrtum. *Sie* haben einen anderen Film gesehen, denn der für die deutsche Fassung Verantwortliche hielt es offenbar für jugendgefährdend, Mr. Spocks Sexualleben vor den lieben Kleinen zur Sprache zu bringen, die seiner Ansicht nach das *Raumschiff Enterprise*-Publikum stellen.

WELTRAUMFIEBER

will, daß Spock in seinem geschwächten Zustand gegen jemanden kämpft, nimmt er an. Erst dann erfährt er, daß er Spock töten muß, wenn er überleben will. Mitten im Kampf injiziert McCoy Kirk eine Droge. Der Arzt behauptet, sie werde dem Captain in der heißen, dünnen Luft helfen. In Wahrheit lähmt die Droge die Nerven und führt einen Scheintod herbei. Kirk ›stirbt‹, der Wettkampf endet. Spock ist natürlich sehr erleichtert, als er aufs Schiff zurückbeamt und feststellt, daß sein Freund noch lebt.

Anmerkungen
Mit dem Anfang der zweiten Staffel steht DeForest Kelly im Vorspann, und der Titel der jeweiligen Episode erscheint in der gleichen Schrift wie der der Serie.

Kernige Dialoge
»Es ist mir eine Ehre, Sir.« – McCoy auf Spocks Einladung, er möge ihn zum *Koon-ut-kal-if-fee* begleiten. (Trotz allen Zanks beweisen dieser Satz und Spocks Einladung, daß der Erste Offizier und der Arzt in Wirklichkeit gute Freunde sind.)

Höhepunkte
• *Diese Episode hat sehr viele Höhepunkte, aber ich glaube, der liebste ist mir jener, in dem Spock T'Pau davon abraten will, Kirk zu erlauben, die Herausforderung anzunehmen. Sie nimmt seinem Einwand den Wind aus den Segeln, indem sie fragt, ob er Vulkanier oder Mensch sei.*

Handlungsschwächen
• Nachdem Spock Kirk ›umgebracht‹ hat, merkt McCoy an, es möge zwar seltsam erscheinen, aber nun befehlige der Erste Offizier die *Enterprise.* Ist das richtig? Müßte die Flotte nicht irgendeine Vorschrift haben, die verhindert, daß sich jemand durch Mord eine leitende Funktion erschleicht?

WELTRAUMFIEBER

Anschluß- und Produktionsprobleme

• Ziemlich zu Anfang der Episode zeigt eine Aufnahme die auf den Zuschauer zufliegende *Enterprise*. Im Hintergrund ist der Sternenhimmel zu sehen. Diese Szene leidet an einem schrecklichen Produktionsfehler: Wenn man genau hinschaut, sieht man, daß irgend etwas den größten Teil der Steuerbord-Triebwerksgondel abgefressen hat.

• Kurz vor dem Zweikampf zeigt eine Halbtotale, daß T'Pring auf den Gong an der Feuergrube zugeht. Dann zeigt eine Großaufnahme sie wieder neben Stonn. Kurz darauf geht sie erneut zum Gong.

• Dafür, daß er tief in der Gülle sitzt, wirkt Spock beim *Koon-ut-kal-if-fee* recht entspannt. Als er an der Mauer lehnt, hat er hin und wieder die Hände auf dem Rücken.

Quiz-Antworten

1. Ein aldebaranischer Maulschneck [42]
2. Regulus V

---

[42] In der deutschen Fassung macht McCoy keine vergleichbare Aussage.

DER TEMPEL DES APOLL

(WHO MOURNS FOR ADONAIS?)

Sternzeit: 3468.1

Nachdem eine riesige, nur aus Energie bestehende Hand das Schiff gepackt hat, erscheint im Weltraum ein Gesicht: Im Stil einer griechischen Gottheit lädt es Kirk und seine Offizierskollegen auf einen Planeten ein. Der Captain nimmt Lieutenant Carolyn Palomas, eine Expertin für alte Kulturen, mit. Auf dem Planeten stoßen sie auf ein Lebewesen, das behauptet, Apollo zu sein. Es bringt mit der Fingerspitze Phaser zum Schmel-

> **Trekker-Quiz**
>
> 1. Wo liegt Pollux IV?
> 2. Welches Tier auf Antos IV ist laut Chekov in der Lage, Energie zu erzeugen und zu kontrollieren, ohne sich selbst zu schaden?

zen und kleidet Palomas mit einer Handbewegung in ein altgriechisches Gewand. Apollo verlangt, daß die Mannschaft die *Enterprise* verläßt, sich auf dem Planeten ansiedelt und ihn anbetet.

Inzwischen ist es Spock und der *Enterprise*-Mannschaft gelungen, Löcher in das Energiefeld zu stanzen; man nimmt die Kommunikation wieder auf. Er informiert Kirk, man habe auf dem Planeten eine Kraftquelle lokalisiert. Gleichzeitig befiehlt Kirk Palomas, Apollo abzuweisen, da sie ihm allem Anschein nach nicht gleichgültig ist. Die Taktik klappt, Apollo wird stinkwütend und vergeudet viel von seiner Energie. Kirk hält den Druck aufrecht und befiehlt Spock, die Phaser abzufeuern. Als die Energiequelle vernichtet ist, bejammert Apollo seinen Verlust – und als ihm klar wird, daß die Menschen keine Götter mehr brauchen, schrumpft er, bis nichts mehr von ihm übrigbleibt.

DER TEMPEL DES APOLL

Anmerkungen

Stephen Whitfield macht in seinem Buch The Making of Star Trek *einige interessante Angaben über das ›altgriechische‹ Gewand, das Lieutenant Palomas in dieser Episode trägt. Das Oberteil mußte mit Klebeband befestigt werden. Man fragt sich, wie vorsichtig die Schauspielerin bei der Sturmszene schreiten mußte, als der Wind ihr Kostüm hin- und her- peitschte. Diese Sequenz enthält einen Moment, der für 1967 viel enthüllte weibliche Anatomie vorführt.*[43] *Einmal fällt Palo- mas hin; ihr Kleid rutscht hoch und enthüllt ihren Schenkel vom Knöchel bis zur Taille.*

Außerdem ist mir noch etwas zum Fall des fehlenden Fingers Scotts eingefallen: In den Anmerkungen zu ›Kirk : 2 = ?‹ *sagte ich, man hätte in irgendein Drehbuch einen Arbeitsunfall einfü- gen können, um James Doohans fehlenden Finger zu erklären. Auch in dieser Episode hat man eine tolle Gelegenheit verpaßt, dies zu tun: als Apollo eine elektrische Entladung auf Scott ab- schießt und den Phaser schmelzen läßt, den dieser in der Rech- ten hält. Wenn der Angriff schon dem Phaser Schaden zugefügt hat, könnte er nicht auch seine Hand verletzt haben?*

Kernige Dialoge

»Ja, das war schmeichelhaft für mich, aber jetzt muß ich meine Arbeit fortsetzen.« – Palomas, als Apollo sie daran erin- nert, daß er sie ›erwählt‹ hat.

Höhepunkte

Chefingenieur Montgomery Scott kriegt in dieser Episode al- lerhand aufs Dach: Er macht den Fehler, Apollo zu reizen, und der griechische Gott schleudert einen Blitz auf ihn. Der Schlag reißt Scott von den Beinen und wirft ihn nach hinten, so daß er selbst nach dem Aufstehen noch ein paar Schritte taumelt. Der Stunt ist sehr gut ausgeführt.

---

[43] Für die USA vielleicht, Phil, aber nicht für Europa.

DER TEMPEL DES APOLL

Handlungsschwächen

• Apollo gibt sich erst zu erkennen, nachdem Kirk und seine Leute auf den Planeten gebeamt sind. Da Spock an Bord bleibt, kann er nicht wissen, wer das Wesen zu sein behauptet. Doch am Ende der Episode, als Kirk mit ihm spricht und Apollo beim Namen nennt, tut Spock so, als wisse er genau, wovon der Captain redet.

Grundlagenveränderungen

• Um Palomas dazu zu bewegen, Apollo die kalte Schulter zu zeigen, hält Kirk eine flammende Rede über die Menschheit – daß wir alle gleich sind und die gleiche Vergangenheit haben. Er hält ihre Hand und sagt, es bestünde kein Unterschied zwischen Männern und Frauen. Das ist ja alles schön und gut, aber wenn wir alle gleich sind, warum gibt es dann keine weiblichen Raumschiffkommandanten? In ›Gefährlicher Tausch‹ kriegen wir zu hören, Frauen hätten *noch nie* Raumschiffe kommandiert. Ich frage mich, was aus der Nummer Eins des Pilotfilms geworden ist. Sie war Erster Offizier unter Christopher Pike auf der *Enterprise* (siehe ›The Cage‹) und erweckte durchaus den Eindruck, ihren ›Mann‹ zu stehen.

Gerätekokolores

• In dieser Episode justiert Sulu den Traktorstrahl, um den Feind abzuwehren. Diese Traktorstrahlfähigkeit ging irgendwann in den folgenden Jahren verloren, denn als Wesley in der *ST/DNJ*-Episode ›Gedankengift‹ (THE NAKED NOW) das gleiche tut, sind alle entsetzt.

• Als der Sturm stärker wird, will Kirk Spock befehlen, auf Apollos Tempel zu schießen. Er zückt seinen Kommunikator und dreht das Handgelenk. Der Kommunikator öffnet sich nicht, also dreht er das Gelenk erneut. Komischerweise zirpt der Kommunikator beide Male. Anders ausgedrückt: Er zirpt sogar, wenn er nicht aufgeht! (Dies ist wahrscheinlich der Ausgleich für die fehlenden Zirper der vorherigen Folgen.)

DER TEMPEL DES APOLL

Anschluß- und Produktionsprobleme

• Während der gesamten Folge wird die *Enterprise* von der Riesenhand festgehalten. Als Spock die Phaser abfeuert, verschwindet sie plötzlich. Wenn die *Enterprise*-Mannschaft darin erfolgreich war, Löcher in Apollos Kraftfeld zu stanzen, müßte das Bild dann nicht eine durchlöcherte Hand zeigen?

• Am Ende der Episode beklagt Apollo den Verlust seines Tempels und das Unvermögen der Menschen zu glauben. Großaufnahmen zeigen im Hintergrund einen Baum. Dann wird Apollo wieder größer, und die Großaufnahme zeigt den Baum im Hintergrund noch immer. In der Halbtotale sieht man jedoch, daß Apollo nun jeden Baum in Sichtweite überragt.

Quiz-Antworten

1. Im System Beta Geminorum
2. Der Riesentrockenwurm von Antos IV

ICH HEISSE NOMAD
(THE CHANGELING)

Sternzeit: 3541.9

Kurz nachdem alles humanoide Leben aus dem System Maluria verschwindet, bringen Energieblitze eines winzigen Schiffes die *Enterprise* zum Schwanken. Als Kirk es anfunkt, bricht der Angriff schlagartig ab, und es stellt sich als *Nomad* vor. Nomad gibt an, es sei seine Bestimmung, alles unvollkommene Leben zu vernichten: Darum habe er das unvollkommene biologische Leben im System Maluria sterilisiert. Spocks Nachforschungen ergänzen die Einzelheiten: Nomad wurde von dem irdischen Wissenschaftler Jackson Roykirk gebaut, um fremde Lebensformen zu suchen. Da Nomad irgendwann nach dem Start im Jahr 2020 beschädigt wurde, trieb er umher. Er begegnete Tan-Ru, der Sonde einer fremden Zivilisation, deren Aufgabe es war, Bodenproben zu sammeln und zu sterilisieren. Irgendwie sind die beiden zum gegenwärtigen Nomad verschmolzen. Nomad verwechselt offenbar den Namen ›Jackson Roykirk‹ mit ›Captain James Kirk‹. In der Annahme, die *Enterprise* sei sein Schöpfer, hat er den Angriff eingestellt.

> **Trekker-Quiz**
> 1. Welches Diagramm führt Kirk Nomad vor, um die Herkunft der *Enterprise* zu zeigen?
> 2. In welcher anderen Episode kommt das Lied vor, das Uhura singt, während sie Lieutenant Singh hält?

Kurz darauf stellt Nomad fest, daß Kirk zu einer biologischen Lebensform gehört, und fängt an, die *Enterprise* von dieser ›Seuche‹ zu ›befreien‹. Daraufhin erinnert der Captain die Maschine an ihre Programmierung: Sie soll alles unvollkommene Leben vernichten. Er enthüllt, daß er nicht ihr Schöpfer ist.

ICH HEISSE NOMAD

Nomad hat einen Fehler begangen. Deswegen ist Nomad nicht vollkommen. Kurz nachdem die Mannschaft die mächtige Maschine ins All zurückbeamt, vernichtet sie sich selbst.

Anmerkungen
Die Macher verwenden diese Idee auch in Star Trek: Der Film. *Diese Episode und der Kinofilm schildern eine irdische Sonde, die einer fremden Maschine begegnet ist und von ihr modifiziert wurde. Beide Handlungen verwenden die Drohung, daß die Sonde alles Leben auf der Erde vernichten will, und bezeichnen Menschen als ›biologische Einheiten‹.*

Übrigens kriegt Scott auch in dieser Episode eins auf den Deckel (siehe Höhepunkte, ›Der Tempel des Apoll‹). *Diesmal kippt er über die Brückenreling und knallt gegen eine Wand.*

Kernige Dialoge
»Nein, Sir.« – Spock gesteht Kirk ein, daß er nicht glaubt, er verfüge über die nötigen Kenntnisse der Logik, um *Nomad* zu überreden, sich selbst zu vernichten.

Höhepunkte
Der Augenblick, in dem Nomad Kirk berichtet, die Einheit ›Spock‹ sei anders und ›gut angeordnet‹, ist rührend. Spock schenkt dem Captain einen Blick, der so selbstgefällig ist, daß er fast wie Stolz wirkt.

Handlungsschwächen
• Als Kirk sich fragt, wie er mit *Nomad* fertig werden soll, fällt ihm die simpelste Lösung nicht ein: Warum befiehlt er ihn nicht in den Transporter zurück, beamt ihn ins All und konstruiert eine Transporter-Fehlfunktion. An Unfällen dieser Art herrscht auf der *Enterprise* doch kein Mangel. Es dürfte doch sicher nicht schwierig sein, einen solchen zu inszenieren.

• Einmal liest *Nomad* Uhuras Geist und löscht ihre Erinnerungen. Da sie keinen Hirnschaden hat, nehmen McCoy und

ICH HEISSE NOMAD

Chapel ihre Schulung in Angriff. Dies führt zu einigen rührenden Szenen, aber auch zu einem Handlungsfehler: Wenn die *Enterprise*-Lernmaschinen so fortgeschritten sind, daß sie in *einer Woche* jemanden ausbilden können, auf einem Raumschiff Dienst zu tun, wozu braucht die Flotte dann noch eine Akademie? Was noch mehr überrascht: Die Lernmaschinen der *Enterprise* sind den vulkanischen überlegen: Letztere brauchten nämlich *drei Monate,* um Spock nach seinem Filmtod wieder auf Vordermann zu bringen.

• Um mehr über *Nomad* zu erfahren, greift Spock zur Bewußtseinsverschmelzung. Meiner Frau ist zu dieser Szene ein gutes Argument eingefallen: Bei allen anderen Vorkommnissen dieser Art teilten die Teilnehmer hundertprozentig die Gedanken des jeweils anderen. Warum erfährt *Nomad* bei dieser Gelegenheit also nicht die Wahrheit über Kirk?

Gerätekokolores

• In ›Gerätekokolores‹ zur Episode ›Landru und die Ewigkeit‹ erwähnte ich, eine Aussage Scotts deute an, er setze den Warp-Antrieb ein, um die Schirme zu stärken. Als Lieutenant Barclay dies in der *ST/DNJ*-Folge ›Die Reise ins Ungewisse‹ (THE NTH DEGREE) tat, fiel mir auf, daß alle erstaunt darüber waren. Diese Episode zeigt eindeutig, daß Scott den Antrieb zur Unterstützung der Schirme einsetzen kann: Als der zweite Energiestrahl auf das Schiff zukommt, meldet Sulu Verlust an Navigationsenergie, und Scott gibt sofort zurück, er habe Antriebsenergie in die Schirme umgeleitet.

• Als Vergeltung für den Angriff feuert Kirk einen Photonentorpedo auf Nomad ab. Da er keine Wirkung zeigt, fragt er sich laut, welche Entität soviel Energie absorbieren kann. Moment mal! Laut Spock hat jeder der Energieblitze Nomads die Stärke von neunzig Photonentorpedos. Die Schirme der *Enterprise* haben drei dieser Angriffe absorbiert. Dies ist das Äquivalent der Kraft von 270 Photonentorpedos, und da staunt Kirk, daß Nomad einen einzigen absorbieren kann?

ICH HEISSE NOMAD

- In dieser Episode verfügt der Transporterraum über eine Ortungsanlage.
- Woher stammt Nomads Fähigkeit, Planeten zu vernichten? Na schön, laut Spock ist Nomad einer äußerst starken Sonde begegnet, doch deren Aufgabe bestand darin, Bodenproben zu sammeln. Haben die Erbauer ihre Sonde wirklich mit der Fähigkeit versehen, ganze Welten auszulöschen? (Ist 'n bißchen zuviel Overkill, finden Sie nicht auch?)
- Auf dem Boden in der Mitte des Maschinenraums stehen fortan zwei große runde Metallbehälter. (Wahrscheinlich bewahrt man den Kaffee darin auf.)

Anschluß- und Produktionsprobleme

- Als Nomads erster Energieblitz die *Enterprise* trifft, fliegt die Brückenmannschaft quer durch die Kulisse. Einmal trottet Spock zum Arbeitsplatz des Navigators hinunter, als die Erschütterungen ihn in die Richtung zurückschleudern, aus der er gekommen ist. Als er die Richtung ändert, zeigt die Aufnahme den auf der Konsole hängenden Navigator. Bei der nächsten Aufnahme steht Kirk plötzlich hinter dem Navigatorsitz und hält sich daran fest. Uhura taucht in beiden Szenen hinter dem Sitz des Captains auf.
- Als Nomad erkennt, daß auch Kirk eine biologische Einheit ist, geht er ins Lazarett, um sich seine Akte anzusehen. Als die Sonde wieder hinausgeht, begegnet sie Kirk. Die Aufnahme, in der Nomad auf die Kamera zukommt, entstammt in Wahrheit einer früheren Szene dieser Episode, in der Nomad einen Turbolift verläßt.

Quiz-Antworten

1. *14A*
2. *Uhura singt es für Lieutenant Riley in ›Kodos, der Henker‹.*

EIN PARALLEL-UNIVERSUM
(Mirror, Mirror)

Sternzeit: Unbekannt

Zu Beginn der Episode verhandelt Kirk mit dem Vorsitzenden des halkanischen Rates über Dilithiumabbaurechte. Der Mann lehnt freundlich ab, da er fürchtet, man könne die Kristalle auch für kriegerische Zwecke einsetzen. Kirk bittet ihn, sich die Sache noch einmal zu überlegen, und beamt mit McCoy, Scott und Uhura ins Schiff. Gleichzeitig bricht ein Ionensturm los. Als sie auf dem Schiff ankommen, haben sich die *Entorpriso* und ihre Mannschaft verändert. Die Offiziere befördern sich, indem sie ihre Vorgesetzten ermorden. Man setzt ›Agonie-Simulatoren‹ ein, um Besatzungsmitglieder zu disziplinieren, und das allerschlimmste ist, die Föderation hat sich in ein Imperium verwandelt, das mit Terror regiert. Offenbar hat der Transporter die Landegruppe mit ihren Gegenstücken in einem Parallel-Universum vertauscht. Mit Hilfe der Schiffscomputer berechnet man die nötige Energie und Konfiguration, um nach Hause zurückzukehren.

> **Trekker-Quiz**
> 1. Wie viele Kolonisten hat der imperiale Kirk auf Vega IX abgeschlachtet?
> 2. Wie lange dauert es laut Aussage des imperialen Spock, bis das Imperium zusammenbricht?

Inzwischen wird Spock argwöhnisch über Kirks ungewohnt gütiges Verhalten, denn er weigert sich, den Befehlen der Flotte nachzukommen, laut denen die kooperationsunwilligen Halkaner auszuradieren sind. Spock leitet Ermittlungen ein und stößt auf die Wahrheit. Am Ende hilft er Kirk und den anderen, in ihr Universum zurückzukehren. Er möchte seinen

EIN PARALLEL-UNIVERSUM

skrupellosen Captain wiederhaben, denn ihre Beziehung hat sich als äußerst profitabel erwiesen. Kurz vor der Rückkehr fordert Kirk Spock auf, logisch darüber nachzudenken, ob es Sinn hat, einem Imperium zu dienen, das irgendwann zusammenbrechen muß. Spock verspricht es ihm.

Kernige Dialoge
»Captain Kirk, ich werde es in Erwägung ziehen.« – Der imperiale Spock zu Kirk, nachdem dieser ihn auffordert, das Imperium zu verändern. (Dies ist zudem ein Höhepunkt, der deutlich den Eindruck vermittelt, daß der imperiale Spock selbst die Veränderung im Imperium in Angriff nehmen wird.)

Handlungsschwächen
- Zu Anfang der Episode will Kirk den halkanischen Rat überzeugen, daß die Mission der Flotte friedlich ist. Nicht vergessen: Die Halkaner sind extreme Pazifisten. Ihr Anführer sorgt sich sogar darüber, daß die Flotte sich irgendwann ändern könnte und jemand durch die Verwendung der halkanischen Dilithiumkristalle sein Leben verlieren könne. Frage: Wie will Kirk diesem friedliebenden Völkchen das Gesetz 24 erklären? Dies ist die Anweisung, einen ganzen Planeten auszulöschen (siehe ›Krieg der Computer‹). Für die Halkaner könnte es nie Gründe geben, einen solchen Befehl auszuführen. Müßte nicht schon die Existenz derartiger Destruktivität ausreichen, um den halkanischen Rat zu einer Weigerung zu veranlassen?
- Nun kommt ein unvermeidlicher Handlungsfehler. In der Realität könnte dieses Szenarium niemals existieren. Es ist unmöglich, daß zwei so radikal unterschiedliche Universen längere Zeit synchron nebeneinander existieren. Es ist einfach nicht drin, daß zwei Versionen der *Enterprise* zur gleichen Zeit den gleichen Planeten umkreisen und die gleichen Verhandlungen führen. (Natürlich hat dies zu einer tollen Episode geführt, und Kirks Schlußwort, das Spock dazu bringen

EIN PARALLEL-UNIVERSUM

soll, den Irrationalismus des Imperiums zu überdenken, ist absolut wunderbar. Doch nun, wo dies gesagt ist, kehren wir wieder zur Patzersuche zurück.) Die Abfolge der Ereignisse in so radikal andersartigen Universen würde sich rasch spalten. Innerhalb dieser Episode tötet Marlena mehrere Besatzungsmitglieder mit einem Gerät, das sie Tantalusstrahler nennt. Sind die Männer auf unserer *Enterprise* etwa auch gestorben? Und was ist mit all den Episoden, die der momentanen vorausgegangen sind? Hätte das imperiale Flottenhauptquartier Kirk etwa den Prozeß gemacht, weil er Finney ›ermordet‹ hat, wie unser Flottenkommando in ›Kirk unter Anklage‹? Würde das imperiale Flottenkommando das Ereignis nicht einfach unter der Rubrik ›noch ein Mord‹ ablegen? Und was würde der imperiale Kirk bei seinem Prozeß tun? Würde er nicht einfach seinen nächsten Auftrag in Angriff nehmen? Noch ein Beispiel: Würde der imperiale Kirk mit Kodos in ›Kodos, der Henker‹ herumspielen oder ihn einfach umnieten? Die Abfolge der Ereignisse aufeinander aufbauender Episoden ist davon abhängig, wie Kirk sich verhält: Der imperiale Kirk verhält sich genau entgegengesetzt und erzeugt deswegen auch eine andere Abfolge der Ereignisse. Jeder Unterschied verschlimmert den nächsten und schiebt beide Universen immer weiter auseinander. Die Chancen, daß beide Kirks genau zur gleichen Zeit mit den Halkanern verhandeln, sind wirklich sehr gering. Außerdem ist es höchst unwahrscheinlich, daß die leitenden Offiziere die gleichen wären. Ja, Spock wirkt als Erster Offizier zufrieden, aber Sulu und Chekov nutzen sofort die Gelegenheit, Kirk umzubringen. Ist es nicht wahrscheinlich, daß sie es schon früher versucht haben? Und wenn ja, wann radiert der imperiale Kirk sie mit dem Tantalusstrahler aus?

• Bei der Logbucheintragung sagt Kirk fortwährend ›Sternzeit unbekannt‹. Warum ist sie unbekannt? Berechnet das Imperium die Zeit nach einem anderen System?

• Einmal nutzt Sulu die Gelegenheit, Kirk und Spock zusam-

EIN PARALLEL-UNIVERSUM

men zu töten. Lieutenant Marlena Moreau, die Geliebte des imperialen Kirk, die dem Captain helfen will, setzt den Tantalusstrahler ein, um Sulus Leute zu eliminieren. Seltsamerweise tötet sie aber nicht Sulu. (Ich nehme an, sie will Kirk erlauben, sich als Mann zu erweisen und den Lumpen persönlich zu erledigen.)

• Am Ende der Episode grüßt Spock Kirk und die anderen, als sie endlich nach Hause zurückkehren. Im Hintergrund stehen drei Bordwachen. Offenbar hat Spock die imperiale Gruppe auf deren *Enterprise* zurückgebeamt. Die Vorstellung, daß beide Transporte gleichzeitig stattfanden, läßt einem die Haare zu Berge stehen. Die imperiale Landegruppe befand sich im Knast. Unsere geliebte Landegruppe hat bis zur letzten Sekunde auf den Transport gewartet, bloß weil Kirk dem imperialen Spock eine Predigt über die unlogische Unterstützung des Imperiums halten wollte. Was hat unseren Spock davon abgehalten, den Computer dazu zu bringen, das Problem ebenso wie Kirk zu lösen und die imperiale Landegruppe dann sofort nach Hause zu beamen?

Gerätekokolores

• Nach dem Befehl zum Hochbeamen schließt Kirk den Kommunikator und läßt den Arm sinken. Doch als er auf der Transporterplattform erscheint, bevor er in das Paralleluniversum wechselt, ist sein Arm erhoben, als spräche er in einen Kommunikator.

• Das Innere der imperialen *Enterprise* ist mit Symbolen des Imperiums üppig geschmückt. Warum sieht ihr Äußeres dann so aus wie das, was wir lieben gelernt haben?

• Als Kirk und die anderen endlich zu Hause sind, taucht Uhura wieder mit ihrem Tricorder auf. Beim ersten Beamen haben sie mit ihren imperialen Gegenstücken Kleidung und Ausrüstung getauscht. Wahrscheinlich ist Uhuras Tricorder in den Händen ihrer imperialen Cousine gelandet. Da die imperiale Uhura ihn nicht hatte, als Spock sie in den Knast warf,

185

EIN PARALLEL-UNIVERSUM

muß ihn ihr auf der *Enterprise* jemand abgenommen haben. Aber wie kommt er dann am Ende der Episode wieder zu ihr zurück?

Anschluß- und Produktionsprobleme

• Als der imperiale Spock Kirk und den anderen im Lazarett gegenübersteht, kommt es zu einem Kampf. Offenbar konnten die Macher für Spock kein Stuntdouble mit glattem Haar auftreiben, denn jedesmal wenn er eine schwierige Aktion durchführt, hat er plötzlich Locken.

> **Quiz-Antworten**
>
> *1. Fünftausend*
> *2. 240 Jahre*

DIE STUNDE DER ERKENNTNIS

(THE APPLE)

Sternzeit: 3715.0-3715.6

Kirk beamt mit einer Landegruppe auf den Planeten Gamma Trianguli VI. Drei Besatzungsmitglieder sterben schnell in dem wunderschönen Paradies, und Scotty meldet, daß die *Enterprise* Energie verliert: In wenigen Stunden wird ein vom Planeten kommender Traktorstrahl sie in die Atmosphäre reißen. Die Einheimischen, die sich ›Vaals Ernährer‹ nennen, wissen keine Erklärung. Sie werden von einem Mann namens Akuta angeführt.

> **Trekker-Quiz**
>
> 1. Welchen Spitznamen erhält Kaplan, nachdem er vom Blitz getroffen wurde?
> 2. Wie hat Mallorys Vater Kirks Laufbahn unterstützt?

Kirk bittet darum, Vaal kennenzulernen. Messungen dieser Welt zeigen, daß der Gott der Einheimischen in Wirklichkeit eine mächtige und intelligente Maschine ist, die sie im Tausch gegen Nahrung beschützt.

Leider hat Vaal erkannt, daß die Mannschaft der *Enterprise* eine Gefahr für die Ordnung des Planeten darstellt. Da er das Schiff bereits angegriffen hat, befiehlt er Akuta, die Fremdlinge zu töten. Natürlich übertölpelt die Landegruppe die ungeschickten Ernährer schnell, und als Vaal das nächste Mal das Dinnerglöckchen ertönen läßt, tüftelt Kirk einen Plan aus: Er zwingt die Einheimischen zum Fernbleiben und weist die *Enterprise* an, Vaals Futterluke zu beschießen. Vaal bemüht sich, den Angriff abzuwehren, aber er schmort durch und stellt seine Funktion ein. Nun, da die *Enterprise* gerettet ist, kehren Kirk und die anderen, nachdem sie den Einheimi-

DIE STUNDE DER ERKENNTNIS

schen zu ihrer neuen Freiheit gratuliert haben, aufs Schiff zurück.

Handlungsschwächen
• Als Landon mit Chekov im Mondschein spazierengeht, äußert sie, der Planet müsse ohne Vaal ein Paradies sein. Aber auch ohne Vaals Zutun existieren dort explodierende Felsen und Pflanzen, die Giftpfeile abschießen.

Gerätekokolores
• An einer Stelle entdeckt Spock einen leichtgewichtigen Stein, der, wenn man gegen tritt oder ihn nur sanft wirft, mit großer Sprengkraft explodiert. Aus irgendeinem Grund haut Spock ihn mit der Hand in zwei Hälften, ohne daß er eine Reaktion zeigt. Müßte er aufgrund der ›Bewegung‹ nicht ebenfalls explodieren?
• Als Spock sich Vaal erstmals nähert, setzt er einen Tricorder ein, um Vaals Struktur zu analysieren. Dann murmelt er etwas von einem Kraftfeld, und Vaal wirft ihn auf den Hintern. Schließlich gibt Spock bekannt, das Kraftfeld erstrecke sich dreißig Fuß[44] weit in alle Richtungen. Wenn der Tricorder ihm sagen kann, daß das Feld sich so weit in alle Richtungen erstreckt, warum ist er dann überhaupt in es hineingelaufen? (Überhaupt ist dies nicht Spocks Glückstag: Er hat ein Bündel Giftpfeile abbekommen. Dann kriegt er Saures von dem Kraftfeld, und bald darauf wird er vom Blitz getroffen!)
• Bei dem Versuch, das Schiff aus Vaals Traktorstrahl zu befreien, fliegt Scott im Kommandosessel nach hinten. Dabei hebt der Sockel tatsächlich vom Boden ab. Müßten Raumschiffe nicht etwas robuster sein? Oder haben die Konstrukteure den Sockel absichtlich so gebaut, damit er wie ein Stoßdämpfer fungiert?

---
[44] ca. 10 m.

DIE STUNDE DER ERKENNTNIS

Anschluß- und Produktionsprobleme

• Die letzte Aufnahme, die die *Enterprise* beim Abflug zeigt, verwendet Bilder der ›beschnittenen Gondeln‹. Wenn man genau auf die Spitzen der Triebwerke achtet, sieht man, daß die *Enterprise* vollständig auf dem Bildschirm erscheint, bevor man die Gondeln vollständig sieht.

Quiz-Antworten

1. *Rösti. (Verzeihung. Nur ein kleiner Witz. Er ist so einfach, daß man nicht drumherum kommt.)*
2. *Er hat dem jungen James Kirk geholfen, von der Akademie angenommen zu werden.*

PLANETEN-KILLER
(THE DOOMSDAY MACHINE)

Sternzeit: 4202.9

Als die *Enterprise* der Spur einer Anzahl zerschmetterter Planeten folgt, stößt sie auf die schwer beschädigte USS *Constellation*. Kirk beamt mit einer Gruppe an Bord, findet aber nur Commodore Decker, den Kommandanten. Decker meldet, ein riesiges Schiff mit der Fähigkeit, Planeten in Scheiben zu schneiden, habe sein Schiff kampfunfähig gemacht. Er hat seine Mannschaft daraufhin auf den Planeten eines nahen Sonnensystems gebeamt. Leider hat das fremde Schiff dann auch diesen Planeten vernichtet. Nach-

> **Trekker-Quiz**
>
> 1. Wie lautet die Registriernummer der USS *Constellation?*
> 2. Wer hat auf der *Constellation* gemeldet, der vierte Planet des Systems L374 breche auseinander?

dem Kirk Decker und McCoy zur *Enterprise* zurückgeschickt hat, bereiten er und Scott die *Constellation* darauf vor, ins Schlepptau genommen zu werden. In diesem Augenblick kehrt der Planetenkiller zurück.

Decker übernimmt nun das Kommando über die *Enterprise* und ordnet einen Angriff an, doch dieser endet in einer Katastrophe. Obwohl Kirk noch an Bord der *Constellation* ist, befiehlt er Spock, das Kommando zu übernehmen. Der gedemütigte und um seine Mannschaft trauernde Decker stiehlt eine Raumfähre. Er steuert sie geradewegs in das Maul des Planetenkillers und läßt die Triebwerke der Fähre explodieren. Als Sulu während des Zwischenfalls einen leichten Energieabfall registriert, tüftelt Kirk einen Plan aus. Scott präpariert die Impulstriebwerke der *Constellation* für eine Überladung, und

PLANETEN-KILLER

Kirk steuert sie dem Planetenkiller entgegen. Im letzten Augenblick beamt die Mannschaft ihn zur *Enterprise* zurück. Dann vernichten die explodierenden Triebwerke den Planetenkiller von innen – und geben Deckers Opfergang so einen Sinn.

Handlungsschwächen

• Nach dem Auffinden der verlassenen *Constellation* schlägt Scott vor, er, Kirk und McCoy sollten in den Hilfskontrollraum gehen, um das Duplikat des Logbuches einzusehen. Die nächste Szene zeigt Kirk, als er beinahe an einem Raum vorbeigeht. Er bemerkt Decker, hält an und betritt den Raum, der verdächtig nach einem Hilfskontrollraum aussieht. Scott bekommt kurz nach seinem Eintreffen Zugang zum Logbuch. Wenn dies der Hilfskontrollraum ist, warum wäre Kirk dann beinahe an ihm vorbeigegangen?

• McCoys Unvermögen, Decker als für ein Kommando nicht tauglich einzustufen, kommt in dieser Episode etwas zu günstig: Spock merkt an, er müsse, um dies zu tun, eine gewaltige Testreihe absolvieren. In ›Kirk unter Anklage‹ heißt es, McCoy sei Spezialist für Weltraumpsychologie. Ich bin zwar kein Spezialist, aber Decker ist eindeutig ein nervliches Wrack, steht unter Schock und verhält sich irrational. Ist es wirklich sinnvoll, daß die Flotte es für nötig hält, während einer Krise eine vollständige Untersuchung vorzuschreiben, um einen Kommandanten seiner Pflichten zu entheben? Sollte die visuelle Diagnose durch einen ausgebildeten Mediziner, speziell durch einen studierten Psychologen, nicht ausreichen?

• Decker gibt in der Episode keine tolle Figur ab. Es klingt, als hätte er gewußt, daß der Killer die Planeten des Systems auffrißt, aber trotzdem hat er seine Leute auf den nächsten Planeten gebeamt, der in der Vernichtungsreihe steht. Auch vor dem ersten Angriff auf die *Enterprise* macht Decker sich nicht die Mühe, Spock irgendwelche Informationen bezüglich des waffentechnischen Aktionsradius des Planetenkillers zu

PLANETEN-KILLER

geben. Deswegen ist der Vulkanier nicht auf den Angriff der Maschine vorbereitet.

• Es ist wirklich verblüffend, daß die Erbauer des Planetenkillers sich die Mühe gemacht haben, ihn mit einer ›Neutronium‹-Hülle zu versehen, ohne je auf die Idee zu kommen, jemand könne versuchen, eine Bombe direkt ins Maul ihrer Schöpfung zu jagen. Der Planetenkiller verfügt über starke Schneidewerkzeuge. Ist es da nicht wahrscheinlich, daß er sie dazu verwenden könnte, jede mögliche Bedrohung zu zerlegen, bevor er sie verschluckt?

Gerätekokolores

• Die Produktionsleitung hat eine Menge Geld gespart, als sie McCoy und Decker auf die *Enterprise* zurückbrachte. Bevor die beiden von Bord beamen, verlassen sie den Raum. Warum nehmen sie nicht einfach die gleiche Stellung ein wie später Kirk und die anderen? Antwort: Wenn sie den Raum verlassen, braucht die Trickabteilung keine Entmaterialisierungsszene aufzunehmen.

• Nachdem Spock Decker seines Kommandos enthoben hat, hüpft Decker in eine Fähre. Als langsam das Hangartor aufgeht, leuchtet bei Sulu ein Lämpchen auf, und er meldet Spock, daß sich das Hangartor öffnet. Spock weist ihn natürlich an, es zu schließen. Sulu erwidert, er könne es nicht, es sei zu spät. Niemand erwähnt, daß Decker die Torsteuerung eventuell manipuliert hat. Anscheinend ist er an Bord der Fähre gegangen, hat die Fernbedienung eingesetzt und das Tor geöffnet. Müßten die Torsensoren ihre Bewegung in diesem Augenblick nicht sofort melden? Das Tor sieht nämlich nicht so aus, als öffne es sich blitzartig. Wieso ist keine Zeit, es anzuhalten?

Anschluß- und Produktionsprobleme

• Anscheinend war es für die Macher problematisch, die Aufnahmen der Fähre und den Planetenkillers zu mischen. Die

192

PLANETEN-KILLER

Perspektiven sind ganz schön daneben. Früher in dieser Folge zeigt eine Aufnahme, in der man die *Enterprise* und der Planetenkiller zusammen sieht, die relative Größe beider Körper. Als in der gleichen Aufnahme die Fähre zu sehen ist, ist sie viel größer, als sie sein dürfte. Sie wirkt so groß wie die Antriebssektion der *Enterprise!* (Es könnte natürlich auch sein, daß sie gar nicht zu sehen gewesen wäre, hätte man die Verhältnisse richtig aufeinander abgestimmt.)

Quiz-Antworten

1. *NCC 1017*
2. *Wissenschaftsoffizier Masada*

• Als Scott Kirk von dem Zeitzünder berichtet, den er für die *Constellation* gebastelt hat, spricht er plötzlich ohne schottischen Akzent.[45] Man achte auf den Satz »... und dreißig Sekunden später ... Puff!«

---

[45] Ach, wirklich?

KIRKS ZEHN HAUPTGRÜNDE, DIE ERSTE DIREKTIVE ZU VERLETZEN

Laut der Ersten Direktive dürfen Kirk & Co. sich nicht in die normale gesellschaftliche Entwicklung eines Planeten einmischen. Wissen die Bewohner eines Planeten nichts von der Existenz außerplanetaren Lebens, dürfen Angehörige der Flotte weder ihre Herkunft verraten noch irgendwelche Gerätschaften einsetzen, die den Einheimischen verraten, daß sie aus einer anderen Welt stammen.

Und nun, zu Ihrem Vergnügen, Kirks zehn Hauptgründe, sich über die Erste Direktive hinwegzusetzen:

10. Die dämliche Maschine, die den Planeten regiert, hat verboten, daß die Menschen sich befummeln und miteinander knutschen. (›Die Stunde der Erkenntnis‹)

9. Es war der Anfang einer neuen Schicht für mich, und ich wollte, daß sie bombig losgeht.

8. Die dämliche Maschine, die den Planeten regiert, wußte nicht, wie man eine ordentliche Party organisiert. (›Landru und die Ewigkeit‹)

7. Frauen auf Hinterwäldlerplaneten sind immer schwer beeindruckt, wenn man vor ihnen materialisiert.

6. Die Einheimischen haben eine Bande dämlicher Computer eingesetzt, weil sie zu feige waren, sich selbst aufs Maul zu hauen. (›Krieg der Computer‹)

5. Die Schreibtischhocker von Starfleet Command sollten auch mal etwas zu tun haben.

KIRKS ZEHN HAUPTGRÜNDE, DIE ERSTE DIREKTIVE ZU VERLETZEN

4. Ich wollte schon immer mal einen Planeten erobern (›Epigonen‹)

3. McCoys Blutdruck war auf 170/100 gesunken.

2. Spock hebt dann immer so hübsch eine Augenbraue.

Kirks Hauptgrund, um die Erste Direktive zu verletzen: An diesem Tag fiel mir auf, daß mein Haar schütter wurde.

DAS SPUKSCHLOSS
IM WELTALL

(CATSPAW)

Sternzeit: 3018.2

Während einer Mission auf Pyris VII stoßen Kirk, Spock und McCoy in einer gespenstischen Gegend auf Nebel, Hexen und eine alte Burg. In der Empfangshalle der Burg begegnen sie einem Zauberer namens Korob und dessen Gefährtin Sylvia. Bei einem Gespräch werden mehrere Tatsachen klar: Korob und Sylvia sind keine einheimischen Bewohner des Planeten, aber sie sind sehr daran interessiert, etwas über die Wissenschaft der Menschen zu erfahren. Anscheinend

> **Trekker-Quiz**
>
> 1. Wie heißt der Offizier, der am Anfang dieser Episode stirbt?
> 2. Welche beiden Gegenstände braucht Korobs Volk von der Menschheit?

planen sie irgendeine Invasion. Eine einfache Demonstration überzeugt Kirk von ihren Kräften: Sylvia hält kurz ein Modell der *Enterprise* über eine brennende Kerze – sofort meldet die Mannschaft an Bord eine ungeheure Hitze.

Als Kirk später mit Sylvia allein ist, nimmt er an, daß man sie mit Gefühlen foppen kann. Er streichelt sie und erfährt bald, daß ihre und Korobs Fähigkeiten von einem sogenannten ›Transmuter‹[46] abhängig sind. Als Sylvia klar wird, daß Kirk sie nur benutzt, zeigt sie sich plötzlich verschnupft. Der aufgrund ihrer Wut ängstliche Korob will Kirk und den anderen bei der Flucht helfen, aber Sylvia greift auch ihn an. Der hilflose Korob gibt Kirk seinen Zauberstab. Als Kirk erkennt,

---

[46] Der Transmuter mutiert in der deutschen Fassung zu einem ›Transmutor‹.

DAS SPUKSCHLOSS IM WELTALL

daß dies der Transmutator ist, zerbricht er ihn. Im gleichen Augenblick wird alles wieder normal, auch Korob und Sylvia: Sie nehmen ihre ursprüngliche Form wieder an. Da sie ohne das Gerät nicht überleben können, lösen sich die beiden kleinen gefiederten Geschöpfe auf.

Kernige Dialoge
»Sehr schlechte Dichtung, Captain.« – Spock, als er auf Kirks Bitte reagiert, einen Kommentar über die drei Hexen abzugeben, die einen Fluch aussprechen.

Höhepunkte
Der tote Offizier bei der Ankunft im Transporterraum vollführt einen wunderschönen Sturz von der Plattform.

Bei der zweiten Einkerkerung Kirks und Spocks im Gewölbe baut Shatner eine lustige kleine Nuance in seine Darstellung ein: Als er spricht, mustert er das Skelett, das neben ihm an der Wand hängt, und legt den Kopf schief, um dessen Haltung nachzuahmen. Dann spricht er weiter, als sei nichts geschehen.

Handlungsschwächen
- Gleich nach der Ankunft auf dem Planeten meldet Spock die Ortung einer Lebensform in einer bestimmten Richtung und einer Entfernung von 137,16 Metern. Augenblicke später deutet er in eine andere Richtung und spricht von einer Entfernung von »etwas mehr als 100 Metern«. *Etwas mehr?* Wo sind die beiden Dezimalstellen geblieben?
- Nachdem es Korob mißlungen ist, Kirk, Spock und McCoy mit diversem Geschleime irgendwelche Informationen zu entlocken, schickt Sylvia die drei ins Gewölbe zurück. Scott und Sulu, die unter ihrem Einfluß stehen, agieren als Eskorte. Scott hat einen Phaser, Sulu trägt den Schlüsselbund. Scott marschiert mit Kirk und Spock durch den Raum dorthin, wo McCoy steht, und *geht weiter*. McCoy, der wohl zu spät schal-

tet, schließt sich ihnen gehorsam an – doch in diesem Moment ruft Sylvia ihn zurück, um ihn zu verhören.

Grundlagenveränderungen
• DeSalle kommt wirklich weit herum. In ›Falsche Paradiese‹ war er Biologe und trug ein Goldhemd. In dieser Episode trägt er ein rotes Hemd und ist Assistent des Chefingenieurs.

Anschluß- und Produktionsprobleme
• Der arme Chekov hat wirklich allerhand auszubaden. Na schön, sein Toupet ist nur selten richtig befestigt, aber in dieser Folge sieht es aus, als hätte man ihm einen Mop aufgesetzt.

• Das Hexentrio, das zu Beginn der Episode das alberne Gedicht aufsagt, trägt offenbar Rollkragenpullover. Ich nehme an, die Macher wollten sie wie körperlose Köpfe aussehen lassen, aber zuviel Licht verhindert diesen Effekt.

• Als Korob seinen Zauberstab schwenkt – was die Kerzen anzündet und Essen auf den Tisch bringt –, zeigt eine Großaufnahme, daß die Kerzen wieder aus sind und das große Mittelstück des Tisches weg ist.

• Nach der Einlage mit dem *Enterprise*-Modell entspannt sich Korob und redet über seine und Sylvias Macht. Sylvia faucht ihn gleich darauf an; eine Großaufnahme zeigt seine Reaktion. Der Tisch und die vor ihm stehenden Stühle stehen plötzlich hinter ihm! (Wie verlautet hat man hier einen Ausschnitt aus einer späteren Szene eingefügt.)

• (Ich bin mir des nächsten Patzers zwar nicht ganz sicher, aber er wirkt so real, daß ich glaube, man sollte ihn erwähnen.) Als Kirk zum Verhör erscheint, steht Sylvia auf und geht vorwärts. Es sieht so aus, als verhake sich ihr Negligé am Sessel. Als es sich spannt, bleibt sie stehen und greift nonchalant mit der rechten Hand nach hinten, damit es so aussieht, als hielte sie sich an der Lehne fest. Wenn man genau hinschaut, sieht man jedoch, daß sie es nicht tut. (Die einzige Erklärung,

DAS SPUKSCHLOSS IM WELTALL

die mir dazu einfällt: Sie hängt fest. Als gute Schauspielerin hat sie das Problem einfach überspielt.)

• Gegen Ende der Episode will Korob Kirk und Spock vor Sylvia beschützen. In ihrer Großkatzen-Inkarnation drückt sie die Tür des Gewölbes ein und wirft diese auf Korob. Als die Tür umkippt, sackt Korob nach vorn. Als er landet, ragt er seitlich unter der Tür hervor. Die Aufnahme wechselt, und plötzlich ragt Korobs Kopf unter dem Oberteil der Tür hervor.

• Normalerweise gebe ich zur Konstruktion von Außerirdischen keinen Kommentar ab. Schließlich ist die Serie fast dreißig Jahre alt, und heute gibt es einfach bessere Verfahren. Die wahre Gestalt von Korob und Sylvia hätte freilich bessere Arbeit verdient. Die Marionetten werden von deutlich sichtbaren schwarzen Fäden bewegt. (Trotzdem sind die gefiederten Geschöpfe recht interessant.)

Quiz-Antworten

1. Jackson
2. Träume und Ehrgeiz

DER DRESSIERTE HERRSCHER

(I, MUDD)

Sternzeit: 4513.3

Die von einem Androiden namens Norman entführte *Enterprise* geht in die Kreisbahn eines nicht kartographierten Planeten. In den Kavernen unter der Oberfläche begegnet Kirk seinem alten Widersacher Harry Mudd (siehe ›Die Frauen des Mr. Mudd‹). Mudd behauptet, Herrscher dieser Welt zu sein. Er erklärt, die Behörden hätten sein gestohlenes Raumschiff nach einem Ausbruch aus dem Gefängnis beschädigt. Er sei im Raum umhergetrieben und auf diesen Planeten gestoßen, auf dem 200 000 Androiden leben, die sich danach sehnen, jemandem zu dienen. Auf seine Bitte hin haben sie mehrere Serien reizender junger Damen gebaut – zu seiner Unterhaltung. Doch

> ### Trekker-Quiz
> 1. Wen schlägt Norman im Maschinenraum k.o.?
> 2. Wer zerschmettert Kirks Kommunikator?

nun ist er ihrer überdrüssig geworden, und da die Androiden gern andere Menschen studieren möchten, habe er ihnen vorgeschlagen, ein Raumschiff zu entführen.

Die Androiden holen die Mannschaft von der *Enterprise* und dienen ihr. Viele Dinge an diesem Ort sind ziemlich verlockend: Scott ist sehr beeindruckt vom Ingenieurslabor. McCoy kann nicht glauben, wie toll die medizinische Forschungsausrüstung ist. Als die Androiden bekanntgeben, daß sie vorhaben, alle Humanoiden in der Galaxis zu kontrollieren, überzeugt Kirk endlich die anderen, daß es Zeit zum Handeln ist. Man überwältigt den überlegenen Gegner, indem man sich völlig unlogisch verhält. Außer Harry Mudd werden alle befreit. Als Strafe läßt Kirk ihn zurück und trägt den An-

DER DRESSIERTE HERRSCHER

droiden auf, fünfhundert Duplikate von Mudds xanthippenhafter Ex-Gattin anzufertigen.

Anmerkungen
Eine vergnügliche Episode, besonders vom Standpunkt des Beckmessers aus gesehen: Die Macher haben an den Namensschildchen der Alice-Androiden tolle Arbeit geleistet. Ich habe keinen einzigen Fehler gefunden. Alle Großaufnahmen passen zu den Totalen. Bombig!

Außerdem überrascht es mich, daß Data diesen Planeten nicht besucht hat. Er hätte mit den Androiden technisches Wissen austauschen können.

Handlungsschwächen
- Wie ist Norman überhaupt auf die *Enterprise* gelangt? Ja, es besteht die Möglichkeit, daß er die Identität eines anderen angenommen und dessen Unterlagen manipuliert hat, um ihm zu entsprechen, aber die Folge erwähnt mit keinem Wort, wie ihm dies gelungen ist.[47]
- Im Verlauf des Abenteuers entdeckt die Mannschaft, daß Norman eine Art Chef-Androide ist und die Handlungen der anderen bestimmt. Wenn er die anderen Androiden lenkt, was haben diese während seiner Abwesenheit getan, als er die *Enterprise* entführte?

Gerätekokolores
- Am Eingang des Hilfskontrollraums fehlt das Türschild. Das rote ›Kein Zutritt‹-Schild hat zwar einen deutlichen Platz an der Doppeltür, aber die tatsächliche Identifikation des Raumes ist nirgendwo zu sehen.
- In dieser Episode drückt Kirk, wenn er kommuniziert, meist

---

[47] Geradezu unglaublich hingegen ist, daß niemand Norman an seinen eckigen Bewegungen und seiner deutlich mechanischen Sprechweise als künstliches Lebewesen erkennt!

DER DRESSIERTE HERRSCHER

den obersten Knopf auf der rechten Sitzlehne. In anderen Folgen nimmt er, wie auch alle anderen an Bord, den untersten.

• Norman hat offenbar einige Einstellungen am Warp-Antrieb des Schiffes verändert. In ›Ganz neue Dimensionen‹ sagt Spock, ein allzu langer Flug mit Warp 7 könne sich gefährlich auswirken, doch in dieser Folge fliegt die *Enterprise* vier Tage mit dieser Geschwindigkeit.

• Kurz nachdem Norman den Ursprung der Androiden erklärt, laden zwei Exemplare der Alice-Serie Kirk & Co. ein, sich die Einrichtungen des Planeten anzusehen. Sie sprechen den letzten Satz bis auf ein Wort einstimmig. Eine Alice sagt: »You are free, to *visit* them«; die andere sagt: »You are free, to *use* them.«[48]

• In der gesamten Folge läßt der Regisseur die weiblichen Androiden ›Bein zeigen‹. (Falls dieser Terminus Ihnen nicht vertraut ist, hier eine kurze Erklärung: In der Kolonialzeit trugen Herren, die etwas auf sich hielten, kniehohe Beinkleider, um mit ihren Wadenmuskeln zu protzen. Standen sie auf einem Fest herum, hoben sie einen Absatz an, um den Unterschenkel zu spannen und ihm eine bessere Form zu verleihen. Angeblich fielen die Frauen beim Anblick formschöner Unterschenkelmuskeln in Ohnmacht. Weniger gut ausgestattete Herren konnten sogar Attrappen kaufen. Das Spannen des Beins wurde ›Bein zeigen‹ genannt.) Aus irgendeinem Grund vergessen Alice 2 und 118 dies, als Kirk sie in den Hauptraum ruft, um sich die Vorstellung anzusehen, die McCoy, Scott, Uhura und Chekov geben. Sie stehen während der ganzen Zeit steifbeinig da. Als sich dann ihr ›Instinkt‹ meldet und sich der Aufnahmewinkel ändert, zeigen beide auf der Stelle Bein. Offenbar funktionieren ihre ›Sehen-wir-nun-gut-aus-oder-nicht?‹-Sensoren auch dann, wenn sie sich ihrer selbst nicht bewußt sind.

---

[48] Dieser schöne Patzer ist leider nur in der US-Fassung enthalten. In der deutschen Fassung sagen die Damen unisono: »Wir freuen uns jederzeit auf Ihren Besuch.«

DER DRESSIERTE HERRSCHER

• Nachdem Alice 3 und 11 zuviel verhaltensmäßigen Unfug gesehen haben, schmieren sie ab. Interessanterweise gehen die Lichter ihrer Namensschildchen nicht aus, wie bei den anderen Androiden, die ihren Geist aufgeben.

Anschluß- und Produktionsprobleme
• Das Kleid, das Harry Mudds Ex-Gattin trägt, ähnelt dem, das Martha Leighton in ›Kodos, der Henker‹ trägt.
• Der Planet, den die *Enterprise* am Ende dieser Episode umkreist, sieht eindeutig nach Alpha 177 aus.
• Und letztlich: Bestimmt wissen Sie, daß die Androiden der Alice-Serie von eineiigen Zwillingen gespielt werden. In einem Anfall von Schlauheit hat man eine der jungen Damen in den Credits als ›Alice #1-250‹ und die andere als ›Alice #251-500‹ aufgeführt. Gut und schön, aber in einer Szene am Ende stehen Alice 3 und Alice 11 nebeneinander. (Ich weiß schon: Das ist übertrieben genau.)

> **Quiz-Antworten**
>
> *1. Fähnrich Jordan*
> *2. Alice 99*

METAMORPHOSE
(METAMORPHOSIS)

Sternzeit: 3219.8-3220.3

Kirk, Spock und McCoy bringen Commissioner Nancy Hedford mit der Raumfähre *Galileo* zur *Enterprise.* Sie leidet an einer selten und tödlichen Krankheit. Plötzlich taucht eine Energiewolke auf, packt die Fähre und landet sie auf einem Planetoiden.

Die vier stoßen überraschend auf den hier lebenden Zephram Cochrane, den Erfinder des Warp-Antriebs. Vor über 150 Jahren ist er mit einem Schiff ins All gestartet, um zu sterben. Als er an dem Planetoiden vorbeikam, hat

> ### Trekker-Quiz
> 1. Welcher kriegführende Planet benötigt Hedfords Vermittlerdienste?
> 2. Wo befindet sich der Planet des Companion?

ihn die Energiewolke – ein Lebewesen, das er Companion [Gefährte] nennt – herabgezogen. Irgendwie hat das Wesen ihn wieder jung gemacht und in all den Jahren für ihn gesorgt. Als Kirk Cochrane und den Companion zusammen sieht, vermutet er bald, daß der Mann der Energiewolke nicht gleichgültig ist.

Cochrane erklärt die Gründe für die Entführung der Fähre: Er hat dem Companion berichtet, er sei im Begriff, an der Einsamkeit zugrunde zu gehen. Deswegen hat der Companion Freunde für ihn geholt. Kirk macht den Versuch, mit dem Wesen zu reden. Er meint, es könne Cochrane erst dann wirklich lieben, wenn es menschlich sei. Kurz darauf taucht Hedford auf. Sie ist völlig genesen. Der Companion ist mit ihr verschmolzen. Er hat der Unsterblichkeit entsagt, um die wahre Liebe kennenzulernen. Als Hedford sagt, alle könnten

METAMORPHOSE

gehen, bleibt Cochrane bei ihr. Er möchte mit derjenigen, die so viel für ihn geopfert hat, alt werden.

Höhepunkte
Am Ende der Episode, nachdem der Companion sich mit Hedford vereint hat, gibt es einen entzückenden Augenblick: Der Companion bzw. Hedford lehnt an einem Baum, hört Cochrane zu und beobachtet ihn durch einen erhobenen Schal. Das hauchdünne Gewebe des Tuchs entspricht in etwa dem Muster, daß der Companion als Energiewolke zur Schau stellte. Für einen Augenblick sieht der Companion/Hedford Cochrane so, wie er/sie ihn in den vergangenen 150 Jahren gesehen hat.

Handlungsschwächen
• In dem zärtlichen Augenblick kurz nachdem der Companion und Hedford verschmelzen, schaut Cochrane Kirk an, um die Erlaubnis zu einem Spaziergang zu erhalten. Kirk nickt und sagt: »Gehen Sie schon, Goggrän.«[49] Goggrän? Wer ist Goggrän? Der Mann heißt Zephram Cochrane [sprich: Kockrän], und Kirk hat ihn während der gesamten Episode so genannt. Es hört sich an, als habe sich der Mund unseres wackeren Captains in den Konsonanten ›G‹ verbissen.

• Da Cochrane mit dem Companion/Hedford auf dem Planeten bleiben möchte, bittet er Kirk, seine Existenz nirgendwo zu erwähnen. Aber was ist mit Hedford? Sie ist Commissioner. Soll McCoy etwa einen Totenschein fälschen, um unbequemen Fragen aus dem Weg zu gehen?

Gerätekokolores
• Das Kopfteil des Universal-Translators, den Kirk verwendet, um sich mit dem Companion zu verständigen, sieht dem Übersetzungs-/Aufzeichnungs-/Schießgerät sehr ähnlich, das

---

49 Dies hat die Synchronisation natürlich ausgebügelt.

METAMORPHOSE

die Metronen Kirk in ›Ganz neue Dimensionen‹ gegeben haben.

• Nachdem der Companion mit Hedford verschmolzen ist, behauptet er, die Fähre werde funktionieren wie zuvor. Soweit ich mich erinnere, war das anfängliche Fährenproblem das Energiedämpferfeld, aber nach dem Angriff des Companion auf Spock hat er die ganze Elektronik am Heck der Fähre kurzgeschlossen. Hat er dies auch repariert?

Anschluß- und Produktionsprobleme

• Nachdem Kirk dem Companion die Liebe verdeutlicht hat, zeigt eine Halbtotale Cochrane in einiger Entfernung. Dann folgt eine Großaufnahme von Kirk. Die nächste Einstellung zeigt Kirk, Spock und McCoy. Dann fährt die Kamera zurück und schließt Cochrane mit ein, der so wirkt, als stünde er schon eine geraume Weile dort. Bei der letzten Aufnahme stand er aber *weit* draußen in der Gegend herum. (Klar, er hatte Zeit, um zu Kirk & Co. hinüberzulaufen und eine nonchalante stehende Position einzunehmen. Es wirkt nur komisch.)

Quiz-Antworten

1. *Epsilon Canaris III*
2. *In der Region Gamma Canaris*

REISE NACH BABEL

(JOURNEY TO BABEL)

Sternzeit: 3842.3-3843.4

Die *Enterprise* befördert 100 Delegierte der Föderation, darunter auch Spocks Vater Sarek, zu einer Konferenz; dort soll über den Föderationsbeitritt der dilithiumreichen Welt Coridan beraten werden. Beunruhigenderweise melden die Sensoren ein sehr kleines Schiff, daß der *Enterprise* in großer Entfernung folgt. Dann wird ein Delegierter tot aufgefunden, und der Verdacht fällt auf Sarek. Die Mordmethode deutet auf einen Vulkanier hin. Die darauf folgenden medizinischen Untersuchungen ergeben jedoch, daß Sarek an einer Herzkrankheit leidet und daher unfähig war, den Mord zu begehen. Der Mörder nimmt sich als nächsten Kirk vor. Als der Captain ernsthaft verletzt wird, übernimmt Spock das Kommando und wirft den Mörder in den Knast.

> ### Trekker-Quiz
>
> 1. Wie viele Gesandte befinden sich an Bord der Enterprise?
> 2. Welche Blutgruppe hat Sarek?

Als Sareks Zustand sich verschlimmert, entschließt sich McCoy zu einer Operation. Leider verweigert Spock angesichts der anhaltenden Krise die Niederlegung des Kommandos. Kurz darauf taucht Kirk auf der Brücke auf und befiehlt ihm, sich bei McCoy zu melden. Der Captain will in sein Quartier zurückkehren, sobald Spock die Brücke verlassen hat. Doch bevor er gehen kann, greift ein fremdes Schiff an. Es ist zwar schneller und leichter manövrierbar als die *Enterprise,* doch Kirk kann es zerstören. Auch McCoy ist erfolgreich; er rettet Sareks Leben. Spätere Ermittlungen ergeben, daß der Mörder und das Raumschiff vom Orion stammen.

REISE NACH BABEL

Dort wollte man offenbar einen interstellaren Krieg provozieren, um illegale Abbauunternehmen auf Coridan zu verschleiern.

Anmerkungen

Vielleicht bilde ich es mir nur ein, aber Spock wirkt in dieser Folge plötzlich härter und vulkanischer. Wenn Leonard Nimoy seine Rolle bewußt so angelegt hat, ist es tatsächlich eine nette Einlage. Sein Vater ist an Bord. Natürlich würde er sein Verhalten ändern, vielleicht insgeheim danach streben, daß sein Vater ihm die Anerkennung entgegenbringt, die er ihm viele Jahre vorenthalten hat.

Handlungsschwächen

• Den Kampf zwischen Kirk und dem Mörder muß man sich näher ansehen. Wann hat man Deck 5 (abgesehen natürlich von ›Fast unsterblich‹) je völlig menschenleer gesehen? Doch günstigerweise ist diesmal niemand da, der Kirk bei der Abwehr des Angreifers beistehen kann. Kirk macht einen kurzen Satz und fällt zu Boden. Ich habe den strategischen Vorteil dieser Handlung nie verstanden. Warum sollte man mitten in einem Kampf zu Boden fallen? Außerdem landet Kirks Hintern so in gefährlicher Nähe des Mörderdolches. Dies ist nicht gut. Der Angreifer könnte das Messer einfach hochreißen. Dann, als unserer wackerer Captain darum ringt, sich von seinem Sturz zu erholen, dreht er dem Angreifer den Rücken zu! Natürlich sticht der Schurke auf ihn ein, wonach Kirk ihn über seine Schulter wirft. Als der Captain wieder auf die Beine kommt, braucht der Angreifer einen Augenblick, um *seine Kleidung zu richten,* damit Kirk Luft holen kann. Schließlich ist er der Meinung, Kirk sei ihm nahe genug, und er greift mit der linken Hand nach dem Messer. Kirk tritt den Burschen, und plötzlich ist es in seiner *rechten* Hand.

• Als Uhura entdeckt, daß der Mörder in der Arrestzelle eine geheime Funkbotschaft erhält, drückt Kirk auf den Kommmu-

REISE NACH BABEL

nikationsknopf und sagt: »Wache auf die Brücke.« Müßte die
Wache nicht längst vor der Zelle stationiert sein?

Gerätekokolores

• Zu Beginn der Episode muß Kirk seine Ausgehuniform in
Ordnung bringen. Um sich besser zu sehen, geht er vor dem
Spiegel in die Hocke. Ist das etwa logisch? Es ist doch *sein*
Spiegel. Warum hängt er ihn nicht tiefer, damit er sein Gesicht
einwandfrei sehen kann?

• McCoy hat offenbar einen Tantalusstrahler in der Lazarett-
wand installiert! Das berüchtigte Gerät aus ›Ein Parallel-Universum‹ kann sich auf Lebewesen konzentrieren und sie des-
integrieren. Was kann der Onkel Doktor wohl mit einem solchen Maschinchen anfangen? (Ist es billiger als Versiche-
rungsbetrug?)

• Einmal kommt Amanda[50] ins Quartier ihres Sohnes Spock,
um ein gutes Wort für ihren Gatten einzulegen. Sie möchte,
daß Spock das Kommando über die *Enterprise* abgibt und
Blut für Sareks Operation spendet. Spock weigert sich.
Amanda stürmt hinaus. Spocks Tür öffnet und schließt sich
vor bzw. hinter ihr. Als Spock sich der Tür nähert, bleibt sie
zu. Von ihrem Verhalten verblüfft, streckt Spock den Arm aus,
um sie zu berühren, weil er mittels Bewußtseinsverschmelzung den Grund für ihr Verhalten in Erfahrung bringen will.
(Ist nur 'n Witz! Spock streckt den Arm aus und berührt die
Tür, die aber trotzdem geschlossen bleibt.)

• Aus irgendeinem Grund erzeugt die im Lazarett auf Sareks
Brust liegende Gerätschaft von Zeit zu Zeit Rauch. Es sieht
fast so aus, als hätte sich dahinter jemand eine Zigarette an-
gesteckt.

• Als bei Sareks Operation der Strom ausfällt, weist McCoy
Chapel an, »den alten tragbaren Stimulator« zu holen. Chapel

---

50 Mrs. Amanda Spock hört in der deutschen Fassung eigenartigerweise
    auf den Namen *Emily*.

REISE NACH BABEL

eilt um Sareks Bett herum, geht ein paar Schritte zu einem in der Nähe stehenden Karren und nimmt ihn an sich. Es erstaunt mich, daß das ›alte‹ Ding so leicht zu finden ist.

• Kurz bevor Kirk zum letzten Mal auf das angreifende Schiff feuert, gibt Chekov dessen Entfernung mit 75 000 km an. Nach dem Beschuß dauert es mehr als fünf Sekunden, bis die Phaser ihr Ziel erreichen. Das Licht legt ca. 300 000 km pro Sekunde zurück. Also müssen die Phaser wohl mit Unterlicht feuern. In dieser Episode will Kirk aber ein Schiff mit Phasern treffen, das sich mit warp-8 bewegt. Unmöglich. Selbst wenn man aus nächster Nähe feuert, könnte das Schiff ausweichen, bevor die Phaserenergie es erreicht. Man kann nur hoffen, daß der Captain des anderen Schiffes so dumm ist, durch den Strahl zu fliegen! Dies führt zu einer anderen Frage: Wenn Phaserstrahlen sich mit Unterlichtgeschwindigkeit bewegen, würde es einem schlecht ergehen, wenn man mit Warp-Antrieb fliegt und feuert, denn man geriete in den eigenen Strahl, sobald das Schiff das umgebende Warp-Feld verläßt und in den Normalraum eintritt.

Anschluß- und Produktionsprobleme

• Da die Serie vor fast drei Jahrzehnten entstand, lasse ich mich normalerweise nicht groß über die Masken Außerirdischer aus, aber bei den Schweinemasken der Tellariten[51] hätte man sicher etwas mehr Sorgfalt walten lassen können.

• Als Sarek den Empfangsraum betritt, um eine Tablette einzunehmen, sitzt ein Tellarit mit einem Glas in der linken Hand an der Wand. Dann zeigt eine Großaufnahme das Glas in seiner Rechten. Als die Szene wieder zu Sarek wechselt, hat es wieder in die Linke gewechselt.

---

[51] In der deutschen Fassung heißen die Tellariten merkwürdigerweise *Telluriten*.

REISE NACH BABEL

• Gleich nachdem Amanda [Emily] Spock bittet, ihr nicht zu sagen, wie schlecht die Chancen stehen, genügend vulkanisches Blut für Sareks Operation aufzutreiben, wird die vorbeifliegende *Enterprise* von außen gezeigt. Wenn man genau auf die Vorderseite der Untertassensektion schaut, sieht man, daß die Sterne durchscheinen.

> **Quiz-Antworten**
>
> 1. 32
> 2. T-negativ

IM NAMEN DES JUNGEN TIRU

(FRIDAY'S CHILD)

Sternzeit: 3997.2-3999.1

Kirk, Spock und McCoy verhandeln auf Capella IV um die Abbaurechte eines seltenen Elements. Die Einheimischen sind wilde Krieger, die starren Ritualen huldigen. Wer einen Fauxpas begeht, muß um sein Leben fürchten. Um die Sache noch schlimmer zu machen, verhandelt auch der Klingone Kras mit den Capellanern. Dann inszeniert der Capellaner Maab einen Putsch und übernimmt die Herrschaft. Laut Tradition muß die Gattin des alten Anführers sterben. Da Kirk nicht bereit ist,

> ### Trekker-Quiz
>
> 1. Von welchen Schiffen fängt die Enterprise Notrufe auf?
> 2. Welche Tabletten verwendet Kirk, um die Höhle zu erhellen?

diesem Treiben zuzusehen, rettet er Eleen in letzter Sekunde. Diese Tat verärgert die Capellaner, die Eleen und die Offiziere in eine Hütte sperren. Glücklicherweise gelingt dem Quartett die Flucht in die Berge. Dort angekommen, bringt McCoy Eleens Kind zur Welt.

Da Eleen die Traditionen ihres Volkes nicht verletzen will, liefert sie sich bald darauf Maab aus. Sie behauptet, ihr Kind sei tot, und sie habe die Erdenmänner getötet. Da Kras einen Beweis dafür sehen will, zieht er eine Waffe und verlangt, Maab solle ihre Geschichte überprüfen. Nachdem der neue Führer die Lage beurteilt hat, verschont er Eleens Leben. Dann opfert er sich selbst, damit sein Stamm den ehrlosen Klingonen töten kann. Im Zuge der Nachfolge wird das Kind zum neuen Anführer der Capellaner, und Eleen die Regentin.

IM NAMEN DES JUNGEN TIRU

Sie bringt die Verhandlungen zu einem raschen Ende und überläßt der Föderation die Abbaurechte.

Handlungsschwächen

• Beim ersten Logbucheintrag sagt Kirk, Capella IV verfüge über große Mengen eines seltenen Minerals, das für die Lebenserhaltungssysteme der Kolonien wichtig sei. Was ist eigentlich mit der Föderation los? Warum unterhält man Kolonien auf Planeten, die von seltenen Mineralien abhängig sind? In ›Horta rettet ihre Kinder‹ haben wir erfahren, daß viele Kolonien Pergium benötigen, um Reaktoren zu betreiben – nun erfahren wir, daß sie auch Topalin für ihre Lebenserhaltungssysteme brauchen.

• Nachdem der neue Führer an der Macht ist, läßt er Eleen zur Exekution bringen. Kirk haut sie natürlich heraus. Dies macht Eleen wütend. Sie verlangt, Kirk müsse sterben, weil er sie berührt hat. Auch der Anführer scheint der Meinung zu sein, daß Kirk den Tod verdient hat. Kurz darauf halten sich Kirk, Spock, McCoy und Eleen in einer Hütte auf. Was ist aus Kirks angekündigtem Tod geworden? Der Dialog erwähnt mit keinem Wort eine Verschiebung der Exekution, oder daß man vorhat, ihn irgendwann umzubringen.

Grundlagenveränderungen

• Gilt der Friedensvertrag von Organia nicht mehr? (siehe ›Kampf um Organia‹). Warum sagt McCoy, die Klingonen seien ihre eingeschworenen Feinde?

Gerätekokolores

• Während der Lagebesprechung zu Beginn der Episode beschreibt McCoy eine capellanische Waffe, die die Krieger wie Frisbeescheiben werfen. Er führt einen Film vor, in dem ein Capellaner eben dies tut und dabei einen recht großen Jungbaum fällt. Eine genauere Betrachtung enthüllt jedoch, daß die Waffe den Baum völlig verfehlt und in der Nähe in einem

IM NAMEN DES JUNGEN TIRU

Gebüsch landet! Trotzdem geht der Baum irgendwie aus dem Leim. (Ich vermute irgendeinen Trick. Vielleicht haben die Capellaner den Film selbst gedreht, um den Eindruck zu erwecken, sie seien harte Burschen. Tja, eine gute Werbeabteilung muß man haben.)

• Als Kirk und Spock keine Phaser mehr haben, basteln sie sich einfache Bogen und Pfeile, um gegen die Capellaner zu kämpfen. Tut mir leid, aber ich glaube nicht, daß ihre schlabbrigen Bogen und krummen Pfeile irgend etwas treffen könnten – geschweige denn jemanden töten, wie sie es später in dieser Folge tun.

• Der kleine Betrachter, der aus Sulus Konsole fluppt, als er die Gefechtsstationen anruft, ist nicht besonders schnell. Man kann nur hoffen, daß feindliche Schiffe dies bedenken und *langsam* angreifen.[52]

Anschluß- und Produktionsprobleme

• Während des Kampfes um die Führerschaft rauft ein Capellaner mit dem momentanen Anführer. Letzterer tritt zurück und erdolcht den Angreifer. Im gleichen Augenblick trägt der Bursche völlig andere Kleider. Am deutlichsten: sein weißer Schal ist plötzlich rot.

• Gleich nachdem Kirk Eleens Exekution unterbricht, kommt es zu einem komischen Schnitt: Er schlägt einen Capellaner, der zu Boden geht. Eine Sekunde später schiebt der Typ Kirk mit dem Bein zurück.

• Eleens Neugeborenes scheint Totenstarre zu haben. Als McCoy Spock das Kind reicht, legt der Vulkanier eine Hand unter den Rücken des Jungen, und die andere unter seine Beine. Das Bündel bleibt in Form. Jeder, der je einen Säugling gehalten hat, weiß doch, daß man eine Hand unter seinen *Kopf* legen muß, damit er nicht nach unten wegsackt.

---

[52] In der deutschen Fassung bezeichnet sich Steuermann Sulu merkwürdigerweise als Navigator.

IM NAMEN DES JUNGEN TIRU

• Als die *Enterprise* zum ersten Mal von rechts nach links am Zuschauer vorbeifliegt, ist die Aufschrift ›NCC-1701‹ in Spiegelschrift zu lesen.

• Kirk trifft Kras mit seinem krummen Pfeil angeblich ins Bein, aber als die Kamera eine Halbtotale zeigt, verschwindet er.

Quiz-Antworten

1. Die SS Deirdre *und die USS* Carolina
2. Magnesit-Nitron

WIE SCHNELL DIE ZEIT VERGEHT

(THE DEADLY YEARS)

Sternzeit: 3978.2-3979.9

Eine Landegruppe beamt zu einem wissenschaftlichen Stützpunkt auf den Planeten Gamma Hydra IV hinunter. Chekov stößt in einem Gebäude auf einen steinalten Toten. Entsetzt hechtet er ins Freie und ruft den Captain. Eine schnelle Bestandsaufnahme der Umgebung ergibt, daß alle Forscher gestorben sind oder in Kürze an Altersschwäche sterben werden. Kurz nach der Rückkehr auf die *Enterprise* altern auch Kirk, Spock und McCoy mit rasender

> **Trekker-Quiz**
> 1. Wem will die Landegruppe nach Ansicht der beiden übriggebliebenen Wissenschaftler auf Gamma Hydra IV ihren Respekt zollen?
> 2. Wie heißt der Bootsmann, der Kirk die Meldung über den Treibstoffverbrauch bringt?

Schnelligkeit. Spock stellt fest, daß der Alterungsprozeß von einer unbekannten Strahlungsart hervorgerufen wird.

Leider schafft die Standardbehandlung keine Abhilfe. Commodore George Stocker zwingt Spock, Kirk für dienstunfähig zu erklären. Dann übernimmt er selbst das Kommando und weist Sulu an, den Kurs auf Raumstation 10 zu setzen – auch wenn dies bedeutet, daß man die Neutrale Zone durchfliegen muß. Die Romulaner umzingeln das Schiff im Nu und rasseln mit dem Säbel. McCoy entdeckt schließlich ein Heilmittel, und der verjüngte Kirk sendet der Flotte schnell eine Botschaft: Er beabsichtigt, das Schiff zu sprengen. Natürlich bleiben die Romulaner

WIE SCHNELL DIE ZEIT VERGEHT

zurück, um nicht von der Detonation in Mitleidenschaft gezogen zu werden. Kirk nutzt die Chance und entkommt mit Warp 8.

Anmerkungen
Die Idee des schnellen Alterns wurde später noch einmal in der ST/DNJ-Episode ›Die jungen Greise‹ (UNNATURAL SELECTION) verbraten.

Kernige Dialoge
»Vielleicht möchten Sie auch Dr. McCoy ablösen.« – Kirk voller Sarkasmus, als Spock ein Befähigungsverhör leitet, das in Kirks Absetzung als Captain resultiert.

Höhepunkte
Gegen Ende des Befähigungsverhörs nennt Kirk den Planeten fortwährend Gamma Hydra II, obwohl es sich um Gamma Hydra IV handelt. Die gesamte Szene ist aber astrein geschrieben und prächtig gespielt.

Handlungsschwächen
• Kirk befiehlt Sulu, die Kreisbahn auf 20 000 *Meilen* auszuweiten, aber am Ende der Folge sagt er, die Zerstörung werde einen Durchmesser von 200 000 *Kilometern* haben. Ist es nicht verwirrend, fortwährend zwischen dem alten und dem metrischen System zu wechseln?

• Am Anfang der Anhörung sagt Spock zu Kirk, dieser habe das Recht, die Zeugen ins Kreuzverhör zu nehmen. Doch nachdem er selbst einen weiblichen blonden Bootsmann vernommen hat, entläßt er sie. Sie taucht während der Anhörung nicht mehr auf.

• Mir ist klar, daß Stocker das Kommando übernehmen mußte, um die dämliche Entscheidung zu fällen, die *Enterprise* durch die Neutrale Zone fliegen zu lassen. Aber hätte Spock nicht etwas mehr tun müssen, um durchzusetzen, daß

WIE SCHNELL DIE ZEIT VERGEHT

Sulu diesen Einsatz leitet? Sulu hat Kommando- *und* Kampf-
erfahrung. (›Ganz neue Dimensionen‹)
- A propos Stocker: Wenn dieser Typ ein solcher Paragra-
phenreiter ist (was die Episode mehr als einmal zeigt), warum
sollte er dann die sehr wichtige Vorschrift verletzen, laut der
man in der Neutralen Zone nichts zu suchen hat?
- Nach der Erkenntnis, daß Adrenalin ein Heilmittel ist,
möchte McCoy Spock und Wallace dazu bringen, sich endlich in Bewegung zu setzen. »Nun, Spawnck«, sagt er, »stehen
Sie nicht da rum und gaffen.« *Spawnck?*[53]
- Muß ich wirklich erwähnen, daß das Heilmittel auf wunderbare Weise die Haarfarbe wiederherstellt und die Haut sämtlicher Betroffenen glättet?

Gerätekokolores
- In einer Szene ruft Kirk Spock aus seinem Quartier an. Er
verwendet einen Bildschirm, und Spocks Abbild auf der
Brücke erscheint. Während des ganzen Gesprächs steht Kirk
ohne Hemd vor dem Schirm. Frage: Was sieht Spock in dieser Zeit? Kirks Bauchnabel? Oder befindet sich das Aufnah-
meobjektiv anderswo?
- Kirk hat noch niemanden dazu bringen können, die Höhe
des Spiegels seiner Körpergröße anzupassen. Er muß noch
immer in die Knie gehen, wenn er sich sehen will.

Anschluß- und Produktionsprobleme
- Sämtliche Bilder des Kampfes mit den Romulanern stam-
men aus anderen Episoden. Die Bilder der romulanischen
Schiffe sind aus ›Spock unter Verdacht‹. Die Bilder der die
Enterprise treffenden Photonentorpedos sind aus ›Kampf um
Organia‹. Eigenartigerweise setzen die Romulaner eine Plas-
mawaffe ein; aber als die Raketen die *Enterprise* erreichen,

---

[53] Hier hat das deutsche Synchronstudio zum ersten Mal *wirklich* gute
Arbeit geleistet.

WIE SCHNELL DIE ZEIT VERGEHT

sind sie zu Photonentorpedos mutiert! (Das wahre Problem besteht darin, daß die Plasmawaffe in ›Spock unter Verdacht‹ *sehr* stark war. Die *Enterprise*-Mannschaft hatte in dieser Episode sogar Angst vor einem Treffer. Doch in ›Wie schnell die Zeit vergeht‹ erhält sie sogar mehrere Treffer, ohne daß etwas passiert.)

• Auch das Insektenproblem wurde auf der *Enterprise* noch nicht gelöst: Gegen Ende der Episode erinnern sich Kirk, Spock und McCoy an die Ereignisse auf dem Planeten. Gleich nachdem Kirk »Wir waren die ganze Zeit zusammen« sagt, fliegt ein Insekt an der linken Bildschirmseite hoch!

Quiz-Antworten

1. *Alvin*
2. *Atkins*

TÖDLICHE WOLKEN
(OBSESSION)

Sternzeit: 3619.2-3620.7

Eine gasförmige Lebensform tötet drei Angehörige einer Landegruppe auf Argus X, indem es ihnen sämtliche roten Blutkörperchen entzieht. Kirk ist von dem Gedanken besessen, dieses Wesen zur Strecke zu bringen. Er verschiebt eine terminierte Fahrt der *Enterprise,* die dringend benötigte Arzneien befördern soll, und richtet alle Scanner auf den unter ihr befindlichen Planeten. Als Rechtfertigung gibt er an, die Lebensform stelle eine weitaus schlimmere Bedrohung für die Föderation dar. Er behauptet, die gleiche Kreatur habe elf Jahre zuvor die USS *Farragut* angegriffen. Aufzeich-

> ### Trekker-Quiz
>
> 1. Mit welchem Schiff will die Enterprise *sich treffen?*
> 2. Wo ist Kirk dem Geschöpf *erstmals begegnet?*

nungen zeigen, daß irgend etwas die 200 Besatzungsmitglieder getötet hat, aber der Zwischenfall geschah auf einem Tausende von Lichtjahren entfernten Planeten. Kirks Verdacht erweist sich als richtig, denn das Geschöpf verläßt Argus X und trotzt allen Erwartungen, indem es mit Warp-Geschwindigkeit Kurs auf eben diesen Planeten nimmt. Kirk will es mit den Bordwaffen umbringen, aber Phaser und Photonentorpedos können ihm nichts anhaben.

Dann zieht Spock den schlimmsten Schluß: Seine Beobachtungen ergeben, daß das Geschöpf Anstalten macht zu laichen. Kirk weist das Maschinenraumpersonal an, den Triebwerken eine geringe Menge Antimaterie zu entziehen und diese in einem magnetischen Behälter zu verstauen. Er beamt mit Fähnrich Garrovick auf den Planeten und wartet

220

TÖDLICHE WOLKEN

darauf, daß das Geschöpf auftaucht. Im letzten Moment beamen sie wieder an Bord, lassen die Antimaterie detonieren und bringen das Geschöpf um.

Höhepunkte
Mark S. Painter sen. schickte mir folgenden Kommentar zu dieser Episode: »Es gibt eine wunderbare Szene, in der sich McCoy und Spock gegen Kirks bizarre und verwirrende Befehle stellen. Würdevoll, respektvoll, aber nicht kleinlaut zitieren sie die Vorschriften und sagen, daß seine Befehle ungewöhnlich seien. Sie verlangen in freundlichem Ton eine genauere Erklärung. Die unausgesprochene Folgerung besteht darin, daß McCoy und Spock zusammen die Macht haben, Kirk seines Kommandos zu entheben und bereit sind, dies auch zu tun, falls er keine gute Erklärung für sein Handeln hat. Es ist alles sehr militärisch, sehr korrekt. Diese Szene gefällt mir.«

Handlungsschwächen
- Einmal kommt die gasförmige Kreatur angeblich durch eine Impulstriebwerkklappe an Bord der *Enterprise,* greift zwei Besatzungsmitglieder an und flieht durch die Ventilation. Moment mal! Das Schiff befindet sich im Vakuum des Weltraums. Es kann keine direkte Verbindung vom Schiffsinneren zum All geben. Gäbe es eine, würde die gesamte Luft ins All entweichen! Trotzdem klingen die Dialoge so, als sei dies die einzige Möglichkeit für die Kreatur, an Bord zu gelangen. Wenn diese sich im Schiffsinneren befindet, kann sie sich offenbar durch Schotten bewegen; anderenfalls wäre die *Enterprise* nicht in der Lage, ihre Atmosphäre festzuhalten.
- Spock scheint für einen Moment die grundsätzlichen Eigenschaften von Gasen zu vergessen: Als das Geschöpf sich durch ein Ventilationsgitter in Garrovicks Quartier breitmacht, legt der Vulkanier die Hand vor die Öffnung. Natürlich schwebt das Geschöpf einfach um sie herum. (Meiner Tochter ist es auf den ersten Blick aufgefallen.)

TÖDLICHE WOLKEN

Grundlagenveränderungen

• Laut McCoy war Kirk als Lieutenant auf der USS *Farragut.*
Kirk zufolge hat er seit dem Tag seiner Entlassung von der
Akademie mit Captain Garrovick (dem Vater des Fähnrichs)
auf diesem Schiff Dienst getan. Doch in ›Kirk unter Anklage‹
sagt er aus, er habe Finney während seiner Dienstzeit – als
Fähnrich[54] – auf der USS *Republic* bei einem Fehler ertappt.
Wenn Kirk die Akademie verlassen und es unter Captain Garrovick zum Lieutenant gebracht hat, gibt es nur wenige Möglichkeiten, als Fähnrich auf der *Republic* zu landen: Wurde
Garrovick von der *Republic* auf die *Farragut* versetzt und hat
den jungen Fähnrich mitgenommen? Oder erreichen Offiziersanwärter auf der Akademie irgendwie den Fähnrichs-
dienstgrad und verbringen den Sommer im Weltraum? (Obwohl die letzte Erklärung vernünftig erscheint, richten sich die
Dienstgrade der Flotte nach denen der Marine. Soweit ich
weiß, wird einem der Rang eines Fähnrichs erst nach dem
Examen verliehen. Vielleicht wollte Roddenberry dies ändern.
Es ist aber auch möglich, daß man einfach vergessen hat,
was man in ›Kirk unter Anklage‹ über Kirk verbreitet hat!)[55]

Gerätekokolores

• Das Türmchen, das Scott in ›Der dressierte Herrscher‹ bewundert hat, ist auf die *Enterprise* versetzt worden und residiert nun im Lazarett! Auf dem Androidenplaneten hat er es
umkreist und war über seine Konstruktion verblüfft.

• Kirk kann sich in dieser Episode nicht entscheiden, welcher Knopf seines Kommandosessel für die Funkverbindung
sorgt. Er benutzt sowohl den obersten als auch den untersten
der rechten Lehne.

---

[54] In der deutschen Fassung als Lieutenant.

[55] Falls sich Lieutenant Kirk an Bord der USS *Farragut* etwas geleistet
hat, was zu seiner Degradierung führte, könnte er durchaus für eine
Weile als Fähnrich auf der *Republic* gelandet sein.

TÖDLICHE WOLKEN

● Kirk hat am Ende dieser Folge, als die Kreatur in Erscheinung tritt, außerdem einige Schwierigkeiten, seinen Kommunikator zu öffnen. Na schön, die Situation ist stressig, aber ulkig sieht es trotzdem aus.

● Der Transporter ist schon ein tolles Gerät! Kirk beginnt den Trip, indem er in seinen Kommunikator spricht, aber als er ankommt, hängen seine Arme herunter, und das Ding ist weg.

● Nachdem Kirk an Bord gebeamt ist, öffnet Spock einen Funkkanal zur Brücke, damit der Captain einige Befehle geben kann. Komischerweise geht das Lämpchen oben an der Transporterkonsole nicht an.

Anschluß- und Produktionsprobleme

● Argus X sieht eindeutig wie Alpha 177 (›Kirk : 2 = ?‹) aus.

Quiz-Antworten

1. USS Yorktown
2. Tycho IV

223

TRIATHLON-QUIZ: BELEIDIGUNGEN

Ordnen Sie die Beleidigung der richtigen Episode und der Person zu, die sie ausspricht:[56]

Beleidigung	Person	Episode
1. Verräter aus einer Rasse von Verrätern	A Korax über Kirk	a ›Fast unsterblich‹
2. Barbar	B Apollo über die Mannschaft	b ›Das Gleichgewicht der Kräfte‹
3. Schwindler	C Scott über Spock	c ›Die Reise nach Eden‹
4. Knopfdrückender Blechkopf	D Bele über Lokai	d ›Falsche Paradiese‹
5. Leiche voller Datenbanken	E Anan 7 zu Kirk	e ›Der Tempel des Apoll‹
6. Beträchtlicher Störenfried	F Lokai über die Mannschaft	f ›Miri, ein Kleinling‹
7. Denebischer Schleimteufel	G McCoy über einen Wachmann	g ›Auf Messers Schneide‹
8. Troll mit Schilddrüsenüberfuktion	H McCoy zu Spock	h ›Geist sucht Körper‹
9. Narren	I Van Gelder zu Kirk	i ›Kennen Sie Tribbles?‹
10. Gorillas	J Miri über Kirk	j ›Der dressierte Herrscher‹
11. Grünblütiges Halbblut	K Kirk zu Spock	k ›Bele jagt Lokai‹
12. Otto, Herbert	L Adam über Kirk	l ›Ich heiße Nomad‹
13. Wahnsinniger, schmutziger kleiner Verschwörer	M Scott über die Klingonen	m ›Krieg der Computer‹

[56] Es kann keine Garantie dafür übernommen werden, daß die Worte der deutschen TV-Fassung diesen Angaben entsprechen.

TRIATHLON-QUIZ: BELEIDIGUNGEN

Beleidigung		Person		Episode
14. Waschlappen	N	Tongo [Tom] Rad zu Kirk	n	›Der Zentral-Nerven-systemmanipulator‹
15. Mechanisches Ungetüm	O	Korax über die *Enterprise*	o	›Brot und Spiele‹
16. Einfarbiger Abschaum	P	Thalassa zu McCoy	p	›Ganz neue Dimensionen‹
17. Mr. Süßholzraspler	Q	Mudd zu Spock	q	›Spitze des Eisberges‹
18. Muskelmann	R	Scott zu Mudd	r	›Portal in die Vergangenheit‹
19. Rebellisches, treuloses Halbblut	S	Hodin über McCoy	s	*Star Trek III: Auf der Suche nach Mr. Spock*
20. Übergroßes Karnickel	T	Scott über *Nomad*	t	›Wen die Götter zerstören‹
21. Spitzohriger Kobold	U	Kirk zu Scott		
	V	Spock zu McCoy		
22. Spitzohrige Denkmaschine	W	Wachmann zu Sulu		
23. Aufgeblasener Medizinmann	X	Garth zu Marta		
24. Alter rostiger Eimer	Y	Mitchell über Dehner		
25. Genußmensch	Z	Chekov über Mudd		
26. Einfältige spitzohrige Monstrosität	AA	Hodin über Scott		
27. Othello				
28. Sturer dickköpfiger Vulkanier				
29. Dumme Kuh				
30. Glattrasierter Gigolo				
31. Winzling				
32. Gewissenloser, bösartiger Kulak				

TRIATHLON-QUIZ: BELEIDIGUNGEN

Beleidigung	Person	Episode
33. Nutzloses Stück Fleisch		
34. Leicht reizbarer Monteur		
35. Bösartiger Unterdrücker jedes anständigen Gedankens		
36. Wandelnde Tiefkühltruhe		

Auswertung
(Auf der Grundlage der richtigen Angaben)

0–5	Normal
6–10	Beeindruckend
11 und mehr	Sie stehen auf Beleidigungen, was?

Lösung:1

1. K d	7. A i	13. D k	19. K d	25. V p	31. W s
2. E m	8. K d	14. L c	20. K d	26. K d	32. Z j
3. R j	9. B e	15. T l	21. H o	27. U e	33. F k
4. I n	10. M b	16. F k	22. Q j	28. H r	34. AA a
5. K d	11. C b	17. J f	23. P h	29. X t	35. D k
6. S a	12. N c	18. G g	24. O i	30. A i	36. Y q

DER WOLF IM SCHAFSPELZ
(WOLF IN THE FOLD)

Sternzeit: 3614.9-3615.9

Als Kirk und McCoy auf Argelius II Scott neben der Leiche einer Tänzerin finden, ist der städtische Ermittler Hengist von der Schuld des Chefingenieurs überzeugt. Zum Glück verlangt der Beamte Jarvis weitere Beweise. Während einer Zeremonie spürt Jarvis' Gattin Sybo, eine Emphatin, die Gegenwart eines bösen Geistes, der von unglaublichem Haß auf Frauen erfüllt ist. Das Licht im Raum geht aus, die Frau schreit auf. Als es wieder hell wird, läßt Scott die Tote zu Boden sinken.

> **Trekker-Quiz**
> 1. Wie heißt das Wolkengeschöpf auf Alpha Majoras I?
> 2. Wer hat die Mordwaffe hergestellt?

Die Gruppe beamt zur *Enterprise* hinauf, um deren Lügendetektor-Computer einzusetzen. Er zeigt schnell, daß Scott Sybo nicht umgebracht hat. Unter Verwendung ihrer letzten Worte und mit Hilfe des Bibliothekscomputers finden Kirk und Spock die Wahrheit: Der Mörder ist in Wirklichkeit eine energetische Lebensform, die sich von Emotionen, speziell Angst, ernährt. Man verfolgt seine Herkunft über die Morde Jack the Rippers bis zu einer Reihe von Tötungen vor einem Jahr auf Rigel IV. Das Wesen wird Redjac genannt. Kirk, der weiß, daß Hengist von Rigel IV stammt, beschuldigt den Ermittler. Hengist will sich den Weg freikämpfen, doch Kirk schlägt ihn zu Boden. Redjac flieht plötzlich in den Schiffscomputer. Während Spock die Kontrolle über das System aufrechterhält, setzt McCoy die Crew unter Sedative, damit sie keine Angst zeigt. Redjac wird wieder zu Hengist, aber

DER WOLF IM SCHAFSPELZ

Kirk ist darauf vorbereitet. McCoy pumpt den Massenmörder mit Beruhigungsmitteln voll, und Spock setzt den Transporter ein, um das Energiewesen im Weltall zu zerstreuen.

Handlungsschwächen

• Ich weiß nicht genau, ob Scott weiß, was ein »Spaziergang im Nebel mit 'nem hübschen Mädel« ist: Als er die Ereignisse erklärt, die zum Mord an der Tänzerin geführt haben, sagt er vor Kirk aus, er sei »vorneweg gegangen«. Besteht das Vergnügen, mit einer Frau spazierenzugehen aber nicht eigentlich darin, *neben* ihr herzugehen und sich an ihrer Gesellschaft zu erfreuen?

• Nachdem man Hengist für tot erklärt hat, bittet McCoy Scott, er solle ihm helfen, den Burschen auf einen Stuhl zu wuchten. Kommt ihm das nicht komisch vor? Der Typ ist doch tot! Die Chancen, daß er herunterfällt, sind ziemlich hoch. Warum läßt er ihn nicht einfach liegen?

Gerätekokolores

• Die Tänzerin am Anfang der Episode schlägt die Kastagnetten nie aneinander. Sind sie einfach nur Show?

• Beim Verhör auf der *Enterprise* setzt Kirk einen Lügendetektor-Computer ein. Bevor die einzelnen Zeugen aussagen, schieben sie ein Kärtchen in einen Schlitz an der Vorderseite des Geräts. Das Kärtchen ragt aus dem Schlitz hervor und ist leicht sichtbar – d. h. bei Halbtotalen. Bei jeder Großaufnahme des Computers ist der Schlitz leer.

• Vor Sybos emphatischer Sitzung ordnet Kirk an, Scotts Erinnerung solle von einem Psychotricorder geprüft werden. Dieser soll angeblich all seine Gedanken und Handlungen in den letzten vierundzwanzig Stunden aufzeichnen. Natürlich tötet Redjac die Frau, die die Aufzeichnung vornehmen soll. Dann bringt Kirk alle auf die *Enterprise* und beginnt dort mit der Befragung. Dabei sagt er, man werde die Prüfung *nach* dem Verhör vornehmen. Ob das wohl beweiskräftig ist? Gehört es nicht zur normalen Praxis, zuerst Beweise zu sam-

DER WOLF IM SCHAFSPELZ

meln und dann das Verhör durchzuführen? Es kann doch nicht lange dauern, dies zu bewerkstelligen, denn Kirk wollte es schon durchführen, als Sybo sich auf die Zeremonie vorbereitete. Wieso also haben wir das Gerät eigentlich nie in anderen Episoden gesehen, z. B. in ›Kirk unter Anklage‹?

Anschluß- und Produktionsprobleme

• Die Musiker auf Argelius II haben offenbar auf Orion studiert. Sie spielen das gleiche Stück, das die Musikanten zur Begleitung unseres liebsten grünhäutigen Orion-Tanzhasen gespielt haben... Vina! (siehe ›The Cage‹) Ach, und noch etwas: Ich entschuldige mich bei der IOWA für meine herzlosen Bemerkungen über eins ihrer Mitglieder. Nähere Einzelheiten im Abspann der ersten Staffel.

• Endlich erfahren wir, was aus Landru geworden ist: Sie wissen vielleicht noch, daß er mehrere Jahrtausende zuvor den Frieden nach Beta III brachte und ein ausgeklügeltes Computersystem hinterließ, um sein Erbe zu verwalten. So eigenartig es auch sein mag, er ist irgendwann nach Argelius II ausgewandert, wo er nun unter dem Namen Jarvis lebt. Erstaunlicherweise erkennt Kirk ihn nicht wieder.

• An einer Stelle schenkt Jarvis Kirk ein Getränk ein. Der Captain nimmt das Glas an sich, indem er es am Boden anfaßt. Die Aufnahme wechselt, plötzlich hält er es an der Seite.

• Während Scotts Aussage zeigt eine Großaufnahme seiner rechten Hand vier perfekt geformte Finger und einen Daumen. Die Macher täuschen uns weiterhin über James Doohans Hand, weil sie offenbar glauben, jemand, dem ein Finger fehlt, sei in der Realität fehl am Platze.

Quiz-Antworten

1. Mellitus
2. Das Bergvolk am Fluß Argus auf Rigel IV

KENNEN SIE TRIBBLES?
(THE TROUBLE WITH TRIBBLES)

Sternzeit: 4523.3-4525.6

Nach einem Notruf der Stufe 1 von der Raumstation K 7 stößt Kirk dort auf einen Bürokraten namens Nilz Baris, dessen Assistenten Arne Dravin und Tonnen eines Mischgetreides namens Quadrotrycital. Baris informiert Kirk, das Getreide müsse zu Shermans Planet gebracht werden, und weist ihn an, die Fracht sorgfältig zu bewachen. Shermans Planet wird sowohl von der Föderation als auch von den Klingonen beansprucht. Nach den Bedingungen des Friedensvertrages von Organia soll jenen der Planet zugesprochen werden, die beweisen, daß sie ihn am besten erschließen können. Kirk, sauer über Baris' unvorschriftsmäßige Verwendung der Notruffrequenz, stellt knurrig zwei Wachen vor dem Getreidesilo auf und ordnet für das dienstfreie Personal Urlaub an. Als Uhura zum Einkaufen auf die Station kommt, lernt sie den Wanderkaufmann Cyrano Jones kennen, der ihr seinen letzten Fund schenkt – einen ›Tribble‹. Uhura nimmt den Tribble mit an Bord und stellt bald fest, daß er sich rasend schnell vermehrt. Die Tribble-Bevölkerung nimmt im Nu beunruhigende Dimensionen an.

> **Trekker-Quiz**
> 1. Woher stammt der Wurzelsamen für das Quadrotrycital?
> 2. Wer hat laut Chekov den Scotch erfunden?

Als Kirk sogar Tribbles in den Nahrungsprozessoren der *Enterprise* entdeckt, rast er zu den Getreidebehältern. Wie vermutet wimmelt es auch dort von Tribbles. Baris kriegt einen Anfall, doch Spock bemerkt, daß die meisten Tribbles tot sind. Später bestätigt McCoy, daß das Getreide vergiftet wurde. Kirk entlarvt Darvin als klingonischen Agenten.

Kernige Dialoge

»Ja, Sir, Sie kennen doch den Spruch: Nur ungern nimmt der Klingonenmann statt barer Münze Tribbles an.« – Scott, als er dem Captain erzählt, daß er die an Bord befindlichen Tribbles auf ein in der Nähe befindliches Klingonenschiff transportiert hat.

Höhepunkte

Viele haben die Tribble-Lawine aus dem Frachtraum als Höhepunkt empfunden, und besonders den Rest der Szene, als Kirk bis zum Hals in den pelzigen Kreaturen steckt. Ich persönlich mag die kleinen Quietscher, die die Tribbles ausstoßen, wenn sie aufprallen.

Handlungsschwächen

• Um Kirks Probleme noch zu verschlimmern, legt ein Schiff der Klingonen an K-7 an und reklamiert Besucherrechte. Kirk erteilt sie ihm, aber nur jeweils zwölf Mann. Außerdem beamt er zwölf Bordwachen auf die Station, um die klingonischen Besucher im Auge zu behalten. Wieso sieht man aber keine Wachen, als in der Bar die Schlägerei ausbricht? Sind die Wachen nicht gerade deshalb auf die Station gegangen?

• Nach der Schlägerei steht Kirk ein Trupp gegenüber, dem er eine Standpauke halten soll. Komischerweise waren an der Rauferei nur wenige Leute beteiligt, aber eindeutig keiner mit einem blauen Hemd. Zwei Mann in der Reihe tragen jedoch blaue Hemden. Hat es zur gleichen Zeit noch eine Schlägerei auf der Station gegeben?

• Cyrano Jones ist eindeutig ein schlechter Unternehmer: Er erkennt ein mieses Produkt nicht mal, wenn er es in der Hand hält. Jeder gute Geschäftsmann weiß, daß Nachbestellungen das Salz in der Suppe sind. Wer aber einen Tribble verkauft hat, verkauft keinen zweiten mehr. Wer einen Tribble hat,

KENNEN SIE TRIBBLES?

kann sich selbständig machen! Anders gesagt: Jones verbraucht eine Menge Treibstoff, um einen Tribble zu verscherbeln! Die Sache ist einfach unwirtschaftlich.

• Als Kirk das Getreide überprüft, steht er direkt unter der Behälterluke und fummelt an der über seinem Kopf befindlichen Tür. Das ist wohl keine gute Idee. Angenommen, er ist noch voll mit Getreide? Wenn man Tonnen des Zeugs auf den Kopf bekommt, bringt das einen auch nicht weiter.

• Nach der Schlägerei stellt Kirk Scott unter Kabinenarrest. Kurz darauf ist er wieder auf der Brücke. Kirk hat wohl erkannt, daß Scott es kaum als Strafe empfindet, wenn er in seinem Quartier sitzen und technische Handbücher lesen kann.

Gerätekokolores

• Offenbar hat die Föderation so viele fremde Welten besucht, auf denen trapezoide Türen üblich sind, daß sie beschlossen hat, selbige auch in Raumstationen zu verwenden! Die hiesigen Türen waren erstmals in ›Der alte Traum‹ zu sehen; seither tauchen sie regelmäßig auf.

Anschluß- und Produktionsprobleme

• Auch hier wird jene Aufnahme des *Enterprise*-Vorbeiflugs verwendet, bei der an der Steuerbord-Triebwerksgondel etwas fehlt.

• Sämtliche Aufnahmen von der *Enterprise* und K-7 zeigen, daß das Schiff die Station umkreist. Doch alle Aufnahmen aus dem Inneren der Station zeigen die *Enterprise* in einer festen Position.

• Erstaunlicherweise ist das freche kleine Lebewesen namens Trelane, das der *Enterprise*-Mannschaft in ›Tödliche Spiele auf Gothos‹ auf den Geist gegangen ist, als Klingone reinkarniert! In dieser Episode weisen Trelane und der klingonische Commander verblüffende Ähnlichkeit auf.

KENNEN SIE TRIBBLES?

• Als Kirk wegen Kopfschmerzen ins Lazarett geht, spricht McCoy über die Ergebnisse seiner Ermittlungen in Sachen Tribbles. Wenn man den Ton dabei lauter stellt, hört man im Hintergrund das Läuten eines Telefons.

Quiz-Antworten

1. Kanada
2. Eine alte Dame aus Leningrad

MEISTER DER SKLAVEN

(THE GAMESTERS OF TRISKELION)

Sternzeit: 3211.7-3259.2

Kirk, Uhura und Chekov verschwinden von der Transporterplattform. Die Mannschaft sucht die Umgebung mit den Sensoren ab. Als man nichts findet, beschließt Spock, eine schwache Ionenspur zu ihrer Quelle zurückzuverfolgen. Inzwischen taucht das vermißte Trio in einem großen, freien Gelände auf. Ein Wesen namens Galt erklärt, sie seien nun Sklaven. Man wolle sie zum Vergnügen der Versorger – reinen, nur aus Gehirn bestehenden Geistwesen – ausbilden, um gegen andere Sklaven zu kämpfen. Um die Wünsche der Versorger durchzusetzen, versieht Galt die drei mit Halseisen. Bei der ersten Gelegenheit unternehmen sie einen Fluchtversuch, aber Galts Augen leuchten auf, und sie fallen unter Schmerzen zu Boden.

> ### Trekker-Quiz
>
> 1. *Warum kommt die* Enterprise *nach Gamma II?*
> 2. *Wie heißt Chekovs Kampfausbilderin?*

Kurz nach der Ankunft der *Enterprise* beschließen die Versorger, Kirk und die anderen zu töten. Der Captain geht eine verzweifelte Wette ein: Er will bis zum Tod gegen drei Sklaven kämpfen. Wenn er siegt, sollen er und die *Enterprise* frei sein. Wenn er verliert, wird er die Mannschaft auf den Planeten beamen, wo sie den Rest ihres Lebens damit zubringen soll, die Versorger zu unterhalten. Kirk stirbt natürlich einen schrecklichen Tod, und die Serie wird abgesetzt. (Nur 'n Witz!) Wie immer geht er siegreich aus der Schlacht hervor.

Handlungsschwächen

• Nachdem die Versorger das Trio nach Triskelion gebracht haben, macht Kirk einen Logbucheintrag: Sternzeit 3211.8. Wie macht er den Eintrag? Wo wird er aufgezeichnet? Woher weiß er die Sternzeit? Klar, er hat die *Enterprise* erst gerade verlassen, weiß aber doch nicht, ob er sich nur durch den Raum oder auch durch die Zeit bewegt hat. Kurz darauf gibt er sogar zu, man könne sich eventuell auch in einem Paralleluniversum aufhalten.

• Obwohl die Versorger das Trio fortwährend wegen seiner Stärke und seines Kampfgeistes loben, zeigt Chekov immer nur eine müde Show. Bei der ersten Konfrontation hebt ein riesiger Bursche namens Kloog ihn hoch und macht ihn sofort zur Schnecke. Als das Trio einen Ausbruch versucht, schlägt Chekov eine Frau nieder und haut ab. Es sieht so aus, als hätte er sie nur angetippt.

• In einer Szene nimmt Kirk Uhuras Strafe auf sich. Nachdem Kloog ihn ein Weilchen ausgepeitscht hat, gibt Galt bekannt, man gewähre ihm eine Pause. Interessante Vorstellung: Eine Ruhepause während einer Bestrafung.

• Als Kirk Shahna zum ersten Mal küssen will, zeigt sie eine interessante Reaktion: Sie neigt den Kopf zur Seite, beugt sich vor, schließt die Augen und klappt das Kinn herunter. All dies tut eine Frau, die noch nie geküßt hat! Sie lernt verdammt schnell.

• Wieder eine Vermischung des alten und des metrischen Systems: Kirk erzählt Shahna, sie hätten bei ihrer Flucht zwei Meilen zurückgelegt. Die Versorger hingegen sagen, sie leben tausend ›eurer Meter‹ unter der Oberfläche.

• Im Schlußkampf teilen die Versorger Kirk Abschnitte zu, die am Boden gelb koloriert sind; seine Gegner kriegen die blauen. Wer auf der Farbe seines Gegners landet, verliert angeblich eine Waffe. Kirk latscht ständig auf die blauen Felder, ohne daß irgend etwas passiert!

Grundlagenveränderungen

• Einmal bittet Spock McCoy um seine Meinung. Der Arzt erwidert knurrig, es sei das erste Mal, daß er ihn überhaupt um etwas gebeten habe – und dann ausgerechnet in einer solchen Lage. Ich weiß zwar, daß McCoy dies ohne nachzudenken hervorsprudelt, aber seine Aussage stimmt nicht: Spock hat ihn auch in ›Tödliche Wolken‹ um seine Meinung gebeten.

Gerätekokolores

• Aus irgendeinem Grund sehen die auf Triskelion verwendeten Messer genau so aus wie jene, die die Mannschaft der imperialen *Enterprise* in ›Ein Parallel-Universum‹ benutzt.

Anschluß- und Produktionsprobleme

• Als Chekovs Kampfausbilderin ihn zum ersten Mal in seiner Unterkunft aufsucht, achte man auf das Gestein über und hinter ihnen. Ein Schatten tanzt darüber hinweg, der verdächtig nach einem Mikroausleger aussieht.

• Als die Versorger Kirk an ihren Standort holen, ist das Bild, das Kirk als Kraftwerk identifiziert, das gleiche, das man auch in ›Horta rettet ihre Kinder‹ sieht.

Quiz-Antworten

1. *Um eine automatische Sende- und Astronavigationsstation zu überprüfen*
2. *Tamoon*

EPIGONEN
(A Piece of the Action)

Sternzeit: 4598.0

Die *Enterprise* geht in eine Kreisbahn um Sigma Iotia II. Die letzte Begegnung mit den Bewohnern fand einhundert Jahre zuvor durch die USS *Horizon* statt. Damals gab es das Gesetz der Nichteinmischung noch nicht. Die Mannschaft ist gekommen, um in Erfahrung zu bringen, ob die Begegnung mit der *Horizon* kulturelle Veränderungen ergeben hat. Nach der Kontaktaufnahme mit einem Mann namens Okmyx beamen Kirk, Spock und McCoy auf den Planeten. Sie materialisieren in einer gewalttätigen, rücksichtslosen Umgebung. Zu ihrer Verblüffung haben die Iotianer ihr Gesellschaftssystem auf einem Buch begründet, das jemand von der *Horizon* hinterlassen hat: *Chicagoer Bandenwesen der zwanziger Jahre.* Kurz darauf begleiten diverse Schläger das Trio zu Okmyx' Büro. Okmyx verlangt, die Föderation solle seine Gang mit Waffen versorgen, damit er die Welt erobern kann. Als Kirk sich weigert, werden er und die anderen als Geiseln genommen.

> **Trekker-Quiz**
>
> 1. Von welchem Planeten stammt laut Kirk das Fizzbinspiel?
> 2. Welches Bauelement ist die Grundlage für fast jedes Teil der Flottenausrüstung?

Das Trio entkommt zwar, doch selbst der soziologische Computer auf dem Schiff findet keine logische Möglichkeit, die iotanische Gesellschaft zu entgiften. Kirk improvisiert: Er läßt alle Gangsterbosse in einen Raum beamen und kündigt an, seine Bande werde die Macht übernehmen. Da er weiß,

EPIGONEN

daß ganz Sigma Iotia II von einem die verschiedenen Gruppen einigenden Führer profitieren wird, gibt er Okmyx die Macht und kündigt an, jedes Jahr werde ein Föderationsschiff auftauchen, um seinen Anteil abzukassieren. An Bord enthüllt er, man werde das Geld dazu verwenden, die Iotianer auf den Weg in eine produktivere Gesellschaft zu führen.

Handlungsschwächen

• Einmal bringt ein Gangsterboß namens Krake Kirk in seine Gewalt. Seine Schläger sind nicht sehr helle: Sie sperren Kirk mit einem Brieföffner und einer schweren Schreibmaschine in einen Raum, die beide als Waffen taugen.

• Kurz bevor Spock und McCoy zum zweiten Mal auf den Planeten beamen, sagt einer von Okmyx' Männern: »Sie können erst was machen, wenn das Geflacker aufhört.«[57] Woher weiß er das? Er war doch gar nicht dabei, als Spock und McCoy zum ersten Mal heruntergebeamt sind. Und die *Horizon* hatte wahrscheinlich gar keinen Transporter, denn als Kirk zu Beginn der Episode mit Okmyx redet, hat er Schwierigkeiten, ihm die Funktionsweise eines Transporters zu erklären. Da die Mannschaft der *Horizon* nicht an das Prinzip der Nichteinmischung gebunden war, hätte sie den Einheimischen von Transportern berichten können, wenn sie einen gehabt hätten.

• Beim zweiten Besuch auf dem Planeten müßte ein Offizier mit Spocks Grips eigentlich so clever sein, einige Bordwachen mitzunehmen – für den Fall, daß Okmyx versucht, sie erneut als Geiseln zu nehmen.

• Nach der Ankunft in Krakes Hauptquartier sinniert Kirk darüber nach, wie er an den Wächtern vorbeikommen soll. Seiner Ansicht nach dürfen keine Phaser eingesetzt werden – wahrscheinlich weil dies die Erste Direktive verletzen würde. Macht er sich wirklich darüber Gedanken? Er will eine ganze

---

[57] In der deutschen Fassung ist diese Szene nicht enthalten.

EPIGONEN

Welt in die Knie zwingen, damit sie Schutzgeld an die Föderation blecht, und macht sich Sorgen, jemand könne einen Phaser in Aktion sehen?

• Als Krake erfährt, daß die Föderation die Macht übernimmt, sagt er, es gäbe doch da ein Gesetz gegen Einmischung. Wie kommt er darauf? Die *Horizon* hat den Planeten besucht, *bevor* das Gesetz existierte, und Kirk hat den Gangstern gegenüber nichts erwähnt.

Gerätekokolores

• Als Okmyx Kirk und die anderen erstmals trifft, spielt er eine Partie Billard. Dabei stößt er versehentlich mit der blauen Kugel!

• Kurz nachdem Okmyx Spock und McCoy zum zweiten Mal geschnappt hat, macht Spock ohne Ausrüstung und ohne die Lippen zu bewegen einen Logbucheintrag.

• Nachdem Kirk Spock und McCoy vor Okmyx gerettet hat, will er auch Krake zur Schnecke machen. Er und Spock springen in einen Wagen. Kirk sagt, der Zündschlüssel steckt. Das kommt mir komisch vor. Wer läßt denn in einer Welt der Gesetzlosen den Zündschlüssel stecken?

• Nachdem Kirk und Spock Krake getroffen haben, eilen sie zu Okmyx' Büro zurück. Sie gehen auf die Straße zurück und steigen in einen Wagen – eine Fortbewegungsmethode, die Kirk als »schneller als zu Fuß gehen« beschreibt. Mag sein ... aber ist sie auch schneller als beamen?

• Kurz darauf wechselt die Szene zu Okmyx Büro. McCoy richtet eine MP auf die versammelten Anwesenden. Ob es nicht besser wäre, sie mit einem Phaser in Schach zu halten? Angenommen, jemand springt ihn an – würde er sie »mit blauen Bohnen spicken«?

Anschluß- und Produktionsprobleme

• Als Kirk, Spock und McCoy erstmals auf dem Planeten landen, schlendern sie auf eine Bank zu. Kirk streckt den Arm

239

EPIGONEN

aus und faßt sie an. Dann zeigt eine Großaufnahme, daß er wieder auf die Bank zugeht.

• Gleich nachdem Kirk, Spock und McCoy auf den Planeten gebeamt sind, geht eine Frau in einem pfirsichfarbenen Kleid mit rotem Hut durch die Szene. Das Trio schaut sich ein bißchen um, wandert durch die Straßen und wird von Okmyx' Männern angehalten. Im gleichen Augenblick erscheint auch die Frau wieder auf der Szene.

• Als Kirk einen der Bosse fragt, ob er Einwände gegen die Versammlung habe, deutet er mit dem Schießeisen genau auf den Mann. Dann zeigt eine Großaufnahme Kirks Gesicht, aber der Ballermann ist in einem Winkel von 45 Grad nach oben gerichtet. Dann ändert sich die Aufnahme erneut, und die Waffe deutet wieder auf den Mann.

• Sowohl *The Star Trek Compendium*[58] als auch *The Star Trek Encyclopedia*[59] geben den Nachnamen des Obergangsters als ›Oxmyx‹ an. (Ach, welche Qualen muß man doch als Beckmesser erleiden! Was stimmt? Das, was man sieht? Oder das gedruckte Wort? Ich glaube dem, was ich auf dem Bildschirm sehe, und dort lautet Belas Nachname ›Okmyx‹. Auch wenn sich jetzt Tausende von Trekkern auf mich stürzen und behaupten, laut den *Autoritäten* hieße der Gangster ›Oxmyx‹ – wir machen diese Faxen nicht mit.

> **Quiz-Antworten**
>
> 1. Beta Antares IV
> 2. Der Transtator

---

[58] Allan Asherman, *The Star Trek Compendium,* Pocket Books 1989.
[59] Michael Okuda, Denise Okuda, Debbie Mirek, *The Star Trek Encyclopedia,* New York: Pocket Books 1994.

DAS LOCH IM WELTRAUM
(The Immunity Syndrome)

Sternzeit: 9307.1-9309.9

Alles Leben im Sonnensystem Gamma A7 ist verschwunden, auch die USS *Intrepid*. Als die *Enterprise* Nachforschungen anstellt, begegnet sie einer Dunkelzone. Bald darauf verspürt die Mannschaft starke Ermüdung, und den Triebwerken wird Energie entzogen. Spock meldet, die Zone strahle irgendein Feld ab, das mit biologischen und mechanischen Prozessen inkompatibel sei. Kirk erkennt die für die Galaxis bestehende Gefahr und rückt weiter in die Dun-

> **Trekker-Quiz**
>
> 1 Wohin ist die Enterprise am Anfang der Episode unterwegs, um eine Ruhepause einzulegen?
> 2. Welche Größe hat die Sonne des Systems Gamma 7A?

kelzone vor. Kurze Zeit später taucht ein riesiger Einzellerorganismus auf. Spock, der weiß, daß man genaue Informationen über das Lebewesen braucht, fliegt mit einer Fähre in die Zelle hinein, um aus nächster Nähe einen Test vorzunehmen.

Im Inneren der Zelle lokalisiert er den Zellkern und macht eine weitere beunruhigende Entdeckung: Anhand der Chromosomenanordnung sieht es so aus, als sei sie im Begriff, sich zu teilen. Als Spocks Funksprüche enden, lenkt Kirk die *Enterprise* in die Zelle hinein. Im Kern angekommen, setzt man eine Sonde aus, die Antimaterie enthält. Kirk befiehlt volle Kraft nach achtern. Auf dem Weg ins Freie begegnet man Spocks Fähre und erfaßt sie mit zwei Traktorstrahlen. Dann explodiert die Antimaterie, zerreißt die Membran und schleudert Schiff und Fähre ins Freie.

DAS LOCH IM WELTRAUM

Anmerkungen
Allem Anschein nach hat Picards Mannschaft nicht viel Zeit damit zugebracht, die Logbücher der alten Enterprise *zu lesen: In der ST/DNJ-Episode ›Illusion oder Wirklichkeit‹ (*WHERE SILENCE HAS LEASE*) begegnen Picard & Co. ebenfalls einer Dunkelzone. Als Picard Data bittet, die Unterlagen nach ähnlichen Begegnungen zu befragen, kann der Androide nichts finden.*

Höhepunkte
Diese Folge zeigt einige entzückende Bilder des Organismus und der sie durchfliegenden Enterprise *und der Fähre.*

Handlungsschwächen
- Das Hin- und Hergehüpfe zwischen dem alten und dem metrischen System wird fortgesetzt. Spock gibt bekannt, der Organismus sei 11 000 Meilen lang; später sagt Kirk, die Sonde könne ›Tausende von Kilometern‹ weit treiben, wenn man sie ins Innere des Organismus schösse.
- Als Spock nach oben greift, um die Hangartür zu öffnen, damit er das Schiff verlassen kann, hält McCoy seine Hand fest. Sieht man genau auf den Atmosphärenanzeiger der Schalttafel, erkennt man, daß der Fährenhangar gar nicht mit Sauerstoff geflutet ist! Wollte Spock den Durchgang zum Hangar wirklich öffnen, bevor er Atemluft enthält? Hat McCoy außerdem nicht dabei geholfen, die Fähre vor dieser Szene flugbereit zu machen? Wenn ja, warum hat er den Hangar nicht mit Sauerstoff geflutet?
- Als Kirk vorschlägt, den Organismus mit Antimaterie zu vernichten, wirkt die Mannschaft, als sei sie wirklich beeindruckt von der Brillanz des Captains. Hat man Antimaterie nicht erst kürzlich eingesetzt, um das Geschöpf in der Folge ›Tödliche Wolken‹ zu vernichten?
- Nach der Konfiguration der die Antimaterie enthaltenden Sonde läßt Kirk Chekov den Detonationszünder auf sieben

DAS LOCH IM WELTRAUM

Minuten einstellen. Dann plazieren sie ihn neben den Chromosomen und blasen zum Rückzug. Die Episode liefert keinen Hinweis darauf, daß die Sonde sich von ihrem Ziel entfernt. Warum also kann Kirk den Zünder nicht auf zehn Minuten einstellen, um dem Schiff ein paar zusätzliche Minuten zu geben? (Antwort: Weil es nicht halb so aufregend wäre!)

Grundlagenveränderungen
• In dieser Episode nimmt ein Schauspieler Sulus Platz am Ruder ein, der so aussieht wie Lieutenant Kyle (der u. a. auch in den Episoden ›Planeten-Killer‹, ›Die Stunde der Erkenntnis‹ und ›Ein Parallel-Universum‹ mitspielt). Außerdem steht er als Lieutenant Kyle im Abspann. Eigenartigerweise trägt er jedoch statt des üblichen roten Hemdes ein goldenes, und Kirk nennt ihn ständig ›Kowel‹.

Gerätekokolores
• Irgend jemand müßte mal den Maschinenraum putzen. In einer Szene ruckt das Schiff nach vorn und wirft Scott aus seinem Sitz. Als er aufsteht, ist seine Hose stark verschmutzt. (Auf dem Flaggschiff der Föderation würde ich etwas mehr Reinlichkeit erwarten.)
• Als McCoy sich weigert, ihm viel Glück zu wünschen, besteigt Spock die Fähre. Sie weist nach links. Dann rotiert sie auf ihrer Plattform und hebt ab. Deswegen war sie, als Spock einstieg, zur Vorderseite der *Enterprise* ausgerichtet. Sie vollführte eine Wendung und verließ das Schiff durch das Heck. Doch als sie in ›Reise nach Babel‹ mit Botschafter Sarek an Bord landet, macht sie eine Drehung, und der Botschafter steigt aus. Hier müßte die Fähre dem Heck der *Enterprise* zugewandt sein, da sie sich herumgedreht hat. Doch die Szene zeigt deutlich, daß sie nach *links* weist! (Die einzige Erklärung, die ich dafür finde, ist die, daß Spock und McCoy die Tür auf der gegenüberliegenden Hangarseite benutzt haben. Würde dies nicht aber heißen, daß man zwei mit dem Hangar ver-

DAS LOCH IM WELTRAUM

bundene Korridorkulissen hätte bauen müssen? [Zwinker, zwinker])

• Kirk hat den Spiegel in seiner Kabine noch immer nicht auf seine Körpergröße justieren lassen. In der Szene in seinem Quartier befindet er sich in Brusthöhe.

• Große Verwirrung um die Frage, welcher Knopf in der Lehne des Kommandosessels der Kommunikation dient. In dieser Episode drückt Kirk meist den obersten Knopf, aber mindestens einmal auch einen in der Mitte.

Quiz-Antworten

1. Raumstation 6
2. 4. Größe

244

DER ERSTE KRIEG

(A PRIVATE LITTLE WAR)

Sternzeit: 4211.4–4211.8

Als Kirk einen Planeten aufsucht, auf dem er dreizehn Jahre zuvor schon einmal gewesen ist, stellt er fest, daß sich die friedlichen Dörfler und Bergbewohner im Kriegszustand befinden. Noch überraschender ist, daß die Dörfler nun über Steinschloßgewehre verfügen. Zuvor kannten sie nur Pfeil und Bogen. Der schöne Planet weist aber noch andere Gefahren auf: Kirk wird urplötzlich von einer wilden, affenähnlichen Mugato-Bestie angefallen, die ihn mit ihren vergifteten Reißzähnen verletzt. Da die *Enterprise* die Kreisbahn verlassen hat, informiert Kirk McCoy, ein Einheimischer namens Tyree kenne ein Heilmittel gegen Mugatobisse.

> **Trekker-Quiz**
>
> 1. Welchen Dienstgrad hatte Kirk, als er den Planeten dreizehn Jahre zuvor besuchte?
> 2. Womit wollen die Klingonen die Dörfler nach den Steinschloßgewehren als nächstes ausstatten?

Der Arzt spürt den Mann schnell auf. Tyrees Frau Nona ist eine *Kahn-ut-tu* und kräutermedizinisch ausgebildet. Mit ihrer Hilfe kommt Kirk wieder auf die Beine.

In der Nacht bestätigt die Erkundung des nächsten Dorfes Kirks schlimmste Befürchtungen: Die Klingonen haben die Dörfler bewaffnet und geben sich alle Mühe, dies als normale Entwicklung darzustellen. Kirk beschließt, das Bergvolk mit den gleichen Waffen auszurüsten, damit das Gleichgewicht der Kräfte erhalten bleibt. Tyree und McCoy sind dagegen. Tyree verabscheut das Töten; McCoy meint, Kirk verletze damit die Erste Direktive. Auf Kirks Frage, ob er eine bessere

245

DER ERSTE KRIEG

Lösung kenne, muß McCoy klein beigeben. Nachdem die Dörfler Nona getötet haben, ist auch Tyree dem Töten nicht mehr abgeneigt. Sobald die *Enterprise* zurückgekehrt ist, bestellt Kirk einhundert Steinschloßgewehre.

Handlungsschwächen

• An einer Stelle sagt Kirk, der Bruch des Abkommens durch die waffenverteilenden Klingonen könne einen interstellaren Krieg auslösen. Von welchem Abkommen redet er? Meint er den auf Organia geschlossenen Friedensvertrag, der erst wenige Episoden zuvor in ›Kennen Sie Tribbles?‹ erwähnt wurde? Wenn die Klingonen das Abkommen brechen und erneut anfangen, die Föderation zu bekämpfen, besteht da nicht die Möglichkeit, daß die Organianer eingreifen?

• Der Mugatobiß scheint einen Zustand herbeizuführen, der mit der Totenstarre vergleichbar ist: Als das Bergvolk den verletzten Kirk in eine Höhle trägt, ragen seine Beine starr geradeaus, auch als die beiden Männer, die ihn tragen, die Hände unter seine Schenkel legen.

• Kirks Mißachtung der Ersten Direktive ist über ein Jahrzehnt alt: Als er den Planeten vor dreizehn Jahre erforschte, hat er Tyree von der Raumfahrt, von Phasern und von der Föderation erzählt.

• Welch ein Glück für unseren wackeren Captain, daß die Dörfler keine Reflexe haben: Beim abendlichen Vorstoß in ihr Dorf werden Kirk und McCoy beim Verlassen eines Gebäudes angehalten. Zwei Dörfler mit Steinschloßgewehren ergreifen sie und bringen sie zu einem unbekannten Ziel. Kirk haut dem einen plötzlich in die Magengrube, und McCoy verdrischt den anderen mit einem Gewehrlauf. Zwischen beiden Taten vergehen mehrere Sekunden, und in dieser Zeit zielt ein Dörfler ständig auf Kirks Brustkorb. Glücklicherweise fällt es ihm aber nicht ein, den Abzug zu betätigen. (Vielleicht ist seine Wumme auch gar nicht geladen.)

DER ERSTE KRIEG

Gerätekokolores

• Nachdem das Bergvolk den verletzten Kirk in eine Höhle gebracht hat, setzt McCoy einen Phaser ein, um einige Felsen zu erhitzen. Eine Großaufnahme zeigt, daß der Phaser kurze Salven ausstößt. Komischerweise nimmt McCoy den Daumen in dieser Zeit jedoch nie vom Drücker.

• Ich muß mal etwas über die *Kahn-ut-tu*-Frauen sagen: Sie haben wirklich hübsche Schühchen. Kurz nachdem Nona Kirk heilt, hilft Tyree ihr ins Bett. Als sie die Füße unter die Decke zieht, trägt sie Pumps. Später springt sie barfuß durch ein steiniges Gelände.

• Während der ersten Mission auf dem Planeten schießt ein Dörfler auf Spock. Somit verbringt er den größten Teil der Folge im Lazarett. In einer Szene zeigt eine Großaufnahme des medizinischen Meßgeräts, daß er keinen Puls mehr hat, obwohl ein Toneffekt das Gegenteil behauptet.

• Nachdem Nona Kirks Phaser gestohlen hat, begegnet sie einer Gruppe von Dörflern. Sie bedroht sie mit der Waffe, wird aber trotzdem angegriffen. Eine Großaufnahme zeigt, daß ihr Daumen von einem Phaserknopf zum anderen wandert, ohne daß sie abdrückt. Warum funktioniert die Waffe nicht? Wenn Phaser so schwierig zu bedienen sind, warum duckt Kirk sich dann, als Okmyx und Krake in ›Epigonen‹ damit spielen?

Anschluß- und Produktionsprobleme

• Schon wieder eine verblüffende Tatsache aus der Galaxis des Wissens, auf die man beim faszinierenden Studium der Exobiologie gestoßen ist: Der Mugato – das riesige, wilde, schreckliche Biest mit dem Saurierkamm auf dem Rücken und den tödlich-giftigen Reißzähnen – hinterläßt die Fußabdrücke eines *Kaninchens.* Sie sind wirklich identisch mit denen des großen weißen Kaninchens aus ›Landeurlaub‹. Wahrscheinlich nur deswegen, um zu zeigen, daß man die Bösartigkeit eines Tiers nicht an den Spuren erkennen kann, die es hinterläßt.

DER ERSTE KRIEG

● Bei der Flucht Kirks, McCoys und Tyrees aus dem Dorf haben die Tonfritzen mehrmals vergessen, die Geräusche der Querschläger einzufügen. Als das Trio durch den letzten Torbogen rennt, sieht man nur geräuschlosen Pulverdampf.

● Gleich nach dem letzten Kampf mit dem Bergvolk sinnieren Kirk und McCoy über die neue Gewalt nach, die die friedliche Welt eingeholt hat. McCoy schaut plötzlich nach unten, Kirk blickt zu ihm hin, und der Arzt zieht einen Kommunikator aus seinem Beutel. Sollte da etwa ein Zirpen vergessen worden sein, das für ihre Reaktion verantwortlich ist?

Quiz-Antworten

1. *Lieutenant*
2. *Waffen mit gezogenem Lauf, die genauer und weiter schießen*

DIE JUNGS AUF'M GANG

Wie man sich bei Starfleet
Frauen gegenüber verhält

Kreative Bemühungen existieren nicht im luftleeren Raum. Wer etwas kreiert, füllt das, was er zur Welt bringt, mit vielen Ansichten und Einstellungen. Zudem fließt die gegenwärtige gesellschaftliche Haltung mit in die Gestaltung ein, besonders in einem so öffentlichen und weitreichenden Medium wie dem Fernsehen. Ich habe auf dieser Grundlage eine Liste von Aussagen und Situationen aus *Raumschiff Enterprise* zusammengestellt, die einiges Licht auf die grundlegende Einstellung gegenüber Frauen und ihrer Rolle am Arbeitsplatz wirft. Außerdem habe ich den Filmen einige Aussagen und Situationen entnommen. Das Jahrzehnt zwischen der Ausstrahlung von ›Gefährlicher Tausch‹ und der Uraufführung von *Star Trek: Der Film* hat in der Einstellung Frauen gegenüber viele Veränderungen erlebt. Die Kinofilme reflektieren diese Veränderung. Für mich ist es hin und wieder interessant, innezuhalten und eine Bestandsaufnahme unserer jüngsten Geschichte zu machen. Folgen Sie mir zu einer – wie ich meine – holprigen Fahrt in die Vergangenheit.

1. *Die Rolle weiblicher Unteroffiziere.* In den meisten Episoden von *Raumschiff Enterprise* füllen Frauen die Rolle von Unteroffizieren aus. Sie sind kaum mehr als gern gesehene Sekretärinnen; sie bringen den Kaffee, reichen den Stabsoffizieren Schreibunterlagen, wenn diese etwas unterzeichnen müssen, und nehmen mit Hilfe von Tricordern Diktate auf. Obwohl es stimmt, daß dies der normale Aufgabenbereich von Unteroffizieren ist, sind die, die diese Rolle ausfüllen, allzu häufig weiblichen Geschlechts.

DIE JUNGS AUF'M GANG

2. *Lechzen als tolerierte Handlung.* (Das lüsterne Geschiele findet meist auf dem Gang statt, deswegen der Titel dieses Kapitels.) In ›Implosion in der Spirale‹ glotzt Riley auf dem Weg ins Lazarett eine Frau an. In ›Die Frauen des Mr. Mudd‹, schiebt ein Techniker den Kopf um die Ecke und gafft drei vorbeigehenden Frauen hinterher. In ›Tödliche Spiele auf Gothos‹ prüft Kirk einen weiblichen Unteroffizier auf Tauglichkeit. In ›Gestern ist morgen‹ mustert Christopher, kurz bevor er mit Kirk zusammen in den Turbolift steigt, einen weiblichen Unteroffizier von oben bis unten. In *Star Trek: Der Film* gafft Sulu Ilia ganz offen an. Am Ende von *Star Trek V: Am Rand des Universums* bewundern Sulu und Chekov Axis. Die bei weitem schlimmsten Beispiele anzüglichen Gaffens kommen in der ersten Staffel der Fernsehserie vor. Am Ende von ›Kirk : 2 = ?‹ mustert sogar Spock Bootsmann Rand mit einem langen, eingehenden Blick, und in ›Die Frauen des Mr. Mudd‹ verweilt die Kamera lange auf den schwingenden Hinterteilen der drei Schönheiten. Man hat den ganzen Bildschirm damit gefüllt. In einem angemessenen »Wie du mir, so ich dir« genießt Dr. Gillian Taylor den Ausblick, als Kirk in *Star Trek IV: Zurück in die Gegenwart* um ihren Laster herumgeht.

3. ›Girl‹ *als Bezeichnung für erwachsene Frauen.*[60] Obwohl Vina eindeutig erwachsen ist, wird sie als orionisches Sklavenmädchen [slave girl] bezeichnet. (Sie wird auch als lasterhaft und verführerisch hingestellt und läßt sich tatsächlich gern mißbrauchen. Ich frage mich, ob sich ein Mann oder eine Frau diese Figur ausgedacht hat.) In ›Kirk unter Anklage‹ versucht Kirk Lieutenant Areel Shaw beim Gespräch über den bevorstehenden Prozeß zu überre-

---

[60] Es scheint eine typisch amerikanische Marotte zu sein, erwachsene Frauen als Mädchen zu bezeichnen. In dieser Hinsicht kann man der deutschen Fassung allerdings keine Vorwürfe machen.

DIE JUNGS AUF'M GANG

den, ihn zu verteidigen. Als sie erwidert, sie sei mit einem anderen Fall beschäftigt, erwidert Kirk, ein ›Girl‹[61] mit ihren Fähigkeiten müsse doch in der Lage sein, zwei Fälle gleichzeitig zu bearbeiten. Bezüglich Dr. Miranda Jones – einer ausgebildeten Telepathin, die als Verbindung zu den strategisch wichtigen Medusen agieren soll – warnt McCoy Kirk, sie sei nicht nur »so ein Girl«. In ›Strahlen greifen an‹ bezeichnen Kirk, Spock und McCoy allesamt Lieutenant Mira Romaine als ›Girl‹, ebenso die Zetarier. Man darf nicht vergessen, daß Romaine ein Projekt leitet, das neue Instrumente nach Memory Alpha bringt, einem wichtigen Daten-Lagerhaus. Andererseits beschimpft Dr. Carol Marcus Captain Terrell von der *Reliant,* indem sie ihn und seine Leute in *Star Trek II: Der Zorn des Khan* als ›Boys‹ bezeichnet.

4. *Das Thema Ehe.* Bezüglich der Ansichten der Macher existieren nur wenige Anhaltspunkte zu der Frage, was geschieht, wenn weibliche Flottenoffiziere heiraten. Meinem Wissen nach zeigt keine Folge der Fernsehserie und kein Kinofilm ein auf einem Raumschiff beschäftigtes Ehepaar. In ›Spock unter Verdacht‹ kommt zwar eine Hochzeit vor, aber sie wird nie beendet. Als Kirk alle Mann auf die Stationen befiehlt und Bräutigam und Braut zwingt, an ihren Arbeitsplatz zurückzukehren, macht der zukünftige Ehemann eine ziemlich rätselhafte Aussage: Als die Braut sagt, so leicht entginge er ihr nicht, erwidert er, im Moment sei er immerhin noch ihr Vorgesetzter. Diese Aussage ist für sich recht harmlos, doch in ›Der Tempel des Apoll‹ sinniert Kirk über Lieutenant Palomas nach und meint, sie werde eines Tages den Richtigen finden und ohnehin aus dem Dienst ausscheiden. Tja, ziehen Sie mal Ihre eigenen Schlüsse.

---

[61] In der deutschen Fassung sagt er »eine Frau«.

DIE JUNGS AUF'M GANG

5. *Starfleet Command als Club, der nur Jungs aufnimmt.* ›Gefährlicher Tausch‹ verdeutlicht, daß es – damals – noch keine weiblichen Captains gab. *Star Trek V: Zurück in die Gegenwart* durchbricht diese Barriere, indem sie uns den ersten weiblichen Captain auf der USS *Saratoga* vorführt.

6. *Vina.* Laut ›The Cage‹ ist Vina auf Talos IV notgelandet. Da die Talosianer nicht wußten, nach welcher Vorlage sie sie wiederherstellen sollten, sind sie nach bestem Wissen vorgegangen. Wie das Ende der Episode zeigt, ist Vinas echtes Äußeres – zumindest nach dem populistischen amerikanischen Schönheitsideal – leicht deformiert. Die körperliche Entstellung hält sie davon ab, sich wieder in die menschliche Gesellschaft zu integrieren. Ein attraktives Äußeres ist ihr – auch wenn es sich nur um eine Illusion handelt – wichtiger als das Leben in der Realität. Das Verblüffendste daran: Pike ist mit ihrem Denken einverstanden.

7. *Uhura.* Manch einer sieht in der Kommunikationsoffizierin vielleicht nicht mehr als ein Fräulein vom Amt. Ihre Rolle in ›Pokerspiele‹ erweckt sicher diesen Eindruck. Im Lauf der Zeit hat man Uhuras Rolle jedoch ausgebaut: In ›Der Tempel des Apoll‹ erteilt Spock ihr den Auftrag, den ›B-4-Ersatzkanal‹ anzuschließen – eine Aufgabe, die sie für ›diffizil‹ hält. Spock sagt, er könne sich keinen Qualifizierteren für diese Arbeit vorstellen. Andererseits bezeichnet *Nomad* Uhuras geistige Prozesse in ›Ich heiße Nomad‹ als mangelhaft und chaotisch. Daraufhin erwidert Spock – offenbar als Erklärung –, sie sei eine Frau. *Nomad* äußert als letzte Botschaft, sie sei eine Masse sich widersprechender Impulse.

8. *Dr. Miranda Jones.* Die beleidigendste Behandlung einer Frau ist in der Episode ›Die fremde Materie‹ zu sehen:

DIE JUNGS AUF'M GANG

Nach dem Beschluß, Spock müsse eine Bewußtseinsverschmelzung mit Kollos herbeiführen, sucht Kirk eine Methode, um den mutmaßlichen Widerspruch zu neutralisieren, mit dem Jones dem Plan entgegentreten könnte. Statt sich mit ihr hinzusetzen und das Vorhaben zu besprechen, optiert er dafür, sie mit Männlichkeit zu beeindrucken – sicher, daß er sie so lange ablenken kann, bis Spock die Angelegenheit mit Kollos diskutiert hat. Es besteht die Möglichkeit, daß er so laviert, weil er den hohen Grad ihrer Eifersucht in Sachen Kollos wahrnimmt – nicht deswegen, weil sie eine Frau ist. Es fällt mir jedoch sehr schwer, mir vorzustellen, daß Kirk Jones, wäre sie ein Mann, von einem hübschen weiblichen Unteroffizier ablenken lassen würde.

9. *Diverses.* In ›Landeurlaub‹ legt Sulu einen Arm um Bootsmann Barrows, um ihr zu helfen, als sie durch den Wald spazieren. In ›Der Tempel des Apoll‹ sagt Apollo, Lieutenant Palomas sei sehr klug für eine Frau. ›Der Wolf im Schafspelz‹ postuliert, daß Frauen schreckhafter sind als Männer. In ›Das Loch im Weltraum‹ sagt Kirk zweimal, er sehne sich nach einer Ruheperiode auf einem schönen Planeten – und begafft dabei jedesmal lüstern einen weiblichen Bootsmann. Die Romulaner, bei denen Männer und Frauen auf der Kommandoebene gleiche Chancen haben, kleiden ihre Kommandantin in ›Die unsichtbare Falle‹ in Minirock und Schaftstiefel. In ›Strahlen greifen an‹ teilt Scott Lieutenant Mira Romaine mit, sie sei die vernünftigste, klügste und netteste Frau, die er je an Bord erlebt habe. (Soll das heißen, daß er die anderen Frauen für nur teilweise vernünftig hält?)

GEIST SUCHT KÖRPER
(RETURN TO TOMORROW)

Sternzeit: 4768.3-4770.3

Kirk, Spock, McCoy und Dr. Ann Mulhall beamen in eine Kammer unter der Oberfläche eines nicht kartographierten Planeten, wo sie der Entität Sargon begegnen, die in Form von geistiger Energie existiert und in eine Kugel gesperrt ist. Vor einer halben Million Jahre haben sich die Wesen aus Sargons Volk, die damals humanoide Form besaßen, so weit entwickelt, bis sie sich für Gottheiten hielten. Danach folgte ein schrecklicher Krieg, der die Ober-

> **Trekker-Quiz**
>
> 1. Welches ist Dr. Ann Mulhalls Fachgebiet?
> 2. Wann hat Sargons Volk die Planeten in der Umgebung kolonisiert?

fläche des Planeten verwüstet hat. Aus Scham haben die Überlebenden die Kammer gebaut, die besten Angehörigen beider kriegführender Parteien ausgewählt und in die Kugeln transferiert, damit ihr Wissen erhalten bleibt. Nur drei von ihnen leben noch: Sargon, seine Gattin Thalassa, und Henoch, ein früherer Gegner. Die drei äußern den Wunsch, sich für eine Zeit in Kirk, Mulhall und Spock zu versetzen, um Androidenkörper für sich zu bauen.

Da das Lernpotential zu groß ist, als daß sie dieses Ersuchen ablehnen könnten, stimmen die Offiziere zu. Henoch weiß, daß Sargon ihm nie erlauben wird, Spocks Körper zu behalten; deshalb plant er seinen Tod: Er verändert die Formel des Serums, das Spock und die beiden anderen einnehmen müssen, um ihre körperliche Funktionen zu stabilisieren. Bald sieht es so aus, als liege Sargon im Sterben. Thalassa, die anfangs darüber verhandelt, Mulhalls Körper ebenfalls zu

GEIST SUCHT KÖRPER

behalten, wird schnell klar, daß die Verlockungen zu groß sind. Dann meldet sich Sargon über den Schiffscomputer – erfreut, daß auch sie zu diesem Schluß gekommen ist. Zusammen überwältigen sie Henoch und reisen ab.

Anmerkungen
In einer ›Kaum zu glauben‹-Szene sieht Thalassa sich im Deckel einer metallenen Pfanne. (In Wahrheit blickt sie in die sie aufnehmende Kamera, damit wir ihr Gesicht sehen und glauben, sie sähe sich selbst ... doch das nur nebenbei.) Überraschenderweise hat Shahna ein paar Episoden vorher in ›Meister der Sklaven‹ genau das gleiche getan. Und noch überraschender: Beide Frauen sehen sich im gleichen Deckel!

Kernige Dialoge
»Ich halte es aber nicht für schädlich, mir Diagramme davon anzusehen.« – Scott, der sich breitschlagen läßt, für den Transfer zu stimmen, nachdem Kirk sagt, Sargon könne ihnen zeigen, wie man einen Warp-Antrieb von Walnußgröße baut.

Höhepunkte
Auch hier bringen Shatner und Nimoy ein nettes Mienenspiel in ihre Darstellung ein: Als Kirk am Ende der Episode entdeckt, daß Sargon das Bewußtsein Spocks zeitweise in Schwester Chapel versetzt hat, dreht er sich um und grinst ihn an. Spock hebt nur eine Braue.

Handlungsschwächen
• Zwei Bordwachen stehen zusammen mit Kirk, Spock, McCoy und Mulhall auf der Transporterplattform, um auf den Planeten zu beamen. Als Sargon die Kontrollen bedient, läßt er die Wachen zurück. Bei der Diskussion über diese Wendung der Ereignisse beziehen sich Spock und Scott auf zwei

GEIST SUCHT KÖRPER

Wachen, doch Kirk redet in der Einzahl, als er fragt, ob die Wache noch an Bord sei.

• Die Entwicklung der Handlung basiert in dieser Folge auf zwei notwendigen Grundlagen: Erstens muß Henoch Sargon ausschalten. Also nahm man sich vor, das Metabolismusserum als Mechanismus für diesen ersten Bestandteil zu verwenden. Leider führt dies zu einem unvermeidlichen Handlungsfehler: Warum hat Sargon McCoy die Formel nicht einfach diktiert? (Ich weiß zwar, daß ihr Androidenkörperbauverfahren nach ›manueller‹ Tätigkeit verlangt, aber dabei geht's doch nur um das simple Mischen von Chemikalien. Zudem hat McCoy schon zuvor am Metabolismus der Mannschaft herumgepfuscht. In ›Das Loch im Weltraum‹ hat er Stimulanzien verabreicht, um sie auf den Beinen zu halten.)

Auch die zweite Komponente – Thalassas zeitweilige Verlockung, Mulhalls Körper zu behalten – hat ihr Problem: Die Motivation des Sinneswandels ist in ihrem Abscheu vor dem steril wirkenden Androidenkörper begründet. Aber warum kann man nicht mit einer unzureichenden Hülle anfangen und sie dann allmählich verbessern? Sargon ist doch offenbar auch im Inneren des Schiffscomputers seiner sämtlichen Fähigkeiten mächtig. Selbst wenn es nicht ginge: Zwei andere Episoden haben gezeigt, daß Androidenkörper – zumindest kosmetisch – demjenigen weit überlegen sind, den Sargon, Thalassa und Henoch gebaut haben. Ich bezweifle, daß Thalassa etwas gegen einen Körper wie jenen hätte, der Andrea bzw. Alice ziert (siehe ›Der alte Traum‹ und ›Der dressierte Herrscher‹). Wenn die drei uralten Wesen wirklich so klug sind, wieso können sie dann keine Androidenleiber herstellen, die wenigstens denen nahekommen, die man schon in der Serie gesehen hat?

• Als Thalassa Sargon überreden will, in Kirks Körper zu bleiben, küßt sie ihn und sagt: »Können Roboterlippen das auch?« Nun ... ja. Sie erzeugen vielleicht in einem nicht die gleichen Gefühle, aber berühren können sie einen auch.

GEIST SUCHT KÖRPER

- Einmal will Thalassa mit McCoy einen Handel abschließen, um in Mulhalls Körper bleiben zu können. Sie sagt, wenn er schweigt, werde niemand es merken. Sie sollte dies lieber leiser sagen, wenn es ihr ernst ist, oder schweigen – es sei denn, sie befindet sich nicht in einem Raum, in dem alle Stimmen solche Echos werfen wie die ihre.

- Am Ende der Episode borgen sich Thalassa und Sargon Kirks und Mulhalls Körper noch einmal für einen Abschiedskuß aus. Was machen Kirks und Mulhalls Bewußtsein in dieser Zeit? Zuvor wurde ihr Geist stets in die Kugeln oder einen anderen Menschen transferiert. Doch nun sind die Kugeln vernichtet, und niemand verhält sich so, als sei er plötzlich übernommen worden. Hat Sargon sie in den Computer verfrachtet?

Grundlagenveränderungen

- Als Spock erklärt, Sargon sei »formlose Materie, reine Energie«, erwidert Kirk: »Unmöglich.« Der Companion aus ›Metamorphosen‹ bestand ebenfalls aus Energie. Die Vampirwolke in ›Tödliche Wolken‹ existierte an der Grenze zwischen Materie und Energie, und Redjac in ›Der Wolf im Schafspelz‹ konnte sich in Menschen und Computer versetzen. Warum soll Sargons Existenz also ›unmöglich‹ sein? (Abgesehen von der Tatsache, daß reine Energie sowieso keine Materie enthält, ist Spocks Aussage reiner Quatsch. Hmmm. Vielleicht sagt Kirk *deswegen* »Unmöglich«. Er meint gar nicht Sargon. Er meint Spocks physikalisches Wissen.)

Gerätekokolores

- In einer Szene bringt Spock Thalassa einen gebogenen Gegenstand mit Aufklappdeckel, der Normans Magen aus ›Der dressierte Herrscher‹ sehr ähnlich sieht.

Anschluß- und Produktionsprobleme

- Als Kirk, Spock und Mulhall auf den Planeten beamen wollen, ändert sich der Kamerawinkel und zeigt Scott an

GEIST SUCHT KÖRPER

der Transportersteuerung. Man achte auf die Rückseite der Haube in der Konsolenmitte. Man erblickt den Schatten einer sich blitzartig zurückziehenden Hand. Offenbar ist jemand von der Produktionsmannschaft dem Ding zu nahe gekommen, hat seinen Fehler erkannt und sich eilig zurückgezogen, da alle anderen Anwesenden angeblich auf der Plattform stehen.

Quiz-Antworten

1. Astrobiologie
2. Vor 6000 Jahrhunderten

PATTERNS OF FORCE[62]

Sternzeit: 2534.0

Die *Enterprise* nähert sich dem Planeten Ekos, um John Gill zu überprüfen, einen Kulturbeobachter der Föderation. Gill ist vor mehreren Jahren auf dem Planeten gelandet, um den Fortschritt der primitiven und kriegerischen Einheimischen zu überwachen. Als Kirk und Spock ihr Ziel erreicht haben, finden sie sich in einer Imitation Nazi-Deutschlands wieder. Die Bewohner Zeons, eines anderen Planeten des Sonnensystems, haben den Ekosianern seit Jahren bei der Entwicklung zur Seite gestanden.

> **Trekker-Quiz**
>
> 1. Welchen Dienstgrad verkörpert die erste Nazi-Uniform, die Spock anzieht?
> 2. Wohin bringen die Nazis Kirks und Spocks Phaser?

Nun hat die Regierung ihnen den Krieg erklärt und bestimmt, die ekosischen Städte seien von den Zeoniten zu säubern. Den größten Schock erlebt Kirk, als er erfährt, daß Gill der *Führer* ist.

Kirk und Spock bekommen Kontakt zum ekosischen Widerstand und schleichen sich ins Nazi-Hauptquartier. Dort finden sie auch Gill, aber sie erkennen schnell, daß er unter Drogen steht und nur als Galionsfigur verwendet wird. Gill hat die Einheimischen ursprünglich in die Vorstellungen der Nazis eingeführt, um sie effizienter zu machen. Dann hat ein skrupelloser Ekosianer namens Melakon ihn kaltgestellt und die Bewegung zu dem gemacht, was ihre Ideologie verlangt. In

---

[62] Dies ist die einzige Episode, die nicht in einer deutschsprachigen Fassung existiert.

PATTERNS OF FORCE

letzter Sekunde kann Kirk Gill soweit wecken, daß er eine Rede hält, die Melakon entlarvt. Dies ermutigt die friedlicheren ekosischen Führer, die Regierung zu stürzen und das Töten einzustellen.

Anmerkungen
Der ständige Uniformwechsel muß bei dieser Episode ein Anschluß-Alptraum gewesen sein[63]. Man hat aber das Beste getan, um keine Verwirrung zu stiften.

Handlungsschwächen
• Die Episode enthält mehrere Dialogzeilen, die zu erklären versuchen, aus welchem Grund ein Wissenschaftler ein System wie das Nazi-Deutschlands begründen sollte. Gill ist doch angeblich ein versierter Historiker! Dann müßte er auch wissen, daß absolute Macht absolut korrumpiert.

• Um Gill zu testen, verlassen Kirk und die anderen während einer Rede des ›Führers‹ den Raum. Könnten die Nazis dies nicht für respektlos halten?

Gerätekokolores
• Man sollte annehmen, Kirk & Co. müßten früher oder später auf die Idee kommen, man könnte ihnen bei ihren Missionen in feindlicher Umwelt irgendwann die Phaser wegnehmen. Trotzdem nehmen sie die hochentwickelten Geräte immer mit, wenn sie technisch primitive Zivilisation besuchen. Noch schlimmer: In dieser Folge lassen sie die Waffen sogar auf Ekos zurück!

• Die Kamera, die Gills Fernsehansprache aufnehmen soll, befindet sich an der falschen Wand: Sämtliche Aufnahmen stammen von einer Kamera, die sich direkt vor Gill befinden

---

[63] Ganz zu schweigen von dem bestimmt nicht geringer zu veranschlagenden Alptraum, daß mit William Shatner und Leonard Nimoy ausgerechnet zwei Juden in SS-Uniformen schlüpfen mußten.

PATTERNS OF FORCE

müßte, aber das Objektiv ragt aus einer Seitenwand hervor. Aus dieser Position müßte es ein tolles Bild der Wand gegenüber liefern. Oder filmt es irgendwie um die Ecke?

Anschluß- und Produktionsprobleme
• Die einmontierte Szene der auf die *Enterprise* zurasenden Rakete stammt aus der Episode ›Reise nach Babel‹.

Quiz-Antworten

1. Lieutenant
2. Ins Gestapo-Hauptquartier

STEIN UND STAUB
(By Any Other Name)

Sternzeit: 9657.5-9658.9

Nachdem eine Gruppe von Kelvanern ein falsches Notsignal abgesandt hat, übernimmt sie die *Enterprise.* Obwohl die Gruppe klein ist, verfügt sie über eine starke Technik. Sie lähmen nicht nur die Besatzung, sie können Menschen auch in kleine Chemikalienblöcke verwandeln. Ihr Anführer Rojan weiht Kirk in seine Pläne ein: Die Kelvaner stammen aus der Galaxis Andromeda. Sie brauchen eine neue Heimat und haben Teams ausgesandt, die sich in den umliegenden Galaxien umschauen. Rojan will die *Enterprise* so

> **Trekker-Quiz**
> 1. Welcher Substanz gleichen laut Spock die Gitter der Höhle auf dem Planeten?
> 2. An welcher Krankheit hat Spock laut McCoy vor zehn Jahren gelitten?

modifizieren, daß sie die Reise bis zur Andromeda-Galaxis in nur dreihundert Jahren schafft. Dort angekommen, sollen seine Nachfahren die kelvanische Regierung informieren, daß die Milchstraße eine Eroberung wert ist.

Die Kelvaner führen ihre Pläne schnell durch und verwandeln die gesamte Mannschaft bis auf vier Offiziere in Blöcke. Obwohl technisch im Nachteil, tüfteln Kirk, Spock, McCoy und Scott einen Plan aus. In ihrem natürlichen Zustand sind die Kelvaner riesige, vielarmige Geschöpfe mit leistungsfähigem Gehirn. Sie haben menschliche Gestalt angenommen, um die *Enterprise* zu bedienen, und werden von der Vielfalt der Gefühle humanoider Körper beeinträchtigt. Die vier Offiziere nutzen jedes Mittel, um die Sinne der Kelvaner zu stimulieren. Schließlich überzeugt man sie, daß sie, wenn das

STEIN UND STAUB

Schiff die Andromeda-Galaxis erreicht, mehr menschlich als kelvanisch empfinden werden. Daraufhin gibt Rojan Kirk die Kontrolle über das Schiff zurück.

Anmerkungen

Um die Fähigkeit der Kelvaner zu beweisen, daß man Menschen auf Chemikalienblöcke reduzieren kann, wählen Rojans Leute einen Mann und eine Frau aus. Hinterher bringt ein Kelvaner Rojan die beiden Blöcke. Er zermatscht einen – was den Tod des Menschen bedeutet – und wirft den anderen zu Boden, den seine Leute wieder zusammensetzen. Hier hätte man rasch einen Fehler machen können, aber die sorgfältige Untersuchung der Würfel zeigt, daß die Macher korrekt vorgegangen sind. Gute Arbeit!

Als Scott einen Kelvaner mit Alkohol stimuliert, holt er eine neue Flasche und bezeichnet sie als ›grün‹. Viele Jahre später zitieren die ST/DNJ-*Macher diese Szene mit Scott und Data in der Episode ›Besuch von der alten Enterprise‹ (RELICS).*

Kernige Dialoge

»Ich stimuliere ihn.« – Kirk zu Spock und McCoy, als er seinen Streit mit Rojan erklärt.

Höhepunkte

Diese Folge enthält einige wunderbare Augenblicke mit Spock in der Rolle des Anti-Amor. Seine Worte stacheln Rojans Emotionen auf und nähren seine Eifersucht.

Handlungsschwächen

• Wieso spricht die Kelvanerin Kelinda mit britischem Akzent?[64] Die Kelvaner sind doch nie auf der Erde gewesen und Europäern begegnet. Woher können derartige Spracheigenheiten kommen? Und da wir gerade dabei sind: Wieso

---

[64] Ach, wirklich?

STEIN UND STAUB

sprechen sämtliche anderen Kelvaner mit *amerikanischem* Akzent?[65]

• Um Spock zum Schiff zurückzubringen, weist Kirk ihn an, sich in starke Trance zu versetzen. Spock bereitet sich kurz darauf vor und fällt dann in Kirks und McCoys Arme. Wäre es nicht *logischer,* sich hinzulegen und sich *dann* in Trance zu versetzen?

• Als die *Enterprise* die Energiebarriere durchfliegt, wandeln die Kelvaner alle unwichtigen Personen in Chemikalienblöcke um. Überraschenderweise lassen sie Kirk ungeschoren. In ›Computer M5‹ hingegen wird klargestellt, daß der Captain eines Raumschiffes nur zum Erteilen von Befehlen benötigt wird. Und in ›Stein und Staub‹ hat Rojan diesen Posten übernommen.

• Außerdem ist es ziemlich überraschend, daß McCoy einen Kelvaner ›stimulieren‹ kann, indem er ihm eine Injektion verabreicht. Sind die Kelvaner sich ihrer Fähigkeiten so sicher, daß sie nicht mal argwöhnen, der gegnerische Arzt könnte etwas *Ungesundes* in die Spritze tun?

• Einmal sucht Kirk Kelinda auf, um sich zu entschuldigen, weil er sie beim Fluchtversuch aus der Höhle geschlagen hat. Nachdem er sich ›entschuldigt‹ hat, betritt Rojan den Raum. Er kommt durch eine Tür an der Kabinenseite. Ich glaube, dies ist eine *Enterprise*-Premiere: Die Episode beweist, daß auch Weltraumfahrer aufs Klo müssen! (Natürlich kann ich nicht beweisen, daß die Tür ins Bad führt, aber die ›offiziellen‹ Baupläne der Kirk-*Enterprise* identifizieren sie als solche.)

• Gegen Ende der Folge schlägt Kirk vor, Rojan solle ein Abkommen mit der Föderation treffen, das den Kelvanern Planeten in der Milchstraße zu Kolonisationszwecken zuweist. Hat er Rojans Aussage vom Anfang der Episode vergessen? Er hat doch deutlich gemacht, daß die Kelvaner auf Erobe-

---

[65] Noch verblüffender: Wieso sprechen sie in der deutschen Fassung Deutsch? Haben sie (wie Anno Tobak die Marsmenschen) unsere Rundfunksender abgehört?

STEIN UND STAUB

rung aus sind. Ist die Föderation wirklich scharf darauf, solchen Typen auch noch eine Einladung zu schicken? Hat sie nicht schon genug Feinde, derer sie sich erwehren muß?

Grundlagenveränderungen
• Einmal manipulieren Spock und Scott das Schiff, damit es bei einer Berührung der Energiebarriere explodieren soll. Sie schätzen korrekt ein, daß man die Kelvaner aufhalten muß, bevor sie ihren Vorgesetzten zur Kenntnis bringen können, daß die Milchstraße eroberungsreif ist. Doch als sie Kirk von ihrem Plan erzählen, erwidert er: »Seid ihr irre?« Er scheint entsetzt, daß man ihm so etwas vorschlagen kann. Interessanterweise vernichtet er jedoch ein paar Episoden später (›Bele jagt Lokai‹) beinahe selbst das Schiff, als Bele es zeitweise kontrolliert.

Anschluß- und Produktionsprobleme
• Ich glaube nicht, daß Shatner die angebliche Wirkung des Neuralfeldes voll und ganz versteht. Rojan behauptet, es neutralisiere die Nervenimpulse zu den Muskeln. Kirks Fähigkeit, mit den Augen zu rollen – er müßte starr blicken –, zeigt aber eindeutig, daß er seine Muskeln beherrscht, denn unserer wackerer Captain blickt sich beim ersten Mal, als man ihn dem Feld aussetzt, fortwährend um.
• Auch Uhura kann unter dem Einfluß des Feldes mit den Augen zwinkern.
• Um einen Kelvaner zu stimulieren, nimmt Scott den Burschen mit in sein Quartier und macht ihn betrunken. In einer Szene wirft Scott eine leere Flasche über die Schulter zur Tür.

Quiz-Antworten

1. *Diburnium*
2. *Rigelianisches*
   Kassabafieber

Der Tonfritze hat hier das Geräusch einer zerbrechenden Flasche einkopiert – aber später bricht Scott vor eben dieser Tür zusammen, und die zu seinen Füßen liegende Flasche ist ganz.

265

DAS JAHR DES ROTEN VOGELS
(THE OMEGA GLORY)

Sternzeit: Unbekannt

Nach dem Auffinden der USS *Exeter* in der Kreisbahn um Omega IV (an Bord sind alle tot), beamen Kirk, Spock und McCoy auf den Planeten. Dort angekommen, stoßen sie auf Ronald Tracey[66], den Captain der *Exeter,* der aussagt, seine Mannschaft sei an einem biologischen Wirkstoff gestorben, den eine Landegruppe von dem Planeten eingeschleppt habe. Doch zum Glück existiert auf dem Planeten irgend etwas, das dagegen immun macht. Allerdings hat Tracey die Erste Direktive

> ### Trekker-Quiz
>
> 1. Wie viele Raumfähren befinden sich auf der Exeter?
> 2. Wie hieß der Enterprise-Offizier, den Tracey getötet hat?

schwerstens verletzt: In dem Glauben, das Gegenmittel verlängere auch das Leben, hat er seinen Phaser eingesetzt, um den Kohms beim Kampf gegen ihre Feinde, die Yangs, beizustehen. Tracey sieht einen potentiellen Gewinn und verlangt, McCoy solle die lebensverlängernde Substanz isolieren. Die Forschungen des Arztes zeigen aber nur, daß die Bewohner des Planeten länger leben, weil ihre Stärksten einen furchtbaren Krieg mit biologischen Waffen überlebt haben.

Inzwischen starten die Yangs mal wieder eine Attacke und überfallen die Ortschaft. Kirk schaut in verblüfftem Schweigen

---

[66] In der deutschen Fassung erleidet Captain Tracey das Schicksal, das hierzulande unweigerlich allen Trägern seines Vornamens (ob Lump oder Übersetzer) blüht: *Ronald* wird aufgrund der Schusseligkeit des Synchronsprechers zu *Roland.*

DAS JAHR DES ROTEN VOGELS

zu, als ein Yang eine Flagge heranschleppt, die mit dem Sternenbanner der USA identisch ist. Auf dem Planeten haben die ›Kohms‹ – bzw. Kommunisten – irgendwann einen großen Sieg über die Yangs – bzw. Yankees – errungen, die nun wieder an die Macht kommen. Noch erstaunlicher: Die ›heiligen Worte‹ der Yangs entpuppen sich als exaktes Duplikat der amerikanischen Verfassung. Vor der Abreise drängt Kirk die Yangs, die heiligen Worte nicht nur für sich, sondern auch für die anderen gelten zu lassen.

Handlungsschwächen

• Kirk muß einen unglaublich harten Schädel haben. Als er aus der Gefängniszelle ausbricht, verdrischt ihn ein Yang namens Cloud William mit einer *Eisenstange!* Und zwar mit vollem Karacho, weil der Bursche ein echter Kleiderschrank ist. Müßte ein Hieb mit einem solchen Instrument unseren wackeren Captain nicht umbringen?

• Hier haben wir es wieder mit einem klassischen SF-Thema zu tun: Angenommen, die Kommunisten hätten einen atomaren Weltkrieg gewonnen? Dann gehörte die Story in die Abteilung »Jemand hat mittels Zeitreise den Verlauf der Geschichte verändert« bzw. »Wir befinden uns in einem Paralleluniversum«. Leider triebe dies die Entwicklung der Parallelwelt etwas zu weit. Parallele Entwicklung der Sprache? (›Yangs‹ statt Yankees) Parallele Entwicklung einer Flagge, die mit der der USA identisch ist? (Es sieht wirklich rührend aus, als der Typ mit der Flagge den Raum betritt.) Parallele Entwicklung des Bündnisgelöbnisses? Parallele Entwicklung der US-Verfassung – die Schriftzeichen inklusive?

• Am Ende der Folge schwört Cloud William Kirk, man werde die Worte der Verfassung hochhalten, was den Captain sehr zu freuen scheint. Die Sache hat nur einen Haken: Cloud hat geglaubt, die ersten drei Worte des Dokuments hießen: »E Pleb Neesta.« Was, um alles in der Welt, könnte »E Pleb Neesta« wohl bedeuten? Wenn es so weitergeht, wird

DAS JAHR DES ROTEN VOGELS

die Yang-Regierung bald die Regeln des Fizzbinspiels übernehmen, das Kirk in ›Epigonen‹ erfindet: »Man kann ein Gesetz im Kongreß verabschieden – außer montags, wenn Blätter auf dem Boden liegen.«

Grundlagenveränderungen

• Als Kirk über Traceys Einmischung in die Evolution des Lebens auf Omega IV nachsinnt, sagt er, der feierlichste Eid, den ein Captain abgeben kann, sei der, daß er mit seinem Leben, dem Leben seiner Mannschaft und seinem Schiff dafür einstünde, jede Verletzung der Ersten Direktive zu verhindern. Wieso unterscheiden sich Tracys Taten denn so grundlegend von seinen eigenen in den Episoden ›Krieg der Computer‹ und ›Die Stunde der Erkenntnis‹? Sind Kirks Handlungen nicht ebenso Einmischungen in die gesellschaftliche Entwicklung des Lebens auf den jeweiligen Planeten?

Anschluß- und Produktionsprobleme

• Gegen Anfang der Folge beamt ein Kommando zur *Exeter* hinüber. Da man nur leere Uniformen und kleine Kristallhäufchen vorfindet, schickt Kirk Spock aus, um den Rest des Schiffes zu durchkämmen. Als McCoy eine Uniform untersucht, die in der Mitte des Maschinenraums über einen großen Zylinder drapiert ist, ruft Kirk das Schiff an. Die folgende Sequenz zeigt verschiedene Abschnitte der *Exeter*. Verblüffenderweise ist in einer Einstellung des Maschinenraums dieser völlig leer, und plötzlich brennen alle Lampen. Müßten Kirk und McCoy nicht in dieser Szene auftauchen? Oder gibt es dort einen Raum, der nur wie der Maschinenraum aussieht?

• Der Schauspieler, der Tracey verkörpert, hat auch in der Episode ›Der Zentralnervensystem-Manipulator‹ (erste Staffel) eine ausgezeichnete Leistung gezeigt.

• Am Ende der Episode hat der Cutter eine Aufnahme seitenverkehrt einmontiert: Vor dem Einmarsch des Flaggenträgers zeigt die Szene Kirk mit falsch gescheiteltem Haar.

DAS JAHR DES ROTEN VOGELS

• Nach dem Einmarsch des Flaggenträgers steht Kirk auf, aber der Cutter verwendet die Reaktionsaufnahme des sitzenden Kirk dreimal, bevor er schließlich zu Großaufnahmen wechselt, die zur momentanen Pose des Captains passen.

• Einmal will Tracey Spock diskreditieren, indem er ihn als bösartig bezeichnet. Er erinnert Cloud William daran, daß die heiligen Schriften ein Bild jener enthalten, die dem Bösen dienen. Daraufhin schlägt William ein dickes Buch auf. Man beachte die Lage des Lesezeichens: Es befindet sich nicht mal in der Nähe der Seite, an er das Buch öffnet, doch taucht es in der Großaufnahme wunderbarerweise auf. Das gleiche passiert, als er das Buch wieder zuschlägt.

• Um Spock verächtlich zu machen, behauptet Tracey zudem, der Vulkanier sei kein Mensch und habe kein Herz. Als William sich vorbeugt, um Spocks Herzschlag zu lauschen, schwillt die Lautstärke der ihn umgebenden Stimmen an. Komischerweise sprechen die meisten Chinesisch! Dabei haben die Yangs die Kohms doch gerade geschlagen. Selbst wenn sie ihre Sprache gelernt hätten – ich bezweifle, daß sie sie auf ihrer Siegesfeier sprechen würden. (Offenbar hat der Tonfritze die Stimmen vom Anfang der Folge wiederverwendet, als eine Kohm-Gruppe William enthaupten will.)

• Als die Landegruppe gehen will, entsteht im Dialog eine bizarre Stelle. Kirk sagt, man habe den Yangs verdeutlicht, Freiheit müsse mehr sein als nur Wortgeklingel. Dann sagt er: »Meine Herren, der Kampf ist vorbei.« Zwischen diesen beiden Aussagen will Spock irgend etwas sagen, und McCoy sieht aus, als stünde eine weitere Diskussion zwischen ihm und dem Vulkanier an. Offenbar hat man hier einen Dialog entfernt. Wahrscheinlich enthielt er eine der typischen verbalen Auseinandersetzungen zwischen Spock und McCoy, die man häufig am Ende einer Episode sieht. Dies würde auch Kirks zweiten Satz erklären.

Quiz-Antworten

1. *Vier*
2. *Lieutenant Galloway*

COMPUTER M5

(THE ULTIMATE COMPUTER)

Sternzeit: 4729.4-4731.3

Kirk akzeptiert nach einigem Zögern den Befehl, seine Mannschaft bis auf 20 Personen von Bord gehen zu lassen und sie durch eine experimentelle neue Computeranlage namens M5 zu ersetzen. Der Erfinder Dr. Richard Daystrom, der auch alle momentan an Bord befindlichen Computersysteme ersonnen hat, behauptet, M5 könne alle notwendigen Schiffsfunktionen erfüllen. Die Flotte hat die *Enterprise* für den ersten Test

> **Trekker-Quiz**
>
> 1. Wie heißt der Planet, den M5 der Landegruppe empfiehlt?
> 2. Wie heißt der Fähnrich, der von M5 geröstet wird?

des Systems auserwählt. M5 soll die Navigation berechnen, Empfehlungen für Landegruppen geben und gegen überlegene Gegner an einer Kampfsimulation teilnehmen.

Zuerst scheint alles gutzugehen. Dann wendet sich M5 einem automatischen Frachter zu und vernichtet ihn. Da M5 die Kontrolle über die Schiffsfunktionen hat, ist es unmöglich, die sich nähernden vier Schiffe zu warnen, die an der Kampfsimulation teilnehmen sollen. M5 greift sie ebenso gnadenlos an. Als Spock bemerkt, daß M5 sich unlogisch verhält, befragt Kirk Daystrom. Dieser behauptet, er habe die Maschine gemäß seinen eigenen Denkstrukturen programmiert. Da Kirk weiß, daß Daystrom Mord verabscheut, nutzt er dies bei M5 aus: Er macht ihm klar, daß er durch seine Handlungen Hunderte von Menschen ermordet hat, und erinnert ihn an die Strafe, die auf Mord steht. Daraufhin schaltet M5 sich ab.

COMPUTER M5

Anmerkungen

Irgendwann geht Kirk angesichts der überlegenen Verwaltung der Enterprise *durch M5 in sein Quartier. McCoy folgt ihm mit einer Erfrischung. Die Szene erinnert an eine ähnliche aus dem Pilotfilm ›The Cage‹: In beiden Folgen taucht der Chefarzt mit Alkoholika auf, um den Captain und dessen Emotionen zu besänftigen. In beiden Fällen fragt sich der Captain, ob er noch in der richtigen Branche tätig ist.*

Kernige Dialoge

»*Du bist ein Wunder, und du bist mein Werk.*« – Daystrom, als er mit M5 spricht. (Wirklich ›wunderbar‹. Verzeihung.)

Handlungsschwächen

• In *ST/DNJ* wird regelmäßig ein nach einem Daystrom benanntes Technisches Institut erwähnt. Wurde es nach dem Richard Daystrom benannt, der in dieser Episode auftaucht? Na schön, er ist ein anerkanntes Genie – aber er ist auch für den Tod von 400 Flottenangehörigen verantwortlich. Ob das nicht reicht, um ihn von der Liste der zehn beliebtesten Wissenschaftler zu streichen?

Gerätekokolores

• Warum läßt die Flotte M5 ein Raumschiff der Constitution-Klasse steuern? Wäre es nicht vernünftiger, ihn zunächst an einem Frachter ›üben‹ zu lassen?

• Die *Woden* – der altmodische Frachter, den M5 vernichtet – sieht der *Botany Bay* zwar sehr ähnlich, kann aber nicht der gleiche Schiffstyp sein. Die *Botany Bay* war ein Schiff der Klasse DY-100, das in den neunziger Jahren des 20. Jahrhunderts für interplanetarische Flüge gebaut wurde. (Kann mir jemand eine Postkarte schicken, wenn der Schiffstyp auf den Markt kommt? Ich würde mal gern zum Mars fliegen. Schließlich leben wir schon in den neunziger Jahren.) Hat die Handelsmarine überhaupt so alte Schiffe?

271

COMPUTER M5

• In dieser Episode zeigt die Tür zum Lazarett wunderbare Sensibilität. Als Kirk und Spock den unter starken Beruhigungsmitteln stehenden Daystrom besucht haben, stößt McCoy auf dem Weg zur Brücke zu ihnen. Aus irgendeinem Grund bleibt die Kamera im Lazarett zurück; das Trio entfernt sich von ihr und geht zum Turbolift. Zum Glück hat die Tür Verständnis für unseren Wunsch, unsere Helden beim Abmarsch zu sehen, und bleibt großzügigerweise offen, bis Kirk, Spock und McCoy den Gang hinter sich bringen und einsteigen. Noch verblüffender: Die Tür weiß, daß Daystrom Ruhe braucht und öffnet sich deswegen absolut lautlos.

Quiz-Antworten

1. Alpha Carinae II
2. Harper

BROT UND SPIELE
(BREAD AND CIRCUSES)

Sternzeit: 9090.7-9091.7

Auf der Suche nach dem Wrack der SS *Beagle,* eines Schiffes, das sechs Jahre zuvor verschwunden ist, stößt die *Enterprise* auf einen Planeten, der merkwürdige Parallelen zur Erde aufweist. Auf dieser Welt ist das römische Weltreich offenbar nie untergegangen. Durch Beobachtung planetarer Fernsehsender erfährt man, daß einige Besatzungsmitglieder der *Beagle* noch leben. Kirk, Spock und McCoy beamen auf den Planeten, um sie zu retten. Sie erfahren bald, daß Captain R. M. Merrick von der *Beagle* nun Erster Bürger des Reiches ist. Besorgt, daß er die Erste Direktive verletzt hat, macht man sich auf, ihn aufzustöbern, und landet im Gefängnis. Kurz darauf tritt Merrick mit dem

> ### Trekker-Quiz
>
> 1. Wen hat Marcus Claudius am Abend vor dem Eintreffen der Enterprise umgebracht?
> 2. Wie heißt die Sklavin des Prokonsuls Claudius Marcus?

Prokonsul Claudius Marcus auf den Plan. Marcus erklärt, er weigere sich, die Stabilität seiner Welt durch eine Begegnung mit Fremdlingen zu gefährden. Er will, daß Kirk die Mannschaft der *Enterprise* in kleinen Gruppen auf den Planeten holt, damit man das Schiff anschließend vernichten kann. Als Kirk sich weigert, wirft Marcus Spock und McCoy in die Arena, damit sie umkommen. Diese Taktik hat auch Merrick zur Aufgabe gezwungen, doch bei Kirk klappt sie nicht.

Kirks Mut erinnert Merrick daran, wie man sich als Captain zu verhalten hat. Er macht einen Kommunikator ausfindig und

BROT UND SPIELE

hilft den dreien, auf die *Enterprise* zurückzukehren. Leider kostet diese Tat ihn das Leben.

Kernige Dialoge

»Ich habe gehört, es war so ähnlich.« – Kirk über die Gewalt im Fernsehen des Imperiums, das er mit dem der Erde des 20. Jahrhunderts vergleicht.

Höhepunkte

Es gibt eine wunderbare Szene zwischen Spock und McCoy in der Gefängniszelle. Da die Römer Kirk noch nicht zurückgebracht haben, machen die beiden sich Sorgen über seinen Verbleib. Im Verlauf des Gesprächs erkennt McCoy, warum Spock keine Angst vor dem Tod hat: Er hat mehr Angst zu leben, weil er sich sorgt, er könne seinen Gefühlen freien Lauf lassen. Spock reagiert, indem er einen Augenblick über diese Beobachtung nachsinnt. Sein Gesichtsausdruck wird stoisch; er schaut McCoy an und sagt: »Wirklich, Doktor?«

Handlungsschwächen

• Für einen Arzt haut McCoy ziemlich gut drauf. Als die Landegruppe den ersten Fluchtversuch macht, versetzt er einer Wache einen Kinnhaken und schlägt sie nieder. Der Mann trägt einen Helm mit Kinnschutz. Müßten seine Knöchel da nicht ein *bißchen* schmerzen?

• Nach dem Beschluß, Kirk zu töten, erzählt Marcus dem Captain, man habe fünfzehn Minuten TV-Sendezeit für seine Exekution gebucht. Später weist Marcus den Centurio an, er solle Kirk mit *einem Schlag* töten. Ob der wirklich fünfzehn Minuten dauern kann? Wie viele Werbeeinblendungen werden eigentlich pro Stunde im ›Empire TV‹[67] gesendet? Oder

---

[67] Es ist recht merkwürdig, daß die außerirdischen ›Römer‹ einen TV-Sender mit einem englischen Namen (›Empire TV‹) betreiben.

BROT UND SPIELE

wollen die Fans gern sehen, daß das Blut nur so spritzt? (Hier lebt man schließlich auf einer grausamen Welt.)

Grundlagenveränderungen
• Diese Episode bringt uns endlich den vollständigen Wortlaut der legendären Ersten Direktive: »Weder persönliche Identifikation, noch die der Mission. Keine Einmischung in die gesellschaftliche Entwicklung des jeweiligen Planeten. Keine Hinweise auf den Weltraum oder die Tatsache, daß es andere Welten oder Zivilisationen gibt.« Wenn Kirk der Ersten Direktive wirklich gefolgt wäre, hätte er Spock bei keiner Mission mitgenommen. Jede Zivilisation, die er bisher besucht hat, sah in dem Vulkanier einen Anachronismus. Außerdem bestätigt der Wortlaut, daß Kirk die Erste Direktive selbst mehrmals verletzt hat (siehe ›Grundlagenveränderungen‹, ›Das Jahr des roten Vogels‹, Beispiele), ohne daß ihm etwas geschehen wäre.
• Um die verblüffenden Ähnlichkeiten zwischen dem Planeten und der Erde zu erklären, bemüht Kirk Hodgkins ›Gesetz der parallelen Planetenentwicklung‹. Wenn jeder dieses Gesetz kennt, warum sind er und Spock dann so platt, als sie in PATTERNS OF FORCE auf eine Nazi-Zivilisation stoßen?
• Laut Kirk hat Merrick die Chance vertan, ein Raumschiff zu kommandieren, als er bei einem Psycho-Simulatortest durchgefallen ist. Er sagt, der Bruchteil einer Sekunde Unentschlossenheit reiche dazu schon aus. Hat Kirk nicht selbst den Bruchteil einer Sekunde gezögert, als er elf Jahre zuvor der Vampirwolke begegnete, wie es die Episode ›Tödliche Wolken‹ erzählt? Und sagt Spock in dieser Folge nicht auch, diese Art der Unentschlossenheit sei eine normale menschliche Reaktion?

Gerätekokolores
• Große Verwirrung umgibt die Ausrüstung, die die Landegruppe bei sich hat. Warum nimmt man Phaser mit, wenn der

BROT UND SPIELE

Einsatz dieser Waffen so eingeschränkt ist? Genauer: Warum nimmt man Phaser vom Typ II mit, wenn jedermann auf jedem Planeten, den man irgendwann besucht hat, in ihnen sofort ein Schießeisen erkannt hat? Phaser des Typs I sind leichter zu verbergen und haben in der Vergangenheit schon weniger fortgeschrittene Kulturen gefoppt (siehe ›Morgen ist gestern‹ und ›Epigonen‹). Sollte man außerdem nicht endlich eine Art Peilsender in die Dinger einbauen? Der Feind nimmt sie unseren Helden doch ohnehin immer wieder ab. Müßte man nicht irgendeine Methode haben, sie aufzuspüren und wieder an Bord zu beamen? In dieser Episode bleiben z. B. drei Phaser vom Typ II, drei Kommunikatoren und ein Tricorder auf dem Planeten zurück!

• Um dafür zu sorgen, daß die Folge die ihr zugewiesene Zeit dauert, vergißt Kirk, McCoy anzuweisen, ihnen subkutane Empfänger wie in PATTERNS OF FORCE zu injizieren. Hätte er daran gedacht, hätte Scott das Trio jedesmal an Bord beamen können, wenn Kirk »Die Luft ist rein« gesagt hätte.

• Nachdem Kirk seiner Hinrichtung entwischt ist, greift er sich eine MP, rennt zu der Zelle, in der Spock und McCoy einsitzen, und ballert das Türschloß mit einer Kugelsalve auf. Als er die Tür öffnet, weist das Schloß erstaunlicherweise keinen einzigen Einschlag auf!

Anschluß- und Produktionsprobleme

• Als die Wachen Spock und McCoy in die Arena schieben, öffnen sich die Gitter mit einem scharrenden Geräusch. Dann wechselt die Szene zu Kirk und wieder zu den beiden zurück. Nun ist das Gitter geschlossen – aber ohne den leisesten Ton.

Quiz-Antworten

1. *Den Offizier William B. Harrison von der SS* Beagle
2. *Drusilla*

EIN PLANET, GENANNT ERDE
(ASSIGNMENT: EARTH)

Sternzeit: Unbekannt

Als die *Enterprise* 1968 geschichtliche Forschungen in der Kreisbahn der Erde betreibt, wird sie von einem starken Transporterstrahl getroffen. Kurz darauf materialisiert ein gewisser Gary Seven[68] an Bord. Er behauptet, ein Mensch zu sein, hat aber viele Jahre auf einem tausend Lichtjahre entfernten Planeten gelebt. Laut Seven haben die Bewohner dieser Welt eine ausgewählte Menschengruppe ausgebildet, die in diesen schwierigen Zeiten fürs Überleben der Erde sorgen soll. Kirk meint, es könne auch eine andere Erklärung für sein Auftauchen geben: Er könnte zu einer fremden Invasionsstreitmacht gehören. Als er die Lage mit Spock diskutiert, entwischt Seven und beamt in ein Büro in New York City.

> **Trekker-Quiz**
> 1. Wie lautet die Adresse von Garys Büro?
> 2. Wer ist der Leiter der Raketenbasis McKinley?

Seven bedient sich der hochentwickelten Einrichtungen des Büros und reist nach Cape Kennedy. An diesem Tag wollen die USA eine Art Raumstation in die Kreisbahn schicken, die mit einem atomaren Sprengkopf ausgerüstet ist. Seven schlägt sich rasch zu der Rakete durch und modifiziert sie. Als er nach dem Start wieder in seinem Büro ist, verändert er ihren Kurs und macht den Sprengkopf scharf. Kirk und Spock tauchen phaserschwingend auf. Seven erklärt rasch,

---

[68] Die deutsche Synchronisation gibt dem mysteriösen Gary aus völlig unerfindlichen Gründen einen Doppelnamen: Hier heißt er Gary Seven-Rock.

EIN PLANET, GENANNT ERDE

daß sie ihn nicht hindern dürfen, den Sprengkopf hundert Meilen über der Erde zu zünden: Die bevorstehende Katastrophe werde die Führer der Welt neu über das Wettrüsten nachdenken lassen. Kirk läßt ihn weitermachen. Sevens Mission endet erfolgreich.

Handlungsschwächen

• Die große Spannung, die am Ende der Episode entsteht, basiert darauf, daß Kirk entscheiden muß, ob er Seven die Kontrollen des Computers bedienen lassen darf. Er weiß nämlich nicht genau, ob Seven den Sprengkopf detonieren oder die Rakete abstürzen lassen will, was den Dritten Weltkrieg auslösen könnte. Wenn er aber den Sprengkopf loswerden will, warum funkt er dann nicht die *Enterprise* an und läßt ihn vom Himmel pusten? Wahrscheinlich könnte Scott sie sogar dergestalt frisieren, daß es so aussieht, als sei er wirklich explodiert.

• Am Ende der Episode gibt Spock bekannt, alles sei so verlaufen, wie es hätte verlaufen sollen. Zur Untermauerung dieser Behauptung führt er aus, die Aufzeichnungen in der Computerbibliothek zeigten, daß die Rakete genau an der Stelle explodiert ist, an der man sie gesehen hat. Was soll die Aufzeichnung wohl sonst zeigen? Sie stammt doch aus der Zukunft. Nehmen wir mal an, sie zeigt zu Beginn der Episode, daß der Sprengkopf zweihundert Meilen über der Erde explodiert ist. Man hätte die Aufzeichnungen irgendwann nach 1968 gemacht – sagen wir der Einfachheit wir 2200 n. Chr. Nehmen wir nun an, Kirk und Spock stören die Historie, und die Rakete explodiert in einer Höhe von 104 Meilen. Nun ist 1968. Im Jahr 2200 werden die Historiker sagen, die Rakete sei 104 Meilen über der Erde explodiert – und so steht es in den Aufzeichnungen. Diese Aufzeichnungen gelangen dann auf die *Enterprise.* Die *Enterprise* reist ins Jahr 1968 zurück. Jede Geschichtsveränderung wird sofort in den Aufzeichnungen erscheinen, ebenso wie sich die Realität sofort veränderte, als McCoy in ›Griff in die Geschichte‹ durch das Portal des Wäch-

278

EIN PLANET, GENANNT ERDE

ters der Ewigkeit sprang. (In dem Fall waren Kirk und die anderen jedoch auf der Erde von die Revision der Geschichte nicht betroffen, weil der Wächter offenbar ein örtliches Feld projiziert, um sich und jeden in der Umgebung von Zeitstörungen zu isolieren. Das heißt, man möchte es uns glauben machen.)

Grundlagenveränderungen

• Laut Kirk ist die *Enterprise* in die Vergangenheit gereist, um Geschichtsforschung zu betreiben. Doch in der *ST/DNJ*-Episode ›Der zeitreisende Historiker‹ (A MATTER OF TIME) fragt Picard Rasmussen, wann die Historiker wohl anfangen, sich bei ihren Studien der Zeitreise zu bedienen. Offenbar hat er die Logbücher der vorherigen *Enterprise*-Kommandanten nicht gelesen.

Gerätekokolores

• Bis jetzt haben Phaser, auch wenn sie auf Lähmen justiert waren, stets einen Lichtstrahl abgefeuert. Als Kirk im Transporterraum auf Seven schießt, gibt sein Phaser keinen Strahl ab.

• Nachdem Seven an Bord gebeamt ist, gehen Kirk und Spock in den Konferenzraum, um seinen Fall zu besprechen. Dabei spricht Scott aus dem Maschinenraum mit ihnen. Zwar verblaßt sein Bild, nachdem er ihnen die Information übermittelt hat, aber Kirk streckt die Hand erst ein, zwei Sekunden später aus, um den Bildschirm ›offiziell‹ abzuschalten.

• Spock bringt Sevens Katze in den erwähnten Konferenzraum. Als Seven aus der Arrestzelle entwischt, sucht die Katze eilig nach ihm. Als sie den Konferenzraum verläßt, geht die Tür ganz auf, aber als sie den Transporterraum betritt, geht sie gerade so weit auf, daß sie hineinschlüpfen kann.

• Seven entwischt mit dem Transporter von der *Enterprise,* aber als er in seinem Büro materialisiert, sieht es so aus, als benutze er einen eigenen Transporter.

• Eine der Sichtanzeigen von Sevens Beta-5-Computer sieht

EIN PLANET, GENANNT ERDE

Dr. Richard Daystroms M5-Computer sehr ähnlich. Wurde auch Daystrom von den Fremdlingen erzogen?

• Am Ende der Episode verfaßt Seven einen Schlußbericht auf einer Schreibmaschine. Früher in dieser Folge hat er den Computer verwendet, um seine Pläne zu protokollieren. Warum arbeitet er dann noch auf einem so antiquierten Medium wie Papier? Warum setzt er für seinen Abschlußbericht nicht den Computer ein?

Anschluß- und Produktionsprobleme

• Die erste Aufnahme der *Enterprise* zeigt das Schiff in der Nähe von Indien und auf dem Weg nach Osten. Die nächste Aufnahme auf dem Brückenbildschirm zeigt sie nach Westen unterwegs. Außerdem ist sie laut dieser Einspielung über Asien, als der Transporterstrahl sie trifft. Wenn Seven nach New York unterwegs ist, warum beamt er dann nach Asien?

• Man beachte den Schwanz der Katze, als Seven von der *Enterprise* beamt. Er bewegt sich hin und her, zuckt plötzlich und steht still.

• Es gibt da eine Frau, die Kirk, Spock und den Eingang von Sevens Büro beschattet: Sie taucht zuerst im Hintergrund auf, als Kirk und Spock eine Straße entlanggehen und das richtige Gebäude suchen. Sie trägt schwarze Stiefel, weiße Strümpfe, einen graugestreiften Minirock und einen graugestreiften Mantel. Sie erscheint wieder, als Roberta in das Bürogebäude geht. Schließlich wandert die Geheimnisvolle an Kirk und Spock vorbei, als sie das Gebäude betreten. (Sie ist mir aufgefallen, weil ihre Kleidung jener ähnelt, die Lenore trägt, als sie Kirk in ›Kodos, der Henker‹ darum bittet, sie zum nächsten Auftrittsort mitzunehmen. Aber Lenore hat offenbar vergessen, den Rock anzuziehen.)

Quiz-Antworten

1. *811 East 68th Street, Apartment 12B*
2. *Cromwell*

280

ÜBERSICHT:
PERSÖNLICHE EIGENARTEN
---

1. Anzahl der Fälle, in denen Kirk Besatzungsmitglieder anschnauzt: zehn
2. Anzahl der Fälle, in denen Spock ›faszinierend‹ sagt: neunundvierzig
3. Anzahl der Fälle, in denen McCoy sich mit einer für ihn typischen Formulierung (»Ich bin Arzt, kein ...«) ein Ansinnen vom Hals wimmeln will: zehn
4. Anzahl der Fälle in denen Scott ›schottisch‹ wird: vier
5. Anzahl der Fälle, in denen bei Sulu ›die Lampen ausgehen‹: sieben
6. Anzahl der Fälle, in denen Uhura auf irgendeine Weise »Ruffrequenz offen« sagt: elf
7. Anzahl der Fälle, in denen Chekov Erfindungen für Rußland vereinnahmt: sechs

Bezüge

1. Zweimal (Uhura) in ›Implosion in der Spirale‹. McCoy in ›Kirk : 2 = ?‹. Spock in ›Miri, ein Kleinling‹. McCoy in ›Pokerspiele‹. Spock in ›Kodos, der Henker‹. Uhura in ›Spock außer Kontrolle‹. Scott in ›Der Tempel des Apoll‹. McCoy in ›Im Namen des jungen Tiru‹. Uhura, Chekov und Scott in ›Der erste Krieg‹. (Interessanterweise kriegt Uhura mit 40 Prozent das meiste ab.)

2. Angesichts Baloks Schiff in ›Pokerspiele‹. Angesichts des Stadiums der Organianer in ›Kampf um Organia‹. Als er in ›Griff in die Geschichte‹ beinahe von einem Auto angefahren wird. Als er in ›Ich heiße Nomad‹ hört, daß Nomad ein

ÜBERSICHT: PERSÖNLICHE EIGENARTEN

sich wiederholendes Signal sendet und seiner ansichtig wird. Nach der Bewußtseinsverschmelzung mit Nomad. Nachdem er Sylvias überdimensionalen Katzenschatten und ihre sowie Korobs wahre Gestalt in ›Das Spukschloß im Weltall‹ sieht. Als in ›Der dressierte Herrscher‹ zwei Alices sich kurzschließen. Als er McCoy in ›Metamorphosen‹ erzählt, der Companion habe ihm einen Schock versetzt – und wegen Cochranes engstirnigem Gebaren in Sachen Liebe. In bezug auf den imperialen Kirk und die Landegruppe in ›Ein Parallel-Universum‹. In ›Meister der Sklaven‹ bezüglich eines Projekts, bei dem getestet werden soll, wie lange Atome in einem Transporterstrahl ihre Integrität bewahren können. In ›Epigonen‹ bezüglich der Ähnlichkeit Sigma Iotias mit der Erde der zwanziger Jahre. Als er in ›Geist sucht Körper‹ hört, Sargon könne es ermöglichen, durch Gestein zu beamen. Als er in ›Stein und Staub‹ hört, es dauere nur dreihundert Jahre, um die Andromeda-Galaxis zu erreichen. Bezüglich des kelvanischen Metalls in ›Stein und Staub‹. Als er hört, daß die Rakete in PATTERNS OF FORCE einen atomaren Sprengkopf hat. Als er in PATTERNS OF FORCE erkennt, daß John Gill der ›Führer‹ ist. Als er in ›Das Jahr des roten Vogels‹ entdeckt, daß die Steuerung der Defiant auf Automatik geschaltet ist. Als er in ›Computer M5‹ sieht, daß Daystrom zusammenklappt. Als Antwort auf Sklaverei als Institution in ›Brot und Spiele‹. Als er in ›Spocks Gehirn‹ erfährt, daß er ein körperloses Gehirn ist und sich in einem Kasten befindet. Außerdem zweimal in ›Spocks Gehirn‹, als er über die rückschrittliche Zivilisation redet. Als er in ›Die fremde Materie‹ Jones' Blindheit erkennt. Angesichts der Sensorenanzeige, der Versetzung in den Wilden Westen und des unwirksamen Beruhigungsmittels in ›Wildwest im Weltraum‹. In ›Das Gleichgewicht der Kräfte‹ angesichts der Reaktion der Mannschaft und der Tatsache, daß der Fremdling sich von Emotionen ernährt. In ›Platos Stiefkinder‹ angesichts der te-

ÜBERSICHT: PERSÖNLICHE EIGENARTEN

lekinetischen Kräfte der Platonier und der Art, wie sie sich entwickelt hat. Als er in ›Wen die Götter zerstören‹ den Raum mit den beiden Kirks betritt. Als Beles Schiff sich in ›Bele jagt Lokai‹ auflöst – und angesichts der unabänderlichen Feindseligkeiten zwischen Bele und Lokai. In bezug auf die Verdoppelung der *Enterprise* durch die Gideonen in ›Fast unsterblich‹. Angesichts der Methode, mit der die *Enterprise* in ›Gefährliche Planetengirls‹ sabotiert wird. Angesichts der Übereinstimmung von Romaines Hirnwellen und der Ausstrahlung der Zetarier in ›Strahlen greifen an‹. Als Flint in ›Planet der Unsterblichen‹ einen neuen M4 erschafft. Angesichts des Auftauchens Lincolns und des Anblicks Scotts im Kilt in ›Seit es Menschen gibt‹. In *Star Trek: Der Film* angesichts von V'gers Energieerzeugung und als der Illiadroid ›Decker‹ statt ›Decker-Einheit‹ sagt. Angesichts des Genesis-Projekts in *Star Trek II: Der Zorn des Khan.* Bei der Ankunft auf Sha Ka Rhee in *Star Trek V: Am Rand des Universums.*

3. McCoy ist Arzt und ...
   »... kein Raumschiffschaffner« (›Pokerspiele‹).
   »... kein Maurer« (›Horta rettet ihre Kinder‹).
   »... kein Psychiater« (›Griff in die Geschichte‹ [obwohl er laut ›Kirk unter Anklage‹ Experte für Weltraumpsychologie ist]).
   »... kein Mechaniker« (›Planeten-Killer‹; ›Der Plan der Vianer‹).
   »... kein Wissenschaftler/Physiker« (›Metamorphose‹).
   »... keine Rolltreppe« (›Im Namen des jungen Tiru‹).
   »... kein Zauberer« (›Wie schnell die Zeit vergeht‹).
   »... kein Fleischhändler« (›Geist sucht Körper‹).
   »... kein Bergmann« (›Der Plan der Vianer‹).

4. Bezieht sich in (›Krieg der Computer‹ und ›Seit es Menschen gibt‹) auf ›haggis‹ [schottische Schafswurst]. Nennt

ÜBERSICHT: PERSÖNLICHE EIGENARTEN

Mudd in ›Der dressierte Herrscher‹ einen ›bogus frat‹ [Schwindler] und in ›Der Obelisk‹ die Triebwerke als seine ›bairns‹ [Kinder].

5. Schläft in ›Pokerspiele‹ auf dem Tisch im Konferenzraum. Freut sich in ›Landru und die Ewigkeit‹, bei Landru zu sein. Wird in ›Falsche Paradiese‹ von Sporen infiziert. Befindet sich in ›Das Spukschloß im Weltall‹ in Sylvias Bann. Steht in ›Der Wolf im Schafspelz‹ unter schweren Beruhigungsmitteln. Steht in ›Kurs auf Markus 12‹ unter dem Einfluß der Kinder. Wird in *Star Trek: Der Film* von Ilia betäubt.

6. Fünfmal in ›Pokerspiele‹. Einmal in ›Morgen ist gestern‹. Einmal in ›Krieg der Computer‹. Einmal in ›Kennen Sie Tribbles?‹ Einmal in ›Die unsichtbare Falle‹. Zweimal in ›Brautschiff Enterprise‹.

7. *Alice im Wunderland* (›Der Tempel des Apoll‹). Das Paradies (›Die Stunde der Erkenntnis‹). Das schottische Sprichwort »Wenn du mich einmal reinlegst, mußt du dich schämen; wenn du mich zweimal reinlegst, muß ich mich schämen.« (›Im Namen des jungen Tiru‹). Behauptet, Shermans Planet sei von Iwan Burkow kartographiert worden. Sagt in ›Kennen Sie Tribbles?‹, eine alte Dame aus Leningrad habe den Scotch erfunden. Sagt in *Star Trek VI: Das unentdeckte Land*, Aschenbrödel sei ein russisches Märchen.

DRITTE STAFFEL

SPOCKS GEHIRN

(SPOCK'S BRAIN)

Sternzeit: 5431.4-5432.3

Ein kleines Schiff mit schnellem Ionenantrieb nähert sich der *Enterprise.* Ohne Warnung beamt eine Frau an Bord, stiehlt Spocks Gehirn und verschwindet wieder. Kirk nimmt die Verfolgung auf; die *Enterprise* erreicht den sechsten Planeten des Systems Sigma Draconis. Dort stoßen er und die Landegruppe auf eine Zivilisation, die sich zurückentwickelt hat: Früher lebten die Einheimischen in einer sehr fortgeschrittenen Gesellschaft. Zu Beginn einer Eiszeit sind die Frauen unter die Erde verzogen, die

> **Trekker-Quiz**
>
> 1. Wie viele Planeten der Klasse M existieren im System Sigma Draconis?
> 2. Wie heißt die erste Frau, der Kirk auf Sigma Draconis VI begegnet?

Männer leben an der Oberfläche und sind Primitive. Die Frauen erfreuen sich zwar noch immer der Segnungen ihrer hochtechnisierten Kultur, verstehen aber nur so viel von ihr, um Männer anzulocken, die sie dann als Sklaven halten.

Die Landegruppe entdeckt bald, daß Kara, die Anführerin der Frauen, Spocks Hirn mitgenommen hat, damit es als Hauptkontrolleur der unterirdischen Wohnanlage fungiert. Zu den Maschinen der Frauen gehört auch ein Gerät mit einem Helm, der denjenigen, der ihn aufsetzt, mit vorübergehendem Wissen überflutet. Als Kara sich weigert, Spocks Gehirn in seinen Körper zurückzuführen, setzt McCoy den Helm auf. Zuerst erscheint ihm das Transplantationsverfahren einfach, und er macht rasch Fortschritte, doch dann verblaßt sein Wissen. Dann schließt er aufgeregt das Sprachzentrum des Vulkaniers an und beendet die heikle Operation mit Spocks Hilfe.

Kernige Dialoge

»Immer wieder dasselbe Wort! Was bedeutet das?« – Kara, verwirrt über die ständige Erwähnung des Wortes ›Gehirn‹ durch Kirk und die anderen, weil sie es noch nie gehört hat.

Handlungsschwächen

• In der Gesellschaft von Sigma Draconis VI leben die Männer an der Oberfläche des Planeten, die Frauen unterirdisch. Angeblich ist dies schon seit Jahrtausenden so. Offenbar paaren sich die Frauen mit den Männern, die sie als Sklaven halten, und sorgen so für den Nachwuchs. Bleibt der Nachwuchs anschließend bei Muttern? Wenn ja, wie vermehren sich die an der Oberfläche lebenden Männer? Werden die kleinen Buben, wenn sie ein gewisses Alter erreicht haben, an die eisige Oberwelt verbannt?

• Warum sind die Frauen verblödet und haben ihr Wissen verloren? Liegt es daran, daß sie *Frauen* sind? Und sie benötigen das Gehirn eines *Mannes,* das ihnen sagt, was sie tun sollen?

• Die Flottenoffiziere verfügen über ein erstaunliches Gleichgewicht: Sie schleichen sich in die Untergrundzivilisation des Planeten ein, und Kara raubt ihnen die Besinnung. Dann legen ihre Jünger ihnen ›Schmerzgürtel‹ an und setzen sie auf Schemel. Versuchen Sie mal zu schlafen, wenn Sie auf einem Schemel sitzen. Wenn Sie es schaffen, finden Sie sich ziemlich schnell auf dem Boden wieder.

• Als Kirk Kara zwingt, den Helm aufzusetzen, wird sie zu einer neuen Persönlichkeit – sie reagiert gelassen und wird hochintelligent. Dann greift sie unter ihren Rock und zückt einen Phaser. Scott sieht, daß er auf Töten eingestellt ist, und Kara erwidert, der Helm habe ihr das Wissen vermittelt, mit ihm umzugehen. Es scheint sie nicht zu überraschen, daß der Phaser auf Töten eingestellt ist. Offenbar will sie sogar, daß er tötet. Man beachte, daß Kara von der Zeit an, als sie die Waffe zieht, keinen Einstellknopf anfaßt. Man beachte

SPOCKS GEHIRN

auch, daß Kirk die Landegruppe angewiesen hat, die Waffen auf Lähmen einzustellen. Später hat sie den Phaser auf Töten eingestellt – doch vor der nächsten Wissensdosis durch den Helm! Wenn der Helm die einzige Quelle ihres Wissens über die Waffe ist, woher weiß sie dann, wie man sie einstellt?

• Als McCoy Kirk dazu überreden will, er solle ihm erlauben, den Helm selbst aufzusetzen, sagt er, er könne vielleicht ein paar medizinische Verfahren behalten und sie an die ›Welt‹ weitergeben. Welche Welt? Müßte er nicht sagen, ›an die Föderation‹ oder ›an die Galaxis‹?

• Als McCoys durch den Helm erzeugtes Wissen abnimmt, wäre es natürlich eine einfache Lösung, das Gerät einem anderen Angehörigen der Landegruppe aufzusetzen. Statt dessen erlaubt Kirk McCoy, mit seinen normalen Kräften weiterzufummeln.

• Hat Spock einen aufklappbaren Schädel? In dieser Folge übersteht sein Kopf einen Hirnausbau und einen Wiedereinbau, und trotzdem sieht er anschließend tiptop aus.

Gerätekokolores

• Als Kirk sich darüber schlüssig werden will, welchen Klasse-M-Planeten man wegen der Suche nach Spocks Gehirn besuchen soll, schaut er sich zweimal auf der Brücke um und nennt die Zeit, die man noch hat. Es ist fast so, als schaue er auf eine Uhr, aber ich kann mich nicht erinnern, an diesem Ort je eine gesehen zu haben.

• Damit es leichter wird, den hirnlosen Spock bei der Suche nach seinem Gehirn mitzunehmen, basteln McCoy und Scott eine Fernbedienung. Damit setzen sie Spock wie einen Roboter in Bewegung. (Mir kam der flüchtige Gedanke, Schwester Chapel könne den Wunsch verspüren, sich die Fernbedienung für einen Tag auszuleihen, aber ich schweife ab ...) Sobald Spock sich bewegt, macht er klickende Geräusche. Wieso? Fehlt ihm vielleicht etwas Gelenkschmiere?

SPOCKS GEHIRN

• Die trapezoiden Türen sind auch wieder im Einsatz. Zuerst konnte man sie in ›Der alte Traum‹ bewundern.

Anschluß- und Produktionsprobleme

• Als Kara die Landegruppe in der unterirdischen Stadt zum ersten Mal zu Boden schickt, fällt Kirk mit ausgestrecktem linken Arm. Bei der Großaufnahme ist der Arm angewinkelt, und die linke Hand liegt auf seinem Bauch.

Quiz-Antworten

1. Drei

2. Luma

DIE UNSICHTBARE FALLE

(THE ENTERPRISE INCIDENT)

Sternzeit: 5027.3

Offenbar nach eigenem Gutdünken läßt Kirk die *Enterprise* in den romulanischen Machtbereich eindringen. Bald tauchen drei romulanische Schiffe auf und verlangen, daß er sich ergibt. Kirk weigert sich, denn er weiß, daß die Romulaner sein Schiff unbeschädigt haben wollen. Einige Minuten später bittet ein romulanischer Sub-Commander Kirk und Spock, auf das Flaggschiff zu beamen, um die Angelegenheit mit seiner Vorgesetzten zu besprechen. Während der Befragung durch die romulanische Kommandantin offenbart Spock, Kirk handele aus eigenem Antrieb; er sei auf Lorbeeren aus. Kurz darauf greift Kirk seinen Ersten Offizier an, da dieser ihn verraten habe. Spock greift Kirk ins Gesicht; der Captain sinkt zu Boden. Spock sagt aus, er habe nicht mit dem Angriff gerechnet und deswegen reflexartig den vulkanischen Todesgriff angewandt.

> **Trekker-Quiz**
>
> 1. Wie heißt der romulanische Sub-Commander?
> 2. An welchem Finger der linken Hand trägt die romulanische Kommandantin einen Ring?

Auf der *Enterprise* wird Kirk wiederbelebt. Es gibt gar keinen vulkanischen Todesgriff. Spock hat lediglich einen Nerv gezwickt, um Kirks Tod zu simulieren. Alles war nur ein Trick, um Kirk die Gelegenheit zu geben, eine romulanische Tarnvorrichtung zu stehlen. Kirk beamt, diesmal als Romulaner maskiert, auf das Flaggschiff zurück und vollendet die Mission. Während Scott das Gerät in die Deflektorschirme der *Enterprise* einbaut, lokalisiert Chekov Spock mit den Sensoren. Als Spock wieder auf die *Enterprise* gebeamt ist, ergreift

291

DIE UNSICHTBARE FALLE

Kirk, mit Warp 9 die Flucht. Die Romulaner verfolgen das Schiff, aber Scott schaltet die Tarnvorrichtung ein, und die *Enterprise* verschwindet.

Handlungsschwächen

• Als die Romulaner die *Enterprise* umzingeln, gibt der romulanische Sub-Commander in einem selbstgefälligen Ton bekannt: »Sie wurden als Raumschiff *Enterprise* identifiziert.« Tolle Leistung! Die Romulaner können also lesen: Auf der Untertasse steht nämlich groß und breit ›USS *Enterprise*‹![69]

• Als Scott ins Lazarett kommt, steht der wiederbelebte und ›romulanisierte‹ Kirk mitten im Raum und begrüßt ihn. Obwohl er angeblich tot ist, steht er, als die Tür aufgeht, für jedermann sichtbar im Raum. Wäre es nicht besser, ihn in einem Hinterzimmer zu verstecken?

• Die romulanische Kommandantin hat offenbar keine Ahnung, wie eine Tarnvorrichtung aussieht und wo sie sich befindet: Die Romulaner verwahren sie in einem besonderen Raum auf einem hohen, in der Mitte stehenden Sockel, den man unmöglich verfehlen kann. Doch als die Kommandantin mit Spock in den Raum stürzt, stiert sie sofort die Meßgeräte an der Wand an. Man beachte, daß sie in den Raum geeilt ist, weil sie um die *Sicherheit* des Geräts fürchtet. Sekunden später setzt der Sub-Commander sie in Kenntnis, daß die Tarnvorrichtung weg ist. Erst jetzt dreht sie sich um, um selbst nachzuschauen.

Grundlagenveränderungen

• Als McCoy den ›toten‹ Kirk ins Lazarett schafft und behauptet, er sei dem vulkanischen Todesgriff zum Opfer gefallen, erwidert Schwester Chapel sofort, daß es dergleichen

---

[69] Und ob sie lesen können, Phil, alter Knabe: Ob man das gleiche wohl von einem US-Captain erwarten könnte, der auf den irdischen Meeren einem griechischen Tanker begegnet?

DIE UNSICHTBARE FALLE

nicht gebe. Das kann zwar sein, aber es gibt den *Tal-shaya,* eine vulkanische Methode, einem Gegner das Genick zu brechen. Ist dies kein Todesgriff?

Gerätekokolores

• Zu Beginn der Episode tauchen im romulanischen Herrschaftsbereich drei Schiff der Romulaner auf. Als Scott sich bei ihrem Anblick ungläubig äußert, erklärt Spock, daß die Romulaner Geheimdienstmeldungen zufolge die Baupläne ihrer Schiffe bei den Klingonen kaufen. (He, das ist aber günstig! Dies hat der Produktion den Bau eigener romulanischer Schiffe erspart.) Offenbar kaufen die Romulaner auch die Baupläne ihrer Handphaser bei den Klingonen, da sie denen sehr ähnlich sehen, die schon in ›Kampf um Organia‹ aufgetaucht sind.

• Am Ende der Episode begleitet Spock die romulanische Kommandantin auf der *Enterprise* in ihr Quartier. Kirk hat versprochen, sie am nächsten Flottenstützpunkt abzusetzen. Die Kommandantin und Spock betreten auf der Brücke (Deck 1) einen Turbolift und fahren zum Deck 2. Obwohl die Strecke nur eine Etage weit ist, dauert die Fahrt ewig! Wie das?

Anschluß- und Produktionsprobleme

• Erstaunlicherweise tragen romulanische Kommandantinnen Miniröcke und Schaftstiefel! Sie tun dies aber offensichtlich nicht, weil die Romulaner sexistische Neigungen haben. Immerhin befehligt die Dame eine ganze Armada von Schiffen. Tragen romulanische Frauen also *gern* die Minirock-Uniform? Muß man, als die Kommandantin beim Abendessen mit Spock aufsteht und ihren Rock dabei am Po herunterzieht, damit er ihn bedeckt, ihre Handlung also als ›Schachzug‹ einer Kriegerin ansehen?

Quiz-Antworten

1. Tal
2. Am Zeigefinger

DER OBELISK
(THE PARADISE SYNDROME)

Sternzeit: 4842.6-4843.6

Kirk, Spock und McCoy beamen auf einen Planeten, der in der Gefahr schwebt, mit einem Asteroiden zu kollidieren. Das Trio stößt auf eine erdähnliche Umgebung und ein Volk, das an nordamerikanische Indianer erinnert. Als McCoy und Spock Messungen vornehmen, untersucht Kirk einen ungewöhnlichen Obelisken. Dann bittet er darum, an Bord gebeamt zu werden. Plötzlich rutscht die Plattform, auf der er steht, zur Seite. Kirk fällt in ein Gebäude hinein; ein Energieblitz raubt ihm die Besinnung. Spock und McCoy suchen ihn, sind aber gezwungen, ihn zurückzulassen. Die *Enterprise* muß dem Asteroiden entgegenfliegen und ihn vom Kurs abbringen.

> **Trekker-Quiz**
>
> 1. *Was riechen Kirk und McCoy, als sie am Anfang der Episode auf dem Planeten spazierengehen?*
> 2. *Welchen drei amerikanischen Indianerstämmen ordnet Spock die Bewohner des Planeten zu?*

Kirk erwacht, hat aber das Gedächtnis verloren. Als er aus dem Obelisken heraustaumelt, machen ihn die Eingeborenen zu ihrem Gott. Inzwischen schlägt der Versuch der *Enterprise* fehl, den Asteroiden abzulenken, und viele ihrer Systeme brennen durch. Sie zieht sich mit Impulskraft zurück. Spock entziffert die Inschrift des Obelisken und erfährt, daß die ›Weisen‹ ihn als Asteroiden-Deflektor installiert haben. In der Kreisbahn angekommen, beamen Spock und McCoy auf den Planeten, wo sie feststellen, daß die Einheimischen Kirk steinigen wollen, weil er den Obelisken nicht bedienen kann. Eine Bewußtseinsverschmelzung restauriert seine Erinnerung,

294

DER OBELISK

der Planet ist gerettet, und der Obelisk schlägt den Asteroiden ins All zurück.

Handlungsschwächen

- Zu Beginn der Episode fragt sich McCoy, ob man den Einheimischen von dem herannahenden Asteroiden erzählen soll. Spock erwidert, diese Enthüllung diene nur dazu, die Leute zu verängstigen. Es gibt aber noch einen anderen Grund, den Kontakt mit ihnen zu vermeiden und den Asteroiden unerwähnt zu lassen: Wie wär's mit der *Ersten Direktive?*
- Ich will zwar nicht herzlos sein, was die Sicherheit der Planetenbewohner angeht, aber seit wann hat die Flotte die Rolle des Schutzengels blockfreier Welten übernommen? So, wie es aussieht, verläuft die Bahn des Planeten durch eine Art Asteroidenschwarm. McCoy artikuliert zu Beginn der Episode seinen Unglauben darüber, daß der Planet nicht von Kratern übersät ist. Als die Mannschaft den Beschluß gefaßt hat, den Planeten vor dem Untergang zu bewahren, war sie sich des Asteroiden-Deflektors nicht bewußt. Will man etwa jedesmal ein Raumschiff vorbeischicken, um dafür zu sorgen, daß kein anderer Asteroid diese Welt bedroht? Hat die Flotte wirklich die Mittel dazu?

Grundlagenveränderungen

- Die Macher sollten sich entscheiden, ob man die Sache mit den Parallelerden nun für ein unglaubliches Vorkommnis halten soll oder nicht. Als die Idee in ›Miri, ein Kleinling‹ zum ersten Mal verwendet wird, drückt die Brückenmannschaft einstimmig Verblüffung aus. In PATTERNS OF FORCE zeigt sie sich, bevor sie John Gills Einfluß erkennt, baß erstaunt über die Nazi-Gesellschaft. In ›Das Jahr des Roten Vogels‹ ist sie über die Wiederholung des Streits zwischen Yankees und Kommunisten sogar von den Socken. Na schön. In ›Brot und Spiele‹ zeigt Kirk keinerlei Erstaunen mehr über derlei Ähnlichkeiten und weist auf Hodgkins Gesetz paralleler Plane-

DER OBELISK

tenentwicklung hin. Okay, Parallelplaneten sind also keine große Sache. Aber in ›Der Obelisk‹ wird wieder gewaltig gestaunt!

Gerätekokolores

• In ›Auf Messers Schneide‹ sehen wir die Dilithiumkristalle in einer Art Schreibtischschublade liegen. In dieser Episode bewahrt man sie in einem kleinen Behälter in den dicken runden Dingern mitten im Maschinenraum auf.

• Da man den Asteroiden nicht ablenken kann, befiehlt Spock vollen Phaserbeschuß, um ihn zu spalten. Als die Stromkreise durchbrennen, verbringt die *Enterprise* die nächsten zwei Monate damit, sich vor dem Asteroiden zurückzuziehen, der zu dem Planeten unterwegs ist. Was ist aus den Photonentorpedos geworden? Treiben die sich nicht selbst an? Kann die Mannschaft sie nicht mal dann abschießen, wenn der Warp-Antrieb und die Schirme abgeschaltet sind?

• A propos Phaser. Als sie abgefeuert werden, bewegen sich die Strahlen schräg vom Schiff fort. Doch als sie den Asteroiden treffen, laufen sie an einer Stelle zusammen. Wann aber vereinigen sie sich? Wenn sie in gerader Linie feuern, müßten sich beide Strahlen dann nicht immer weiter voneinander entfernen?

• A propos abgeschalteter Warp-Antrieb: Scotty behauptet, man könne ihn im All nicht reparieren. Soll das heißen, man muß zu einer Raumstation, um ihn auf Vordermann zu bringen? Es dauert doch schon fast zwei Monate, bloß um zu dem Planeten zurückzukehren.

• Der Transporteringenieur hat Schwester Chapel offenbar von den Lebensbedingungen auf dem Planeten erzählt, bevor sie hinunterbeamt: Als sie am Ende der Episode in dem starken, staubigen Wind materialisiert, hält sie die Augen geschlossen.

DER OBELISK

Anschluß- und Produktionsprobleme

• Mitten in der herzzerreißenden Rede, die Kirk über seine Träume von der durch den Weltraum reisenden ›Hütte‹ hält, landet eine Fliege auf seiner Stirn. Einen alten Profi bringt sowas natürlich nicht aus dem Konzept.

Quiz-Antworten

1. Geißblatt und Pfifferlinge

2. Navajo, Mohikaner und Delaware

KURS AUF MARKUS 12
(AND THE CHILDREN SHALL LEAD)

Sternzeit: 5029.5

Die *Enterprise* reagiert auf den Notruf einer wissenschaftlichen Expedition auf dem Planeten Triacus. Dort angekommen, stellen sie fest, daß die Erwachsenen Selbstmord begangen haben. Außerdem zeigen die Kinder keine Trauer über den Tod ihrer Eltern. Sie haben sich Gorgan ausgeliefert, einer bösartigen Entität, die auf dem Planeten zu Hause ist. Gorgan hat sie als Kanal benutzt, um die Erwachsenen auf Triacus in tiefe Ängste und Depressionen zu stürzen. Nun mißbraucht er die Kinder, um das Schiff nach Markus XII zu steuern, einer Kolonie, in der Millionen Menschen leben. Als Kirk entdeckt, daß die *Enterprise* Triacus nicht mehr

> ### Trekker-Quiz
> 1. Wie lauten die Nachnamen der Kinder?
> 2. Wohin fliegt die *Enterprise am Ende der Episode?*

umkreist, spricht er die Kinder an. Sie bilden einen Kreis und rufen ihren Führer. Gorgan macht den Kindern klar, daß sie die Mannschaft durch den Feind, der jedem Erwachsenen innewohnt, beherrschen können. Die Kinder schwenken die Fäuste, und die Mannschaft erkennt, daß ihre schlimmsten Träume wahr geworden sind.

Kirk und Spock fliehen von der Brücke und tüfteln einen Plan aus. Sie ahnen, daß die Kinder der Schlüssel sind. Sie verwenden eine Aufzeichnung der Kinder, um Gorgan erneut zu rufen. Dann spielen sie Bildaufzeichnungen von einer fröhlichen Picknickszene und den Leichen der Eltern der Kinder ab. Der Kontrast erschreckt die Kinder und holt sie in die Realität zurück. Sie fangen an zu weinen, und Gorgan verblaßt.

KURS AUF MARKUS 12

Handlungsschwächen

• Nach der Abreise der *Enterprise* bleiben zwei Bordwachen auf Triacus zurück. Niemand erwähnt, daß man zurückkehren will, um sie abzuholen.

• Um Uhuras größte Angst zu beschwören, bringen die Kinder sie dazu, sich in einem Spiegel eine uralte Version ihres Ichs anzusehen. Bis hierhin müssen sie die Fäuste schwenken, ehe eine Vision einsetzt. Bei Uhura erscheint der Spiegel an ihrem Arbeitsplatz, die Kinder schwenken die Fäuste, und sie sieht sich als alte Frau. Wieso war der Spiegel da, bevor die Kinder die Fäuste geschwenkt haben?

• Als Teil des Verfahrens, die Kinder in die Realität zurückzuholen, soll Spock laut Kirk das Lied spielen, das die Kinder skandiert haben, um Gorgan zu ›rufen‹. Woher weiß Kirk, daß das Geschöpf Gorgan heißt? In der gesamten Episode bleibt das Wesen so lange namenlos, bis Kirk es so nennt.

Gerätekokolores

• Nach dem Auffinden der toten Wissenschaftler auf dem Planeten setzt Kirk den Tricorder des Leiters ein, um einen seiner visuellen Einträge abzuspielen. Ist es nicht toll, was diese Geräte alles können? Sie können auch Bilder wiedergeben! Es wäre toll gewesen, wenn *Spocks* Tricorder in ›Griff in die Geschichte‹ ebensolche Vorzüge aufgewiesen hätte!

• Als Kirk wieder an Bord ist, schaut er sich die Logbücher des Expeditionsleiters an. Dabei sieht man den Mann, als er den Tricorder in der Hand hält. Wenn der Tricorder die Aufnahmen gemacht hat, wie konnte er sich dabei selbst filmen?

• A propos Logbucheinträge. Der Expeditionsleiter gibt die Sternzeiten als 5025.3, 5032.4 und 5038.3 an. Kirk eröffnet die Episode mit Sternzeit 5029.5 – aber der Leiter der Expedition stirbt kurz nach der Ankunft der *Enterprise.* Wie konnte er nach seinem Tod noch Einträge vornehmen?

• Nachdem die Kinder das Schiff übernommen haben, beamt Kirk zwei Bordwachen auf den Planeten, um die ande-

299

KURS AUF MARKUS 12

ren abzulösen. Er ahnt nicht, daß die *Enterprise* nicht mehr in der Kreisbahn um Triacus ist. Der Transporteringenieur beamt die Leute also ins Vakuum hinaus. Ob das richtig ist? Müßte es nicht eine Art Sensorüberprüfung geben, die sicherstellt, daß der Ankunftsort tatsächlich da ist, wo er sein soll?

• Als Spock sieht, daß der Captain befürchtet, das Kommando zu verlieren, eilt er mit ihm von der Brücke. Die beiden rennen praktisch in den Turbolift. Das hochempfindliche Gerät setzt sich nicht nur ohne die geringste Anweisung in Bewegung, es schätzt auch ihr Ziel richtig ein und bringt sie dort hin, wo sie hinwollen!

Anschluß- und Produktionsprobleme

• Die Macher waren wohl noch nicht mit den optischen Tricks fertig, als sie die Vorschau für diese Episode montierten. Der Anreißer zeigt Gorgan mit zerfließendem, aber festem Gesicht. In der Episode ist er immer transparent.

Quiz-Antworten

1. Starnes, Janowski, Tsintao, O'Connel und Linden

2. Raumstation 4

DIE FREMDE MATERIE
(IS THERE IN TRUTH NO BEAUTY?)

Sternzeit: 5630.7

Die *Enterprise* bringt den medusanischen Botschafter Kollos zu seinem Heimatplaneten zurück. Die Medusaner sind formlose Geschöpfe und so schrecklich anzusehen, daß ihr bloßer Anblick Menschen in den Wahnsinn treibt. Sogar die Vulkanier können ihr Äußeres nur mit einer speziellen Schutzbrille ertragen. Kollos wird von Dr. Miranda Jones und dem Raumschiffkonstruktur Larry Marvick begleitet. Jones ist eine blinde Telepathin, die perfekte Kandidatin für eine Bewußtseins-

> **Trekker-Quiz**
>
> 1. Welches Getränk bietet Kirk Jones nach dem Essen an?
> 2. Worum wettet Scott mit Marvick, daß der Konstrukteur die Kontrollen der *Enterprise nicht* handhaben kann?

verschmelzung mit Kollos. Die Medusaner sind fortgeschrittene Navigatoren, und die Flotte hofft, ihre Fähigkeiten irgendwann für sich nutzen zu können.

Marvick, neidisch auf Jones' Zuneigung, macht einen Versuch, Kollos zu ermorden. Als er einen Blick auf den Medusaner wirft, wird er wahnsinnig, eilt in den Maschinenraum und aktiviert den höchstmöglichen Warp-Faktor. Als die Mannschaft die Kontrolle wieder übernehmen kann, hat das Schiff die Galaxis schon verlassen, und es gibt keine Möglichkeit zurückzukehren. Trotz Jones' Einwände bringt Spock mit Kollos eine Bewußtseinsverschmelzung zustande. Die beiden bringen die *Enterprise* in Sicherheit. Als die Verbindung zwischen ihnen abbricht, vergißt Spock, die Spezialbrille aufzusetzen. Das Ergebnis ist verheerend. Kirk stachelt Jones an,

DIE FREMDE MATERIE

dem Vulkanier zu helfen, und behauptet, sie wolle seinen Tod, weil sie eifersüchtig auf seine Verbindung zu Kollos ist. Unter großen Anstrengungen setzt Jones ihr Leben aufs Spiel, um Spock wieder gesund zu machen.

Handlungsschwächen

• Als Jones mit dem in einer Kiste befindlichen Kollos an Bord kommt, begrüßt Spock sie, als sei sie die Botschafterin. Der Vulkanier weiß doch, daß man den Medusanern nachsagt, sie seien schrecklich auszusehen. Glaubt er ernsthaft, Jones sei die Botschafterin?

• Beim Abendessen, an dem die Stabsoffiziere und Marvick teilnehmen, spürt Jones, daß irgend jemand einen Mord plant. Die Szene zeigt, daß sich Kollos' Behälter in ihrem Geist wiederspiegelt. Später sucht Marvick sie in ihrem Quartier auf. Sie spürt erneut die Absicht, und die Szene zeigt zum zweiten Mal ein Abbild von Kollos' Behälter. Jones konfrontiert Marvick voller Entsetzen mit seinen Gefühlen und fragt ihn, wen er töten will: sie? Kollos? Und das, obwohl sie immer dann, wenn sie die Mordgelüste spürte, Kollos' Kiste gesehen hat!

• Als Kirk meint, Spock solle eine geistige Verbindung zu Kollos herstellen, nimmt er Jones zu einem Spaziergang in den Blumengarten mit, um sie abzulenken. Anders gesagt: Statt sie zu einem Teil des Verfahrens zu machen und von der Notwendigkeit der Bewußtseinsverschmelzung zu überzeugen, greift er zu einem Vorwand. An Jones' Stelle wäre ich äußerst beleidigt. Sicher, sie hat in dieser Angelegenheit starke Gefühle, aber ist es nicht unausweichlich, daß sie den Plan irgendwann durchschaut? Will Kirk der Frau in den nächsten Stunden irgendwelchen Honig um den Mund schmieren? Ist der hochgeschätzte Captain tatsächlich so von seinem Charme überzeugt? Zwar macht sie ihm eine Szene, als sie alles erfährt, doch sie unterwirft sich schließlich der Situation.

• Einmal sagt Jones, Kollos und sie hätten nach dem Zu-

DIE FREMDE MATERIE

sammentreffen mit dem medusanischen ›Schiff‹ eine Bewußtseinsverschmelzung herbeiführen wollen. Welches medusani-
sche Schiff meint sie? Am Anfang der Episode sagt Kirk
doch, man wolle den Botschafter zu seinem Heimatplaneten
bringen.

• Als Spock wieder auf den Beinen ist, stolpert er, aus dem
Außengang kommend, in McCoys Büro hinein. Warum ist er
nicht einfach durchs Lazarett gegangen? Wäre es nicht logischer gewesen, den direkten Weg zu nehmen?

• Zu Beginn der Episode verlassen alle den Transporterraum, und Spock setzt die Spezialbrille auf. Dann beamt er
Kollos und Jones an Bord. Am Ende der Episode setzt er die
Brille wieder auf, aber Kirk lungert herum, um ihnen beim Abschied zuzuschauen. Dürfte das nicht gefährlich sein? Oder
war man bei Kollos nur übervorsichtig?

Gerätekokolores

• Nachdem Spock den Medusaner gesehen hat, feuert Kirk
einen Phaser auf ihn ab, um ihn zu lähmen. Er zielt eindeutig
auf Spocks Kopf, aber der ›Schuß‹ trifft ihn mehr oder weniger in den Brustkorb. Wie das?

• Kurz darauf sehen wir Spock im Lazarett an ein Bett ge-
schnallt. Wir können nur hoffen, daß das Pflegepersonal ihn
diesmal mit Stahlbändern gefesselt hat, denn in ›Spock außer
Kontrolle‹ hat er die normalen Gurte einfach zerrissen.

Anschluß- und Produktionsprobleme

• Offenbar breitet sich der von Kelinda (der knackigen
Außerirdischen mit dem britischen Akzent aus ›Stein und
Staub‹) begründete Schickimickifimmel nun in der ganzen
Galaxis aus: Dr. Miranda Jones trägt ihr Haar auf die gleiche
Weise.

• Natürlich hat Diana Muldaur, die Dr. Miranda Jones in dieser Folge verkörpert, auch Dr. Ann Mulhall in ›Geist sucht Körper‹ dargestellt.

303

DIE FREMDE MATERIE

• Am Ende des Abendessens leert Kirk die letzten Tröpfchen aus seinem Glas. Die Kamera schwenkt zu McCoy, dann wieder auf Kirk. Nun hält er ein fast volles Glas mit blauer Flüssigkeit in der Hand. Man hört aber kein Einschenkgeräusch.

Quiz-Antworten

1. Antarischer Brandy
2. Eine Flasche Scotch

WILDWEST IM WELTRAUM
(SPECTRE OF THE GUN)

Sternzeit: 4385.3

Die *Enterprise* begegnet im All einer melkotianschen Boje. Kirk ignoriert deren Warnung, sich an diesem Ort aufzuhalten und befiehlt das Schiff in eine Kreisbahn um den Planeten der Melkotianer. Man hat ihm aufgetragen, um jeden Preis mit ihnen Kontakt aufzunehmen. Auf dem Planeten stoßen Kirk, Spock und der Rest der Landegruppe auf einen Melkotianer, der wiederholt, daß man sie vor der Landung gewarnt habe. Zur Strafe inszenieren die Melkotianer eine Hinrichtung, deren Kulisse sie Kirks Gedächtnis entnommen haben.

Die Szene wechselt schlagartig in eine Stadt des Wilden Westens. Kirk und die anderen tragen zwar ihre übliche Kleidung, aber die Ausrüstung ist verschwunden. Sie tragen nun Waffengurte mit sechsschüssigen Colts. Bald erfahren sie, daß die Melkotianer ihnen die Rolle der Clanton-Bande zugedacht haben. Die Stadt ist Tombstone, Arizona, und um 5.00 Uhr morgens wollen die Earp-Brüder und Doc

> ### Trekker-Quiz
> 1. An welchem Tag findet die Schießerei am O.K.-Corral statt?
> 2. Wie heißt der Sheriff?

Holliday sie am O.K.-Corral zusammenschießen. Da das Landeteam weder die Stadt verlassen noch vernünftig mit den Gegenspielern reden kann, bastelt man sich eine Betäubungsgranate. Als sie bei einem Test nicht die gewünschte Wirkung zeigt, wird Spock klar, daß das, was sie erleben, nicht real sein kann. Mit Hilfe einer Bewußtseinsverschmelzung überzeugt er auch die anderen davon. Als die Earps

WILDWEST IM WELTRAUM

und Holliday auf sie feuern, gehen die Kugeln einfach durch sie hindurch. Kirk lehnt die Möglichkeit ab, Wyatt Earp zu erschießen. Beeindruckt laden die Melkotianer die Flottenoffiziere zu einem Besuch ein.

Höhepunkte

Als die Earps und Doc Holliday am Ende das Feuer eröffnen, stehen Kirk und seine Leute mit dem Rücken an einem Holzzaun. Die Kugeln durchschlagen zwar die Zaunlatten, aber der Gruppe passiert nichts. Eine äußerst hübsche Szene. Außerdem zählt die Musik, die man hört, als die Landegruppe zum ersten Mal den Saloon betritt, zu meinen Favoriten in der ganzen TV-Serie.

Handlungsschwächen

• Kurz nach der Ankunft im Saloon begegnet Kirk Morgan Earp. Spock gibt dem Captain warnend zu verstehen, er solle sich hinsetzen und keinen Muskel bewegen – *besonders* nicht die Muskeln der Hände: Wenn er dies täte, könnte er eine Reihe von unerfreulichen Ereignissen auslösen. Doch was macht unser wackerer Captain? Bevor er sich hinsetzt, bewegt er die Finger!

Grundlagenveränderungen

• In ›Im Namen des jungen Tiru‹ gibt Kirk den Capellanern zu verstehen, die Föderation werde sie in Ruhe lassen, wenn sie dies wünschen. Wieso hat die Flotte ihm dann den Befehl erteilt, mit den Melkotianern in Kontakt zu treten?

Gerätekokolores

• Zu Anfang der Episode hat Kirk leichte Schwierigkeiten mit seinem Kommunikator. Als er auf den Planeten gebeamt ist, zieht er ihn hervor. Doch er klappt zu, und er muß ihn erneut aufklappen.

• Am Ende der Episode gibt die melkotianische Boje plötz-

WILDWEST IM WELTRAUM

lich Strahlung ab. Als Reaktion darauf befiehlt Kirk, die ›Phaserkanonen‹ bereitzuhalten. Phaserkanonen? (Könnte zwar
technisch gesehen stimmen, aber dieser Ausdruck ist zuvor
noch nie gefallen.)

Quiz-Antworten

1. 26. Oktober 1881
2. John Behan

ÜBERSICHT:
ALBERNHEITEN

Die zehn dicksten Patzer in der TV-Serie und den ersten sechs Kinofilmen

1. *Das ›Wie auf der Erde‹-Syndrom.* In der TV-Serie legt die Mannschaft oft Milliarden und Abermilliarden von Kilometern zu fernen Planeten zurück und stellt dann fest, daß ihre Zivilisation ›wie auf der Erde‹ ist. Mir ist zwar klar, daß dies die Serie wahrscheinlich erst möglich machte, weil es den Machern erlaubte, vorhandene Requisiten und Gebäude einzusetzen, doch manchmal wirkt diese Masche leicht albern. In ›Das Jahr des Roten Vogels‹ leben auf dem Planeten nicht nur Yankees und Kommunisten, sie verfügen auch über die US-Flagge, die Unabhängigkeitserklärung und die Verfassung der Vereinigten Staaten! Wie sagt Kirk doch so schön in ›Miri, ein Kleinling‹, der ersten vorgeführten Parallelerde: »Es scheint unmöglich, aber es ist so.«

2. *Große Strecken legen wir in Null Komma nichts zurück.* Die Dialoge der TV-Serie und der Filme erwecken den Eindruck, als sei die Galaxis ein ziemlich kleiner Ort. In ›The Cage‹ teilt Pike den Talosianern mit, er käme von einem Planeten am anderen Ende der Galaxis. Oft reden manche Figuren so, als hätte man die gesamte Galaxis schon erobert. Am Anfang der Episode ›Auf Messers Schneide‹ sagt ein Flottenkommodore gar, man habe bestimmte Energiestörungen in jedem galaktischen Quadranten und *weit darüber hinaus* gemessen, was den Eindruck erweckt, die Flotte stünde mit anderen Galaxien in Funkverbindung.

ÜBERSICHT: ALBERNHEITEN

3. *Anschnallgurte, Flaschen, etc.* Die *Enterprise* wird ständig mit Photonentorpedos und Phasergeschützen beschossen, wobei die Mannschaft ebenso ständig aus dem Sitz fliegt. Wäre es nicht eine gute Idee, die Sitze mit Anschnallgurten auszurüsten? Andererseits bleiben bei derlei Attacken die Flaschen im Lazarett immer aufrecht stehen, und die Unterkünfte weisen nicht die geringste Unordnung auf. Wie bleiben diese Dinge an Ort und Stelle?

4. *Produktionsstümpereien.* Na schön, optische Effekte wie Hintergrundgemälde und Schiffsaufnahmen kosten eine Menge Geld und müssen so oft wie möglich wiederverwendet werden. Doch die Macher der TV-Serie haben den Filmtrick auf ein neues Niveau erhoben: Man montiert regelmäßig Filmszenen seitenverkehrt ein, damit Kirk in die richtige Richtung schaut. Oftmals verwendet man dazu sogar Szenen, die erst später kommen – auch wenn dann der Hintergrund nicht mehr stimmt. Manchmal läßt man den Film sogar langsamer laufen, weil die Szene mitten aus einem Dialog stammt! In der dritten Staffel ging man sogar soweit, eine Halbtotale der Brücke zu zeigen, in der statt Chekov ein Fremder an der Navigation sitzt. Obwohl Chekov im letzten Jahr der Serie die meiste Zeit an der Navigation verbringt, verschwindet er während der Halbtotalen.

5. *Die Enden der Triebwerksgondeln.* Offenbar war das erste Modell der *Enterprise*-Triebwerksgondeln mit Öffnungsklappen versehen. (Die Triebwerksgondeln sind die zigarrenförmigen Röhren, die genau hinter der Untertassensektion liegen.) Als die Serie in Produktion ging, hat man das Modell modifiziert und an den Enden der Triebwerksgondeln Kugeln angebracht. Allerdings wurden die Schiffsaufnahmen aus den Pilotfilmen nie neu gedreht. Dazu gehört auch die Vorspannsequenz. Deshalb sieht

ÜBERSICHT: ALBERNHEITEN

man am Anfang der Episoden Klappen am Ende der Gondeln. Die restlichen Episoden zeigen Aufnahmen, die die Kugeln zeigen, aber hin und wieder wechseln sie auch bei den einzelnen Geschichten.

6. *Das ›zweidimensionale Denksyndrom‹.* Im Weltraum gibt es kein ›Oben‹. Trotzdem stehen sich zwei Schiffe, die einander im All begegnen, stets auf gleicher Höhe gegenüber. Dazu käme es nur, wenn Weltraumforschung auf einer einzigen Ebene stattfände – etwa so wie bei einem auf dem Meer befindlichen Schiff. Auch sieht man nie ein Schiff zur Seite kippen, wenn es abtaucht und angreifende Schiffe umfliegt. Die einzigen angewandten Ausweichmanöver sind harte Wendungen nach Backbord oder Steuerbord – die einen aber in größere Gefahr bringen, weil man so dem Feind ein besseres Ziel bietet. (Na schön, ich habe nie erwartet, einen hohen Grad an kämpferischer Vielfalt in der TV-Serie zu sehen. Immerhin ist sie vor Jahrzehnten entstanden. Die Filme sind freilich etwas anderes.)

7. *›Die Reise nach Eden‹.* Ja, ich weiß: Als diese Episode entstand, waren Hippies ›in‹. Ich weiß auch, daß die in dieser Folge gespielte Musik damals ›stark‹ war. Sicher, Science Fiction zu schreiben ist schwierig, denn man muß weit in die Zukunft extrapolieren und einschätzen, wie die Dinge sich entwickeln könnten. Diese Episode enthält aber ein paar Dinge, die einfach doof sind. Erstens war die Serie nie ein Musical. Na, schön, Uhura hat ein-, zweimal etwas gesungen – aber in ›Die Reise nach Eden‹ gehen einem die ständigen Improvisationen auf den Geist, die von Gitarrengeklimper begleitet werden. Zweitens ist es in Sachen Musik einfacher, sich vorzustellen, welche ihrer Elemente auch in Zukunft noch Bestand haben: Bach ist seit über drei Jahrhunderten von Bestand. Ihn wird man sicher

ÜBERSICHT: ALBERNHEITEN

auch noch in drei Jahrhunderten hören. Das gleiche gilt für die anderen großen klassischen Komponisten. (Übrigens: *ST/DNJ* macht es genau richtig. Vielleicht haben die Macher nach dieser Episode ihre Lektion gelernt!)

8. *Die sich ständig verändernden Ohren unseres Lieblingsvulkaniers.* Was ist eigentlich mit Spock und seinen Ohren los? Ist er unzufrieden mit ihrem Aussehen? Geht er deswegen zwischen den einzelnen Filmen ständig zum Schönheitschirurgen? (Tatsächlich wirkt es manchmal so, als ließe er sich die Lauscher gelegentlich sogar mitten im Film richten!)

9. *Die sich ständig verändernde Technik der* Enterprise. Die Flotteningenieure haben offenbar nicht viel zu tun. In fast jedem Film sieht die *Enterprise* anders aus! Um dem Faß den Boden auszuschlagen, verändern sich auch die Phaser und Kommunikatoren. Kann sich die Flotte nicht mal auf ein Standarddesign dieser Dinge einigen?

10. *Die wandernden Turbolifttüren auf der Brücke.* Sie sind ein Fall für sich: Zwischen *Star Trek IV: Zurück in die Gegenwart* und *Star Trek V: Am Rand des Universums* wechselt der Standort des Brücken-Turbolifts. Zwischen *Star Trek V: Am Rand des Universums* und *Star Trek VI: Das unbekannte Land* wandern die Türen erneut an eine andere Stelle. Denken wir mal kurz darüber nach: Es ist ungefähr so, als kaufe man ein zwanzigstöckiges Haus und erzählt anschließend den Wartungstechnikern, man sei unzufrieden mit dem Standort der Aufzüge – die Techniker sollen sie doch, bitte schön, eineinhalb Meter nach rechts verlegen!

DAS GLEICHGEWICHT DER KRÄFTE
(THE DAY OF THE DOVE)

Sternzeit: Armageddon

Nach einem Notruf stößt eine Landegruppe der *Enterprise* auf eine völlig vernichtete Kolonie. Kurz darauf nähert sich ein Klingonenschiff, das aber durch plötzliche Explosionen kampfunfähig wird. Captain[70] Kang beamt mit einer Gruppe seiner Leute auf den Planeten. Er behauptet, die *Enterprise* habe das Schiff beschossen und hundert Mann seiner Besatzung getötet. Ein Energiewesen beobachtet die Konfrontation aus der Ferne. In Wirklichkeit hat es sowohl die Kolonie als auch die Klingonen angegriffen, um

> **Trekker-Quiz**
>
> 1. Welche planetare Kolonie wurde angeblich vernichtet?
> 2. Wo starb Chekovs fiktiver Bruder?

einen Kampf zu provozieren. Dann folgt das Wesen allen auf die *Enterprise* und setzt seine Untaten fort: Es setzt den Hauptteil der Mannschaft in den unteren Decks fest, läßt nur die gleiche Anzahl von Klingonen und Flottenoffizieren übrig, wandelt alle Schußwaffen in Degen um und sorgt dafür, daß niemand sterben kann. Das Wesen ernährt sich von gewalttätigen Gefühlen und hat sich eine Situation erschaffen, an der es sich für die nächsten tausend Jahre satt essen kann.

Als Kirk und Kang den Einfluß des an Bord befindlichen Wesens erkennen, vereinbaren sie einen Waffenstillstand. Sie weigern sich, die grausame Unterhaltung zu liefern, die die fremde Lebensform benötigt. Das Einstellen der Feindselig-

---

[70] Die deutsche Fassung degradiert Kang zum Commander.

DAS GLEICHGEWICHT DER KRÄFTE

keiten schwächt das Wesen, und als es erkennt, daß die Gefangenen nicht kooperieren wollen, zieht es sich zurück.

Kernige Dialoge

»Gegenwärtig würde nur ein Trottel in einem brennenden Haus kämpfen«. – Kang, als er sich weigert, sich noch länger für das fremde Wesen zu schlagen.

Höhepunkte

In einer Szene will Chekov Kangs Frau Mara Gewalt antun. Kirk hindert ihn daran und nähert sich ihr, weil er ihre Hilfe erbitten will: Er möchte mit Kang reden und den Kampf einstellen. Als Kirk bei dem Gespräch die Hände hebt, schaut Mara sie ängstlich an. Es ist genau die Reaktion, die man unter solchen Umständen von ihr erwarten muß – eine entzückende Nuance, die der Szene Realismus hinzufügt.

Handlungsschwächen

• Als der Fremdling den größten Teil der *Enterprise*-Mannschaft in den unteren Decks eingeschlossen hat, sucht Kirk Kang auf und berichtet davon. Ist das strategisch klug? Warum sollte man dem Gegner erzählen, daß man ihm zahlenmäßig nicht mehr überlegen ist? Außerdem erlauben Kirk und die Bordwachen den Klingonen während des Gesprächs, sie zu umzingeln, so daß sie ihnen fast jeden Rückweg aus dem Raum abschneiden. Ist der Fremdling etwa dafür verantwortlich, daß die Flottenangehörigen solche Schnitzer begehen?

• Ich kenne den Ausdruck ›Glaskinn‹. Soweit ich weiß, bezieht er sich auf einen Menschen, der schon die Besinnung verliert, wenn er einen leichten Kinnhaken erhält. Vor dieser Episode wußte ich allerdings noch nicht, daß es auch einen ›Glasellbogen‹ gibt: Als die Klingonen den Maschinenraum erobern, jagen zwei Krieger Scott auf den Gang hinaus. Als das raufende Trio über die Schwelle tritt, berührt eine Bordwache

DAS GLEICHGEWICHT DER KRÄFTE

einen Klingonen mit der Waffe am Arm. Der Klingone fällt prompt um und ist bewußtlos.

Grundlagenveränderungen

• Auf dem Planeten behauptet Kang, daß die Klingonen keinen Teufel kennen. Wenn dies stimmt, kommt es in der *ST/DNJ*-Episode ›Der Pakt mit dem Teufel‹ (DEVIL'S DUE) zu einer Grundlagenveränderung: Darin verwandelt sich nämlich Andrea in die terranische und klingonische Version des Teufels.

Gerätekokolores

• In ›Ganz neue Dimensionen‹ kann Sulu messen, daß das Gorn-Schiff seinen Transporter aktiviert. Doch in dieser Episode beamen die Klingonen auf den Planeten, ohne daß jemand Kirk über ihre Ankunft informiert. Können die Sensoren der *Enterprise* keine klingonischen Transporter registrieren?

• Diese Episode ist die erste, in der mehr als sechs Personen gleichzeitig auf das Schiff gebeamt werden. Zuerst lassen sich Kirk, McCoy, Chekov und Johnson auf den Planeten transportieren. Dann tauchen fünf Klingonen auf. Kurz darauf holt Scott alle an Bord zurück. In ›Die Stunde der Erkenntnis‹ beamen sechs Offiziere auf den Planeten, dann weitere drei. Was logisch ist, da es nur sechs Transporterplattformen gibt. Es könnte aber auch möglich sein, daß der Transporter zwar alle Mann auf dem Planeten einsammeln, aber nur jeweils sechs ›wiederherstellen‹ kann.

• Da Kirk mit Kang sprechen möchte, geht er das Risiko ein, sich innerhalb des Schiffes in den Maschinenraum beamen zu lassen. Spock hantiert auf der Brücke an den Kontrollen und informiert Kirk, er habe acht Sekunden, um auf die Plattform zu steigen. Kirk betätigt die Kontrollen, geht zur Plattform, geht zur Transportersteuerung zurück, pausiert, legt seinen Degen hin und geht schließlich wieder zurück. Je nach-

DAS GLEICHGEWICHT DER KRÄFTE

dem wann man mit dem Zählen anfängt, braucht er dazu zwölf bis fünfzehn Sekunden.

Anschluß- und Produktionsprobleme

• Einmal kommt McCoy auf die Brücke, um Kirk und Spock wegen ihrer Passivität die Leviten zu lesen. Als er wieder hinausgestürmt ist, zeigt man uns eine Reaktion Kirks. Wenn man genau auf die oberen linken Teil des Bildschirms schaut, sieht man etwas, das wie Zigarettenqualm wirkt.

• Als Kirk mit Mara in den Maschinenraum beamt, verwickelt ihn Kang in ein Gefecht. Zwei Klingonen drängen Mara aus der Gefahrenzone. Dann bittet sie Kang, Kirk anzuhören, und eine Großaufnahme zeigt oberhalb ihrer linken Schulter ein Interkom. Doch in der nachfolgenden Halbtotale stehen sie und ihre Beschützer vor dem großen Schirm, der zwischen dem Raum und den Maschinen steht. Über ihrer Schulter ist kein Interkom mehr.

Quiz-Antworten

1. Beta 12A
2. Archanis IV

DER VERIRRTE PLANET[71]

(FOR THE WORLD IS HOLLOW, AND I HAVE TOUCHED THE SKY)

Sternzeit: 5476.3-5476.9

Nach der Entdeckung eines riesigen Raumschiffes, das äußerlich wie ein Asteroid aussieht, berechnet Spock dessen weiteren Kurs und setzt Kirk davon in Kenntnis, es werde mit einem dicht besiedelten Planeten kollidieren. Um die Katastrophe abzuwehren, beamen Kirk, Spock und McCoy auf das fremde Objekt und materialisieren auf der Oberfläche einer Welt. Bald taucht eine Frau auf, die sich als Natira,

> **Trekker-Quiz**
>
> 1. Wie heißt der Planet, den die Yonada in Gefahr bringt?
> 2. Mit wem berät sich Kirk im Flottenhauptquartier?

Hohepriesterin der *Yonada* vorstellt. Ihre Vorfahren haben das Schiff gebaut, um ihr Volk von einem Sonnensystem zu einem anderen zu bringen.

Als Natira besonderes Interesse an McCoy entwickelt und ihn bittet, ihr Gatte zu werden, erklärt dieser sich einverstanden. McCoy hat erst kürzlich erfahren, daß er an einer unheilbaren Krankheit leidet und möchte aus der ihm verbleibenden Zeit des Beste machen. Kurz nach der Zeremonie zeigt Natira ihrem Gatten das ›Buch des Wissens‹. McCoy erkennt darin sofort die Betriebsanleitung für das Schiff. Spock und Kirk bringen das Schiff mit Hilfe des Buches auf seinen ursprünglichen Kurs und stoßen dabei auf ein Lagerhaus des Wissens, in dem sich auch ein Heilmittel für

---

[71] Der deutsche Titel dokumentiert trefflich die Kenntnisse seiner Macher: Sie sehen zwischen Asteroiden und Planeten keinen Unterschied.

DER VERIRRTE PLANET

McCoy findet. Als der genesene McCoy auf die *Enterprise* zurückkehrt, bleibt die durch ihre Pflichten an ihr Volk gebunden Natira zurück, um beim Aufbau einer neuen Heimat zu helfen.

Anmerkungen
In dieser Folge hat man bei der Umsetzung der Schriftsprache der Fabrini und dem Bau des Orakelraums ausgezeichnete Arbeit geleistet: Zwar sehen alle Dreiecke an den Wänden des Raumes gleich aus, aber einige stehen auf dem Kopf, was den Eindruck der Eintönigkeit abschwächt.

Handlungsschwächen
• Nach Beginn der Episode erzählt McCoy Kirk, er leide an einer tödlichen Krankheit. Er bittet ihn um zweierlei: Da er nur noch ein Jahr zu leben hat, möchte er seine Arbeit fortsetzen; außerdem soll der Captain die Information für sich behalten. Laut Logbuch bittet unserer wackerer Captain jedoch sogleich um Ersatz für McCoy. Dann weigert er sich beinahe, ihn für die nächste Landegruppe einzuteilen und erzählt kurz darauf Spock von seiner Krankheit. Würde ein Freund sich so verhalten?

Grundlagenveränderungen
• Als die Landegruppe auf den Asteroiden beamt, entdeckt sie mehrere hohe Zylinder. Plötzlich schieben sich die Zylinder hinter ihnen in die Höhe, und *Yonada*-Wachen springen ins Freie. Als die Zylinder sich in die Höhe schrauben, erzeugen sie ein deutliches Summen – und doch ist der mit einem überempfindlichen Gehör ausgestattete Spock (siehe ›Spock außer Kontrolle‹) ebenso überrascht wie die anderen. Dafür gibt es nur eine mögliche Erklärung: McCoy hat sein Gehör nicht wieder richtig angeschlossen, als er in ›Spocks Gehirn‹ sein Hirn in den Schädel zurückverpflanzt hat.

DER VERIRRTE PLANET

Gerätekokolores

• In der *Yonada* gibt es einen Raum, in dem sich Natira mit dem ›Orakel‹ unterhält – einem Computer, der als Stimme der Schöpfer posiert. Nachdem sie die Landegruppe festgenommen hat, führt sie sie in den Orakelraum. Dort zückt sie einen Phaser und einen Kommunikator und sagt, die Fremden trügen Gegenstände bei sich, die sie und ihr Volk nicht verstehen. Dabei richtet ein *Yonada*-Wächter die ganze Zeit über einen Phaser auf die Gefangen! Auch wenn sie die Dinger nicht verstehen – sie wissen zumindest, was man mit ihnen macht.

• Und wieder einmal läßt eine Landegruppe der *Enterprise* hochentwickelte Waffen auf einer geringer entwickelten Welt zurück. Kein Hinweis wird darauf gegeben, daß Kirk die drei Phaser zurückbekommt, die die Yonadaner ihnen abgenommen haben.

Anschluß- und Produktionsprobleme

• Bevor Kirk auf die *Yonada* beamt, weist er Sulu an, die *Enterprise* der Geschwindigkeit des ›Asteroiden‹ anzupassen. Kurz darauf zeigt ein Bild die *Enterprise* vor der *Yonada,* die sich eindeutig dem Raumschiff nähert.

> **Quiz-Antworten**
>
> 1. Daran IV
> 2. Admiral Westervliet

• Irgendwann kniet Natira neben dem erschlafften McCoy. Hinter ihr schleicht ein unheimlicher Schatten an der Wand entlang.

DAS SPINNENNETZ

(THE THOLIAN WEB)

Sternzeit: 5693.2

A Als die *Enterprise* auf die USS *Defiant* stößt, stellen Kirk und eine Landegruppe fest, daß die Mannschaft tot ist – die Leute haben sich offenbar selbst umgebracht. Plötzlich fängt die *Defiant* an zu verblassen. Die Landegruppe zieht sich eilig zurück, aber Kirk ist an Bord gefangen. Spocks daraufhin erfolgende Ermittlungen ergeben, daß diese Zone im All instabil ist und ›Schnittstellen‹ zwischen parallelen Universen erzeugt. Bei der nächsten Gelegenheit hofft er den Captain zu retten.

> **Trekker-Quiz**
>
> 1. Welche Sektionen der Enterprise *werden beim ersten Angriff der Tholianer leicht beschädigt?*
> 2. *Wie lautet die Kombination von Kirks Safe?*

Dann taucht ein tholianisches Schiff auf und verlangt eine Erklärung für das Eindringen in ihren Machtbereich. Als Antwort prophezeit Spock das baldige Wiederauftauchen der *Defiant*. Leider hat das zusätzliche Schiff das Raumgefüge durcheinandergebracht. Als die *Defiant* nicht auftaucht, greifen die Tholianer an. Der Kampf beschädigt die *Enterprise* und bringt die Umgebung weiter durcheinander. Dann taucht ein zweites tholianisches Schiff auf. Beide umkreisen die *Enterprise* und spinnen sie mit Traktorfeldfäden ein. Gleichzeitig erzeugt der instabile Raum Wahnsinn bei der Mannschaft, wie schon auf der *Defiant*. Mehrere Offiziere melden nun, sie hätten Kirk gesehen. Mit diesen neuen Daten berechnet Spock das nächste Wiederauftauchen des Captains. Kirk rematerialisiert im letzten Augenblick, der Traktorstrahl aktiviert sich, und die volle Kraft

DAS SPINNENNETZ

der Triebwerke schiebt die *Enterprise* aus dem Netz der Tholianer.

Handlungsschwächen

• Auf der *Defiant* schiebt McCoy eine Hand durch ein totes Besatzungsmitglied und einen Tisch im Lazarett. Er meldet diese Vorkommnisse, und Kirk befiehlt, daß sich alle zum Transport versammeln. Wenn sich Besatzungsmitglieder und Tische aus der Realität ausblenden, müßte der Fußboden nicht ebenso reagieren? (Ein ähnliches Problem gibt es in der *ST/DNJ*-Episode ›So nah und doch so fern‹ [THE NEXT PHASE]).

• Da man glaubt, der Captain sei tot, hält Spock für ihn eine Gedenkrede. Am Ende ruft Scott »Achtung!«, und alle stehen stramm. Einige halten die Hände hinter dem Rücken, andere vor dem Bauch, wieder andere lassen sie herunterhängen. Andere richten sich auf. Da fragt man sich unweigerlich, wie sie wohl auf »Rührt euch!« reagieren würden.

• McCoy entdeckt schließlich eine Substanz, die die Mannschaft vor den Auswirkungen des instabilen Raumes schützt: Er mischt Alkohol mit einem klingonischen Nervengas namens Theragen. Als er Spock und Scott das Gegenmittel verabreicht, drückt Spock seine Überraschung über die Lösung aus: Er hat offenbar nicht zugehört, als McCoy zuvor erläuterte, er werde ein Mittel auf der Basis von Theragen zusammenbrauen.

• Zwanzig Minuten bevor die Tholianer ihr Netz schließen (Kirks letztmögliche Rettung), nimmt Scott eine volle Flasche der Theragen-Alkohol-Mischung und schlendert hinaus. Unterwegs erzählt er McCoy, er werde ihn wissen lassen, ob sich das Zeug mit Scotch verträgt. Dies soll ein Späßchen sein. Aber will man uns wirklich glauben machen, Scott wolle sich in einer solchen Situation einen ansaufen?

• Obwohl es nicht hundertprozentig beweisbar ist, wirkt es so, als sei Chekov über die scherzhafte Neckerei am Ende

DAS SPINNENNETZ

der Folge im Bilde, in der es um die Frage geht, ob Spock und McCoy auf Kirks Anweisungen gehört haben. Dürfte er aber nicht: Er war während der ganzen Zeit im Lazarett.

Grundlagenveränderungen
- Bei der Neckerei am Ende der Episode tun Spock und McCoy so, als hätten sie Kirks letzte Anweisungen nicht beachtet. Spock führt den Captain sogar in die Irre, damit er es glaubt. Ich dachte, Vulkanier könnten nicht lügen?[72]

Gerätekokolores
- Nachdem die Tholianer die erste Salve abgefeuert haben, meldet Uhura geringen strukturellen Schaden am Schiff. Spock läßt daraufhin die Schirme verstärken. Dann greifen die Tholianer erneut an. Trotzdem ruft die Waffe, die zuerst nur geringe Schäden verursacht hat, ziemlich ernsthafte Schäden hervor. Ob das wohl stimmen kann?
- Spock gibt den Tholianern wegen ihrer Angriff Saures. Er trifft sie mit den Phasern – und zwar so sauber und deutlich, daß man durch das Heck des feindlichen Schiffes die Sterne leuchten sieht.
- Als Chekov ausrastet, weist McCoy die Bordwache an, ihn ins Lazarett zu bringen. Als man ihn wiedersieht, ist er an Oberschenkeln und Bizeps angeschnallt, und um seine Taille schlingt sich ein Gurt, der sich auch über seine Handgelenke legt. Ob das wohl funktioniert? Er braucht nur die Hände hochzuziehen, dann ist er den Gurt los. Wenn man ihn enger macht, ist er nur leichter zu entfernen, da dies seine Gelenke in die Richtung zwingt, die er braucht, um sich zu befreien.
- A propos Anschnallen. Ich weiß nicht genau, warum man sich bei Uhura die Mühe überhaupt macht. Es soll offenbar nur nach etwas aussehen.

---

[72] Dem deutschen Betrachter fällt noch etwas Kurioses auf: Dr. McCoy wird von Captain Kirk gesiezt.

DAS SPINNENNETZ

- In ›Reise nach Babel‹ erwähne ich, daß Kirk in die Knie gehen muß, um sich im Spiegel zu sehen. In dieser Episode hängt der Spiegel in Spocks Quartier allem Anschein nach noch tiefer.
- Als die Tholianer ihr Netz gerade schließen wollen, taucht Kirk wieder auf. Spock sagt, man solle ihn auf seinen Befehl hin an Bord holen. Dann läßt er das Schiff voll beschleunigen, und dies befreit die *Enterprise* klar von dem Traktorfeld. Kurz darauf sagt Spock, der auf Kirk gerichtete Transporterstrahl habe diesen mitgezogen. Man beachte: Er sagt nie ›Energie‹. Anders ausgedrückt, der Transporteringenieur hat den Strahl laut Spocks Anweisung auf den Captain gerichtet, um transportbereit zu sein. (Ich halte es zwar nicht unbedingt für unmöglich, aber ich hatte stets den Eindruck, daß der Strahl während des tatsächlichen Transportverfahrens auf jemanden gerichtet wird.)
- Nachdem Kirk an Bord gebeamt ist, gibt McCoy ihm eine Spritze durch den Raumanzug. Sind diese Anzüge nicht luft- und wasserdicht? Poröse Raumanzüge dürften wohl so wirkungsvoll sein wie Fliegengitter in Luken von Unterseebooten.

Anschluß- und Produktionsprobleme
- Kurz nach der Rückkehr von der *Defiant* dreht Chekov durch. Einmal formt sein Mund ein mittelgroßes ›O‹ – sein Schrei aber lautet »Ah!«. Ist zwar möglich, sieht aber wirklich komisch aus.
- Mehrere Szenen später kriegt auch ein Laborant einen Anfall und greift McCoy mit einer Eisenstange an. Aus Effektgründen zeigt man uns die Sichtweise des Irren in verzerrter Form, was der Szene ein passendes Gefühl verleiht. Allerdings macht man die Aufnahme über die rechte Schulter des Mannes hinweg. Ist sein Kopf plötzlich auf die Seite gerutscht? Dreht er etwa deswegen durch? (Ich würde jedenfalls einen Anfall kriegen, wenn mein Kopf plötzlich auf meiner rechten Schulter säße.)

DAS SPINNENNETZ

• Apropos Kampf im Lazarett: Der Laborant wirft McCoy quer über den Tisch. Dann zeigt eine verzerrte Großaufnahme, daß der Doktor längs auf dem Tisch liegt.

• Noch eins, bevor ich weitermache: Bei dem Kampf fliegen die Flaschen auf dem Tisch in alle Richtungen. Sie wirken nicht schwer und sind bestimmt nicht festgenagelt. Doch als die Tholianer angreifen und die Einwirkung ihrer Waffen McCoy und Chapel im Lazarett hin- und herwerfen, rühren sie sich nicht im geringsten. (Das ist doch erstaunlich, oder?)

• Als der Captain am Ende der Folge an Bord geholt wird, sind Scotts Hände bei einer Großaufnahme an den Kontrollen zu sehen. Die goldenen Tressen zeigen zwar den Rang eines Lieutenant Commanders an, aber der Typ, der an den Kontrollen arbeitet, ist nur Lieutenant.

Quiz-Antworten

1. A4 und C13
2. Von links nach rechts: 5, 4, 3

PLATOS STIEFKINDER

(PLATO'S STEPCHILDREN)

Sternzeit: 5784.2-5784.3

Ein dringender Notruf führt die *Enterprise* nach Platonius. Kirk, Spock und McCoy stellen nach der Ankunft auf dem Planeten fest, daß dessen Herrscher Parmen an einer schweren Beininfektion leidet. Als McCoy ihm eine Spritze geben will, fliegt sie ihm aus der Hand, schwebt durch die Luft und verarztet Parmen selbständig. Die Telekinese – die Fähigkeit, mit reiner Willenskraft Gegenstände zu bewegen – ist bei den Platoniern normal. Parmen erholt sich schnell, aber als die Landegruppe wieder abziehen will, beharrt er darauf, daß McCoy bei ihm bleibt. Natürlich weigert sich der Arzt. Daraufhin setzt Parmen seine Kräfte ein, läßt Kirk und Spock in einer Reihe erniedrigender Vorstellungen wie Idioten dastehen.

> **Trekker-Quiz**
>
> 1. Wie heißt der Ursprungsplanet der Platonier?
> 2. Wann haben die Platonier – nach der Ankunft auf dem gegenwärtigen Planeten – ihre Kräfte entwickelt?

In ihrer Unterkunft entdeckt das Trio, daß die Substanz Kironid die Quelle der Macht der Platonier ist. Nach der Injektion großer Kironiddosen in die Blutbahn entwickeln auch Kirk und Spock telekinetische Kräfte und unterwerfen die Platonier. Als die Landegruppe abreist, warnt Kirk die Platonier in ernstem Tonfall, mit anderen vorbeikommenden Raumfahrern freundlicher umzugehen: Immerhin haben er und seine Leute nun die Möglichkeit, sich die Kraft jederzeit zurückzuholen.

PLATOS STIEFKINDER

Anmerkungen

In dieser Episode gibt Michael Dunn eine wunderbare Vorstellung in der Rolle des Hofnarren Alexander: Er ist der einzige Bewohner des Planeten, der keine übernatürlichen Kräfte hat.

Kernige Dialoge

»Ich nehme an, wir waren nicht sonderlich unterhaltsam.« – Kirk, als er sieht, daß die Platonier Uhura und Chapel gezwungen haben, auf den Planeten zu beamen. (Ich habe mal einen TV-Werbespot gesehen, der ankündigte, *ST/DNJ* werde demnächst abwechselnd mit *Raumschiff Enterprise* gesendet. Als nette Pointe wurde Kirk mit diesem Satz zitiert.)

Höhepunkte

Nach der ersten demütigenden Einlage gesteht Spock, daß die Platonier heftigen Haß in ihm erzeugt haben. Er empfiehlt Kirk und McCoy, ihren Gefühlen freien Lauf zu lassen, sagt aber auch, er müsse die seinen beherrschen. Dabei geht er auf ein Tischchen zu, faßt eine Vase an und will sie zerkleinern, was einen weiteren Hinweis auf die Kräfte liefert, die er mühsam im Zaum hält.

Handlungsschwächen

• In der zweiten Logbucheintragung behauptet Kirk, die Platonier hätten sich auf der Erde niedergelassen, als ihr Planet zur Nova wurde. Als die altgriechische Kultur starb, seien sie auf den gegenwärtigen Planeten umgezogen. Erstens: Planeten *können* nicht zur Nova werden, sondern nur Sterne (Herrjeh, ist Cap'n Beckmesser wieder mal genau!). Zweitens: Die Platonier scheinen angesichts der Tatsache, daß sie vor Jahrtausenden (!) umgezogen sind, erstaunlich viel über die Erde zu wissen: Parmen läßt Spock z. B. um Kirks Kopf eine Art mexikanischen Tanz aufführen. Später erwähnt er das *pièce*

PLATOS STIEFKINDER

de résistance.[73] Man darf nicht vergessen, daß Parmen telekinetische, keine telepathischen Kräfte hat: Er kann weder die Gedanken der *Enterprise*-Besatzung lesen, noch weist irgend etwas darauf hin, daß er Zugang zu den Datenbanken hat.

• Seltsamerweise vergessen Kirk & Co. nach dieser Episode auf der Stelle, daß sie die Möglichkeit haben, sich der Telekinese zu bedienen. Man stelle sich vor, welche Unterschiede dies etwa in der Folge ›Der Plan der Vianer‹ hätte bewirken können: Kirk könnte den Spieß auf der Stelle umdrehen. Doch das Vergessen neu errungener Fähigkeiten ist bei der *Enterprise*-Mannschaft üblich: Man vergißt die erstaunliche Heilkraft der Sporen von Omicron Ceti III (›Falsche Paradiese‹). Man vergißt die romulanische Tarnvorrichtung (›Die unsichtbare Falle‹). Und man vergißt, daß scalosisches Wasser Lebewesen schneller machen kann (›Was summt denn da?‹). (Würde man sich daran erinnern, müßten die einzelnen Folgen sehr schnell enden.)

• Kirk zieht zur Unterhaltung der Platonier eine Toga an. (In Wirklichkeit ist es ein Minirock. Schaut euch an, wie *gern* er das Ding trägt! Aber ich schweife ab ...) Vermutlich ist unserer wackerer Captain nicht allein in diese Kleidung gestiegen. Ein Platonier hat ihm ›geholfen‹ (Entscheiden Sie lieber, ob es Parmen oder seine geliebte Gattin Philana war.) Doch am Ende der Folge greift er in die Toga hinein und zieht einen Kommunikator hervor. Wie rücksichtsvoll von Parmen, ihm zu erlauben, das Ding während der ganzen Zeit bei sich zu behalten. Ich wette, er (bzw. sie) hat gewußt, daß Flottenoffiziere sich ohne ihr Weltraum-Handy nackt vorkommen.

Gerätekokolores

• Das kleine Medokit, das McCoy bei sich hat, ist wirklich verblüffend: Es sieht zwar nicht sehr groß aus, bringt es aber fertig, in seinem Inneren alle chemischen Substanzen zu erzeugen. Zu Beginn der Episode sagt Kirk, Platonius verfüge

---

[73] frz. ›Hauptgericht‹.

PLATOS STIEFKINDER

über reichhaltige Kironidvorräte – einer Substanz, die er auch *selten* nennt. Als McCoy entdeckt, daß Kironid den Platoniern ihre Kräfte verleiht, bittet Kirk ihn, Spock und ihm die Substanz zu injizieren. McCoy schaltet und waltet einige Sekunden an seinem Medokit herum und braut die Flüssigkeit zusammen. Doch wo hat er das destillierte Kironid her? Klar, es ist in der gesamten Nahrung und dem Wasser des Planeten enthalten, aber wann hatte er Gelegenheit, es zu gewinnen? Oder schleppt er sämtliche in der Föderation bekannten Substanzen in dem kleinen Medokit ständig mit sich herum?

• Am Ende der Episode wird Parmen sadistisch und macht einen Versuch, McCoy zurückzuhalten. Plötzlich taucht ein Tisch mit einem glühendheißen Feuerhaken, einer Peitsche, einem Messer und anderen Folterwerkzeugen auf. Eigenartigerweise stammt das Messer aus dem Rigel-System! Anhand der Gestaltung des Griffes und meiner weitreichenden Kenntnisse zu diesem Thema glaube ich sogar sagen zu können, daß es von dem Bergvolk im Argusfluß-Gebiet auf Rigel IV hergestellt wurde! (Beeindruckend, was? Vielleicht sollte ich lieber beichten: Das Messer wurde schon in der Episode ›Der Wolf im Schafspelz‹ eingesetzt.)

Anschluß- und Produktionsprobleme

• Als Kirk, Spock und McCoy auf Platonius materialisieren, ist die hinter ihnen befindliche Wand identisch mit der, vor der sie in ›Talos IV – Tabu (1)‹ in Raumstation 11 materialisieren.

• Die Akteurin Barbara Babcock, die die Philana spielt, war in ›Krieg der Computer‹ als Mea 3 zu sehen.

• Die meisten Szenen, in denen man in dieser Episode telekinetische Kräfte demonstriert (durch die Luft fliegende Gegenstände), sind ganz gut gemacht, doch als sich McCoys Spritze selbständig macht, kann man die Fäden sehen.

Quiz-Antworten

1. Sahndara
2. 6 Monate, 14 Tage

WAS SUMMT DENN DA?

(WINK OF AN EYE)

Sternzeit: 5710.5-5710.9

Nachdem die Scalosianer die *Enterprise* mit einem getürkten Notruf zu ihrem Planeten gelockt haben, schleichen sich fünf von ihnen an Bord. Sie führen eine hyperbeschleunigte Existenz und bewegen sich mit rasender Schnelligkeit. Vor Jahrhunderten hat ein schrecklicher Krieg ihren Planeten verwüstet, die Beschleunigung hervorgerufen und sämtliche Männer sterilisiert. Um das Überleben ihres Volke zu sichern, locken die Scalosianer Schiffe zu ihrer Welt. Die scalosianischen Frauen beschleunigen das Dasein der Raumfahrer mit scalosischem Wasser, das sie

> **Trekker-Quiz**
>
> 1. Wie lautet der offizielle Name für Lebenserhaltung?
> 2. Wie heißt der Chefwissenschaftler der Scalosier?

ihnen zu trinken geben, und wählen sich Gefährten aus. Natürlich altern die auserwählten Männer in dem beschleunigten Zeitrahmen schneller. Nach einer kurzen Zeitspanne ›verbrennen‹ sie. Wegen der Größe der *Enterprise*-Mannschaft und der Geschwindigkeit, mit der scalosianische Frauen Männer verbrauchen, installieren ihre Wissenschaftler an Bord ein Gerät, das die Mannschaft erstarren lassen soll, bis sie gebraucht wird.

Deela, die Königin der Scalosianer, erwählt Kirk zu ihrem ersten Gefährten. Kirk erfährt schnell alle relevanten Tatsachen und gibt sie mittels Computeraufzeichnung an Spock weiter. Nachdem Spock scalosianisches Wasser mit einem Gegenmittel versetzt hat, beschleunigt er sich selbst. Hand in Hand mit Kirk überwältigt er die Scalosianer und bringt sie auf den Planeten zurück. Kirk kehrt in den normalen Zeitablauf zurück, Spock führt in Supergeschwindigkeit nötige Reparaturen am Schiff aus.

Anmerkungen
Man hat sich in dieser Episode eines flotten Verfahrens bedient, um den Unterschied zwischen normaler und beschleunigter Existenz darzustellen. Alle Szenen, in denen Scalosianer oder ›beschleunigte‹ Flottenoffiziere vorkommen, wurden mit gekippter Kamera gedreht, was einen surrealen Eindruck hervorruft.

Höhepunkte
Nachdem ein Fähnrich auf dem Planeten verschwindet, kehrt die Landegruppe ins Schiff zurück, und Kirk ordnet eine medizinische Untersuchung für alle an. Als Spock im Lazarett auf dem Tisch liegt, sagt McCoy, an ihm sei alles normal. Etwa um die gleiche Zeit nutzt Deela die Gelegenheit, Kirk zu küssen und sein Haar zu zerzausen. Hier hat man sich die Mühe gemacht, irgendeinen Mechanismus in den Locken des Captains unterzubringen, damit es so aussieht, als zerzausen sie sich selbst. (In diesem Augenblick befindet sich Kirk noch im normalen Zeitstrom, während Deela beschleunigt ist, deswegen sieht man auch nicht, daß sie ihn küßt.)

Handlungsschwächen
• Die Episode beginnt, als Scott einen Logbucheintrag macht. Kirk & Co. halten sich auf dem Planeten auf und bemühen sich, die Quelle des Notrufes zu finden. Wie oft machen Flottenoffiziere eigentlich solche Einträge? Ist die Landegruppe schon so lange fort, daß Scott sich der Arbeit unterziehen muß, oder hat Kirk sie einfach vor dem Beamen vergessen?

• Die wirklich große Frage dieser Episode ist natürlich die: Wie schnell sind die Scalosianer? Welche Relation besteht

WAS SUMMT DENN DA?

zwischen hyperbeschleunigter und der normaler Existenz? Es gibt ein paar Hinweise. Erstens: Die Mannschaft kann die Scalosianer nicht sehen. Dies bedeutet, daß ein Scalosianer sich nicht länger als ein Sechzigstel einer Sekunde an einem Ort aufhalten darf, sonst würde sein Abbild aufgrund der Trägheit des Auges ›Spuren hinterlassen‹. Zweitens: Deela *weicht* einem Phaserschuß aus! Offenbar bewegt sich der Strahl eines Phasers – auch wenn er irgendwelche elektromagnetische Energie einsetzt – nicht mit Lichtgeschwindigkeit. Täte er dies, müßte sich Deela mit Überlichtgeschwindigkeit bewegen, um ihm zu entgehen. Laut unseres gegenwärtigen Physikverständnisses ist dies unmöglich. Drittens: Scotts Eintritt in den Transporterraum gibt uns einen endgültigen Hinweis. Von dem Zeitpunkt, in dem er im Türrahmen des Raumes erscheint, bis zu dem, als Kirk in die Normalzeit zurückkehrt, finden etwa sieben Minuten lange Dialoge in der beschleunigten Existenz statt. In dieser Zeit legt Scotty kaum einen Schritt zurück – der in Normalzeit etwa eine halbe Sekunde dauert. Anhand dieser Relation müßten die Scalosianer 840 Minuten für jede Normalzeitminute leben (7 Minuten mal 60 Sekunden mal zwei, da Scott sich nur eine halbe Sekunde lang bewegt). Diese Schätzung ist zwar eher niedrig, da Deela dem Phaserschuß ausgewichen ist, aber für unsere Bedürfnisse ausreichend.

Jetzt kommt der Patzer: Wenn die Scalosier acht unserer Stunden brauchen, um ihr Einfriergerät einzubauen, wieviel Zeit hat dann die Mannschaft, um (1) zu erkennen, daß Fremde an Bord sind, (2) die Ursache zu finden, die für Kirks Beschleunigung verantwortlich ist, (3) ein Gegenmittel zu ersinnen, und (4) Spock in den hyperbeschleunigten Zustand zu versetzen, damit er Kirk helfen kann, den Plan der Scalosianer zu vereiteln? Selbst mit der vorsichtigen Einschätzung der Relation zwischen normaler und hyperbeschleunigter Existenz hätte unsere furchtlose Mannschaft nur 34 Sekunden, um diese Kunststücke zu vollbringen! (Selbst wenn wir davon

WAS SUMMT DENN DA?

ausgehen, daß die Relation viel geringer ist, also etwa 120:1, hätte sie nur 4 Minuten, um die Scalosier aufzuhalten. In dieser Zeit hätten Kirk und Spock kaum die Zeit, sich über einen Plan zu unterhalten!)

• Nachdem Deela Kirk beschleunigt, zeigt eine Aufnahme den sich noch immer bewegenden Spock. Wie ist das möglich? Liegt es mal wieder am unglaublichen vulkanischen Körperbau?

Gerätekokolores

• Deela behauptet, sie habe Zugang zum Schiff erhalten, da sie mit Kirk zusammen an Bord gebeamt sei. Sind Transporter wirklich darauf geeicht, hyperbeschleunigte Wesen anzupeilen? Und wenn ja, müßte Deela beim Transport nicht stillstehen? Müßte sie dann nicht von jemandem gesehen werden – vielleicht vom Transporteringenieur?

• Auch hier läuft das Pulslicht bei den Großaufnahmen der medizinischen Schalttafel im Lazarett mal wieder asynchron zu dem hörbaren Herzklopfen.

• Gegen Anfang der Episode begeben sich Kirk und Spock in die Gegend des Lebenserhaltungssystems und untersuchen das von den Scalosianern eingebaute Gerät. An der Wand hinter ihnen ragen Gegenstände auf, die verblüffend der Bibliothek des Wissens ähneln, die Spock in ›Der verirrte Planet‹ auf Yonada gefunden und als gesammeltes Wissen der Fabrini identifiziert hat. (Es würde mir nicht gefallen, wenn die Flotte diese wichtigen Informationen geklaut hätte.)

• Turbolifts und Türen sind eine interessante Herausforderung für eine beschleunigte Existenz. Benutzen die Scalosier sie überhaupt? Würde ein Lift-Transport sie nicht unglaublich verlangsamen? Und was ist mit den automatischen Türen? Dieser Frage ist man in dieser Episode meist aus dem Weg gegangen, indem die Türen offen stehen. Allerdings hält sich die meiste Zeit niemand in ihrer Nähe auf. Warum stehen sie also offen? (Weil es ewig und drei Tage dauern würde, bis sie

WAS SUMMT DENN DA?

sich für die Scalosianer öffnen, und die Episode nicht so lange dauert!)

• Als Spock die Logbucheinträge prüft, die die Landegruppe auf dem Planeten aufgezeichnet hat, spielt der Computer sie in falscher Reihenfolge ab. Auf dem Planeten kommentiert McCoy das Nichtvorhandensein von Leben, dann erwähnt Kirk das Insektengesumm. Beim Abspielen an Bord ist es genau umgekehrt.

Anschluß- und Produktionsprobleme

• Die in dieser Folge gezeigte Stadtlandschaft war zuerst in ›Krieg der Computer‹ zu sehen.

• Am Ende der Episode setzt Kirk eine scalosianische Waffe ein, um das Einfriergerät zu vernichten. Wenn man sich die Explosion genau anschaut, sieht man unter dem Ding eine Art Docht.

Quiz-Antworten

1. *Environmental Engineering*
2. *Rael*

DER PLAN DER VIANER
(THE EMPATH)

Sternzeit: 5121.5

Da die Sonne des Minara-Systems bald zur Nova werden wird, taucht die *Enterprise* auf, um eine Forschergruppe abzuholen. Kirk, Spock und McCoy finden die Forschungsstation verlassen vor, werden aber schnell in eine unterirdische Kaverne versetzt. Dort treffen sie eine hübsche taubstumme Emphatin, die McCoy auf den Namen Gem[74] tauft. Sie finden auch die beiden Wissenschaftler der Föderation, die jedoch tot sind. Kurz darauf kreuzen zwei Vianer auf, die etwas von notwendigen Experimenten brabbeln und Kirk foltern. Gem setzt anschließend ihre emphatischen Fähigkeiten ein, um Kirk zu heilen.

Die Vianer kehren bald zurück und meinen, der Test sei noch nicht abgeschlossen. Während Gem zuschaut, gibt McCoy den anderen Beruhigungsmittel und stellt sich zur Verfügung. Als Kirk und Spock erwachen, liegt McCoy mehr oder weniger im Sterben. Die Vianer erklären, sie könnten, bevor der Stern explodiert, nur die Bewohner eines Minara-Planeten in Sicherheit bringen. Gems Volk sei das vielversprechendste, aber die Vianer wollen wissen, ob dieses Volk es wert ist, die Katastrophe zu überleben; die Bereitschaft zur Selbstaufopferung sei eine notwendige Voraussetzung. McCoys Verletzungen sind so

> **Trekker-Quiz**
>
> 1. Welche Tiere erscheinen wie unbelebte Felskristalle, bevor sie angreifen?
> 2. Welcher Planet ist die Heimat eines stummen Volkes?

---

[74] In der deutschen Fassung: Juwel.

DER PLAN DER VIANER

schlimm, daß Gem sterben könnte, wenn sie einen Versuch macht, ihn zu heilen. Gem tut es dennoch, aber McCoy schiebt sie beiseite. Daraufhin macht Kirk den Vianern klar, daß sie genug getan hat; niemand müsse sterben, um das Experiment zu beenden. Die Vianer stimmen ihm zu, heilen McCoy und verschwinden mit Gem.

Anmerkungen
Die Besetzungsliste identifiziert einen der Vianer als Lal. Dieser Name taucht auch in der ST/DNJ-Episode ›Datas Nachkomme‹ (THE OFFSPRING) auf, in der Data seine ›Tochter‹ so benennt. Diese Episode gefällt mir. Sie zeigt den Edelmut Kirks, Spocks und McCoys, die allesamt um eine Gelegenheit wetteifern, andere zu beschützen.

Kernige Dialoge
»*Alle Eigenschaften, die bei Humanoiden zu den besten und erstrebenswertesten gehören, wurden uns von Ihnen gezeigt.*« – Thann, der Kirk, Spock und McCoy aufgrund ihres Verhaltens während des Experiments ein Kompliment macht.

Handlungsschwächen
• Unfallverhütungsvorschriften scheinen im 23. Jahrhundert nicht mehr zu existieren: Um Zugang zur Forschungsstation zu erhalten, müssen Kirk, Spock und McCoy eine schmale, steile Wendeltreppe hinuntergehen, die nicht mal über ein Geländer verfügt.
• Aus irgendeinem unbekannten Grund ziehen die Vianer Kirk das Hemd aus, bevor sie ihn foltern. Als sie ihn zu seinen Freunden zurückschicken, ziehen es ihm wieder an. Ob sie etwa Angst haben, er könne das Hemd während der Folter durchschwitzen, so daß Gem sich von seinem Körpergeruch abgestoßen fühlt?
• Spock hat in dieser Episode offenbar seine Motivation verloren. Am Anfang kneift er einen Vianer noch in den Hals.

DER PLAN DER VIANER

Dabei nimmt Kirk seinem Opfer das tragbare Gerät ab, mit dem er seine Zaubertricks macht. Dann entkommt die Landegruppe mit Gem an die Oberfläche. Dort angekommen, setzen die Vianer Spock und McCoy erneut fest und foltern Kirk, während Gem zuschaut. Anschließend bittet McCoy um Erlaubnis, das vianische Gerät zu untersuchen. Warum hat er es nicht schon längst getan?

Gerätekokolores

• Es erstaunt mich immer wieder, auf welch raffinierte Weise visuelle Logbücher entstehen: Als Spock die Aufzeichnungen der Forscher abspielt, ist die Kamera zu Schwenks und Zooms fähig, damit ihr bloß nichts entgeht.

• Nach der Untersuchung des tragbaren Steuergeräts der Vianer sagt Spock, es werde von den spezifischen Hirnmustern eines Individuums gesteuert. Er stimmt es auf sein eigenes Hirnmuster ab. Doch gegen Ende der Episode gibt Kirk einem Vianer das Ding zurück, der es dann dazu verwendet, McCoy zu heilen. Ist es etwa nicht mehr auf das Hirnwellenmuster Spocks abgestimmt, oder war unser vulkanischer Freund einfach nur durcheinander?

Anschluß- und Produktionsprobleme

• Während Kirk gefoltert wird, zeigt eine Halbtotale seine ausgestreckten Arme. Großaufnahmen von vorn hingegen zeigen, daß er sie an den Ellbogen leicht angewinkelt hat.

Quiz-Antworten

1. Die Sandfledermäuse von Manark IV

2. Gamma Vertis IV

335

TRIATHLON-QUIZ: CHARAKTERE

Ordnen Sie Charakter und Beschreibung der jeweiligen Episode oder dem jeweiligen Film zu:

Charakter		Beschreibung		Episode oder Film
1. Alexander	A	Hochnäsiger Wolkenstadtbewohner	a	›Kampf um Organia‹
2. Andrea	B	Redjac in Verkleidung	b	›Der Plan der Vianer‹
3. Appel, Ed	C	Der älteste Junge	c	›Der alte Traum‹
4. Ayelborne	D	Sargons Rivale	d	›Das Spukschloß im Weltall‹
5. Companion	E	Sie hat Spock mit Gefühlen bekanntgemacht	e	›Weltraumfieber‹
6. Cromwell	F	Hat die Triebwerke für eine Explosion vorbereitet	f	›Ein Planet, genannt Erde‹
7. Daily, John	G	Hat Shakespearesche Dichtung verfaßt	g	›Meister der Sklaven‹
8. Daystrom, Dr. Richard	H	Leiter einer Raketenbasis	h	›Tödliche Spiele auf Gothos‹
9. Deela	I	Kiroks Rivale	i	*Star Trek III: Auf der Suche nach Mr. Spock*
10. Droxine	J	Kirks Schwägerin	j	›Der Zentralnervensystem-Manipulator‹
11. Drusilla	K	Die perfekte Frau für einen Unsterblichen	k	›Kennen Sie Tribbles?‹
12. Eleen	L	Verführerische Katzenfrau	l	›Der erste Krieg‹

TRIATHLON-QUIZ: CHARAKTERE

Charakter		Beschreibung		Episode oder Film
13. Ewigkeit, Wächter der	M	Kelvanerin mit europäischem Akzent	m	›Kodos, der Henker‹
14. Gem [Juwel]	N	Erste Androidin, die Kirk küßt	n	›Griff in die Geschichte‹
15. Gorgan	O	Zweifarbige Lebensform	o	›Die Frauen des Mr. Mudd‹
16. Hedford, Nancy	P	Setzt Kirk unter Druck	p	›Metamorphosen‹
17. Hengist	Q	Bekämpft sein alternatives Ich	q	›Der dressierte Herrscher‹
18. Henoch	R	Beherrscht ein Zombie-Reich	r	›Das Jahr des Roten Vogels‹
19. Jahn	S	Tut etwas, das noch keine andere Frau getan hat	s	›Horta rettet ihre Kinder‹
20. Jones, Cyrano	T	Ihre Berührung ist tödlich	t	*Star Trek II: Der Zorn des Khan*
21. Jones, Dr. Miranda	U	Energiewesen in Verkleidung	u	›Fast unsterblich‹
22. Kalomi, Leila	V	Eymorg im Lift	v	›Krieg der Computer‹
23. Kapec, Rayna	W	Regentin des neuen Machthabers	w	›Die Wolkenstadt‹
24. Keeler, Edith	X	Eine von Mudds Frauen	x	›Der verirrte Planet‹
25. Kelinda	Y	Königin der Hyperbeschleunigten	y	›Wen die Götter zerstören‹
26. Kirk, Aurelan [Aurelia]	Z	Hohepriesterin auf Yonada	z	›Gefährliche Planetengirls‹
27. Krake, Jojo	AA	Hofnarr	aa	›Computer M5‹
28. Kryton	BB	Medizinfrau	bb	›Gefährlicher Tausch‹
29. Landru	CC	Chef-Androide Mudds I.	cc	›Planet der Unsterblichen‹
30. Lazarus	DD	Will sich an Kirk rächen	dd	›Stein und Staub‹

TRIATHLON-QUIZ: CHARAKTERE

Charakter	Beschreibung	Episode oder Film
31. Lester, Dr. Janice	EE Schoß vor Kirks Ankunft auf Horta	ee ›Falsche Paradiese‹
32. Lokai	FF Täuscht Kinder	ff ›Geist sucht Körper‹
33. Losira	GG Leitete ein Depopulationsprogramm	gg ›Brot und Spiele‹
34. Luma	HH Captain der *Astral Queen*	hh ›Der Wolf im Schafspelz‹
35. Marta	II Skons Sohn	ii ›Miri, ein Kleinling‹
36. McHuron, Eve	JJ Tor zu allen Zeiten	jj ›Was summt denn da?‹
37. Mea 3	KK Zephram Cochranes Geliebte	kk ›Im Namen des jungen Tiru‹
38. Natira	LL Tribble-Händler	ll ›Kurs auf Markus 12‹
39. Nona	MM Weiblicher Commissioner der Föderation	mm ›Platos Stiefkinder‹
40. Norman	NN Chekovs Sklavenausbilderin	nn ›Epigonen‹
41. Odona	OO Duelliert sich mit Kirk	oo ›Spock außer Kontrolle‹
42. Salish	PP Möchte desintegriert werden	pp ›Brautschiff Enterprise‹
43. Sarek	QQ Nonas Gefährte	qq ›Auf Messers Schneide‹
44. Singh, Khan Noonian	RR Von Adams verrückt gemacht	rr ›Spocks Gehirn‹
45. Sylvia	SS Yang-Anführer	ss ›Landru und die Ewigkeit‹
46. T'Pau	TT Visionärin in den dreißiger Jahren	tt ›Bele jagt Lokai‹
47. Tamoon	UU Blinde Telepathin	uu ›Portal in die Vergangenheit‹
48. Trelane	VV Erfinder von M5	vv ›Die fremde Materie‹

TRIATHLON-QUIZ: CHARAKTERE

Charakter	Beschreibung	Episode oder Film
49. Tyree	WW Stumme Emphatin	ww ›Der Obelisk‹
50. Van Gelder, Dr. Simon	XX Spocks 5000 Jahre alte Liebe	
51. William, Cloud	YY Amtsperson bei Spocks ›Hochzeit‹	
52. Zarabeth	ZZ Marcus' Lustsklavin	

Auswertung

0–8	Normal
9–15	Keine Bange. Ihre weitreichenden Kenntnisse sind zwar leicht übertrieben, aber noch kein Grund, sich Sorgen zu machen.
16 und mehr	Sie sollten vielleicht mal einen Psychiater aufsuchen.

Auflösung

1. AA mm	14. WW b	27. P nn	40. CC q
2. N c	15. FF ll	28. F pp	41. GG u
3. EE s	16. MM p	29. R ss	42. I ww
4. U a	17. B hh	30. Q qq	43. ll i
5. KK p	18. D ff	31. S bb	44. DD t
6. H f	19. C ii	32. O tt	45. L d
7. HH m	20. LL k	33. T z	46. YY e
8. VV aa	21. UU vv	34. V rr	47. NN g
9. Y jj	22. E ee	35. G y	48. OO h
10. A w	23. K cc	36. X o	49. QQ l
11. ZZ gg	24. TT n	37. PP v	50. RR j
12. W kk	25. M dd	38. Z x	51. SS r
13. JJ n	26. J oo	39. BB l	52. XX uu

BRAUTSCHIFF ENTERPRISE

(ELAAN OF TROYIUS)

Sternzeit: 4372.5

Die *Enterprise* reist ins Tellun-System. Die Kulturen zweier dortiger Planeten, Elas und Troyius, haben ein Stadium erreicht, in dem es ihnen möglich ist, sich gegenseitig zu vernichten. Um Frieden zu stiften, haben beide Regierungen zugestimmt, daß der König von Troyius und der Dohlman von Elas sich zusammentun. Die *Enterprise,* die den Troyius-Botschafter Petri bereits an Bord genommen hat, geht um Elas in die Kreisbahn und beamt den Dohlman und ihr Gefolge an Bord. Petri möchte seine künftige Königin Elaan mit den Gebräuchen von Troyius bekanntmachen. Die Elasier sind wilde Krieger und halten rein gar nichts von gesellschaftlichen Konventionen. Während eines Gesprächs sticht Elaan Petri nieder, so daß er seiner Rolle als Lehrer nicht mehr nachkommen kann.

> **Trekker-Quiz**
> 1. Wer hat das Hochzeitskleid für Elaan besorgt?
> 2. Wen hat Kryton während der Sabotage getötet?

Kirk nimmt die Herausforderung an. Er macht auch bereits Fortschritte; doch einer von Elaans Leibwächtern sabotiert die Materie/Antimateriekammer, so daß die Dilithiumkristalle durchbrennen. Ein Klingonenschiff taucht auf und fordert Kirk zur Übergabe auf. Inmitten der einseitigen Schlacht erscheint Elaan auf der Brücke. Sie trägt eine Halskette aus ›gewöhnlichen‹ Steinen ihres Planeten. Es sind Dilithiumkristalle. Offenbar wissen die Klingonen von dem großen Vorkommen und wollen den Friedensprozeß hintertreiben. Mit Hilfe der Kristalle wehrt Kirk die Klingonen ab und bringt Elaan sicher nach Troyius.

BRAUTSCHIFF ENTERPRISE

Anmerkungen
Die Episode hat einige Gemeinsamkeiten mit der ST/DNJ-Folge ›Eine hoffnungsvolle Romanze‹ (THE PERFECT MATE). In beiden Geschichten dient eine Frau, die heiraten soll, als Vehikel für den Frieden. In beiden hat sie zudem große Macht und sexuelle Anziehungskraft. In beiden Fällen ist der Captain in sie verknallt und muß sie der Pflicht wegen aufgeben.

Höhepunkte
France Nuyen, die Darstellerin der Elaan, vollbringt eine ausgezeichnete Leistung, was der Folge in ihrer Auseinandersetzung mit Kirk und der Liebschaft eine Menge Höhepunkte verschafft.

Handlungsschwächen
- Für eine Wilde ist Elaan von Elas eine echte Angehörige der Schickimickiszene. In dieser Folge wechselt sie ihre ›enthüllenden‹ Klamotten nicht weniger als viermal!
- Am Ende der Episode trägt Elaan einen blauen Kittel mit seitlichen Falten. (Armes Mädchen, das Ding paßt ihr kaum. Beide Seiten schließen nicht; die Spalten sind mindestens fünf Zentimeter breit.) Außerdem legt sie eine Kette an, in der mehrere große Kristalle enthalten sind. Doch interessanterweise sieht das Kleid aus wie jenes, das Petri ihr zu Beginn als Hochzeitskleid angeboten hat, und die Kette sieht so aus wie die, die Petri ihr in einem Behälter als teuere Kronjuwelen anbietet. Man wollte wohl den Eindruck erwecken, Elaan habe am Ende doch ihre Pflichten akzeptiert und sich zur Heirat überreden lassen. Doch als Spock entdeckt, daß die in die Kette eingearbeiteten Steine Dilithiumkristalle sind, tut sie so, als seien sie praktisch wertlos. Kommt die Kette nun von Troyius oder von Elas? Oder gab es zwei Ketten, und die Macher haben ein bißchen geschlampt? Außerdem: Wenn die Kette von Troyius stammt, was werden die Herrscher von der Mannschaft der *Enterprise* halten, wenn diese sich einige

BRAUTSCHIFF ENTERPRISE

ihrer Edelsteine aneignen? Werden sie Kirk glauben, wenn er sagt, sie seien wesentlich für das Überleben des Schiffes? Man bedenke: Sie kennen keinen Warp-Antrieb und verstehen wohl kaum, wozu Dilithiumkristalle dienen. Wenn eine außerirdische Kultur eine Marspotentatin zur Erde brächte, damit sie den britischen König heiratet, was würde die Königinmutter wohl empfinden, wenn die Außerirdischen sagen: »Ach, übrigens, wir mußten ein paar von Ihren Kronjuwelen nehmen, damit unsere Maschinen funktionieren«?

• Einmal blafft Kirk Elaan an, als sie gerade ißt. Laut meiner Gattin verspeist sie ein Brathähnchen. Die Köche auf der *Enterprise* haben offenbar erkannt, daß die Elasier Allesfresser sind, und die Gelegenheit genutzt, die Truhe auszuräumen. Das Fleisch war eindeutig zu lange drin.

• Sulu hat sich eine schlechte Angewohnheit zugelegt: Er schaut auf Kirks Kommandosessel, selbst wenn dieser gar nicht drin sitzt! In einer Szene schaut er nach hinten, als Kirk zum Turbolift geht. Im Kommandosessel sitzt niemand, und von seinem Platz aus kann Sulu den Captain gar nicht sehen.

Gerätekokolores

• Nachdem Kirk das Verfolgerschiff auf dem Bildschirm gesehen hat, merkt er ausdrücklich an, es seien Klingonen. Woher weiß er das? Fliegen nicht auch die Romulaner klingonische Schiffstypen?

• Als die Bordwache Kirk zu Elaans Quartier ruft, damit er Petri rettet, zeigt eine Großaufnahme ein Arbeitsplatz-Interkom und eine hinaufgreifende Hand. Zwei Haken: Das Licht ist schon an, bevor der Knopf gedrückt wird, und Kirk steht nicht an einem Arbeitsplatz, sondern am Kommandosessel.

• Als Kryton in den Maschinenraum schleicht, achte man auf den Typen auf der oberen Ebene dieser Räumlichkeit: Er prüft irgendwelche Anlagen, geht weiter, prüft noch mal ein paar Dinge und will dann durch eine Tür gehen. Die Tür ist of-

BRAUTSCHIFF ENTERPRISE

fenbar geistig abwesend, denn er muß stehenbleiben und warten, bis sie aufgeht.

• Kurz nachdem die Bordwache Kryton ergriffen hat, taucht Kirk im Maschinenraum auf. Scott reicht ihm Krytons Kommunikator. Kirk schnippt ihn auf. Er klappt sofort wieder zu, und Kirk bezeichnet ihn als ›klingonisch‹. (Da muß man sich wirklich fragen, ob er nicht denkt: »Doofer Kommunikator, eindeutig klingonische Machart; bleibt nicht mal offen, wenn man ihn aufschnippt.«)

• Und wieder ist Patzertag! Als das Klingonenschiff den ersten Vorbeiflug macht, gibt Sulu die Entfernung bekannt: »100 000 Kilometer, 90 000 Kilometer, 80 000 Kilometer.« Er hält zwischen jeder Zahl etwa zwei Sekunden inne. Die Geschwindigkeit des Lichts beträgt 300 000 Kilometer pro Sekunde – und kurz davor hat Spock gesagt, die Klingonen nähern sich mit Warp 6! Warp 6 ist viel, viel schneller als Lichtgeschwindigkeit. Sulus Angaben lassen die Klingonen mit ca. 5000 Kilometer pro Sekunde rasen, was *viel* weniger als Lichtgeschwindigkeit ist.

Anschluß- und Produktionsprobleme

• Als die Elasier zu Beginn der Episode an Bord beamen, zeigen die listigen Macher uns Scotts Hände an der Transportersteuerung. Der Chefingenieur steht aber an einer ganz anderen Stelle im Raum.

• In dieser Episode ist die Requisite leicht türschildverliebt. Die Mannschaftskabinen haben zwei Eingänge, für jeden Raum einen. Vor der Tür in Uhuras Kabine – neben dem großen Zylinderding, in dem sie ihre Unterwäsche aufbewahrt – hängt ein großer mit afrikanischen Mustern bedeckter Vorhang. Doch als Kirk durch den Gang vor ihrer Kabine geht, hängt neben dieser nicht verwendeten Tür ein blaues Schild. Blaue Türschilder bezeichnen offizielle Schiffsoperationsräume. An Mannschaftskabinen sind sie sonst nie zu sehen. (Könnte natürlich auch sein, daß auf dem Schild steht:

343

»Diese Tür wurde vom Bewohner mit Absicht blockiert. *Nicht benutzen.*«)

• Ganz am Ende von Elaans Maschinenraumbesichtigung zeigt die Szene eine Großaufnahme Scotts. Im Hintergrund sieht man allerdings eine Bordwache, die bei den Totalen fehlt. Offenbar hat man ein Stück Film einer späteren Episode entnommen und hier als Reaktionsaufnahme eingefügt. (Man sieht das Bild, kurz bevor Scott mit Kirk darüber spricht, daß Kryton im Maschinenraum gefunden wurde.)

• Kurz nachdem Kirk alle Mann auf die Gefechtsstationen befiehlt, zeigt der Hauptschirm einen bizarr pulsierenden Blue Screen.

• Gleich nachdem Kirk Photonentorpedos auf das Schiff der Klingonen abfeuern läßt, zeigt eine Totale die Brücke. Auf dem Hauptschirm detonieren Torpedos. Die Sache hat nur einen Haken: Chekov ist weg! Vor der Szene saß er noch an seinem Platz. Nun setzt er sich erst hin. Was hat er wohl in der Zwischenzeit gemacht?

Quiz-Antworten

1. *Die Mutter des Bräutigams*
2. *Watson*

WEN DIE GÖTTER ZERSTÖREN[75]
(WHOM GODS DESTROY)

Sternzeit: 5718.3

Kirk und Spock beamen in ein Hochsicherheitssanatorium auf dem Planeten Elba II und treffen sich mit Gouverneur Donald Cory. Kirk, der neugierig auf den bekanntesten Insassen der Einrichtung ist, bittet darum, Garth von Izar kennenzulernen. Ein kürzlich erfolgter Unfall hat die Persönlichkeit des ehemaligen Captains radikal verändert: Nachdem die Bewohner von Antos IV ihm geholfen haben zu genesen, hat er ihre Vernichtung angeordnet. Doch in Garths Zelle erwartet Kirk ein Schock: In ihr sitzt der echte Cory. Der Mann, der ihn empfangen

> **Trekker-Quiz**
> 1. Mit welchem Sieg Garths hat Kirk sich an der Akademie beschäftigt?
> 2. Welche Herrscher beschwört Garth als seine Vorgänger, die geschlagen wurden?

hat, verwandelt sich plötzlich in Garth, der von den Antosiern gelernt hat, wie man Zellschäden selbst heilen kann. Garth hat dieses Wissen erweitert; nun kann er jede beliebige Gestalt annehmen.

Nachdem Garth Kirk und Spock eingeschlossen hat, verwandelt er sich in Kirk. Er geht in den Kontrollraum und weist Scotty an, ihn an Bord zu beamen. Glücklicherweise

---

[75] Der deutsche Titel dokumentiert trefflich, wie sorglos Film- und TV-Synchronisateure mit der Sprache umgehen: Seit 1492 ist kaum einem Dialog-Übersetzer aufgefallen, daß ›to destroy‹ nicht nur *zerstören*, sondern auch *vernichten* bedeuten kann.

WEN DIE GÖTTER ZERSTÖREN

hat der echte Kirk mit Scott für diesen Fall ein Kennwort abgesprochen. Garth foltert Kirk und versucht, mit Tricks an das Kennwort heranzukommen, doch beides geht schief. Später entkommt Spock. Als er den Kontrollraum betritt, stehen zwei Kirks vor ihm. Er identifiziert sehr bald den echten, und die Behörden übernehmen die Kontrolle über das Sanatorium.

Anmerkungen
Man muß den Machern dafür danken, daß sie etwas hinsichtlich der abscheulichen Schweinemasken unternommen haben, die schon in ›Reise nach Babel‹ zu sehen waren. Die Maske, die der irre Tellarit in dieser Episode trägt, ist ein beträchtlicher Fortschritt.

Kernige Dialoge
»Wie Sie wünschen.« – Spock, als er auf Garths Ersuchen reagiert, er möge ihn mit ›Lord‹ ansprechen.

Höhepunkte
Die Schauspielerin, die Garths Gefährtin Marta darstellt, sorgt für komische Momente, als sie behauptet, Gedichte geschrieben zu haben, die eigentlich von Shakespeare stammen.

Handlungsschwächen
• Es war kein gutes Jahr für die Raumflotte. In ›Das Spinnennetz‹ behauptet Spock nachdrücklich, vor der Entdeckung der rebellischen Mannschaft der USS *Defiant* habe es auf keinem Raumschiff eine Meuterei gegeben. Diese Folge hingegen besagt, daß Garths Mannschaft meuterte, als er den Befehl gab, die Bewohner von Antos IV zu vernichten. Entweder ist Garths Meuterei schon vor langer Zeit passiert, und Spock hat sie einfach vergessen, oder die Flotte hatte in jüngster Vergangenheit *zwei* Meutereien zu verzeichnen. (Zu Spocks Gunsten wollen wir mal davon ausgehen, daß McCoy

WEN DIE GÖTTER ZERSTÖREN

sein Gedächtnis nicht hundertprozentig repariert hat, als er ihm das Gehirn wieder einsetzte.)

• Als Garth Corys Gestalt aufgibt und wieder er selbst wird, ändert sich auch seine Kleidung. Der echte Cory behauptet, Garths Fähigkeit, andere Gestalt annehmen zu können, habe damit zu tun, daß er seine Zellen manipuliere. Wenn dies stimmt, müssen Garths Kleider Teile seines Körpers sein. Dies ist logisch wegen des Rings an Garths Zeigefinger. Als Garth in Kirks Gestalt erkennt, daß der echte Captain mit Scott ein Kennwort vereinbart hat, um Zutritt zum Schiff zu erhalten, wird er wütend: Er stampft auf den Boden und nimmt sein normales Aussehen an. Dabei fällt ein Teil seines Ringes zu Boden. In einer späteren Szene ist der Ring dann plötzlich wieder heil. Wenn er ein Teil seines Körpers ist, braucht Garth ihn nur aufzuheben, an die Haut zu drücken und die Zellen neu zu verschmelzen. Doch seine Talente sind noch viel erstaunlicher: Als er von Cory zu Garth wird, hängt an seiner Hüfte ein *funktionierender* Phaser. Hat er ihn zuvor im Magen verborgen oder kann er aus Körperteilen tatsächlich funktionierende Gerätschaften herstellen?

• Spocks Verhalten am Ende der Episode ist fast schon lächerlich. Obwohl es eine Vielzahl von Möglichkeiten gibt, um festzustellen, wer der echte Kirk ist, nimmt Spock nicht eine davon in Anspruch. Die einfachste Methode bestünde darin, beide Männer zu lähmen – ein Vorschlag, den Kirk ihm am Ende des Kampfes schließlich macht, da Spock selbst wohl nicht fähig ist, darauf zu kommen. Nur wenig komplizierter wäre es, nach Informationen zu fragen, von denen nur er und Kirk wissen. Beispielsweise: »Welche Waffe wurde als erste beim *Koon-ut-kal-if-fee* eingesetzt?« (Wer sich nicht daran erinnert: Es war die *Lirpa.*) Natürlich greift Spock zu einer mit Unvorhersehbarkeiten beladenen Option. Er läßt sich von Garth gegen die Wand werfen und schaut zu, als die beiden Captains sich verdreschen. (Vermutlich kann man dies als Versehen einstufen. Wenn man bedenkt, daß Spocks

WEN DIE GÖTTER ZERSTÖREN

Gehirn am Anfang der Staffel von McCoy neu eingesetzt wurde ... Eine Entschuldigung, mit der man ewig weitermachen könnte!)

• Ganz am Ende der Episode redet Kirk mit Spock über seine Methode, Garth und ihn voneinander zu unterscheiden, und sagt: »Mr. Spock, sich auf den Kopf schlagen zu lassen, ist nicht unbedingt eine Methode, die König Salomon gebilligt hätte.«[76] Garth hat Spock aber nicht auf den Kopf geschlagen! Er hat ihn gegen die Wand geschubst; Kirk war doch dabei. (Ich weiß. Ich weiß. Ich habe in *Star Trek Lives*[77] alles über die Episode gelesen. Ich weiß, daß die Kampfszene umgeschrieben wurde, weil Nimoy sich beinhart weigerte, sich von Garth mit einem Schlag auf den Kopf k.o. schlagen zu lassen. Nimoy verwies korrekt darauf, daß Spock noch nie zuvor in einem Kampf k.o. gegangen sei, und vertrat die Ansicht, dies würde dem von ihm verkörperten Charakter Gewalt antun. Was das Schöne an der Beckmesserei ist? Man braucht sich nicht um die Realität zu scheren!)

Quiz-Antworten

1. *Den Sieg bei Axanar*
2. *Alexander, Cäsar, Napoleon, Hitler, Dschingis Khan und Nero*

---

[76] In der deutschen Fassung: »Mr. Spock, also warten, bis das Kind ins Wasser fällt ... Deshalb haben Sie so lange gezögert. Ich weiß nicht, ob das gerade die richtige Methode ist, seinen Captain vor einer Niederlage zu bewahren.«

[77] Jacqueline Lichtenberg, Sondra Marshak, Joan Winston: *Star Trek Lives!*, New York: Bantam 1974.

BELE JAGT LOKAI
(LET THAT BE YOUR LAST BATTLEFIELD)

Sternzeit: 5730.2-5730.7

Die *Enterprise* fängt eine gestohlene Raumfähre ab und inhaftiert ihren ungewöhnlichen Piloten. Sein Name ist Lokai, und er ist zweifarbig: seine rechte Körperhälfte ist weiß, die linke schwarz. Wenige Minuten später, kurz nachdem sein Schiff explodiert ist, beamt ein weiteres zweifarbiges Wesen an Bord der *Enterprise:* Bele. Er ist Chef der Fahndungskommission für politische

> **Trekker-Quiz**
>
> 1. Wo befindet sich Beles Gastquartier?
> 2. Wie lauten die Buchstaben und Zahlen von Scotts Zerstörungsprogramm Nummer 3?

Verräter des Planeten Cheron. Er ist hinter Lokai her, den er einen Mörder nennt. Natürlich hat Lokai eine eigene Version zu erzählen: Seiner Behauptung zufolge hat Beles Volk das seine unterdrückt und zur Sklavenarbeit verdammt. Bele hingegen spricht von der natürlichen Ordnung der Dinge und behauptet, Lokai habe Tausende getötet. Er will, daß die Flotte Lokai ausliefert und die beiden nach Cheron zurückbringt. Da die Flotte sich weigert, Lokai auszuliefern, setzt Bele seine Willenskraft ein, um das Schiff auf den Kurs nach Cheron zu zwingen. Leider ist in den 50 000 Jahren[78], während der Bele Lokai quer durch die Galaxis jagt, viel passiert: Auf Cheron gibt es kein Leben mehr, der Rassenhaß hat die Zivilisation längst untergehen lassen. Bele und Lokai machen sich gegenseitig dafür verantwortlich. Sie beamen auf den Planeten und setzen ihren Kampf fort.

---

[78] Die deutsche Fassung spricht von 5000 Jahren.

BELE JAGT LOKAI

Handlungsschwächen

• Als Kirk hört, daß Lokai von Cheron stammt, erwidert er, der Planet läge in einer unerforschten Region des südlichen Teils der Galaxis. Wenn die Region unerforscht ist, dürfte die Lage des Planet wohl unbekannt sein. Spock legt Cherons genaue Position später fest, indem er sagt, man sei dorthin unterwegs. Woher weiß er nur, wo sich der Planet befindet?

• Als Kirk glaubt, der Zusammenstoß mit Beles Schiff stehe bevor, springt er auf und gibt den Befehl, Kollisionswarnung zu geben. (Und noch einmal:) Kirk *springt* auf und gibt den Befehl, Kollisionswarnung zu geben. Ist das logisch? Wenn man sich in einem Schiff aufhält, das gleich gerammt wird, sollte man da nicht lieber sitzen bleiben? (Am besten wäre es natürlich, angeschnallt zu sitzen, aber die *Enterprise*-Konstrukteure halten nichts von Sicherheitsgurten.)

• An einer Stelle wird gemeldet, Cheron läge auf dem Kurs »zwischen 403,7 und 403,9«. Ist dies nur eine andere Art, um auszudrücken, daß er auf Kurs 403,8 liegt?[79]

• Kirk nimmt aus irgendeinem Grund einen Logbucheintrag vor (Sternzeit 5730.7). *Danach*. kommt ein weiterer, und wir haben plötzlich Sternzeit 5730.6.

• Laut Kirk befindet sich Cheron im südlichen Teil der Galaxis. Liegt er deswegen unter dem galaktischen Zentrum? Wenn ja, ist die alte *Enterprise* viel schneller als ihre Nachfolgerinnen: In der *ST/DNJ*-Episode ›Die Reise ins Ungewisse‹ (THE NTH DEGREE) sorgt Barclay dafür, daß die *Enterprise* 30 000 Lichtjahre weit ins Zentrum der Galaxis eintaucht. Laut der in der *ST/DNJ*-Episode ›Zeitsprung mit Q‹ (Q WHO) genannten Zahlen müßte die Picard-*Enterprise* bei Maximalgeschwindigkeit mindestens acht Jahre brauchen, um aus dieser Gegend wieder nach Hause zu gelangen.

---

[79] Der sonst so beckmesserische Mr. Spock leistet sich in der deutschen Fassung einen geradezu unglaublichen Versprecher: Bei ihm liegt Cheron zwischen *304,7* und 403,9.

BELE JAGT LOKAI

- Als Bele und Lokai ihre verwüstete Welt erblicken, beginnen sie ihre Jagd. Spock beobachtet auf der Brücke ihr Vorankommen und meldet, sie seien auf Deck 3. Dann sagt er, Bele durchquere Mannschaftserholungsraum 3, nähere sich der Mannschaftskantine, und Lokai laufe daran vorbei. Dann meldet er, die Aktion habe sich auf Deck 5 verlagert und zwar vor Erholungsraum 3. Gibt es mehr als einen Erholungsraum 3? Oder sind Bele und Lokai wieder auf Deck 3?[80]
- Obwohl Spock die beiden beobachtet, entgeht ihm, daß Lokai den Transporterraum betritt. Uhura muß Kirk sagen, daß der Transporter eingeschaltet ist.

Grundlagenveränderungen

- In ›Stein und Staub‹ bringt eine Invasorengruppe die *Enterprise* in ihren Besitz. Sie haben die Absicht, in die Andromeda-Galaxis zurückzukehren, um ihre Vorgesetzten zu informieren, daß die Milchstraße sturmreif sei. Spock und Scott wollen das Schiff zur Explosion bringen, aber Kirk macht einen Rückzieher, weil dann alle sterben müßten. In ›Bele jagt Lokai‹ will Bele sich die *Enterprise* nur ausleihen, um nach Cheron zurückzukehren, und trotzdem will Kirk sie mit dem Selbstzerstörungsprogramm sprengen.

Gerätekokolores

- Überraschung! Beles Schiff ist *unsichtbar!* Tja, das hat der Produktion sicher Geld gespart. Man hat alle Register gezogen, um innerhalb des zeitlichen und finanziellen Budgetrahmens zu bleiben. Diesmal aber mit echt schrägen Methoden.
- Einmal versucht Lokai Mannschaftsangehörige für seine Sache zu gewinnen, indem er in einem Aufenthaltsraum eine Rede hält. Spock kommt vorbei, hält an und lauscht durch

---

[80] Die Synchronisation hat mitgedacht: In der deutschen Fassung ist es Erholungsraum 4.

BELE JAGT LOKAI

einen Türspalt. Seit wann stehen die Türen der *Enterprise* denn ein Stück offen?

• In dieser Episode reist die *Enterprise* nach Ariannus und spielt Erntebestäuber. Sie fliegt über den Planeten hinweg und versprüht ein antibakterielles Mittel. Doch während der ganzen Zeit sieht es so aus, als bewege sie sich ein gutes Stück außerhalb der Atmosphäre. Ob das wohl funktioniert? Müßte das Sprühmittel nicht in den Weltraum abtreiben, oder gibt es dort genügend Schwerkraft, die sie irgendwann nach unten zieht?

Anschluß- und Produktionsprobleme

• Die Szenen mit der Fähre auf dem Bildschirm stammen aus der Episode ›Metamorphose‹.

• Die Szenen der im Hangar aufsetzenden Fähre stammen aus der Episode ›Notlandung auf Galileo 7‹.

• Aus irgendeinem Grund hat der Regisseur der Episode beschlossen, mit dem roten Alarmlicht das *Batman*-Ding zu drehen. Sie kennen doch den Effekt: Man zoomt wie irre hin und her. (Ja, Leute, bevor die *Batman*-Filme ins Kino kamen, gab es auch eine TV-Serie, und die war auf mancherlei Art viel spaßiger!) Sollte dies eine Hommage an den Darsteller des Bele sein? Er war schließlich in *Batman* der Riddler.

• Die Halbtotale auf Cheron zeigt den Planeten in Grautönen, aber bei Großaufnahmen ist er rot.

• Man achte während der Schlußjagd durch das Schiff genau auf die erste Großaufnahme Lokais. Als er um die Ecke biegt, sieht man in seiner linken Hand ein Seil. (Es könnte sein, daß es an den Kameraausleger gebunden ist, damit er weiß, wie schnell er laufen darf.)

Quiz-Antworten

1. Deck 6
2. 1B2B3

352

FAST UNSTERBLICH
(THE MARK OF GIDEON)

Sternzeit: 5423.4-5423.8

Die *Enterprise* reist zum Planeten Gideon, einer nicht zur Föderation gehörenden Welt, die plötzlich um Kirks Anwesenheit gebeten hat. Was der Captain nicht weiß: Die Gideonen haben auf ihrem Planeten eine exakte Kopie der *Enterprise* gebaut. Nach Kirks Ankunft fällt kurz sein Gedächtnis aus, und in dieser Zeit injiziert man einer Frau namens Odona eine Phiole seines Blutes. Nachdem er einige Minuten durch die leere *Enterprise* gegangen ist, stößt er auf Odona, die so tut, als hätte sie keine Ahnung, woher sie stammt. Wie die Gideonen es sich erhofft haben, bringt die eigenartige Spannung der Situation Kirk und Odona bald näher. (Es wirkt sich natürlich auch nicht negativ aus, daß sie ein Theiss-Kostüm trägt!) Dann erkrankt Odona. Der Führer des gideonischen Rates taucht aus dem Nichts auf, um ihr zu helfen. Sein Name ist Hodin, er ist ihr Vater.

> **Trekker-Quiz**
>
> 1. Wie heißt das gideonische Ratsmitglied, das zur Enterprise hinaufbeamt?
> 2. Welche Blutkrankheit hat Kirk?

Hodin weiß, daß Kirk an einer seltenen Blutkrankheit leidet. Der Planet Gideon ist überbevölkert, da seine Bewohner sehr langlebig sind. Hodin will Kirks Blut dazu verwenden, der Bevölkerung den Gedanken ans Sterben schmackhaft zu machen. Er prophezeit, Odonas Tod werde die jungen Leute dazu motivieren, ihr Leben zu opfern, damit aus Gideon wieder das Paradies wird, das es früher war. Spock beamt auf den Planeten und befreit Kirk aus seiner makabren Lage.

FAST UNSTERBLICH

Handlungsschwächen

• Kurz nachdem Kirk auf die falsche *Enterprise* kommt, sagt er, er habe jeden Meter des Schiffes abgesucht. Als Spock zu ihm stößt, bezeichnet er den Nachbau als genaue Kopie der *Enterprise.* Erstens: Woher könnte Gideon, eine blockfreie Welt, die exakten Baupläne eines Flottenschiffes bekommen? Zweitens: Wenn auf Gideon so wenig Platz ist, warum macht man sich dann die Mühe, ein riesiges Raumschiff zu bauen, das man nur für relativ kurze Zeit benötigt? (Vermutlich wollen die Gideonen Kirk nicht für den Rest seines Lebens dort festhalten. Vielleicht wollten sie den Nachbau später als Freizeitpark verwenden?)

• Nachdem Odona und Kirk einander ›nähergekommen‹ sind, öffnet Kirk eine Sichtluke, um sich die Sterne anzusehen. Zuerst sieht er eine Gruppe von Gideonen, die ihn mustern. Er eilt an Odonas Seite – anscheinend, um sie wegen des unerwarteten Anblicks zu trösten. Doch während er sie umarmt, läßt er sie durch die Sichtluke schauen. Nun sieht *er* so aus, als sei er der Erschreckte und suche bei Odona Trost.

• Sämtliche Gruppenaufnahmen zeigen die Gideonen in einförmiger, eintöniger Kleidung und eng anliegenden Kapuzen. Wo haben sie wohl Odonas Klamotten erstanden? Bei einer kosmischen Beate Uhse? Und warum fühlt sie sich so wohl in ihnen, als sie durch die echte *Enterprise* schlendert? Ist dies etwa die Standardkleidung für die Tochter eines Ratsvorsitzenden?

• Als Odona erkrankt, fragt Hodin, wie es ist, wenn man Schmerzen empfindet. Also bitte ... Hat sich auf dem Planeten etwa noch niemand den kleinen Zeh angestoßen?

• Die Gideonen müssen einen verblüffenden landwirtschaftlichen Unterbau haben. Normalerweise wird jedes übermäßige Bevölkerungswachstum durch den Mangel an Ressourcen gedrosselt. Aus irgendeinem Grund gilt dieses Gesetz aber nicht auf Gideon: Odona behauptet, der ganze Planet sei eine einzige Menschenmasse. Wenn das stimmt, wo bauen die Gideonen Nahrungsmittel an, und wo kriegen sie Wasser her?

FAST UNSTERBLICH

• Laut Plan der Gideonen sollte Kirk sich so wild in Odona verlieben, daß er gern bliebe, um die tödlichen Transfusionen zu liefern, die die Bevölkerungsexplosion auf ihrer Welt stoppen sollen. Da haben sie sich aber verrechnet! Sie haben keine Ahnung, wie schnell sich unserer wackerer Captain ver- und entlieben kann.

Gerätekokolores

• Am Anfang der Episode beamt Kirk auf die *Enterprise*-Imitation. Da er glaubt, er sei noch immer auf der echten, und sauer ist, weil Spock den Transporterraum angeblich zu früh verlassen hat, tritt er von der Plattform herunter und schaltet das Interkom ein. Er ruft Spock, doch als er keine Antwort erhält, schaltet er das Gerät aus, dann wieder an und wieder aus. Dann geht er. Am Ende der Episode macht Spock etwas Ähnliches – nur macht die Anlage diesmal ›Pieps‹, als er den Schalter betätigt. Was hat sich verändert? Warum erzeugt das Gerät plötzlich Geräusche?

• Die Aufnahmekamera im Konferenzraum der Gideonen ist ein tolles Ding: Als sie zur *Enterprise* sendet, filmt sie durch ein Gitter, was den Eindruck erweckt, die Gideonen säßen im Knast – und dies, obwohl der Bildschirm des Konferenzraums sich *vor* dem Gitter befindet. Als Ratsvorsitzender Hodin das Gespräch mit Spock beendet, zeigt die Kamera automatisch die Großaufnahme eines Aus-Knopfes, schwenkt wieder zu Hodin und blendet aus.

• Gleich nach seiner Ankunft auf der *Enterprise*-Imitation gelingt es Spock, eine Logbucheintragung vorzunehmen, indem er einfach nur denkt. (Kann der Psychotricorder solche Einträge machen? Wenn ja, schirmt er dann auch automatisch alle privaten Gedanken ab?)

Anschluß- und Produktionsprobleme

• Als Kirk auf der falschen *Enterprise* ankommt, steht er auf einer der beiden vorderen Plattformen. Dann wird die Szene

355

FAST UNSTERBLICH

aus einem anderen Winkel gezeigt und führt den leeren Transporterraum vor. Eigenartigerweise sind die beiden vorderen Plattformen nun leer.

• Als Kirk das leere Schiff ruft, sieht man Bilder der Hauptkulissen. Aus irgendeinem Grund herrscht im Lazarett gerade Alarmstufe Rot.

Quiz-Antworten

1. Krodak

2. Veganische Meningitis

• Die undurchsichtigen Teile von Odonas Klamotten ähneln den undurchsichtigen Teilen der Klamotten, die Lieutenant Marlena (»Ich öle gerade die Fußangeln, Darling«) Moreau in ›Ein Parallel-Universum‹ trug.

GEFÄHRLICHE PLANETENGIRLS
(THAT WHICH SURVIVES)

Sternzeit: Unbekannt

Nach der Entdeckung eines ungewöhnlichen Planeten beamt Kirk mit McCoy, Sulu und dem Geologen D'Amato dort hinab. Zur gleichen Zeit taucht eine Frau auf und tötet den Transporteringenieur. Kurz darauf erschüttert ein Beben den Planeten, und die *Enterprise* verschwindet. Ohne das Schiff drohen der Landungsgruppe Hunger und Dehydration. Es gibt aber auch eine unmittelbarere Gefahr: Bald darauf taucht die Frau (sie heißt Losira) erneut auf und tötet D'Amato. Als sie Sulu umbringen will, erkennt Kirk, daß sie programmiert ist, jeweils nur einen Menschen umzubringen, und den Betreffenden berühren muß, um ihr Ziel zu erreichen. Von nun an wird jedesmal derjenige beschützt, den sie berühren will.

> **Trekker-Quiz**
>
> 1. Wer nimmt die Autopsie an dem Transporteringenieur vor?
> 2. Welchen Anfangsbuchstaben hat der zweite Vorname des Ingenieurs John Watkins?

Inzwischen errechnet Spock, daß irgendeine energetische Kraft die *Enterprise* 990 Lichtjahre von dem Planeten fortgeschleudert hat und ordnet den Rückflug an. Auf dem Planeten stoßen Kirk, McCoy und Sulu auf einen Zugang in den Untergrund und finden dort einen Kontrollraum. Der Planet wurde als Außenposten der längst ausgestorbenen Zivilisation der Kalandaner konstruiert und funktioniert im Verteidigungsmodus noch immer. Der Außenposten erschafft nun plötzlich drei Losira-Versionen – eine für jeden. Zum Glück

GEFÄHRLICHE PLANETENGIRLS

taucht Spock rechtzeitig auf, vernichtet den kalandanischen Hauptcomputer und rettet den Gestrandeten das Leben.

Höhepunkte

Für Losira hat man sich einen hübschen Transportereffekt einfallen lassen: Sie sieht aus, als verflache sie, und zieht sich zu einer dünnen vertikalen Linie zusammen, deren Endpunkte sich vereinen und auflösen.

Handlungsschwächen

• Nach der ›detaillierten‹ Analyse des Planeten erstattet die Landegruppe Kirk Meldung. Man hält eine Versammlung ab, und der Captain legt fest, daß die Suche nach Wasser höchste Priorität hat. Er schickt D'Amato fort, um nach einer Quelle zu suchen. Sollten solche Dinge nicht in einer detaillierten Analyse enthalten sein?

• Kirk leistet Bemerkenswertes an D'Amatos Grabstein. Er ist schön quadratisch und trägt die Aufschrift ›LT. D'AMATO‹. Minuten vorher sieht man freilich, daß man das Gestein des Planeten mit Phasern kaum zerschneiden kann. Wie hat Kirk den Grabstein also überhaupt bearbeiten können? Zudem: Womit hat er D'Amatos Namen auf den Stein geschrieben? Hat man je einen Flottenoffizier gesehen, der Schreibutensilien bei sich hat? (Ich will zwar nicht makaber werden, aber er hätte sich vielleicht einen Pinsel fabrizieren und mit D'Amatos Blut schreiben können. Kommt mir aber ein bißchen grausam vor.)

• Nach der ersten Begegnung mit Losira zeigt Sulu Erstaunen darüber, daß ein Wesen so hübsch und doch so grausam sein kann. Hatten wir nicht gerade eine Episode zu diesem Thema? War dies nicht eins der Hauptthemen in ›Die fremde Materie‹? Paßt Sulu etwa nicht auf? Oder hat er sich die Wiederholung der visuellen Logbücher im Nachtunterhaltungskanal nicht angeschaut?

• Nachdem er die *Enterprise* auf die weite Reise geschickt hat, programmiert der Abwehrcomputer des Planeten eine

358

GEFÄHRLICHE PLANETENGIRLS

Kopie Losiras, um die Triebwerke zu sabotieren. Spock schätzt, daß Schiff und Mannschaft nur noch ›14,87‹ Minuten zu leben haben, und gibt die Information an Scott weiter. Kurz darauf verkündet er Scott, man habe noch »12 Minuten und 27 Sekunden«. Ob es nicht besser wäre, Zeitangaben zu vereinheitlichen, damit die Mannschaft nicht im Kopf ausrechnen muß, wieviel Zeit sie' wirklich noch hat?

• Um das Problem mit den Triebwerken zu lösen, muß Scott an dem magnetischen Eindämmungsfeld herumbasteln, das die Antimaterie enthält. Nach Beginn des Arbeit weist er Uhura an, das Magnetfeld zu überwachen. Er befiehlt ihr, den Blick nicht von der Anzeige zu nehmen. Natürlich schaut sie, als er sie instruiert, die ganze Zeit ihn an und nicht die Instrumente!

• Diese Episode enthält eine Premiere: Soweit ich mich erinnere, kommt es hier zum ersten Mal vor, daß Kirk die Zuneigung einer hübschen Außerirdischen bewußt abwehrt. Losira sagt fortwährend: »Ich muß Sie berühren«, aber unser wackerer Captain sagt immer: »Nein, nein, ist in Ordnung.« (Ich nehme an, die Aussicht zu sterben hat auf ihn die gleiche Wirkung wie eine kalte Dusche.)

• Als Scott die Reparaturen in Angriff nimmt, meldet Spock, er habe 8 Minuten und 41 Sekunden Zeit. Dann wechselt die Handlung auf den Planeten und wieder zur *Enterprise* zurück. Nun teilt Spock Scott mit, er habe noch 57 Sekunden, und die Szene zeigt den Ingenieur· mit dem gleichen Ding, das er schon in der Hand hielt, bevor zum Planeten umgeblendet wurde. Was hat der Bursche in den vergangenen 8 Minuten nur getan?

• Nach dem dramatischen Countdown und der Spannung ob der bevorstehenden Vernichtung der *Enterprise* steht der letzte Termin an, und nichts passiert. Wenn Spocks Berechnungen so präzise sind, warum konnte Scott dann mehrere Sekunden *nach* der Meldung, das Schiff werde explodieren, noch weiterarbeiten?

GEFÄHRLICHE PLANETENGIRLS

Grundlagenveränderungen

• Einmal fragt Uhura Spock, wie die Chancen stehen, daß die Gestrandeten noch leben. Spock läßt sie mit der Bemerkung abblitzen, er spekuliere nicht, sondern folge ausschließlich der Logik. Spock möchte plötzlich keine Chancen mehr kalkulieren? Ist dies nicht der gleiche Typ, dessen Mutter ihm den Mund verbot, weil er ihr in ›Reise nach Babel‹ die Chancen für das Überleben seines Vaters nennen wollte?

Gerätekokolores

• Einige Minuten nach Beginn der Folge fingert Spock an einem tragbaren Steuermechanismus herum. Komischerweise ist es der gleiche, den McCoy in ›Spocks Gehirn‹ verwendet hat, um seine Bewegungen zu steuern, als sein Hirn weg war. Dies ist für mich der überzeugendste Beweis dafür, daß McCoy bei der Arbeit gepfuscht hat: Der arme Vulkanier muß das Ding mit sich herumschleppen, um Zugang zu jenen Teilen seines Wissens zu erhalten, die der Onkel Doktor nicht richtig angeschlossen hat!

• Als Losira kommt, um Kirk zu töten, versucht McCoy, sie zu analysieren. Er sagt, sie zeige keine Lebenszeichen, es gäbe nicht einmal mechanische Werte. Doch zuvor, als Losira D'Amato angegriffen hat, hat McCoy eine »Lebensform von bemerkenswerter Intensität« gemessen – und zwar eine biologische.

Anschluß- und Produktionsprobleme

• Nach D'Amatos Tod will Kirk mit seinem Phaser ein Grab für ihn ausheben. Der erste Schuß zeigt nur geringe Wirkung, und so versucht er es ein zweites Mal. Aufgrund des Beschusses spritzt der Boden hoch und fängt leicht an zu brennen. Die einzigen Gegenstände in unmittelbarer Umgebung des Feuers sind Erde und Gestein. Wenn ich mich recht erinnere, ist in der Regel beides nicht brennbar.

> **Quiz-Antworten**
>
> 1. Dr. Sanchez
> 2. B.

STRAHLEN GREIFEN AN

(THE LIGHTS OF ZETAR)

Sternzeit: 5725.3-5725.6

Lieutenant Mira Romaine reist mit der *Enterprise* zu einer Mission nach Memory Alpha, dem Bibliotheksplaneten der Föderation. Unterwegs begegnet das Schiff einer Energiewolke, und Romaine bricht zusammen. Dann bewegt sich die Wolke nach Memory Alpha, bringt die meisten Forscher um und löscht die Datenbanken. Als sie in den Weltraum zurückkehrt, beamt Romaine mit einer Landegruppe auf den Planeten, um den Schaden zu begutachten. Dann möchte sie, daß alle aufs Schiff zurückkehren: Sie spürt, daß die Wolke erneut auf den Planeten zusteuert.

> **Trekker-Quiz**
> 1. Wo wurde Mira Romaine geboren?
> 2. Wie heißen Mira Romaines Eltern?

Als sie sich nähert, befiehlt Kirk einen Phaserangriff. Romaine empfindet starke Schmerzen, als der Beschuß die Wolke trifft: Sie hat irgendwie eine Verbindung zu ihr hergestellt. Spocks spätere Beobachtungen ergeben, daß die Wolke in Wahrheit ein Kollektivwesen ist. Daraufhin schlägt Kirk vor, Romaine solle sich in ihre Gewalt begeben. Als sie es tut, erfährt sie, daß die Wolke von Zetar stammt. Nach dem Untergang ihres Planeten haben die Bewohner ihr Leben als Energiewolke fortgesetzt und suchen seither in der Galaxis nach einem Gastkörper. Als Romaine weiterhin ihrer Kontrolle unterliegt, bringt man sie in eine Antischwerkraftkammer und erhöht den Druck, bis die Wolke stirbt. Nach der Befreiung kehrt sie nach Memory Alpha zurück, um den Neuaufbau der Einrichtung in Angriff zu nehmen.

Anmerkungen

Die Episode liefert eine grobe Vorstellung davon, wann es der Medizin endlich gelingt, ein Heilmittel gegen simple Erkältungen zu finden. Einmal sagt Scott zu Romaine, McCoy könne ihre Raumkrankheit ebensowenig heilen wie eine Erkältung. In der ersten Staffel von ST/DNJ heißt es jedoch, daß ›heutzutage‹ niemand mehr an einer Erkältung erkrankt.

Handlungsschwächen

• Als die Visionen zur Sprache kommen, die Romaine in Sachen Energiewolke hat, behauptet Scott, sie hätte den ersten Angriff auf das Schiff vorhergesehen. Falls ich jedoch meinen Sinnen trauen kann, gibt es keine Dialogzeile, die diese Annahme stützt.

• Die Episode enthält einen krassen Fehler der Marke »Wir haben's gemacht, weil's toll aussah«: Als Romaine sich in der Druckkammer befindet, befiehlt Kirk, die Schwerkraft auf Null zu stellen. Somit können die Macher Romaine in schwereloser Umgebung zeigen, auch wenn es völlig unnötig und möglicherweise unklug ist. Laut McCoy werden die Zetarier stärker, sobald die Schwerkraft abgeschaltet ist. Spock mischt sich ein: Schwerelosigkeit sei zu ihrem natürlichen Zustand geworden. Falls Sie es vergessen haben: Das Ziel der Übung besteht darin, Romaine von den Zetariern zu befreien – nicht etwa, es ihnen bequemer zu machen. Wenn eine schwerelose Umgebung ihnen gefällt, warum sollte man sie ihnen dann auch noch liefern? Antwort: Weil die Macher glaubten, es sähe toll aus, die Frau an ein Brett zu schnallen und sie umherschweben zu lassen.

Gerätekokolores

• Ein Großteil der Memory Alpha-Ausrüstung war schon in älteren Episoden zu sehen, aber ein Gegenstand ist besonders erwähnenswert: Auf einem Schreibtisch liegt die romu-

STRAHLEN GREIFEN AN

lanische Kontrollbox, die in ›Die unsichtbare Falle‹ auf dem Tisch der romulanischen Kommandantin lag.

• Um die Wesen umzubringen, die sich in Romaine eingenistet haben, läßt Kirk die Frau in eine Druckkammer bringen. Spock erhöht den Druck, bis sie sterben. Moment mal! Die Wesen sind ins Schiff eingedrungen. Dies bedeutet, daß sie feste Körper durchdringen können, denn die *Enterprise* hat nun mal keine offenen Türen, die ins Vakuum führen. Was hält sie also davon ab, die Druckkammer einfach zu verlassen?

Anschluß- und Produktionsprobleme

• Als Mira Romaine im Lazarett liegt, hat sie eine Vision der Toten auf Memory Alpha. Kurz darauf tritt Kirk in die Szenerie, die sie sieht. Ein Toter ist mit dem Rücken zum Schreibtisch in einem Sessel zusammengesackt. Bei einer Aufnahme steht ein Bildschirm neben seiner rechten Schulter. Bei der nächsten steht er neben der linken.

• Als die *Enterprise* von Memory Alpha fortrast, wird sie von der Energiewolke verfolgt. Der Bildschirm zeigt, was sich hinter dem Schiff tut. Die Sterne flitzen vorbei, doch die Wolke bleibt im Zentrum des Schirms. Kirk weist Sulu an, nach Steuerbord zu schwenken. Eine Aufnahme zeigt, daß das Schiff nach rechts wendet. Korrekt. Kurz darauf zeigt der Bildschirm, daß die Wolke sich von rechts nach links wieder ins Zentrum des Schirms begibt. Wahrscheinlich soll dies anzeigen, daß sie sich ebenfalls nach Steuerbord gewandt hat. Ich glaube, das stimmt nicht. Wenn die *Enterprise* nach rechts schwenkt und die Wolke die Bewegung mitmacht, müßte sie sich auf dem Schirm von links nach rechts bewegen und nicht umgekehrt. Kurz darauf wiederholt man die Szene und begeht den gleichen Fehler. Die Wolke bewegt sich auf dem Bildschirm wieder von rechts nach links. (Ganz schön verwirrend, was?)

363

STRAHLEN GREIFEN AN

• Gleich nach der Lagebesprechung mit Spock, McCoy, Scott und Romaine geht Kirk auf die Brücke. Als sich die Tür des Konferenzraumes öffnet, setzt sich jemand hastig in Bewegung. Der Statist hat offenbar sein Stichwort verpaßt.

Quiz-Antworten

1. Marskolonie 3
2. Jacques und Lydia

PLANET DER UNSTERBLICHEN
(REQUIEM FOR METHUSELAH)

Sternzeit: 5843.7-5843.8

Als an Bord der *Enterprise* rigelianisches Fieber ausbricht, stellt sich heraus, daß man das Gegenmittel Ritalin nur auf einem scheinbar unbewohnten Planeten des Omega-Systems bekommen kann. Nach der Ankunft begegnen Kirk, Spock und McCoy dort einem Mann namens Flint und dem Roboter M4. Nachdem Flint M4 instruiert hat, das Ritalin zu besorgen und zu verarbeiten, lädt er sie in sein Heim ein. Dort stellt er ihnen Rayna Kapec vor, eine Frau, von der er sagt, man habe sie schon in jungen Jahren seiner Obhut überlassen.

Kirk und Rayna verbringen einige Zeit miteinander und verlieben sich ineinander. Als M4 seine Mission beendet hat, enthüllt Flint, daß Rayna in Wahrheit eine Androidin ist – eine Frau, die er für sich als perfekte Gefährtin gebaut hat. Flint, im Jahr 3834 v. Chr. auf der Erde geboren, hat irgendwann entdeckt, daß man ihn nicht töten kann. Im Lauf der Jahrtausende hat er unter verschiedenen Namen gelebt, Wissen und Reichtum angesammelt und ist dann auf diesen Planeten gezogen, um sein größtes Projekt zu beginnen – die Konstruktion einer ihm ebenbürtigen Frau. Vor Kirks Erscheinen konnte er ihre Emotionen nicht wecken. Nun, da Kirk es getan hat, schäumt er vor Eifersucht. Kirk hingegen fühlt sich ausgenutzt und wei-

---

Trekker-Quiz

1. Wo und wann brach laut Flint die Beulenpest aus?
2. Wer hat den Planeten erworben, auf dem Flint residiert?

365

PLANET DER UNSTERBLICHEN

gert sich, die Frau aufzugeben, die er liebt. Die Spannung aufgrund ihrer widersprüchlichen Emotionen vernichtet Rayna schließlich; beide Männer trauern und schämen sich ihres Verhaltens. Mit dem Ritalin verläßt die Landegruppe den Planeten.

Anmerkungen

Als Beckmesser muß ich mich fragen, warum Data (aus ST/DNJ) sich nicht die Mühe gemacht hat, Flint aufzusuchen – oder, falls dieser nicht mehr lebt, seinem Labor einen Besuch abzustatten. Laut dieser Episode hat Flint einen zu Empfindungen und Gefühlen fähigen Androiden erschaffen. Data könnte bestimmt das eine oder andere von ihm lernen.

Handlungsschwächen

• Als Flint vorschlägt, daß M4 das Ritalin herstellen soll, möchte McCoy gern dabei zusehen. Flint hat nichts dagegen, und McCoy folgt M4 ins Labor. Dort angekommen, fliegt M4 ans andere Ende des Raumes, wo eine Tür McCoys Weg blockiert. Na schön, die Tür hat eine Milchglasscheibe, aber McCoy kann nicht erkennen, was der Roboter macht. Der leicht auf die Palme zu bringende Arzt bezähmt sich und begnügt sich damit, auf die Rückkehr des Roboters zu warten. Müßte er nicht stinkwütend hinausmarschieren und sich bei Flint beschweren, weil er nicht sehen kann, was in dem Raum vor sich geht?

• Die Position eines Captains erreicht man wohl nur, wenn man bereit ist, die Bedürfnisse der Mannschaft und des Schiffes über die eigenen zu stellen. Doch in dieser Episode muß Spock Kirk fortwährend daran erinnern, daß sie wegen des Ritalins gekommen sind. Die Mannschaft stirbt an einer schrecklichen Seuche, und Kirk soll im Zeitraum von nur vier Stunden so verrückt nach einer Frau werden, daß er jegliches Interesse an den 430 Männern und Frauen auf seinem Schiff

PLANET DER UNSTERBLICHEN

verliert? Ist das etwa glaubwürdig? Oder braucht er mal ein paar Wochen auf Rigleys Vergnügungsplanet?

• Als der lechzende Kirk Rayna überreden will, mit ihm fortzugehen, sagt er, er werde sie glücklich machen. Wie will er das anstellen? Indem er sie monate- oder jahrelang mit den Roboterkindlein allein läßt, während er durch die Galaxis düst? (Selbst wenn es ihm gelänge, Rayna in die Flotte zu holen: Man hat in dieser Serie noch nie ein Ehepaar auf einem Raumschiff zusammen gesehen. Zwar gab es in ›Spock unter Verdacht‹ eine Trauung, aber der Bräutigam kam um, bevor sie vollzogen war, und die Dialoge zwischen ihm und der Braut deuteten an, daß sie anschließend aus der Flotte ausscheiden wollte.)

• Am Ende der Episode wird die Zeit knapp. Die Landegruppe findet das Ritalin, und McCoy hängt herum und schaut sich die lebensgroßen Barbie-Puppen an, die Flint zu seinem Amüsement konstruiert hat. Müßte er nicht sofort mit der Medizin an Bord beamen? Die Macher lassen diesen Gedanken jedoch links liegen und zwingen die Landegruppe, über Raynas wahre Natur zu tratschen. Dann taucht Flint auf, Kirk weigert sich zu gehen, und sie fangen einen Faustkampf an – sie stoßen einander herum, direkt neben dem Tisch, auf dem das kostbare lebensrettende Serum steht! Selbst wenn wir akzeptieren, daß Kirk bis über beide Ohren in eine Androidin verknallt ist – was ist mit McCoy los? Ist die Szene zu heikel, um sie mit etwas so Banalem wie dem Retten von Leben zu unterbrechen?

• Am Ende der Episode möchte Kirk Rayna vergessen. McCoy murmelt, dies sei besser für ihn. Daraufhin legt Spock die Hand auf Kirks Kopf und sagt: »Vergiß.«[81] Wenn Spock ihn tatsächlich dazu bringen kann, Rayna zu vergessen, wäre er dann nicht verpflichtet, diese Lücke mit irgend etwas zu füllen? Was würde Starfleet Command sagen, wenn dem Cap-

---

81 Nicht in der deutschen Fassung.

PLANET DER UNSTERBLICHEN

tain seines Flaggschiffes einige Stunden seiner Erinnerungen fehlen? Müßte diese mentale Unzulänglichkeit kein Grund zur Besorgnis sein? Selbst wenn Spock die Lücke mit etwas füllen würde, gäbe es keine Probleme bei ihren Meldungen? Kirk würde sich anders an die Dinge erinnern als Spock und McCoy.

Gerätekokolores

• Auf Flints Laborschreibtisch steht offenbar ein romulanischer Computer.

• In dieser Episode macht Kirk zweimal Logbucheinträge – ohne Tricorder, und ohne die Lippen zu bewegen. (Dabei erwähnt er auch Flint. Doch am Ende der Episode sagt er, er könne dessen Existenz geheimhalten. Kriegt das Flottenkommando etwa keine Kopien seiner Logbücher?)

• Einige Computerschalttafeln in Flints Labor hatten kurz zuvor Auftritte in der Episode ›Wen die Götter zerstören‹. Kriegen die eigentlich Wiederholungsgage?

• Als M4 der Landegruppe begegnet, deaktiviert er ihre Phaser. Bei seinem später erfolgenden Angriff auf Kirk deaktiviert er auch seinen Phaser. Als Spock zur Rettung in den Raum marschiert, schießt er mit einem *Phaser* auf M4! Warum hat M4 nicht auch Spocks Phaser deaktiviert? Dies glättet man, indem Spock sagt, es sei Glück gewesen, daß der Roboter seine Anwesenheit nicht entdeckt und seinen Phaser nicht deaktiviert habe. Tja, das war aber wirklich günstig, nicht wahr?

• In einer Szene holt Flint, um seine Macht zu beweisen, die *Enterprise* aus dem All, reduziert sie auf die Größe eines Modellbausatzes und legt sie auf den Tisch. Entweder ist der Tisch sehr robust, oder Flint kennt auch eine Möglichkeit, die Masse des Schiffes zu reduzieren. Wenn nicht, behielte es sein Gewicht bei und würde den Tisch zu Staub zermalmen.

• Als Kirk das Schiff auf dem Tisch liegen sieht, tritt er an es heran und wirft einen Blick auf die Brücke. Die Aufnahme

PLANET DER UNSTERBLICHEN

wechselt und zeigt Kirk, der durch den Hauptschirm lugt. Wie logisch – aber Kirk steht neben dem Schiff, nicht davor! Aller Wahrscheinlichkeit nach müßte der Bildschirm, wenn das Schiff den Planeten umkreist, nach Backbord weisen. Kirk tut aber so, als könne er die Mannschaft tatsächlich sehen. Der Bildschirm ist aber kein Fenster, sondern eine elektronische Anzeige und befindet sich nicht an der Seite, sondern vorn. Sieht er die Mannschaft durch die Kuppel in der Brückendecke?

• Nach Raynas Zusammenbruch eilt McCoy zu ihr und tastet nach ihrer Halsschlagader. Ähm ... Er fühlt den Puls einer *mechanischen Frau?*

Quiz-Antworten

1. In Konstantinopel; im Sommer des Jahres 1134 n. Chr.
2. Mr. Brack, ein reicher Geschäftsmann und Einsiedler

DIE REISE NACH EDEN
(THE WAY TO EDEN)

Sternzeit: 5832.3-5832.6

Die *Enterprise* bringt ein gestohlenes Raumschiff auf und beamt dessen Insassen an Bord: Es sind der bekannte Wissenschaftler Dr. Sevrin und seine Jünger. Sevrin und die anderen sehnen sich nach einem einfacheren Leben. Ihr Ziel ist Eden, ein mythischer Planet von üppiger Schönheit. Nachdem Sevrin zugesagt hat, seine Freunde zu ermahnen, sich nicht in die Schiffsoperationen einzumischen, setzt Spock aus Neugier über ihre Motive den Schiffscomputer ein,

> **Trekker-Quiz**
> 1. Wer vertritt in dieser Episode Uhura?
> 2. Was sind Dr. Sevrins Fachgebiete?

um Eden zu finden. Leider ermuntert Sevrin seine Jünger, alles über das Schiff in Erfahrung zu bringen. Kurz darauf dringen sie in den Ersatzkontrollraum ein und übernehmen das Schiff.

Bei der Ankunft auf Eden frisiert Sevrin einen Ultraschallsender, um die Mannschaft zu betäuben. Er und seine Leute landen mit einer Fähre auf dem Planeten. Zum Glück gelingt es Kirk, die Schallwellen abzuschalten, bevor alle an Bord sterben. Als er mit einer Landegruppe auf den Planeten beamt, stellt sich heraus, daß er zwar tatsächlich wunderschön, aber auch tödlich ist: Die gesamte Vegetation sondert Säure ab, und das Obst ist giftig. Sevrin weigert sich, dies zu akzeptieren; er nimmt eine Frucht und schiebt sie sich in den Mund. Sein Tod überzeugt den Rest der Truppe, daß es besser ist, still ins Schiff zurückzukehren.

DIE REISE NACH EDEN

Anmerkungen
Über diese Folge kann man nur eins sagen: Boah, ey!

Handlungsschwächen
• Innerhalb dieser Episode bezieht man sich ständig auf eine ›Raumstation‹. Kirk will Sevrins Leute dorthinbringen und ihr am Anfang und Ende der Folge eine Nachricht schicken. Er sagt allerdings nie, welche Raumstation er meint.

• Offenbar halten die Romulaner gerade Mittagsschlaf, da sich keins ihrer Schiffe zeigt, um die *Enterprise* anzuhalten – obwohl sie ihr Gebiet durchkreuzt, um nach Eden zu kommen. Und wieder einmal ist dem Flaggschiff der Föderation das Glück hold.

• Nachdem Sevrin und seine Jünger das Schiff verlassen haben, schaltet Kirk den Ultraschallgenerator ab und ruft die Brücke an. Er fragt, ob man Kontrolle über das Schiff habe, doch die Antwort lautet: »Nein.« Kurz darauf fragt er, ob man die Kreisbahn verlassen könne, falls es nötig sei, und die Antwort lautet: »Ich glaube schon.« Ist mir da irgend etwas entgangen? Braucht man keine Kontrolle, um die Kreisbahn zu verlassen?

• Kurz nachdem das Landeteam Dr. Sevrin & Co. nach Eden gefolgt ist, stößt es auf einen seiner Jünger, der tot unter einem Baum liegt. Man sieht gleich, daß er Musiker war: Noch im Tod schlägt der Zeigefinger seiner rechten Hand eine Taste an.

• Die Landegruppe entdeckt, daß die Gewächse des Planeten Säure enthalten. Die Vegetation verbrennt die Haut schon bei der kleinsten Berührung. Doch als man Sevrin und die anderen in der Fähre entdeckt, zieht man sie ins Freie! Da Sevrin & Co. nur leicht bekleidet sind, sind ihre Füße schon von der Säure verätzt. Warum also läßt Kirk sie ins Freie zerren? Wäre es nicht besser, sie drin zu lassen, wo sie geschützter sind?

DIE REISE NACH EDEN

Gerätekokolores

• In zahlreichen Episoden verwendet Kirk den obersten Knopf in der Lehne seines Sessels, um mit jemandem zu sprechen. Laut ›Kirk unter Anklage‹ ist dies aber der Knopf, der Alarmstufe Gelb auslöst. Kann natürlich sein, daß er neu belegt wurde, weil Kirk den obersten Knopf für den Funkverkehr nutzen will. Allerdings verwenden alle anderen Offiziere den untersten Lehnenknopf. Außerdem geht das Licht des Interkoms nur an, wenn man den untersten Knopf betätigt. Nehmen wir z. B. diese Episode: Als Kirk aus dem Lazarett zur Brücke zurückkehrt, ruft Scott ihn an. Kirk geht zu seinem Sitz und drückt den untersten Knopf. Schaut man genau auf das Rückenteil der Lehne, sieht man, daß das ovale Lämpchen neben dem Lautsprecher angeht (so wie sie bei allen anderen Kom-Anlagen angeht, wenn man den Knopf drückt.) Kirk redet mit Scott und haut dann mit der Faust auf den obersten Lehnenknopf. Dies ist die gleiche Methode, die er in vielen Folgen angewandt hat. Nachdem er diese Bewegung vollführt hat, tut er so, als sei das Gespräch beendet. Schaut man noch einmal genau hin, sieht man, daß das Lämpchen *noch immer* brennt. Wenn der oberste und der unterste Knopf das Interkom bedienen, müßte das Lämpchen nicht ausgehen, wenn man den obersten Knopf drückt?

Anschluß- und Produktionsprobleme

• Das gestohlene Raumschiff ist ein umgedrehtes, mit Triebwerksgondeln versehenes tholianisches Modell.

• Bei drei Gelegenheiten hat man entweder absichtlich oder versehentlich Großaufnahmen Kirks seitenverkehrt eingefügt: einmal, als er das Lazarett verläßt, in dem er erfahren hat, daß Sevrin krank ist; und dann, als er Sevrin auf Eden beobachtet. Man erkennt die Stellen, wenn man auf sein Haar und die Insignien seines Hemdes achtet.

• Als die Ultraschallwellen die Mannschaft treffen, bricht sie zusammen. Erstaunlicherweise fallen alle so wie weiland in

DIE REISE NACH EDEN

›Spocks Gehirn‹. Noch erstaunlicher: Chapel hat plötzlich wieder die Frisur, die sie in ›Spocks Gehirn‹ hatte. Ist es das, was Frauen meinen, wenn sie sagen, jemand habe »eine zum Umfallen tolle Frisur«?

• Die Momentaufnahme des Sees stammt aus ›Landeurlaub‹.

Quiz-Antworten

1. Lieutenant Palmer
2. Akustik, Kommunikation und Elektronik

DIE WOLKENSTADT

(THE CLOUD-MINDERS)

Sternzeit: 5818.9-5819.3

Da man Zenait benötigt, um eine planetare Pflanzenseuche zu bekämpfen, geht die *Enterprise* um Ardana in eine Kreisbahn. Auf dem Planeten gibt es eine schwebende Stadt namens Stratos, deren Bewohner den schönen Künsten frönen. Ihre Muße wird durch die Troglyten ermöglicht, die unter der Erde arbeiten und das Zenait aus dem Boden holen. Leider haben die Troglyten gerade eine Revolte angezettelt, so daß man kein Zenait liefern

> **Trekker-Quiz**
>
> 1. Wie heißt der Planet, den die Pflanzenseuche bedroht?
> 2. Wem schlägt Kirk vor, zwischen den Stratosianern und den Troglyten zu vermitteln?

kann. Statt um das Zenait zu verhandeln, wendet Plasus, der Leiter des Stadtrates, Folter an, was ihm aber auch nicht viel einbringt.

Durch das Patt frustriert, versucht Kirk das Vertrauen der Troglytenanführerin Vanna zu gewinnen. McCoy entdeckt, daß dem Rohzenait ein Gas entströmt, das temporäre geistige Trägheit und emotionale Instabilität erzeugt. Der Captain bietet Vanna Atemschutzgeräte an, die das Gas von den Troglyten fernhalten sollen. Vanna nimmt Kirk aber lieber als Geisel fest, doch dieser setzt seinen Phaser ein, um sie im Seitenarm einer Mine einzuschließen. Anschließend läßt er mit Scotts Hilfe auch Plasus in die Mine beamen. Nach einer knappen Stunde macht der Einfluß des Gases die beiden Männer zu Tieren, was selbst Vanna überzeugt. Die Troglyten liefern das Zenait. Kirk reist ab, hinterläßt eine große Anzahl

DIE WOLKENSTADT

von Atemmasken und hofft, daß die Völker Ardanas fortan Seite an Seite arbeiten.

Anmerkungen
In dieser Episode trägt Plasus' Tochter Droxine ein prächtiges Kleid. Der Schnitt ist für den täglichen Gebrauch zwar etwas gewagt, aber das Material ist sagenhaft.

Handlungsschwächen
• Die Zukunft hält offenbar einige wirklich üble Seuchen bereit. In ›Bele jagt Lokai‹ muß die *Enterprise* als Bestäuber agieren, um einen ganzen Planeten vor irgendeiner bakteriologischen Seuche zu retten. Diesmal eilt sie zu einem Planeten, um das Pflanzenleben eines anderen zu retten. Obwohl wir auch auf der Erde unsere Probleme haben, habe ich aber noch nie von einer Seuche gehört, die in der Lage gewesen wäre, das *gesamte* Leben unseres Planeten zu vernichten.
• Laut Spock ist Stratos eine Intellektuellenkultur, die alle Formen der Gewalt eliminiert hat. Droxine bestätigt später, daß auch die Stratos-Bewohner dieser Meinung sind. Trotzdem hat Plasus kein Gewissensbisse, Vanna zu foltern, um ihr Informationen über die rebellierenden Troglyten zu entlocken. Ist Folter etwa keine Form der Gewalt? (Spock reiht sie darunter ein.)
• Spock erklärt Kirk, das Wort Troglyt stamme von einem alten irdischen Begriff ab. Warum sollten die Bewohner eines fremden Planeten ein Volk ausgerechnet mit einem irdischen Wort benennen?
• Nachdem Kirk beschlossen hat, die Sache in die eigene Hand zu nehmen, verletzt er Plasus' Befehle und beamt in Vannas Zelle. Als eine Wache auftaucht, zieht er den Phaser und drückt sich an die Wand. Er wartet, daß der Mann eintritt. Nach einer Weile dreht sich der Mann um und sieht ihn. Kirk lähmt ihn. Warum erst, nachdem er sich umdreht? Hätte er es vorher getan, könnte er nicht bestätigen, daß er dort war, um

375

DIE WOLKENSTADT

Vanna zu befreien. Dann schlendert er mit Vanna auf der Suche nach einem Transporter durch Stratos, statt die *Enterprise* zu kontaktieren, damit man sie an Bord holt.

• Am Ende der Episode sagt die in der von Kunst, Musik und Schönheit reichen und schicken Stadt Stratos aufgewachsene Droxine, sie möchte in den Gruben arbeiten, da sie nicht mehr auf die Wolkenstadt beschränkt sein will. Au ja! Sie will offenbar bei Spock Punkte sammeln. Es ist unmöglich, daß sie es in den unterirdischen Gängen lange aushält. Sie wird – wahrscheinlich in anderer Kleidung als der, die man in Stratos trägt – hinuntergehen, mit spitzen Fingern ein Grabwerkzeug anfassen und »Uahh!« sagen. Dann wird sich umdrehen und nach Hause rennen.

Grundlagenveränderungen

• Spock hat sich in Sachen Romanzen eindeutig verändert. Möglicherweise liegt es daran, daß ihm endlich ein lebendes ›Kunstwerk‹ begegnet ist: Der normalerweise reservierte Vulkanier macht Droxine mehrere unverhüllte Komplimente und fängt sogar an, sie in die vulkanischen Paarungsriten einzuweihen. Er vergißt völlig, daß dies eine sehr persönliche Sache ist und Fremdlinge nichts davon erfahren dürfen. Eben dies hat er nämlich bei dem Gespräch über das *Pon Farr* mit Kirk (›Weltraumfieber‹) verdeutlicht. Es kann aber auch sein, daß sein Gehirn am Ende von ›Spocks Gehirn‹ nicht wieder richtig zusammengeflickt wurde.

Gerätekokolores

• Die Tastatur des Interkom auf dem Tischchen in Kirks Ruheraum weist von der Liege fort. Offenbar reden die Bewohner Stratos' nie mit anderen, wenn sie sich hingelegt haben.

• Die Atemmasken, die Kirk den Troglyten anbietet, werden nur mit einem simplen Band am Kopf befestigt. Ob sie wohl fest genug sitzen? (Ich weiß, daß man sich bemüht hat, etwas

DIE WOLKENSTADT

zu erschaffen, das futuristisch aussieht, aber als Kirk das Ding aufsetzt, sieht es aus, als wolle es jeden Moment herunterfallen.)

Anschluß- und Produktionsprobleme

• Aus irgendeinem Grund betreibt Kirk nun die Bauchrednerin als Hobby: Kurz nach dem Vorspann werden er und Spock von Troglyten mit Riemen eingefangen. Der Captain sagt wütend: »Wer sind Sie, und was bedeutet dieser Angriff?« Und um den Primitivlingen zu zeigen, daß er mehr ist als nur ein gewöhnlicher Captain, schießt er die Frage ab, ohne die Lippen zu bewegen![82]

• Unter dem Einfluß des Gases haut Kirk Plasus eine rein, so daß er rückwärts gegen die Felsen fliegt. Als er aufschlägt, achte man auf den oberen Teil der Wand. Er drückt sie ein – und sie schnellt zurück. (Auf diesem Planeten gibt es sehr eigenartiges Gestein.)

Quiz-Antworten

1. Merak II

2. Das Federation Bureau of Industrialization (anders gesagt: das FBI)

---

[82] Dieser Satz ist in der deutschen Fassung nicht enthalten.

SEIT ES MENSCHEN GIBT
(THE SAVAGE CURTAIN)

Sternzeit: 5906.4-5906.5

Als die *Enterprise* Excalbia untersucht, taucht Abraham Lincoln auf dem Hauptschirm auf. Nachdem er an Bord gekommen ist, lädt er Kirk und Spock auf den Planeten ein. Kurz nach der Ankunft taucht Surak auf – der geistige Vater all dessen, was die Vulkanier ehren und schätzen. Dann verwandelt sich ein Felsen in ein Lebewesen und erklärt den Grund der Zusammenkunft: Die Bewohner des Planeten haben keine Vorstellung von Gut und Böse. Sie wollen einen Kampf um Leben und Tod erleben, um zu sehen, welches Prinzip stärker ist. Aus Kirks und Spocks Gedanken haben sie Lincoln und Surak als Verkörperung des Guten erschaffen. Aus der gleichen Quelle erschaffen sie vier Personifikationen des Bösen. Um Kirk zu motivieren, erklärt das Felswesen, wenn das Gute verlöre, werde die *Enterprise* vernichtet.

> ### Trekker-Quiz
>
> 1. So dußlig wie welches Tier ist Lincoln laut Scott?
> 2. Mit wem vergleicht Lincoln Kirk als militärischen Strategen?

Als Mann des Friedens verweigert sich Surak dem Kampf. Als er mit der anderen Seite reden will, wird er prompt umgebracht. Ein paar Minuten später stirbt Lincoln bei einem Rettungsversuch. Trotz der ungünstigen Lage greifen Kirk und Spock an und schlagen den Feind. Das Felswesen meint, Gut und Böse seien gleich und wendeten gleiche Taktiken an. Kirk erwidert, seine einzige Motivation sei die Rettung seiner Leute gewesen. Zufrieden läßt das Felswesen sie gehen.

378

SEIT ES MENSCHEN GIBT

Handlungsschwächen

• Als Lincoln an Bord gebeamt ist, wirkt er wirklich überrascht über technische Fortschritte wie den Transporter und Tonbandmusik, aber als er in den Gang hinausgeht, bewegt er sich, als wüßte er, daß die Tür von selbst aufgeht. Ein Mensch aus seiner Zeit würde stehenbleiben, die Türklinke suchen und zurückspringen, wenn eine Tür von allein aufgeht.

• In einer peinlichen Zurschaustellung von Unbildung muß Kirk Spock tatsächlich bitten, Surak zu identifizieren. Spock nennt ihn den Vater all dessen, was den Vulkaniern lieb und wert ist – den größten der großen Helden seines Volkes. Zwar erwartet niemand, daß Kirk die Feinheiten des vulkanischen Lebens kennt, aber Suraks Name sollte ihm zumindest geläufig sein.

• A propos Surak. Der Bursche ist knallhart und gefühllos. Obwohl Spock keine Miene verzieht, als sein Idol auftaucht, entschuldigt er sich für die Emotionen, die er empfindet. Statt »Welche Emotionen?« zu fragen, erwidert Surak nur, die Umstände seien halt ungewöhnlich.

• Spock gibt in dieser Episode eine jämmerliche Figur ab. Wahrscheinlich ist er in Suraks Gegenwart befangen, wenn es zu Raufereien kommt. Beim ersten Faustkampf mit dem Quartett der Bösewichter fällt ihm nichts anderes ein, als mit seiner Gegnerin zu tanzen: Er ist unfähig, sie zu überwältigen. Bei der letzten Schlacht ringt er mit Dschingis Khan, bis Kirk Kahless tötet und ihm zu Hilfe eilt. Wo sind die ungeheure vulkanische Kraft und das Kampftalent geblieben, die man uns in den anderen Folgen gezeigt hat?

• In einer Szene marschiert Kirk auf das Felswesen zu und will ihm einen Hieb versetzen. Haben Sie schon mal versucht, einen Stein zu verdreschen? Besonders einen Felsen, aus dem Rauch aufsteigt? Was denkt er sich nur dabei?

379

SEIT ES MENSCHEN GIBT

Grundlagenveränderungen

• Um einen Zeitrahmen für die erste persönliche Begegnung abzustecken, fragt Lincoln Kirk, ob man die Zeit noch immer in Minuten berechne. Kirk erwidert selbstgefällig: »Wir können umrechnen.« *Umrechnen?* Wann hat man aufgehört, die Zeit in Minuten zu berechnen? Jede Großaufnahme der Uhren zeigt die Zeit in Stunden, Minuten und Sekunden an. Und um dem Ganzen die Krone aufzusetzen, geben sämtliche Bösewichter die Zeit ebenfalls in dieser Einheit an.

• In einer Szene auf der Brücke erklärt Spock Lincoln, wie hoch sich die *Enterprise* über dem Planeten befindet. Er spricht von Meilen und sagt: »Nach Ihrem alten Maßsystem ...« Aber Mr. Spock!!! Warum haben Sie dann die Amöbe in ›Das Loch im Weltraum‹ als 11 000 *Meilen* lang bezeichnet?

• In dieser Episode kommt ein klingonischer Krieger namens Kahless vor. Er soll angeblich der Vorläufer all dessen sein, was die gegenwärtigen Klingonen sind. Die *ST/DNJ*-Episode ›Der rechtmäßige Erbe‹ (RIGHTFUL HEIR) erwähnt Kahless ebenfalls, und ein Klon des großen Kriegers taucht auf. Doch interessanterweise hat der Kahless in ›Seit es Menschen gibt‹ keine Beulenstirn.

Gerätekokolores

• Auch auf die Gefahr hin, mich zu wiederholen – aber in dieser Folge benutzt Kirk den obersten Knopf der rechten Armlehne, um das Interkom einzuschalten, und die Aufnahme zeigt eindeutig, daß das Lämpchen nicht angeht.

• Kirk und Spock wollen mit der Standardausrüstung auf den Planeten beamen, doch die Einheimischen manipulieren den Transporter, so daß die Phaser und Spocks Tricorder an Bord bleiben. Spock braucht mehrere Minuten, bis es ihm auffällt. Beim Phaser verstehe ich das ja, er hängt an der

SEIT ES MENSCHEN GIBT

Hüfte. Aber der Tricorder? Er hängt normalerweise an Spocks Schulter. Ist es nicht wahrscheinlich, daß man diesen Verlust auf der Stelle bemerkt?

Anschluß- und Produktionsprobleme

• Auch hier hat man ein Stück Film seitenverkehrt einmontiert: Kurz nachdem das Felswesen die Bösmänner ins Leben gerufen hat, zeigt eine Großaufnahme unseren wackeren Captain mit dem Scheitel auf der falschen Seite.

• Au weia, jetzt kommt das Allerpeinlichste überhaupt für den beliebten Captain Kirk! Diesmal ist er in einen epischen Kampf des Guten gegen das Böse verstrickt, in unbekannter Umgebung und mit – ausgenommen einen – fremden Kampfgefährten: Was könnte die Situation wohl noch verschlimmern? Tja, seine Hose könnte platzen! Beim ersten Ringkampf der Guten mit den Bösen rauft Kirk mit Colonel Green. Dabei landet er auf dem Rücken und setzt die Beine ein, um Green wegzustoßen. Als er die Knie anzieht, sieht man an seinem Hinterteil einen weißen Strich. (Ich bin zwar kein Fachmann für alles, aber es sieht so aus, als wäre die Flottenuniform nicht mehr intakt.)

• Bevor Surak geht, um mit dem Gegner zu verhandeln, macht er das vulkanische Grußzeichen. Man achte genau darauf, denn kurz davor sieht man, daß er die Hand ein Stück hinter sein Gewand schiebt. Es sieht so aus, als wolle er die Hand in Stellung bringen, um das Zeichen zu machen. Trotzdem kriegt er es nicht richtig hin, denn als er sie in Kirks Richtung hebt, ist der Daumen an den Zeigefinger gelegt.

• Lincolns Großaufnahme bei Suraks Schrei stammt eigentlich aus dem erst später gesprochenen Satz, er kenne sich in Wäldern bestens aus. Man hat die Szene einfach nur verlangsamt.

• Die Felswesen haben bei der Erschaffung Lincolns sehr gute Arbeit geleistet: Sie haben ihn sogar mit einer dicken

SEIT ES MENSCHEN GIBT

Brieftasche versehen. Als Abe auf Händen und Knien zu
Surak kriecht, ist eine große Ausbuchtung in seiner Gesäß-
tasche zu erkennen. Entweder hat er eine Brieftasche oder
einen Flachmann eingesteckt.

Quiz-Antworten

1. Ein alturianischer Hundevogel[83]
2. General Grant

---

[83] In der deutschen Fassung hält Mr. Scott sich zurück und spricht dieses böse Wort nicht aus.

PORTAL IN DIE VERGANGENHEIT

(ALL OUR YESTERDAYS)

Sternzeit: 5943.7-5943.9

Drei Stunden bevor die Sonne des Planeten Sarpeidon zur Nova wird, beamen Kirk, Spock und McCoy auf den Planeten, um in Erfahrung zu bringen, warum all seine Bewohner verschwunden sind. Sie stoßen auf eine Bibliothek und Herrn Atoz. Was sie nicht ahnen: Die sarpeidonische Regierung hat ein Zeitportal geschaffen, das es allen Bürgern gestattet, dem anstehenden Untergang zu entgehen, indem sie den Rest ihres Lebens in der Vergangenheit verbringen. Atoz hält sie für Sarpeidonier und drängt sie, ihre Wahl schnell zu treffen,

> **Trekker-Quiz**
>
> 1. Wie heißt die Sonne des Planeten Sarpeidon?
> 2. Welcher Tyrann hat Zarabeth in die Eiszeit verbannt?

bevor alles zu spät ist. Kirk hört durch das Zeitportal den Schrei einer Frau und springt hindurch, um ihr zu helfen. Er landet in einer Zeit, in der Pferdekutschen und Musketiere existieren, doch mit Hilfe eines anderen Zeitreisenden gelingt ihm die Rückkehr in die Bibliothek.

Spock und McCoy, die ihm folgen wollten, sind hingegen in der letzten Eiszeit des Planeten gelandet – fünftausend Jahre in der Vergangenheit. Dort begegnen sie einer jungen Frau namens Zarabeth, die in dem eiskalten Ödland gefangen ist. Spock verliebt sich in sie; er entwickelt sich langsam zu einem Vulkanier aus der Zeit vor fünftausend Jahren, wird wild und von Emotionen getrieben. Mit McCoys Hilfe erkennt er, was passiert ist, und beide kehren in die Bibliothek

PORTAL IN DIE VERGANGENHEIT

zurück. Kurz bevor Sarpeidons Sonne explodiert, beamt das Trio aufs Schiff zurück.

Höhepunkte

»Ich hörte den Geist mit ihm sprechen. Er antwortete und nannte ihn Pille.«[84] – Der Offizier, der Kirk festgenommen hat und beweisen will, daß er ein Hexenmeister ist. (Kirks Verhaftung erfolgte, als er den Rückweg in die Bibliothek suchte und Spock und McCoy mit ihm sprachen. Trotz dieses bombigen Satzes, der McCoys Spitznamen eine neue Bedeutung gibt, wäre ich ein Schuft, ließe ich unerwähnt, daß der Mann Kirk nie ›Pille‹ [bzw. ›Bones‹] sagen hört.)

Handlungsschwächen

• Als Spock Zarabeth seine Herkunft erläutert, sagt er, er stamme aus einer Welt, die Millionen Lichtjahre entfernt ist. Die Galaxis durchmißt der Länge nach aber nur 100.000 Lichtjahre. Wenn seine Aussage also wahr wäre, müßte Vulkan in einer anderen Galaxis liegen.

• Zarabeth trägt in dieser Episode interessante Klamotten. Als sie ihr schweres, langes Pelzgewand ablegt, enthüllt sie ziemlich knappe Lederfetzen. Das Oberteil besteht aus einem einzigen Stück, ist braun gefärbt und mit dünnen Lederstreifen gesichert, die sich sinnlich über ihren wohlgeformten Rücken schlingen. Ihr Beinkleid ist eine verwickelte Angelegenheit gut plazierter Schnitte, damit es viel Bewegung und beträchtliche Schenkelenthüllung erlaubt. Die dünnen Lederstreifen faszinieren mich am meisten. Doch wie hat sie sie hergestellt? Oder ist die wichtigere Frage vielleicht die, warum sie an einem Ort wie diesem überhaupt solches Zeug anziehen sollte? Laut ihrer Aussage soll sie doch den

---

84 In der US-Fassung ist der Dialog aufgrund von McCoys Spitznamen ›Bones‹ (Gebeine) ungleich witziger: »I heard the spirit talk to him. He answered and did call it ›Bones‹.«

PORTAL IN DIE VERGANGENHEIT

Rest ihres Lebens allein verbringen. Würde sie sich da nicht Kleider machen, die den Grundbedürfnissen genügen? Was soll der Dschungelweib-Schick? Hält sie Modeschauen für vorbeiziehende Wolfsrudel ab? Oder will sie die örtlichen Affen mit der Aussicht auf schnellere Evolution beeindrucken?

• Angeblich hat ein Tyrann Zarabeth in die Eiszeit verbannt. Tyrannen sind aber nicht für ihr Wohlwollen bekannt. Wenn ein Tyrann Sarpeidon beherrscht, warum sollte er dafür sorgen, daß seine ganzen Bürger sicher in die Vergangenheit gelangen? Er hat sich doch bestimmt auch Feinde gemacht. Wenn er weiß, daß Sarpeidons Sonne explodieren wird, warum knastet er seine Feinde nicht ein und läßt sie von der Sonne verdampfen? Je nachdem, welche Zeitreisetheorie man vertritt, könnte es sogar erhebliche Gefahren mit sich bringen, seinen Feinden Zugang zur eigenen Vergangenheit zu gewähren. Andererseits haben die braven Bürger Sarpeidons den Tyrannen vielleicht schon Jahre zuvor entmachtet. Die Episode gibt aber keinen Hinweis darauf, wie lange Zarabeth sich schon im Exil befindet.

• Außerdem: Es gelingt Zarabeth, ihr Haar entzückend zurechtzumachen, schick gelockte Außenrolle inklusive. Wie kriegt sie das hin? Dreht sie ihre Haare mit heißen Steinen auf, bevor sie zu Bett geht? (Hoffentlich hat sie einen ruhigen Schlaf.)

• Viele, viele Jahre in der Vergangenheit des Planeten Sarpeidon macht Kirk in der Kerkerzelle einen Logbucheintrag. Er hat keinen Tricorder bei ich. Er bewegt die Lippen nicht und gibt die Sternzeit als 5943.9 an. Wie kann dies stimmen? Er ist Jahrhunderte in der Vergangenheit!

• Als Spock über seinen Aufenthalt bei Zarabeth nachdenkt, sagt er, man könne die heißen Quellen dazu verwenden, ›eine Art Treibhaus‹ zu bauen. Wo will er den Samen hernehmen, um etwas anzubauen? Man befindet sich in einer eisbedeckten Ödnis. Keine Szene zeigt etwas, das einer Pflanze ähnelt.

PORTAL IN DIE VERGANGENHEIT

(Ich weiß. Man könnte den Samen eventuell McCoys All-
zweck-Medokit entnehmen. Das Ding kann einfach alles.)

Gerätekokolores
• Die Bewohner Sarpeidons kaufen ihre Computer offenbar
bei dem Volk, das Gary Seven in ›Ein Planet, genannt Erde‹
zur Erde schickte. Sevens Beta 5-Computer scheint mit Herrn
Atoz' Atavachron identisch zu sein.

Anschluß- und Produktionsprobleme
• Der Schauspieler, der in dieser Episode Herrn Atoz verkörpert, war in ›Brot und Spiele‹ der Septimus.
• Für das Fundament des Betrachters, der dem Zeitportal
am nächsten ist, wurde Sargons Säule in ›Geist sucht Körper‹
wiederverwertet.
• Als der Ankläger Kirk im Kerker aufsucht, erwähnt unser
Captain, er habe in der ›Bibliothek‹ gelesen. Diese Aussage
entlockt dem Ankläger einen Versprecher, der Kirk beweist,
daß auch er der Zukunft entstammt. In diese Sequenz ist eine
Großaufnahme Kirks einmontiert, die später noch einmal auftaucht – als er aufsteht.
• Als der Ankläger ihn zum zweiten Mal besucht, legt Kirk
die Hände auf die Zellengitter. In diesem Moment befindet
sich eine Gitterstange zwischen den beiden, die er anfaßt.
Dann ändert sich die Aufnahme, und es sind zwei.

> **Quiz-Antworten**
>
> 1. Beta Niobe
> 2. Zor Khan

• Kirk hat McCoy in der Kunst
des Bauchredens unterrichtet (siehe ›Die Wolkenstadt‹): Als er
Zarabeths äußere Kammer betritt, spricht er mit geschlossenem
Mund.

GEFÄHRLICHER TAUSCH
(Turnabout Intruder)

Sternzeit: 5928.5

Die *Enterprise* erreicht Camus II. Eine Katastrophe hat das Forschungsteam heimgesucht, das Dr. Janice Lester anführt, eine Frau, die mit Kirk zusammen die Akademie besucht hat. Auf dem Planeten stoßen Kirk und die Landegruppe auf die kranke Lester. Als Spocks Tricorder schwächer werdende Lebensformen registriert, eilen er, McCoy und Lesters Arzt Coleman davon, um Ermittlungen anzustellen. Als Kirk sich im Raum umschaut, springt Lester plötzlich auf und drückt einen Knopf. Ein Kraftfeld nagelt Kirk an die Wand. Lester nimmt den Platz neben ihm ein, und irgendeine uralte Ma-

> **Trekker-Quiz**
> 1. *Wo soll sich die* Enterprise *mit der USS* Potemkin *treffen?*
> 2. *Welchem psychologischem Test unterzieht McCoy Kirk?*

schinerie tauscht ihre Persönlichkeit gegen die seine aus. Lester hat stets davon geträumt, Kommandantin eines Raumschiffes zu sein und haßt Kirk wegen seiner Leistungen. Als die Landegruppe zurückkehrt und meldet, alle anderen seien tot, befiehlt die sich nun in Kirks Körper aufhaltende Lester, alle sollen auf die *Enterprise* zurückkehren.

Lester glaubt, mit etwas Übung könne sie alle darüber hinwegtäuschen, daß sie nicht der echte Kirk ist, doch die Stabsoffiziere bemerken sofort einen Unterschied. Bald sind alle überzeugt, daß es zu einem Körpertausch gekommen ist. Lester versucht verzweifelt, Coleman dazu zu bringen, Kirk zu ermorden, damit man sie nie mehr zwingen kann, in ihren eigenen Körper zurückzukehren. Glücklicherweise wird der

GEFÄHRLICHER TAUSCH

Tausch während eines Kampfes rückgängig gemacht und Kirk wieder als Captain eingesetzt.

Anmerkungen

Der Klarheit halber benenne ich die Charaktere zuerst in ihrer physischen Erscheinung, dann in ihrem Wesen. Lester in Kirks Körper ist ›Kirk/Lester‹; Kirk in Lesters Körper ist ›Lester/Kirk‹.

Kernige Dialoge

»Es ist vielleicht unwissenschaftlich, aber wenn Mr. Spock glaubt, daß es passiert ist, muß es logisch sein.« – Scott, als er McCoy zu überzeugen versucht, daß es zu einem Austausch gekommen sein muß, auch wenn die Medizin keinen Hinweis darauf liefert.

Höhepunkte

William Shatner und Sandra Smith liefern in dieser Episode eine ausgezeichnete Darstellung vertauschter Persönlichkeiten. Shatner, der Kirk/Lester spielt, ist absolut glaubwürdig, und Smith überzeugt mit der starken Darstellung des verdrängten Kirk in einem Frauenkörper.

Handlungsschwächen

• Wie will Kirk/Lester den Safe im Quartier des Captains öffnen? Es gibt keinen Hinweis, daß der Tausch ihr auch Zugang zu den Erinnerungen des echten Kirk gibt.

• Nachdem Lester/Kirk sich befreit hat, eilt er ins Lazarett. In Gegenwart von Spock und McCoy schlägt Kirk/Lester die Frau besinnungslos. Zwei Bordwachen tauchen auf, heben sie hoch und tragen sie ins Bett zurück. Dabei legt einer der Männer seine Hand weit oben unter Lester/Kirks nackten Schenkel. Man fragt sich, welchen Rat Kirk dem Mann wohl geben wird, wenn er wieder in seinem eigenen Körper ist.

• Der psychologische Test, den McCoy Kirk/Lester unterzieht, enthüllt angeblich die grundlegende Gefühlsstruktur

GEFÄHRLICHER TAUSCH

eines Menschen. Doch bei Spocks Kriegsgerichtsverhandlung räumt McCoy ein, der Test habe gezeigt, Kirk/Lesters emotionaler Zustand sei vergleichbar mit dem, den Kirk bei der Übernahme des *Enterprise*-Kommandos gezeigt habe. Entweder war Kirk am Tag der Kommandoübernahme *wirklich* nicht gut, oder der Test taugt nicht viel.

• Spock behauptet, eine komplette Persönlichkeitsübertragung sei noch nirgendwo in der Galaxis erfolgreich bewerkstelligt worden. Zählen die Transfers in ›Geist sucht Körper‹ etwa nicht?

• Wie in der Episode ›Wen die Götter zerstören‹ verpaßt Lester/Kirk auch hier die optimale Methode, um zu beweisen, wer er ist. Er versucht einen Beweis zu liefern, indem er Dinge erzählt, die jedem bekannt sind. Der Vulkanier weist korrekt auch darauf hin. Warum erwähnt Lester/Kirk nicht das *Pon Farr*?

• Kennen die Bordwachen keine Flottenvorschriften? Warum stürzen sie sich nicht auf Kirk/Lester, als sie die Hinrichtung der Stabsoffiziere anordnet? Laut Sulu und Chekov sind Exekutionen ungesetzlich.

Grundlagenveränderungen

• In der tollsten Grundlagenveränderung der ganzen Serie ist Lieutenant Galloway *wieder da!* Manch einer erinnert sich vielleicht, daß Captain Ronald Tracey den furchtlosen Offizier in ›Das Jahr des Roten Vogels‹ verdampft hat. Doch irgendwie hat man ihn wiederbelebt und für die letzte Episode reinkarnieren lassen.

• Als Kirk/Lester die Hinrichtung der Stabsoffiziere anordnet, legt Sulu Widerspruch ein, und Chekov äußert, nur »Gesetz 4«[85] drohe mit der Todesstrafe. Laut ›Talos IV – Tabu (1)‹ ist aber ›Kode 7‹ das einzige Gesetz, das die Todesstrafe androht.

---

[85] Im US-Original: »General Order 4«. ›Gesetz‹ und ›Kode‹ basieren beide auf diesem Begriff – die wackeren deutschen TV-Synchronisateure konnten sich nur mal wieder nicht einigen.

GEFÄHRLICHER TAUSCH

Gerätekokolores

• Macht McCoy wirklich etwas mit dem kleinen medizinischen Dingsbums, das er da herumschwenkt, oder hat er es nur aus optischen Gründen mitgenommen? Als die Landegruppe nach Camus II beamt, öffnet er das Medokit und entnimmt ihm einen kleinen Zylinder. Die Kamera schwenkt zu Lester, und im Hintergrund ertönt das Geräusch des medizinischen Zauberstabs. Doch McCoy scheint kaum fähig zu erkennen, ob Lester irgend etwas fehlt. Sobald der Rest der Landegruppe Kirk allein läßt, nagelt sie ihn an die Wand und springt hurtig von der Liege. Müßte McCoy nicht erkennen, daß sie nur simuliert?

• Die Gurte, die das medizinische Personal im Lazarett zur Anwendung bringt, müssen irgendeine magische Eigenschaft haben: Lester/Kirk benötigt kostbare Zeit, um sich von ihnen zu befreien, obwohl es so aussieht, als brauche er eigentlich nur die Arme unter ihnen wegziehen.

Anschluß- und Produktionsprobleme

• Schwester Chapel hat es offenbar satt, die Blondine zu mimen. In der letzten Episode der Serie ist sie plötzlich brünett!

• Als Kirk/Lester auf der Brücke auftaucht, erfreut sie sich kurz an ihrem tollen Kommandosessel, dann sie steht auf, um neue Befehle zu geben. Dabei wechselt die Szene zu einer Totalen aus dem Blickwinkel von Spocks Arbeitsplatz. Die vorhergehenden Aufnahmen zeigten Chekov am Navigatortisch. Die späteren auch. Nur sitzt jetzt ein anderer Mann an seinem Platz. Wohin ist der Typ verschwunden?

• In dieser Episode kommt es zu einem der bekanntesten Patzer – Jacqueline Lichtenberg, Sondra Marshak und Joan Winston haben ihn der Nachwelt in ihrem Buch *Star Trek Lives!* erhalten: Nachdem Spock während der Verhandlung für eine Abstimmung plädiert hat, geht Kirk/Lester von ihm fort – und auf die Wand des Raumes zu. Nein, sie will die Ab-

GEFÄHRLICHER TAUSCH

stimmung nicht im Schmollwinkel abwarten: Sie soll den Raum verlassen. Wie verlautet, hat der Regisseur Shatner angewiesen, in diese Richtung zu gehen. Shatner soll zwar versucht haben, ihm zu erklären, daß dort keine Tür sei, aber der Regisseur wollte nicht auf ihn hören.

Quiz-Antworten

1. Im System Beta Aurigae
2. Dem Robbiani-Hauttest

ÜBERSICHT:
SCHADENSMELDUNGEN

1. Wie oft geht Kirks Hemd in Fetzen? (Siebenmal)
2. Wie oft wird Spock geohrfeigt? (Zweimal)
3. Wie oft erklärt McCoy jemanden oder irgend etwas für/als tot? (Neunzehnmal)
4. Wie oft wird Scott zurückgeschlagen, als er einer Frau beistehen will? (Dreimal)
5. Wie oft fällt Uhura vom Stuhl? (Neunmal)
6. Wie oft schreit Chekov auf? (Sechsmal)
7. Wie oft bringt Spock Kirk um? (Zweimal)
8. Wie viele Stabsoffiziere sterben und auferstehen wieder von den Toten? (Fünf)
9. Wie viele Frauen kriegen von männlichen Flottenoffizieren Ohrfeigen? (Vier)
10. In wie vielen Episoden sinkt die künstliche Schwerkraft der *Enterprise* auf ›Null komma acht‹? (Sieben)

1. Beim Kampf mit Gary Mitchell in ›Spitze des Eisberges‹ wird es zerrissen. McCoy zerreißt es am Ende von ›Implosion in der Spirale‹. In ›Miri, ein Kleinling‹ zerreißt Kirk es selbst. Finnegan zerreißt es in ›Landeurlaub‹. In ›Kirk unter Anklage‹ wird es von Finney zerrissen. Beim Kampf gegen Spock in ›Weltraumfieber‹ wird es aufgeschlitzt. Während der Auspeitschung in ›Meister der Sklaven‹ wird es aufgerissen.

2. Kirk ohrfeigt ihn in ›Implosion in der Spirale‹ mehrmals. Seine Mutter ohrfeigt ihn in ›Reise nach Babel‹. Schwester Chapel ohrfeigt ihn in ›Der erste Krieg‹. Dr. M'Benga ohrfeigt ihn in ›Der erste Krieg‹. Die romulanische Kommandantin ohrfeigt ihn in ›Die unsichtbare Falle‹.

ÜBERSICHT: SCHADENSMELDUNGEN

3. Green in ›Das Letzte seiner Art‹. Der gehörnte Hund in ›Kirk : 2 = ?‹. Das Lebewesen in ›Miri, ein Kleinling‹. Adams in ›Der Zentralnervensystem-Manipulator‹. Kirk in ›Weltraumfieber‹. Scott in ›Ich heiße Nomad‹. Jackson in ›Das Spukschloß im Weltall‹. Scott in ›Der dressierte Herrscher‹. Galloway in ›Wie schnell die Zeit vergeht‹. Die Tänzerin in ›Der Wolf im Schafspelz‹. Tracy in ›Das Jahr des Roten Vogels‹. Hengist in ›Der Wolf im Schafspelz‹. Nona in ›Der erste Krieg‹. Kirk in ›Geist sucht Körper‹. Starnes in ›Kurs auf Markus 12‹. Marvick in ›Die fremde Materie‹. Chekov in ›Wildwest im Weltraum‹. Den Alten in ›Der verirrte Planet‹. Die Wissenschaftlerin auf Memory Alpha in ›Strahlen greifen an‹.

4. Apollo schleudert ihn in ›Der Tempel des Apoll‹ zurück, als er ihn daran hindern will, Palomas mitzunehmen. In ›Mein Name ist Nomad‹ wirbelt Nomad ihn über das Geländer, als er Uhura beistehen will. Die Zetarier schubsen ihn in ›Strahlen greifen an‹, als er Romaine in die Druckkammer helfen will.

5. Einmal in ›Pokerspiele‹. Einmal in ›Spock unter Verdacht‹. Zweimal in ›Morgen ist gestern‹. Einmal (mehr oder weniger) in ›Mein Name ist Nomad‹. Dreimal in ›Das Loch im Weltraum‹. Einmal in ›Gefährliche Planetengirls‹.

6. Als er in ›Wie schnell die Zeit vergeht‹ den völlig verschrumpelten Mann erblickt. Als ihn in ›Das Spinnennetz‹ der Wahnsinn packt. Als er in ›Die Reise nach Eden‹ eine Blume anfaßt. Als er sich in *Star Trek: Der Film* die Hand verbrennt. Bei der Ohrwurm-Szene in *Star Trek II: Der Zorn des Khan*. Als er in *Star Trek IV: Zurück in die Gegenwart* aus der *Enterprise* fällt.

ÜBERSICHT: SCHADENSMELDUNGEN

7. Beim *Koon-ut-kal-if-fee* in ›Weltraumfieber‹. Als er in ›Die unsichtbare Falle‹ an Bord des romulanischen Schiffes den ›vulkanischen Todesgriff‹ anwendet.

8. McCoy in ›Landeurlaub‹. Scott in ›Mein Name ist Nomad‹. Kirk in ›Geist sucht Körper‹. Chekov in ›Wildwest im Weltraum‹. Spock in *Star Trek II: Der Zorn des Khan* und *Star Trek III: Auf der Suche nach Mr. Spock.*

9. McCoy ohrfeigt Eleen in ›Im Namen des jungen Tiru‹. Chekov schlägt Tamoon in ›Meister der Sklaven‹ k.o. Kirk schlägt Shahna in ›Meister der Sklaven‹ k.o. Kirk verdrischt Kelinda in ›Stein und Staub.‹

10. Für ›Spitze des Eisberges‹, den zweiten Pilotfilm, hat man ein paar Hintergrundstimmen aufgenommen, die man auf der Brücke hört, als das Schiff die Energiebarriere hinter sich bringt. Eine Stimme sagt deutlich: »Gravitation auf Null komma acht gesunken.« Und natürlich hat man immer dann, wenn man nach einem Zusammenprall ein Brücken-Hintergrundgemurmel brauchte, auf diese Aufzeichnung zurückgegriffen. Deshalb sinkt auch alle naselang die Schwerkraft auf der *Enterprise!* Es gibt möglicherweise noch weitere Folgen, in denen diese Aufnahme zum Einsatz gelangt, aber in folgenden hört man sie deutlich: ›Spitze des Eisberges‹, ›Pokerspiele‹, ›Tödliche Spiele auf Gothos‹, ›Ganz neue Dimensionen‹, ›Gestern ist morgen‹, ›Krieg der Computer‹ und ›Mein Name ist Nomad‹.

DER ERSTE
PILOTFILM

THE CAGE

Sternzeit: Unbekannt

Unter dem Kommando von Christopher Pike reist die *Enterprise* nach Talos IV, da sie von dort einen getürkten Notruf empfangen hat. Die Talosianer nehmen ihn rasch gefangen, und er erfährt, daß seine Häscher ihn alles, was er je erlebt hat, neu erleben lassen können. Komischerweise tauch in diesen Illusionen immer wieder eine ihm unbekannte Frau namens Vina auf. Vina lebt wirklich auf Talos IV: Sie ist die einzige Überlebende einer achtzehn Jahre zuvor er-

> **Trekker-Quiz**
> 1. Wie heißt Pikes Pferd?
> 2. Wo wurde Pike geboren?

folgten Bruchlandung. Die Talosianer haben ihre Verletzungen kuriert, Interesse an den Menschen bekommen und beschlossen, ein männliches Exemplar dieser Spezies auf ihren Planeten zu locken. Vor vielen Jahren hat ein Krieg sie unter die Erde getrieben. Nun erholt sich die Oberfläche allmählich, und sie wollen den Planeten mit einer neuen Rasse bevölkern. Sie wollen die Bewohner sorgfältig manipulieren und für sie sorgen, damit sie quasi als Stellvertreter der Talosianer leben.

Pike gelingt schließlich die Flucht an die Oberfläche des Planeten, und die Talosianer kapieren, daß die Menschen nichts von Gefangenschaft halten. Da diese Eigenart sie für ihre Bedürfnisse disqualifiziert, gestatten sie der *Enterprise* den Abflug. Vina bleibt zurück. Da die Talosianer, als sie sie zusammengeflickt haben, nicht genau wußten, wie Menschen aussehen, ist sie in Wirklichkeit entstellt. Doch die Talosianer haben ihr angeboten, ihr Leben als Schönheit zu beenden.

THE CAGE

Anmerkungen

Für die, die es noch nicht wissen: Diese Episode war der erste Pilotfilm, den Gene Roddenberry für die Serie produzierte. Die TV-Bosse haben ihn zwar abgelehnt, aber Roddenberry gebeten, einen neuen Film zu drehen. Der zweite Pilotfilm, ›Spitze des Eisberges‹ wurde vom Sender angenommen, und der Rest ist bekanntlich Geschichte.

Als allererste Inkarnation des Star Trek-*Universums enthält ›The Cage‹ viele Elemente und Themen, denen man in der klassischen TV-Serie später erneut begegnet. Die Episode beginnt damit, daß die* Enterprise *vor einer drohenden ›Kollision‹ gewarnt wird. Während die Brückenmannschaft nervös Gegenmaßnahmen vorschlägt, ordnet Pike gelassen den Weiterflug an. Diese Reaktion wird auch typisch für Kirk. Außerdem beklagt sich Pike ebenso wie Kirk in den ersten Episoden, daß er einen weiblichen Sekretär hat. (Beides erweckt den Eindruck, als seien Frauen auf Raumschiffen ein erst seit kurzem existierendes Phänomen). Auf dem Planeten lockt Vina Pike mit dem Köder absoluter Gesundheit von der Landegruppe fort – einer Verlockung, die auch in ›Das Jahr des roten Vogels‹ vorkommt. Ein Krieg hat die Talosianer ebenso unter die Erde getrieben wie die Ureinwohner in ›Der alte Traum‹. Die Talosianer benutzen ihre Menagerie, um sich zu unterhalten – fast so, wie die Versorger, die in ›Meister der Sklaven‹ Sklaven zu ›sportlichen‹ Zwecken einsetzen. Pike bittet den Obertalosianer, ihn statt Vina zu bestrafen – so wie Kirk in ›Meister der Sklaven‹ die Versorger bittet, Shahna Aufschub zu gewähren. Pike bietet sich – wie Kirk in ›Tödliche Spiele auf Gothos‹ – für die Sicherheit seines Schiffes an. Nummer Eins, Pikes Erste Offizierin, argumentiert ebenso wie McCoy in ›Die Stunde der Erkenntnis‹, daß es falsch sei, Menschen zu versklaven.*

Im Zwischenkapitel ›Die Jungs auf'm Gang‹ spreche ich über das Verhalten Frauen gegenüber, aber hier erfordern zwei Dinge besondere Beachtung. Erstens: Roddenberry hat eine

THE CAGE

Frau zum Ersten Offizier der Pike-Enterprise gemacht. Dies war damals so radikal wie eine Mannschaft aus Angehörigen verschiedener Rassen. Laut Aussage Roddenberrys hatten Männer und Frauen Probleme damit, daß der Erste Offizier eine Frau sein sollte. Zweitens ließ er die weiblichen Besatzungsmitglieder – wie die Männer – in Hose und Hemd kleiden. Für mich deuten diese Dinge an, daß er eine Zeit voraussah, in der Männer und Frauen problemlos miteinander arbeiten und das Geschlecht keine oder nur eine geringe Rolle spielt (auch wenn Captain Pike mit dieser Vorstellung Probleme hatte). Natürlich hat Hollywood diese Idee schnell niedergebügelt, und noch heute sind die Uniformen der Männer und Frauen im Star Trek-*Universum unterschiedlich.*

A propos Kleidung. In ›The Cage‹ trägt die Landegruppe Mäntel, eine Idee, die erst in Star Trek: Der Film *wieder auftaucht.*

›The Cage‹ war eine Premiere, deswegen sollte man sie meiner Meinung sanft behandeln. Außerdem ist es schwierig, die einzige Episode eines so nicht realisierten Konzepts zu kritisieren. Wie üblich werde ich es dennoch heldenhaft wagen. Schließlich erwartet man nichts anderes von mir.

Noch etwas: Diese Episode landete nicht nur einmal, sondern zweimal bei den Metzgern am Schneidetisch: Sie wurde gekürzt, damit sie in den Zweiteiler ›Talos IV – Tabu‹ hineinpaßt, und danach noch einmal – für die zweite Ausstrahlung im Kabelfernsehen.

Kernige Dialoge
»Die Frauen!« – Als Spock den Rest der Landegruppe darüber informiert, daß nur die weiblichen Besatzungsmitglieder auf den Planeten gebeamt wurden.

Handlungsschwächen
• In einer Szene dreht Pike sich um und rempelt seine Sekretärin an. Er mustert die Meldungen, die sie ihm bringt und

THE CAGE

meint, er sei es nicht gewöhnt, eine Frau auf der Brücke zu haben. Nummer Eins reagiert auf diesen Satz, und Pike erklärt, sie sei ›anders‹. Ein paar Minuten zuvor stand jedoch eine Frau neben ihm, die auf der Brücke an einer Schaltstation arbeitet. Ist auch sie anders – oder ein Transvestit?

• Nachdem mit Warp 7 Kurs auf Talos gesetzt wird, ertränkt die Regie die Handlung auf der Brücke in Musik. Dies erweckt den Eindruck, als zische die *Enterprise* wie eine Rakete durch den Weltraum. Da die Musik jede Möglichkeit zu einem Gespräch übertönt, gibt der Navigator Pike Handzeichen, um ihm zu sagen, daß Warp-Faktor 7 erreicht ist. *(Hand*zeichen? Auf der Brücke der *Enterprise?* Jemand sollte die Musik leiser stellen.)

• Warum hinkt Spock, als er auf den Planeten gebeamt ist? Und warum lächelt er, schreit und zeigt Gefühle?

• Die Landegruppe berichtet den ›Überlebenden‹ der Bruchlandung, daß sie nicht glauben würden, wie schnell man zur Erde zurückkehren könne – nun, da die ›Zeitbarriere‹ durchbrochen sei. Offenbar wollte Roddenberry damit sagen, man könne mit Überlichtgeschwindigkeit fliegen. Dann sind die Überlebenden wohl mit geringerer Geschwindigkeit nach Talos IV gelangt? Pike erzählt den Talosianern, er stamme aus einem Sternhaufen am ›anderen Ende‹ der Galaxis. Die Galaxis durchmißt 100 000 Lichtjahre. Je nach genauer Position von Talos IV würde ein mit Unterlicht fliegendes Schiff locker 30 000 Jahre brauchen, um den Planeten von der Erde aus zu erreichen. Ich glaube kaum, daß die Überlebenden so alt sind.

• Vina behauptet, sie sei deformiert, weil die Talosianer kein Handbuch hatten, als man sie zusammenflickte. Warum sind sie nicht auf ihre eigene Form verfallen? Sie wirken doch durchaus humanoid. Andererseits, warum haben sie nicht einfach ihre Gedanken gelesen, um zu erfahren, wie Vina ihrer Meinung nach aussehen müßte?

THE CAGE

Gerätekokolores
- In dieser Episode braucht Spock nur die Hand zu schwenken, um Bilder auf den Bildschirm zu holen. Die Bildschirme auf Kirks *Enterprise* haben diese Fähigkeit verloren.
- Bei dem Versuch, Pike vor den Talosianern zu retten, bringt die Mannschaft eine Laserkanone in Stellung. Als sie feuert, gibt Nummer Eins dem Schiff Anweisungen. Als sie mehr Energie verlangt, spricht sie in einen Kommunikator, aber als sie abgeschaltet werden soll, läßt sie das Gerät sinken und schreit zum Himmel hinauf.

Anschluß- und Produktionsprobleme
- Als die erste Landegruppe auf den Planeten beamt, ändert der Typ ganz rechts die Stellung seines Kopfes und seiner Hände.
- An zwei Stellen stimmen die Lippenbewegungen der Akteure nicht mit dem Ton überein: Einmal während der Lagebesprechung an Bord, als Nummer Eins anmerkt, man habe möglicherweise Überlebende entdeckt, und einmal auf dem Planeten, als Vina mit Pike im Käfig ist und ihm erzählt, er könne alles haben, was das Universum zu bieten hat.[86]

Quiz-Antworten
1. Tango
2. Mojave

---

[86] Der Übersetzer vermeldet schamrot, daß die Lippenbewegungen der Akteure in *sämtlichen* 79 Folgen nicht mit dem übereinstimmen, was sie sagen.

DIE
KINOFILME

STAR TREK – DER FILM
(STAR TREK: THE MOTION PICTURE)

Sternzeit: 7911.9-7919.1

Eine riesige Energiewolke bewegt sich in Richtung Erde und vernichtet alles, was ihr im Weg steht. Da Admiral Kirk weiß, daß die *Enterprise* das einzige Schiff in der Umgebung ist, die sie abfangen kann, bevor sie ins Sonnensystem eindringt, ergreift er die Gelegenheit und nimmt noch einmal im Kommandosessel Platz. Er überzeugt die Flotte, daß man ihm das Kommando erteilen soll, und degradiert Captain Decker zeitweise zum Commander. Bald treffen auch McCoy und Spock an Bord des Schiffes ein.

Nach Erreichen der Wolke zieht ein Traktorstrahl die *Enterprise* in sie hinein. Dann tanzt eine Plasmasonde über die Brücke und desintegriert Lieutenant Ilia. Kurz darauf ist sie als mechanisierte Humanoide wieder an Bord und dient nun V'ger, der Entität im Inneren der Wolke, als Sprachrohr.

> **Trekker-Quiz**
>
> 1. Wie lauten Name, Klasse und Registriernummer des Schiffes, das sich mit der USS Columbia NCC 621 treffen soll?
> 2. Wie heißt die Bordwache, die bei Kirk, Spock und McCoy ist, als sie sehen, daß die mechanische Ilia duscht?

Durch Gespräche mit der mechanisierten Ilia und einer Bewußtseinsverschmelzung Spocks mit einem Teil V'gers erfährt man mehr: V'ger ist eine lebendige Maschine, die glaubt, sie müsse zur Erde zurückkehren und mit ihrem Schöpfer eins werden. In Erdnähe sendet V'ger eine einfache binäre Nachricht, erhält aber keine Antwort. Laut Ilia stört die biologische Verseuchung der Erde die Antwort des Schöpfers. In wenigen Minuten will V'ger das ganze auf Kohlenstoff basierende Leben

STAR TREK – DER FILM

auf der Erde vernichten. In einem verzweifelten Vabanquespiel schwindelt Kirk Ilia vor, er wisse, warum der Schöpfer nicht antwortet, doch müsse er zu V'ger gebracht werden, um es zu sagen. Ilia begleitet ihn und ein paar andere zu einer zentralen Struktur, die von einer alten Raumsonde von der Erde eingenommen wird: V'ger ist in Wahrheit *Voyager 6* und wurde dreihundert Jahre zuvor von der NASA ins All geschossen. Sie ist in ein Schwarzes Loch gestürzt und an einem fernen Ort in der Galaxis wieder aufgetaucht. Dort kam sie in die Nähe eines Planeten mit intelligenten Maschinen. Die Maschinen haben V'gers Programm wörtlich genommen: Sammle alle möglichen Informationen und bringe sie zum Schöpfer zurück. Sie haben *Voyager* die Fähigkeit verliehen, eben dies zu tun. Man durchsucht die geschichtlichen Aufzeichnungen und sendet das Kommando, das *Voyager 6* anweist, alle Daten freizugeben. Doch bevor die letzte Sequenz ankommt, schließt V'ger seine Antennen kurz: Er will den Schöpfer persönlich sehen. Decker meldet sich freiwillig dazu, die letzten Zahlen einzugeben. Dabei wird er von V'ger absorbiert, der nun das Wissen um menschliche Emotionen und Intuition integrieren kann – die Fähigkeit, sich über die bloße Logik hinauszubewegen. Kurz darauf verschwindet V'ger und läßt die *Enterprise* in der Kreisbahn um die Erde zurück.

Anmerkungen

Fans von ST/DNJ *werden in diesem Film manches erkennen, was später auch in der TV-Serie verwendet wurde: Zum Beispiel stammt die Musik aus diesem Film. Man achte auch auf die Korridore, den vertikalen Materie/Antimateriekern, den kleinen Maschinenraumaufzug und die Lazarettbetten. In einer Szene entsprechen mehrere Hintergründe denen des Transporterraums auf der* Enterprise 1701-D. *Die Raumstation in der Kreisbahn, aus der Kirk am Anfang des Films an Bord beamt, sieht genauso aus wie die in der Episode ›Wem gehört Data?‹ (*THE MEASURE OF A MAN*). Es gibt nur einen Unter-*

STAR TREK – DER FILM

schied: Man hat sie auf den Kopf gestellt. Letztlich tritt in diesem Film die außerirdische Offizierin Ilia auf, die einer sexuell freizügigen Kultur entstammt. Jahre zuvor hatte sie eine Beziehung zu dem Stabsoffizier Will Decker. Nach der Trennung sehen sie sich auf der Enterprise *zum ersten Mal wieder. Klingt es nicht vertraut? Man braucht ihre Namen nur gegen die von Deanna Troi und Will Riker auszutauschen.*

Handlungsschwächen

• Die Erde muß sehr wichtig für die Föderation sein: Das Flottenkommando hat die Überholung der *Enterprise* befohlen, und obwohl bekannt ist, daß sie für Raumflüge noch nicht dienstbereit ist, sind alle andere Raumschiffe anderweitig unterwegs. Ist dies strategisch vertretbar? Wieso ist die *Enterprise* das einzige Raumschiff in Abfangreichweite zu V'ger? Wenn dies wirklich stimmt, ist das Flottenkommando doch völlig ungeschützt.

• Nachdem die *Enterprise* das Raumdock verlassen hat, erreicht sie den Jupiter verflixt schnell. Man bewegt sich angeblich mit halber Lichtgeschwindigkeit, doch im Film wirkt es so, als hätte man den Gasriesen in wenigen Sekunden erreicht. Der Haken dabei: Auch unser Sonnensystem ist recht *groß.* Das Sonnenlicht braucht mehr als zwei Stunden, um den Jupiter zu erreichen. (Kann sein, daß man uns diesen Teil der Reise nicht zeigen wollte, um das Tempo des Films nicht noch mehr zu verlangsamen.)

• Aus irgendeinem Grund weigert sich der Pilot, der Spock an Bord bringt, seinen Passagier namentlich anzumelden, als er um die Erlaubnis zum Andocken bittet. Sogar der Schiffscomputer ist in diese stille Verschwörung verwickelt: Als Chekov an der Andockschleuse wartet, meldet die spröde Maschine den an Bord kommenden Fremdling lediglich als ›Starfleet Executive‹ an.[87]

---

[87] In der deutschen Fassung, man glaubt es kaum, wird Spock als ›Raumflotte außer Dienst‹ (!) identifiziert.

STAR TREK – DER FILM

• McCoy hat beschlossen, sich nicht dem Rest der Föderation anzuschließen und das metrische System nicht zu verwenden: Während sämtliche Entfernungen im Film in Kilometern angegeben werden, stellt sich der Onkel Doktor die Frage, ob V'ger von einer tausendköpfigen Mannschaft bevölkert ist, deren Angehörige zehn *Meilen* groß sind.

• In einem dramatischen Augenblick wendet Spock sich Kirk zu und sagt, er vermute, im Zentrum der Wolke befände sich ein Gegenstand. Hat die Flotte dies nicht schon erkannt? Läßt der Wicht von der Funkstation Epsilon 9 nicht etwas in dieser Art verlauten, als er am Anfang des Films mit Kirk spricht?

• Aus irgendeinem Grund beschließt V'ger, die mechanisierte Version Ilias unter die Dusche zu stellen. Natürlich erlaubt dies der Regie, uns die perlenden Wassertröpfchen auf ihrem angeblich nackten Leib zu zeigen, was ihr auch das ›Alibi‹ verschafft, die mechanisierte Offizierin für den Rest des Films in ein *wirklich* kurzes Gewand zu kleiden. Der Ursprung des Gewandes bedarf jedoch eines genauen Blickes: Als die Tür zum Duschraum aufgeht und ›Iliadroid‹ sichtbar wird (sie ist sich wohl der Tatsache ihrer Nacktheit nicht bewußt), rettet Kirk scheinbar die Situation, indem er einige Knöpfe drückt. Dann taucht wunderbarerweise das Gewand auf. Wie hübsch zu sehen, daß Kirks Wertschätzung für weibliche Körper nicht gelitten hat. Illiadroid in ein normal langes Gewand zu kleiden, wäre tragische Materialverschwendung gewesen. Kirk wählt nicht nur eine miniberockte Hülle für die frisch geduschte Ilia aus, sondern auch hochhackige Pumps! Das ist ein bißchen viel. Eine simple Begehung des Schiffes verlangt nur selten nach Bademänteln und hohen Hacken.

• Einmal sagt Spock, V'ger operiere *offensichtlich* von einem Zentralgehirn aus. Wieso *offensichtlich*? Der gegenwärtige Trend geht bei Computern von der Zentralisation zu vielen kleinen Computern hin, die durch Netzwerke miteinander verbunden sind.

STAR TREK – DER FILM

Grundlagenveränderungen

• Oh, wie haben sich die Klingonen in den letzten Jahren verändert! Der Film beginnt mit drei klingonischen Schiffen, die V'ger angreifen. Statt wie Menschen mit buschigen Brauen auszusehen, haben die neuen Klingonen einen Buckel auf der Stirn. Wieviel Zeit ist nur zwischen der letzten TV-Episode und dem Film vergangen? Laut Dialog spielt er etwa viereinhalb Jahre später (und setzt voraus, daß Kirk die letzten beiden Jahre der *Enterprise*-Fünfjahresmission nach dem Auslaufen der TV-Serie vollendet hat). Kirk behauptet, die fünf Jahre an Bord der *Enterprise* und zweieinhalb bei Starfleet Command verbracht zu haben. Na schön, in viereinhalb Jahren kann außerirdischen Völkern viel passieren – das gleiche gilt aber auch für Offiziere der Flotte: Die Crew der *Enterprise* wirkt eindeutig mehr als nur viereinhalb Jahre älter.

• In der ersten Szene, in der Spock zu sehen ist, meditiert der ehemalige Erste Offizier der *Enterprise* in der heißen Wüste Vulkans. Komischerweise prangen am Himmel ein ziemlich großer Mond und ein Planet. In ›Das Letzte seiner Art‹ hat Spock Uhura jedoch erzählt, daß Vulkan keinen Mond hat. Außerdem führt der Film eine schrumpelige Vulkanierin vor, die sich von Spock verabschiedet, indem sie ihm ein »Langes Leben und viel Glück« wünscht.[88] Eigenartigerweise macht sie dabei nicht das typisch vulkanische Handzeichen. Bislang bildeten der Gruß und das Zeichen immer eine Einheit.

• Gegen Ende weist Kirk Scott an, er solle die Selbstvernichtung einleiten. Was ist aus den ganzen Kodierungen geworden, von denen wir in ›Bele jagt Lokai‹ gehört haben und in *Star Trek III: Auf der Suche nach Mr. Spock* erneut hören werden?

---

[88] Da sich die Dame der vulkanischen Sprache bedient, können mitteleuropäische Ohren nur schwerlich ermitteln, was und ob sie Spock überhaupt etwas wünscht.

STAR TREK – DER FILM

Gerätekokolores

• In der TV-Serie konnte man mit einem Transporter an jeden Ort gelangen. Befand er sich an Bord, konnte man zu einem Planeten und zurück beamen. Befand er sich auf einem Planeten, konnte man auf Schiffe in der Kreisbahn und zurück beamen. (Auch wenn keine Föderationstechnik es je gezeigt hat – die Kelvaner haben es in ›Stein und Staub‹ so gemacht. Doch als Kirk zur *Enterprise* muß, beamt er auf eine in der Nähe befindlichen Raumstation, und dann bringt Scott ihn in einer Fähre an Bord. Laut Scott sind die Transporter der *Enterprise* momentan außer Betrieb. Diese Szene wirft mehrere Fragen auf: Gibt es keine Transporter auf der Erde? Und wenn, warum nicht? Wenn doch, warum beamt man Kirk nicht gleich zum Schiff hinauf, statt auf die Raumstation? Außerdem sterben wenige Minuten später zwei Offiziere, als die *Enterprise*-Transporter sie an Bord beamen wollen. Laut Dialog werden dabei zwei Transporter eingesetzt. Seit wann sind denn zwei Transporter nötig, um jemanden von einem Planeten aufs Schiff zu beamen?

• Kurz nachdem Kirk an Bord kommt, ruft er die Mannschaft auf dem Freizeitdeck zusammen und zeigt ihr die Aufnahmen der drei Klingonenschiffe, die V'ger abfangen wollten. Sie zeigen, daß V'ger alle drei mit Leichtigkeit vernichtet. Wenn die Klingonenschiffe die Aufnahmen gemacht haben, wie können sie noch ein Bild V'gers zeigen, nachdem sie längst vernichtet worden sind?

• Außerdem empfängt die *Enterprise* eine Übertragung von der Funkstation Epsilon 9, als diese schon vernichtet ist.

• Als McCoy an Bord gebeamt ist, sagt er:»Erlaubnis, an Bord zu kommen?« Der Computer schnattert fröhlich: »Gestattet, Sir.« Kirk steht vor McCoy. Wäre es nicht seine Aufgabe, die Erlaubnis zu erteilen? (Einige Szenen später kommt auch Spock an Bord, der das gleiche sagt. Diesmal läßt der hochnäsige Computer Chekov die Erlaubnis erteilen.)

• Beim ersten Logbucheintrag sagt Kirk, man müsse, um V'ger im frühestmöglichen Moment abzufangen, das Risiko einge-

STAR TREK – DER FILM

hen, mit dem Warp-Antrieb zu fliegen, auch wenn man sich noch im Sonnensystem befindet. Ob dies wirklich ein Risiko ist? Hat die alte *Enterprise* planetare Kreisbahnen nicht alle nase-lang so verlassen? (Falls sie ein Beispiel brauchen: In ›Implosion in der Spirale‹ sagt Spock zu Kirk, man wolle eine halbe Se-kunde nach seinem Befehl ›aus der Kreisbahn warpen‹.

• Kirks Kommandosessellehnen klappen herunter, um ihn auf dem Sitz zu sichern. Wenn die Planer erkannt haben, daß das Schiff hin- und hergeschleudert werden könnte, wieso müssen die Offiziere in Kirks Umgebung dann stehend ihrer Arbeit nachgehen? Wäre es nicht besser, auch sie auf Sitzen zu sichern? Oder ist ihre Tätigkeit dazu nicht wichtig genug?

• Als V'gers Plasmasonde Spocks Computer Informationen entnimmt, rasen zahllose Baupläne über den Bildschirm. Wenn ich mich nicht irre, sind es die Pläne der alten *Enterprise,* aus der Firma Franz Joseph Designs. (Joe Ryan hat mir sein Exemplar für dieses Projekt geliehen.)

• Obwohl V'ger Ilias Körper angeblich in jeder Einzelheit nachbaut, klingt sie dennoch wie ein Transformator.

• Aus irgendeinem Grund wechselt Kirk, als er sich außer-halb der *Enterprise* befindet, den Raumanzug: Als Spock zur Bewußtseinsverschmelzung mit V'ger abfährt, zieht Kirk einen Raumanzug an und folgt ihm. Sein Helm ist mit einem um sei-nen Hals verlaufenden Schlauch versehen. Als V'ger Spock ausspuckt, fängt Kirk seinen Freund auf – doch nun trägt er plötzlich einen Anzug, der dem Spocks gleicht.

• Als Kirk, Ilia und die anderen aus der Schleuse an der Vor-derseite der Untertasse auftauchen, hat die Navigationsboje ihr Blinken eingestellt. Wahrscheinlich hat sie jemand abge-schaltet, um Kirks Augen zu schonen.

Anschluß- und Produktionsprobleme

• In der Zeit, in der der Film spielt, erlebt die Flotte wohl ge-rade ihre Pastellphase. Bei der Produktion des nächsten Films hat man die richtigen Farben wiederentdeckt.

STAR TREK – DER FILM

• Als die Funkstation Epsilon 9 die Übertragung des klingonischen Kreuzers *Amar* auffängt, spielt man sie auf einem kleinen Monitor ab. Die Übertragung ist gekürzt: Der klingonische Captain spricht einige Sekunden, dann springt sein Gesicht in eine andere Position. Wer hat die Übertragung manipuliert?

• Der Film enthält endlose Szenen, die klingonische Schiffe, Föderationsschiffe, V'ger und natürlich die *Enterprise* zeigen. Ich nehme an, die Macher haben bei den Aufnahmen an *Krieg der Sterne* gedacht. Diese Theorie wird nirgendwo mehr unterstützt als in dem Moment, als Spocks Fähre die *Enterprise* erreicht: Als sie über mir hinwegschwebte, wollte ich automatisch die Filmmusik aus *Krieg der Sterne* anstimmen.

• Als Kirk sich darauf vorbereitet, an Bord der *Enterprise* zu gehen, schwebt seine Reisekapsel zwischen einem Scheinwerfer und dem Schiff. Der Scheinwerfer beleuchtet korrekterweise die Kapselseite, doch die Kapsel wirft keinen Schatten auf die Seite der *Enterprise*.

• Als die *Enterprise* das Raumdock verläßt, werden auf der Stelle mehrere Scheinwerfer ausgeschaltet. Im 23. Jahrhundert hat man wahrscheinlich eine neue Glühbirnen entwickelt, da die gegenwärtigen sich erst verdunkeln und dann ausgehen.

• Ein echter Patzer gefällig? Dann sind Sie hier richtig. Man achte auf den Moment, als die *Enterprise* Warp-Geschwindigkeit aufnimmt. Als es im Film zum ersten Mal dazu kommt, blitzt es genau dort auf, wo das Schiff verschwindet. Korrekt. Als es jedoch zum zweiten und dritten Mal in den Warp-Transit wechselt, blitzt es seitlich auf.

• Chekov begrüßt Spock, als dieser an Bord der *Enterprise* kommt. Spock geht allein weiter. Die nächste Aufnahme zeigt ihn auf der Brücke. Alle sind überrascht, ihn zu sehen. Dann geht Spock in den Maschinenraum, und Kirk dreht sich um, um Chekov einen Befehl zu geben. Chekov? Wann ist er auf

STAR TREK – DER FILM

die Brücke gekommen? Spock hat die Andockzone vor ihm verlassen. Er ist nicht mit ihm im Turbolift nach oben gefahren, und während des Dialogs auf der Brücke hört man auch nicht das Geräusch einer sich öffnenden Tür. Wen Chekov also vor Spock auf der Brücke war, warum hat er nicht erzählt, daß Spock an Bord gekommen ist? Oder hat er es erzählt, und die anderen haben ihre Überraschung nur gespielt?

• Bei der ersten Begegnung mit Kirk und McCoy wirken Spocks Ohren anders. Normalerweise deuten ihre Spitzen nach oben, aber in dieser Szene sehen sie irgendwie geknickt aus.

• Nachdem Chekov sich die Hand verbrannt hat und wieder auf die Brücke kommt, deutet mein Videoband irgendeinen Schnitt an: Die Musik macht einen Sprung, aber ich weiß nicht, was da fehlt.

• Dieser Film zeigt einen der schlimmsten Produktionsfehler überhaupt: Als Spock gegangen ist, um sich mit V'ger zu verständigen, folgt Kirk ihm in einem Raumanzug. Als er die *Enterprise* verläßt, sieht man ein Baugerüst, das die Kulisse stützt!

• Nachdem Spock in V'ger eindringt, zeigen die Spiegelungen auf seinem Helm den Sonnenaufgang auf einem Planeten und über ihn dahingleitende Ringe. Die Aufnahme zeigt auch Spocks aktivierte Rückstoßdüsen. Dann wechselt die Szene zu einem Gegenschuß. Die Düsen erlöschen, Spock erreicht eine Reihe von Ringen, und über dem Planeten geht die Sonne auf. Ich nehme an, man hatte mit dieser Sequenz ein ernstes Problem. So wie sie montiert ist, wirkt sie umgekehrt, aber wenn der Gegenschuß zuerst gedreht worden wäre, müßten Spocks Düsen ausbrennen und in der Großaufnahme weiter feuern.

• Die ersten Spiegelbilder auf Spocks Helm sind korrekt seitenverkehrt. Doch als er sich den Bildern nähert, die den Automatenplaneten zeigen, sieht man sie ebenso wie er. Sie

413

STAR TREK – DER FILM

müßten jedoch seitenverkehrt sein. (Und sollte ich mich in dieser Sache irgendwie verfranst haben: Zumindest eins der Spiegelbilder stimmt nicht, da man sie genau umgekehrt zueinander aufgenommen hat!)

• Am Ende des Films unterhalten sich Spock und McCoy mit Kirk auf der Brücke. Spock trägt eine Jacke mit einem orangefarbenen Ärmelstreifen. McCoy trägt einen mit einem grünen. Dann wechselt die Aufnahme. Plötzlich haben Spock und McCoy die Jacken getauscht. (Da fragt man sich, was die Burschen wohl in der Freizeit machen.)

Quiz-Antworten

1. USS Revere, *NCC 595, ein Scoutschiff*

2. Fähnrich Perez

STAR TREK II:
DER ZORN DES KHAN
(STAR TREK II: THE WRATH OF KHAN)

Sternzeit: 8130.3–8141.6

Die USS *Reliant* geht in die Kreisbahn um Ceti Alpha VI, da sie für das Projekt Genesis eine völlig unbelebte Welt sucht. Unter der Leitung der Wissenschaftlerin Carol Marcus und ihres Sohnes David – dem Kind aus einer früheren Beziehung zu Kirk – hat man ein Gerät entwickelt, das öde Welten in wenigen Minuten fruchtbar machen kann. Bisher hat sich das Verfahren bewährt, aber das Endstadium des Tests verlangt den Einsatz des Geräts auf einem Ödplaneten. Nach Messung anomaler Lebensenergien beamen Captain Terrell und der Erste Offizier Pavel Chekov von der *Reliant* auf den Planeten, um Ermittlungen anzustellen. Sie werden kurz darauf von Khan und seinen Jüngern (siehe ›Der schlafende Tiger‹) überrascht. Ein Jahr nachdem Kirk sie auf Ceti Alpha V ausgesetzt hat, ist Ceti Alpha IV explodiert und hat diese Welt in eine andere Kreisbahn geschleudert. Von Rachsucht zerfressen, führt Khan wurmartige Parasiten in die Ohren der beiden Offiziere ein, die sich in ihr Hirn eingraben und sie empfänglich für Einge-

> **Trekker-Quiz**
>
> 1. Wer befehligt die Koba-yashi Maru?
> 2. Wie lautet der Präfixkode der Reliant?

bungen machen. Mit Chekovs und Terrells Hilfe übernimmt Khan die *Reliant* und erfährt vom Genesis-Projekt.

Inzwischen empfängt Admiral Kirk, der mit einer Kadetteneinheit einen Ausbildungsflug macht, einen Funkspruch von Marcus: Die *Reliant* habe signalisiert, die Flotte wolle die Kontrolle über das Genesis-Projekt übernehmen. Marcus

STAR TREK II – DER ZORN DES KHAN

möchte die Gründe erfahren. Kirk, der weiß, daß die Flotte diesen Befehl nicht gegeben hat, übernimmt das Kommando über die *Enterprise* und eilt nach Regula. Die erste Begegnung mit der *Reliant* geht übel für die *Enterprise* aus. Kirk kann den Angriff gerade eben abwehren und das beschädigte Schiff nach Regula bringen. Khan stiehlt kurz darauf die Genesis-Maschine und rückt an, um die *Enterprise* zu vernichten. Da Kirk nur eine Möglichkeit hat, steuert er das Schiff in den Mutara-Nebel. Khan folgt ihm, nun sind beide Schiffe gleich stark. Der Nebel verzerrt die Sensormessungen und macht Abwehrschirme nutzlos. Kirk macht die *Reliant* mit seiner überlegenen Erfahrung kampfunfähig, aber Khan will nicht aufgeben. Er schaltet die Genesis-Maschine auf Detonation, da er weiß, daß die *Enterprise* der resultierenden Explosion ohne Warp-Antrieb nicht entkommen kann. Da Scott nicht auf Kirks wiederholte Befehle antwortet, geht Spock in den Maschinenraum und schaltet in letzter Minute die Energie ein. Das Schiff ist in Sicherheit, aber Spock wird einer tödlichen Strahlendosis ausgesetzt und stirbt. Am Ende des Films zollt die Mannschaft ihm Respekt und schießt den Sarg mit seiner Leiche auf den Planeten, den die Detonation der Genesis-Maschine fruchtbar gemacht hat.

Anmerkungen

Ein toller Film! Etwas derb in der Abteilung Ohrwurm, aber insgesamt gesehen ein ausgezeichneter Ausflug für die Enterprise-Mannschaft. Zu einer wirklich netten Szene kommt es zwischen Kirk und McCoy in Kirks irdischer Residenz: Das Gespräch dreht sich um Kirks Geburtstag und das Älterwerden. Dabei tickt im Hintergrund eine Uhr und erinnert ständig an die Vergänglichkeit des Lebens. Ein weiterer netter Akzent ist das wiederkehrende Thema Kobayashi Maru – eine Prüfung, der Saavik am Anfang des Films unterzogen wird: Dabei müssen sich Flottenoffiziere einem Planspiel stellen, das sie ge-

STAR TREK II – DER ZORN DES KHAN

winnen können. Wie meine Freunde sagen, hat die Kobayashi
Maru *mehr als einen Star Trek-Roman inspiriert.*

*Übrigens geht unter den Fans die Geschichte um, der Film
enthielte einen schlimmen Handlungsfehler in Sachen Khan
und Chekov: Khan sagt in einer Szene zu Chekov, er kenne
ihn noch aus der Zeit vor fünfzehn Jahren auf der* Enterprise.
*Die Fans meinen, Chekov sei erst in der zweiten Staffel an
Bord gekommen, und ›Der schlafende Tiger‹ spiele in der ersten. Deswegen könne Khan sich gar nicht an Chekov erinnern. Der Haken dabei ist: Die* Enterprise *ist ein großes Schiff!
Nirgendwo wird ausdrücklich gesagt, Chekov sei erst in der
zweiten Staffel an Bord gekommen. Wir wissen nur, daß er in
der zweiten Staffel auf die Brücke kam. Er hätte in der ersten
Staffel auf einem unteren Deck arbeiten können. Nur ein Hinweis deutet an, daß Chekov nicht von Anfang an zur Besatzung gehörte: In ›Der dressierte Herrscher‹ muß Kirk ihm erklären, wer Mudd ist. Wie Sie vielleicht wissen, hat Mudd in
›Die Frauen des Mr. Mudd‹ die* Enterprise-*Mannschaft in Begleitung dreier atemberaubend schöner Frauen besucht.
Wäre Chekov damals schon an Bord gewesen, hätte er Mudd
gekannt, denn Männer tratschen bekanntlich über schöne
Frauen. Aber Chekov hätte zwischen ›Die Frauen des
Mr. Mudd‹ und ›Der schlafende Tiger‹ jede Menge Zeit gehabt, an Bord zu kommen.*

*Noch eine letzte Anmerkung zur obigen Angelegenheit: Ob
ich glaube, daß man an diese Erklärung gedacht hat, als Khan
Chekov identifizierte? Nein. Aber wie sagt doch die Ferengi-
Erwerbsregel Nr. 76? – »Hin und wieder muß man auch mal
einen Frieden erklären.«*

Kernige Dialoge

»Ich war und werde immer Ihr Freund sein.« – Spock, als er
den letzten Augenblick mit Kirk verbringt. (Es ist fast unmöglich, nur einen großartigen Satz aus diesem Film zu bringen.
Er enthält zu viele.)

417

STAR TREK II – DER ZORN DES KHAN

Höhepunkte

Der epische Konflikt zwischen Kirk und Khan, die letzten, rührenden Sekunden zwischen Kirk und Spock und die Bestattung des Vulkaniers verleihen dem Film viele bewegende Momente.

Handlungsschwächen

• Bei der Simulation ganz zu Anfang des Films erkennt die Vulkanierin Saavik, daß sich die *Kobayashi Maru* in der Neutralen Zone aufhält. Daraufhin stößt sie ein Schimpfwort aus. Müßte sie dergleichen nicht für unlogisch und irrational halten?

• Die Bilder der Neutralen Zone zeigen eine modifizierte Sphäre. Warum muß die Neutrale Zone wie eine Kugel aussehen? Dies wäre doch nur denkbar, wenn sich das klingonische Reich mittendrin befände. So groß sieht die Sphäre aber nicht aus.

• Als Terrell und Chekov sich auf Ceti Alpha V in den Frachtbehältern umschauen, zeigt eine Großaufnahme eine halb beendete Schachpartie. Typen, die genetisch auf Intelligenz hin gezüchtet worden sind, spielen Schach? Ohne den Schachexperten unter meinen Lesern zu nahe treten zu wollen: So viele spielbare Szenarien sind im Schachspiel auch nicht drin, speziell wenn man es mit 3-D-Schach vergleicht, jenem Spiel, das Kirk und Spock auf der alten *Enterprise* alle naselang gespielt haben.

• Kurz nach Betreten der Frachtbehälter entdeckt Chekov einen Anschnallgurt von der SS *Botany Bay*. Er erkennt rasch, daß Khan bald bei ihnen sein wird, und drängt Captain Terrell zu verschwinden. Wäre es nicht einfacher, ein Not-Beamen anzuordnen, um den Behälter zu verlassen? Hätte Chekov dies angeordnet, wäre der Film freilich sehr kurz ausgefallen!

• Khans Leute wirken sehr jung. In ›Der schlafende Tiger‹ waren die Übermenschen ungefähr alle im gleichen Alter. Doch diesmal wirken sie mindestens zwanzig Jahre jünger als ihr Anführer.

STAR TREK II – DER ZORN DES KHAN

• Laut Khan hat Kirk ihn und seine Jünger fünfzehn Jahre zuvor auf Ceti Alpha V ausgesetzt. In der Besprechung des vorherigen Films habe ich berechnet, daß *Star Trek: Der Film* ca. viereinhalb Jahre nach dem Ende der TV-Serie spielt. Frage: Wieviel Zeit ist zwischen dem ersten und diesem Film vergangen? Hier schaut sich Kirk eine Aufzeichnung an, von der es heißt, Marcus habe sie vor *einem* Jahr gemacht. Die Sternzeit der Aufzeichnung lautet 7130.4. Sternzeit 7130.4 war also das Jahr vor der Anfangssternzeit dieses Films, 8130.3. (Es ist tatsächlich drin, denn mehrere *ST/DNJ*-Episoden deuten an, daß 1000 Sternzeiteinheiten ein Jahr sind.) Der erste Film beginnt zur Sternzeit 7411.4. Kann man der Sternzeit glauben, fängt der erste Film *nach* Marcus' Aufzeichnung an. Deswegen begann er weniger als ein Jahr vorher. Da der erste Film etwa viereinhalb Jahre nach Beendigung der TV-Serie spielt, muß der zweite etwa fünfeinhalb Jahre danach spielen. (Dies bitte mal eben im Kopf behalten.) Kirk hat Khan in der ersten Staffel der TV-Serie auf Ceti Alpha V ausgesetzt. Vermutlich entspricht eine Staffel ca. einem Jahr. Anders ausgedrückt: Kirk hat Khan etwa zwei Jahre *vor* Beendigung der TV-Serie ausgesetzt. Setzt man beide ›Fakten‹ zusammen, hat er Khan und seine Leute vor etwa siebeneinhalb Jahren ausgesetzt, und nicht vor fünfzehn, wie der Filmdialog angibt. Hier hantiert irgendwer mit falschen Zahlen.

• Laut Khan ist Ceti Alpha IV ein Jahr nach der Aussetzung explodiert und hat Ceti Alpha V in eine fernere Kreisbahn geschleudert. Wie stehen die Chancen, daß Ceti Alpha V in die Kreisbahn von Ceti Alpha IV geraten ist? Müßte Ceti Alpha V nicht aufgrund dessen, was ihm widerfahren ist, eine leicht exzentrische Umlaufbahn aufweisen? Müßte diese Umlaufbahn der Mannschaft der *Reliant* nicht einen Hinweis geben, daß irgend etwas passiert ist? Und selbst wenn Ceti Alpha V keine exzentrische Umlaufbahn hat, was ist aus den Sternkarten des Systems geworden? Ist die Mannschaft der *Reliant* so

STAR TREK II – DER ZORN DES KHAN

in Eile, einen leblosen Planeten zu finden, daß sie sich nicht mal die Mühe macht, eine komplette Sensormessung des Systems vorzunehmen und die dicken Punkte auf dem Bildschirm zu zählen? Der Planet ist zum Schreien! Wie kann man übersehen, daß Ceti Alpha IV nicht mehr existiert? Und warum hat Spock Kirk gegenüber in ›Der schlafende Tiger‹ die Instabilität des Planeten nicht erwähnt?

• Einmal zitiert Khan ein klingonisches Sprichwort. Woher mag er es wohl kennen? Als er das letzte Mal Zugriff zu einer Bibliothek hatte, befand er sich auf der *Enterprise.* (»Rache ist ein Gericht, das man am besten kalt serviert«, ist in Wahrheit übrigens ein altes sizilianisches Sprichwort.)

• Die wurmartigen Lebewesen, die Khan in Chekovs Ohr kriechen läßt, graben sich angeblich nach innen und nisten sich im Gehirn ein. Mehrere Szenen später beschließt das Wesen jedoch, sich ein neues Nest zu suchen, und zieht aus. Was sagt uns dies über Chekov? (Hat das Wesen in ihm etwa kein Nest *gefunden?* Ich weiß – es ist gemein, und ich entschuldige mich.)

• Um die Genesis-Maschine vor Khan zu verstecken, fliehen Carol Marcus und ihr Sohn in eine riesige Grotte, die im zweiten Stadium des Genesis-Projekts entstanden ist. Bei den folgenden Aufnahmen wimmelt die Grotte von üppiger Vegetation und steilen Hängen. Sie hat auch eine seltsame Lichtquelle. Woher kommt das Licht? Hat die Genesis-Maschine sich zur Oberfläche durchgegraben?

• Unter Verwendung des gleichen Tricks wie im ersten Film ist die *Enterprise* wieder einmal ›das einzige Schiff im Quadranten‹, das die Schwierigkeiten auf Regula I untersuchen kann.

• Als Kirk auf Carol Marcus trifft, schickt diese bis auf ihn alle in die Grotte, damit sie sich mal richtig aussprechen kann. Immerhin hat sie Kirk nie von ihrem gemeinsamen Sohn David erzählt. Als Kirk seine Seele bloßlegt, liegt Chekov angeblich besinnungslos ein paar Schritte von ihm entfernt. Ich hab's

STAR TREK II – DER ZORN DES KHAN

keine Sekunde geglaubt: Man achte auf seinen Arm. Er hält die Hand ans Ohr. Wenn er wirklich schliefe, wäre diese Position unmöglich. Er tut nur so, weil er lauschen will.

• An einer Stelle während der Schlacht im Nebel sagt Spock, Khan denke zweidimensional. Doch auch Kirk macht in diesem Film einen Haufen Fehler, die auf ›zweidimensionalem Denken‹ basieren: Als er Khan im Nebel erstmals gegenübersteht, befiehlt er: »Hart Steuerbord.« Dies verändert das Zielprofil der *Enterprise* von ziemlich schmal zu sehr breit, denn das Schiff dreht sich und entblößt die ganze Seite. Hätte er jedoch einen Aufwärts- oder Abwärtskurs befohlen und wäre zugleich um Khans Schiff rotiert, hätte der wackere Captain das kleinstmögliche Ziel für die *Reliant* abgegeben und die *Enterprise* trotzdem aus dem Zielgebiet gebracht. Und warum feuert Kirk, als er schließlich – sobald beide Schiffe auf einer Höhe sind – hinter Khans Schiff gleitet? Wäre es nicht logischer, eine Position ober- oder unterhalb der *Reliant* zu suchen und dann die Stirn der *Enterprise* nach oben oder unten zu kippen, um Sulu ein größeres Ziel zu bieten? Klar, im Nebel sieht man wenig, aber das Manöver wäre einfacher auszuführen, wenn Khans Schiff auf dem Bildschirm auftaucht. Lehrt man so was nicht an der Akademie?

• Es ist ein wahrlich rührender Augenblick, als Kirk am Sarg seines Freundes die letzten Worte spricht. In seinem Nachruf behauptet er, von allen Seelen, denen er auf seinen Reisen begegnet ist, sei Spock die menschlichste gewesen. Dies dürfte nach Spocks Ansicht kaum ein Kompliment sein: In *Star Trek VI: Das unentdeckte Land* sind laut Kirk alle menschlich, woraufhin Spock erwidert, daß er diese Bemerkung für beleidigend hält.

Grundlagenveränderungen

• Urplötzlich stellt die Neutrale Zone – der Begriff wurde immer auf die Grenze zwischen der Föderation und dem romulanischen Machtbereich angewendet – die Grenze zwi-

STAR TREK II – DER ZORN DES KHAN

schen der Föderation und den Klingonen dar. (Es liegt eventuell daran, daß man während der *Kobayashi Maru*-Simulation keine romulanischen Schiffe im Anflug auf die *Enterprise* zeigen konnte. Natürlich hätten sie die gleiche Taktik wie in ›Die unsichtbare Falle‹ anwenden können. Ein Besatzungsmitglied hätte sagen können: »Ach ja, unsere Geheimdienstberichte besagen, daß die Romulaner ihre Schiffe jetzt wieder bei den Klingonen kaufen.«) Saavik muß sich sogar während ihres Logbucheintrags beim Planspiel auf das System Gamma Hydra beziehen – eben das System, das auch in ›Wie schnell die Zeit vergeht‹ Erwähnung findet: Dort lenkt Commander Stocker die *Enterprise* zu einer unerlaubten Spritztour in die Neutrale Zone und wird prompt von Romulanern angegriffen.

• Nachdem die Brücke beim *Kobayashi Maru*-Planspiel in die Luft geflogen ist, taucht Kirk auf. Er rät Saavik, sie solle beten, da die Klingonen keine Gefangenen machen. Ich glaube aber, die Romulaner machen keine Gefangenen. Chekov sagt es in ›Wie schnell die Zeit vergeht‹. In der Episode ›Kampf um Organia‹ haben die Klingonen Kirk und Spock nämlich durchaus gefangengenommen.

• Am Ende des Films, bei Spocks Beisetzung, weint Saavik. Ist sie ein Halbmensch oder so was? Vulkanier haben doch angeblich keine Gefühle!

• Wann wird Kirk für seine Inkompetenz zur Rechenschaft gezogen? Mindestens zwei Besatzungsmitglieder sterben, vielleicht noch viel mehr. Trotzdem tun am Ende alle so, als sei er ein Held. Niemand *mußte* sterben. Hätte Kirk nach Vorschrift gehandelt und bei der Annäherung der *Reliant* die Schirme aktiviert, wäre der erste Kampf ganz anders verlaufen. Doch wenn meine Erinnerungen stimmen, wird Kirk ohnehin nie für seine Handlungen zur Rechenschaft gezogen. In der Flotte ist der Wurm drin. In ›Kirk unter Anklage‹ wird er beinahe aus dem Dienst entfernt, weil er angeblich den Tod eines Crew-Mitglieds verschuldet hat.

STAR TREK II – DER ZORN DES KHAN

Gerätekokolores

• Interessanterweise hat man die wissenschaftliche Station, die sich bisher direkt hinter Kirk befand, rechts neben die Tür des Turbolifts verlegt.

• Offenbar haben die Konstrukteure nun endlich entschieden, wie die Decks der umgebauten *Enterprise* neugestaltet werden sollen: Nun tragen beide Turbolift-Türhälften auf der Brücke ein ›A‹. Später im Film bezieht sich Spock auf ein Deck ›C‹. Vermutlich sind die Decks im Schiff von oben nach unten numeriert – mit Buchstaben.

• Was ist mit den Sensoren der *Reliant* los? Ursprünglich hielten sich etwa siebzig Übermenschen beiderlei Geschlechts auf Ceti Alpha V auf. Khan behauptet, die Würmer hätten zwanzig von ihnen getötet. Bleiben also noch fünfzig übrig, die auf dem Planeten in der Umgebung der Frachtbehälter herumlaufen. Wieso hat nur *ein* Sensor eine Messung gemeldet?

• Als Terrell nach dem Transport auf Ceti Alpha V ankommt, steht er mit erhobenem Bein an einer Düne. Stand er auch so da, als er das Schiff verließ, oder hat der Transporter das Bein automatisch angehoben, weil er das unebene Gelände am Zielort vorausberechnet hat?

• Als die Fähre mit Kirk an Bord die *Enterprise* erreicht, kündigt jemand an, sie werde an der Backbord-Torpedoschleuse ankoppeln. Sicher, Kirk und die anderen kommen in einer Sektion an Bord, die später zum Abschuß von Photonentorpedos verwendet wird. Diese Räumlichkeiten befinden sich in der umgebauten *Enterprise* in einem langgezogenen Raum im Fundament des Verbindungsstutzens zwischen Untertasse und Maschinendeck. (Tatsächlich zeigt eine Großaufnahme, als die *Enterprise* die Forschungsstation Regula I anfliegt, einen Andockstutzen an der Steuerbordseite der Torpedoschleuse. Vermutlich befindet sich ein Andockstutzen gegenüber der Torpedoschleuse, und vielleicht hat Kirks Fähre dort angedockt.) Leider hat man sich auf die Option

STAR TREK II – DER ZORN DES KHAN

versteift, für den Anflug und das Andocken der Fähre Ausschnitte aus dem ersten Film zu verwenden: Doch diese Fähre dockte weit unterhalb und hinter der Torpedoschleuse am Maschinendeck an.

• Als Spock Saavik die *Enterprise* aus dem Raumdock fliegen läßt, gelingt den Machern ein niedlicher Moment. Kirk macht dies jedoch angeblich nervös. Wieso? Sulu sitzt doch am Ruder und steuert das ganze. Er wird das Schiff schon nicht zu Schrott fliegen.

• In einer Szene betritt Kirk einen Turbolift und greift nach oben, um den Zielknopf drücken. Saavik fegt zu ihm hinein, und er dreht sich zu ihr um. Erstens: Reagieren Turbolifts nicht mehr auf verbale Anweisungen? Zweitens: Kirk berührt den Knopf nie, und doch fährt der Lift brav dorthin, wo er hin will. Wenn der Turbolift die Gedanken der Offiziere lesen kann, warum macht man sich dann überhaupt die Mühe eines überflüssigen Griffes?

• Aus Kirks Quartier ist offenbar der hübsche Bildschirm verschwunden, den er im ersten Film noch hatte.

• Zum ersten und einzigen Mal in der TV-Serie und den Filmen tritt Spock, als Kirk eine Schadensmeldung verlangt, an ein Wanddiagramm und zeigt sie ihm.

• Nach Khans erstem Angriff meldet Scott den Ausfall der ›Haupttriebwerke‹. Da mir dieser Terminus zuvor noch nie begegnet ist, bin ich zu der Annahme gezwungen, daß es sich dabei um den Materie/Antimaterie-Warp-Antrieb handelt. Laut des vorherigen Films können die Phaser bei ausgeschaltetem Warp-Antrieb nicht feuern, doch Kirk läßt sie ballern, obwohl die ›Haupttriebwerke‹ ausgefallen sind.

• Am Ende des ersten Kampfes mit Khan taucht Scott auf der Brücke auf. Er trägt einen schwerverwundeten Kadetten. Wäre das Lazarett nicht ein besserer Ort für einen Verletzten? Oder hat der Lift nicht richtig funktioniert?

• Auf der Forschungsstation Regula I weist Kirk McCoy und Saavik an, ihre Phaser auf Lähmen zu stellen. Kirks und Saa-

STAR TREK II – DER ZORN DES KHAN

viks Phaser zeigen obenauf ein starres Licht, doch McCoys
Waffe blinkt. Ob das wohl stimmt? Müßten die Anzeigen nicht
auf allen drei Phasern identisch sein? Als Terrell Kirk in der
Grotte töten will, blinkt auch seine Waffe; nun wissen wir, daß
sie auf Töten eingestellt ist.

• Wieso muß die Besatzung der *Enterprise* Seifenschachtel-
Kommunikatoren mit sich herumschleppen, wenn die Be-
satzung der *Reliant* echt kernige Armbandfunkgeräte hat?
(Besonders unter dem Gesichtspunkt, daß die Leute von der
Enterprise im vorherigen Film ebensolche hatten.)

• Bevor Carol Marcus Kirk in die Genesis-Grotte führt, be-
richtet sie, die Flotte habe zehn Monate gebraucht, um den
Lagerraum auszubauen. Zehn Monate? Was ist nur aus den
Phasern und den Transportern geworden? Hätten diese
Werkzeuge die Grotte nicht im Nu gebuddelt?

• Bei den Vorbereitungen zur zweiten Schlacht mit Khan
muß die Mannschaft eine Menge Metallroste manuell anhe-
ben, um die Photonentorpedos abzufeuern. Ob das wohl
stimmt? Braucht ein Raumschiff dieser Klasse Besatzungsmitglieder, die Bodenklappen öffnen, bevor es sich in den
Kampf stürzen kann?

• Natürlich macht sich niemand die Mühe, die Genesis-Maschine mit breitestmöglicher Streuung von der *Reliant* aus in
den Weltraum zu beamen, wie man es in ›Der Wolf im Schafspelz‹ mit Redjac getan hat.

• Die Röhre, die im Maschinenraum aus dem Boden ragt,
kommt mir schrecklich wacklig vor. Als Spock an ihr arbeitet,
wackelt sie hin und her.

Anschluß- und Produktionsprobleme

• Als Saavik am *Kobayashi Maru*-Planspiel teilnimmt, zeigen die Aufnahmen ihres Kommandosessels auch die Tür
des Steuerbord-Turbolifts. An ihr hängt ein Blatt Papier, das
der Schablone ähnelt, die man für ihre Verzierung verwendet hat. Als Kirk auf der Szene erscheint, zeigt eine andere

STAR TREK II – DER ZORN DES KHAN

Aufnahme, daß es fort ist und die Verzierung ihre Stelle einnimmt.

• Natürlich stammen viele Anfangsszenen des Films aus seinem Vorgänger. Solche Trickszenen sind teuer. Möglicherweise hat man Kilometer von diesen Szenen auf Lager, die später wiederverwertet werden: die Aufnahmen der drei klingonischen Schiffe, der Flug der Fähre zur *Enterprise* und die *Enterprise* beim Verlassen des Raumdocks. Die Konservierung solchen Ausgangsmaterials wirft jedoch einige lustige Fragen auf: Erstens sind die Transporter noch immer nicht einsatzbereit? Im ersten Film hat sich Kirk mit einer Fähre an Bord bringen lassen, weil er nicht an Bord beamen konnte. Welche Entschuldigung hat man diesmal? Zweitens: Als die Fähre den Hangar der *Enterprise* erreicht, schwebt jemand in einem Raumanzug kopfunter in die ›Tiefe‹ – genau wie im vorherigen Film! Weiß dieser Mensch nicht, wie man die Steuerung eines Raumanzuges bedient? Drittens: Als die *Enterprise* das Raumdock verläßt, winkt ihr jemand – wieder in einem Raumanzug – zum Abschied zu. Auch diese Szene kam im ersten Film vor. Hat die Flotte einen ›Berufswinker‹, der bei allen auslaufenden Raumfahrern den Eindruck erwecken soll, sie werden ihm fehlen?

• Okay, selbst ich gebe zu, daß dies in die Kategorie ›Kleinkarierte Beckmesserei‹ gehört. Aber sonst ... Als McCoy Kirk in seinem Haus auf der Erde besucht, gehen beide an einer tickenden Uhr vorbei. Schwer zu sagen, welcher Zeiger der große und welcher der kleine ist, aber einer steht auf kurz vor zwei, der andere auf kurz nach drei. Zwei Minuten und elf Sekunden später schlägt die Uhr. Sicher, manche Uhren schlagen viertelstündlich, aber manche auch nur halbstündlich oder stündlich. Doch die Stellung der Zeiger deutet nicht im geringsten an, daß die Uhr nach 2 Minuten und 11 Sekunden schlagen könnte. (Jetzt mal ehrlich: Ist das nicht stark übertrieben?)

• Die Raumstation, die am Anfang des ersten Films zu sehen

STAR TREK II – DER ZORN DES KHAN

ist, wurde um 180 Grad gedreht und als wissenschaftliche Forschungsstation Regula I verwendet. Was eigentlich kein Problem ist. Auch Flottenkonstrukteure würden erfolgreiche Baupläne wiederverwenden, und im All gibt es nun mal kein ›Oben‹. Ich dachte nur, es sei erwähnenswert.

• Um seine ungeheure Kraft zu demonstrieren, packt Khan Chekov am Raumanzug und hebt ihn hoch. Dann zieht er ihn wieder zu Boden. Achtung: Er *zieht* ihn wieder zu Boden. Gibt es etwa irgendein eigenartiges Schwerkraftfeld im Inneren des Behälters? Müßte es Khan nicht leichter fallen, Chekov wieder loszulassen?

• Nach dem ersten Kampf gegen Khan begibt sich Kirk ins Lazarett. Offiziersanwärter Preston streckt den Arm aus und greift nach Kirks Uniform, wobei er einen großen Blutfleck hinterläßt. Als Kirk wieder auf der Brücke ist, ist der Fleck gewandert und hat die Form verändert.

• Als die *Enterprise* in den Mutara-Nebel eintritt, fliegen alle an Bord nach vorn – außer Kirk.

• Als Khans Assistent mit offenen Augen stirbt, drückt Khan den Mann an seine Brust. Komischerweise macht dieser dabei die Augen zu. Muß an seinem genetisch manipulierten Körper liegen.

• Als Kirk seinem Freund zu Hilfe eilen will, rutscht er im Maschinenraum eine Leiter hinunter. Dabei ist seine Jacke zugeknöpft. Er eilt auf Spock zu. McCoy und Scott halten ihn sofort zurück. Nun ist Kirks Jacke offen. Im weiteren Verlauf der Szene ist sie mal offen und mal zu.

Quiz-Antworten

1. *Kojiro Vance*
2. *16309*

DIE HAUPTTHEMEN

Manche Themen tauchen in der Fernsehserie und den Filmen immer wieder auf. Hier eine Liste der mehrmals bearbeiteten Themen.

1. *Menschen können Dinge tun, die zu ihrem Untergang führen.* In ›Der alte Traum‹ erzeugen die Bewohner von Miris Planet Viren, die sämtliche Erwachsenen töten. In ›Geist sucht Körper‹ sagt Sargon, sein Volk habe so starke Geisteskräfte entwickelt, daß der daraus resultierende Krieg den Planeten vernichtet hat. ›Das Jahr des Roten Vogels‹ zeigt das Ergebnis eines schrecklichen bakteriologischen Krieges. In ›Was summt denn da?‹ müssen die Scalosier mit den Auswirkungen einer globalen Zerstörung fertig werden. In ›Bele jagt Lokai‹ kehren beide Gegner auf eine vom Krieg verwüstete, tote Welt zurück. In ›Gefährliche Planetengirls‹ spekuliert McCoy, daß das beim Aufbau des Außenpostens entstandene Virus das Volk von Kalandan vernichtet hat.

2. *Die Vertreibung aus dem Paradies (bzw. dem Garten Eden).* In ›Landru und die Ewigkeit‹ vernichtet Kirk Landru und beendet damit das Leben der Betaner im ›Paradies‹. In ›Falsche Paradiese‹ entdeckt Kirk Kolonisten, die von Sporen infiziert wurden, die für absolute Gesundheit und Gelassenheit sorgen. Er erfährt, daß die Sporen von starken Emotionen umgebracht werden, und setzt sein Wissen dazu ein, den Planeten zu säubern. In ›Die Stunde der Erkenntnis‹ stoßen Kirk und seine Leute auf eine kleine Gruppe von Menschen, die unter der Leitung einer Maschine namens Vaal ein idyllisches Leben führt. Er schaltet die Maschine aus und gratuliert der Bevölkerung zur neu gewonnenen Freiheit. In

DIE HAUPTTHEMEN

›Der erste Krieg‹ bezeichnet Kirk die Steinschloßgewehre, die er den Bergbewohnern liefert, als Einzug der Schlange in den Garten Eden. In ›Die Reise nach Eden‹ schlägt sich eine Gruppe von Hippies aus dem 23. Jahrhundert zu einem Eden genannten Planeten durch und muß erkennen, daß er völlig lebensfeindlich ist. In *Star Trek VI: Das unbekannte Land* diskutieren Spock und Valeris in Spocks Quartier ein Gemälde, das die Vertreibung aus dem Paradies darstellt.

3. *Macht und übermenschliche Fähigkeiten erzeugen oft verderbliches Verhalten.* Charlie Evans nutzt seine Talente in ›Der Fall Charlie‹ auf grausame Weise. Kirks Freund Gary Mitchell wird zu seinem Gegner, als er in ›Spitze des Eisberges‹ übernatürliche Kräfte entwickelt. Der genetisch manipulierte Khan findet in ›Der schlafende Tiger‹ nicht das geringste dabei, seine übermenschlichen Fähigkeiten gegen Schwächere einzusetzen. In ›Geist sucht Körper‹ gibt Thalassa zu, es sei eine große Verlockung, ihre Kräfte zum eigenen Nutzen einzusetzen. Die anfangs einfachen und primitiven Zeoniten zeigen in PATTERNS OF FORCE sadistisches Verhalten, nachdem John Gill sie organisiert hat. In ›Platos Stiefkinder‹ verlieren die Platonier sämtliche moralischen Hemmungen, als sie die Kraft der Telekinese entwickeln. In ›Was summt denn da?‹ sind die überschnellen Scalosier nur allzugern bereit, ihr Volk um jeden Preis zu erhalten.

4. *Vorurteile machen blind.* In ›Spock unter Verdacht‹ hält Stiles Spock für den Feind, weil er einem Romulaner ähnlich sieht. In ›Horta rettet ihre Kinder‹ sehen die Bergleute in Horta etwas Böses und kommen nie auf die Idee, daß ihre eigenen Taten für den Tod von Tausenden ihrer Kinder verantwortlich sind. Vorurteile blenden auch die Flottenoffiziere und Klingonen in ›Das Gleich-

DIE HAUPTTHEMEN

gewicht der Kräfte‹, als sie die Taten einer fremden Lebensform nicht erkennen. In ›Bele jagt Lokai‹ setzen zwei Lebensformen ihre Blutfehde auch dann noch fort, als ihr Planet längst eine leblose Wüste ist. In *Star Trek VI: Das unbekannte Land* muß sich Kirk von seinem Haß auf alle Klingonen befreien.

5. *Maschinen dürfen keine Menschen regieren.* In ›Landru und die Ewigkeit‹ erledigt Kirk Landru. In ›Die Stunde der Erkenntnis‹ macht Kirk Vaal kalt. In ›Computer M5‹ überredet Kirk M5 zum Selbstmord. In ›Der verirrte Planet‹ schalten Kirk und Spock das Orakel ab.

6. *Probleme mit der Unsterblichkeit.* In ›Miri, ein Kleinling‹ stehen langlebige Kinder vor dem Hungertod. In ›Metamorphose‹ ist Cochrane einsam und gelangweilt. Die Aussicht auf Unsterblichkeit treibt Tracey in ›Das Jahr des Roten Vogels‹ bis zum Mord. In ›Planet der Unsterblichen‹ muß Flint sich eine Gefährtin basteln, die ähnlich lange lebt wie er.

7. *Die Bedürfnisse des einzelnen wiegen schwerer als die der Masse.* Spock riskiert sein Leben, Kirks Karriere und die *Enterprise,* um Pike in ›Talos IV – Tabu (1)‹ nach Talos zurückzubringen. Kirk setzt in ›Spocks Gehirn‹ alle Kräfte der *Enterprise* ein, um Spocks Gehirn zurückzuholen. In ›Das Spinnennetz‹ setzt Spock das Leben der ganzen Mannschaft aufs Spiel, um Kirk zu retten. Kirk & Co. verletzen einen Flottenbefehl, um in *Star Trek III: Die Suche nach Mr. Spock* Spocks Leiche zu bergen.

8. *Die Bedürfnisse der Masse wiegen schwerer als die des einzelnen.* In ›Griff in die Geschichte‹ läßt Kirk eine Frau sterben, die er liebt, damit die Geschichte ihren natürlichen Verlauf nimmt. In ›Reise nach Babel‹ weigert sich

DIE HAUPTTHEMEN

Spock, das Kommando abzugeben, damit sein Vater eine Bluttransfusion erhalten kann. Spock opfert sich am Ende von *Star Trek II: Der Zorn des Khan,* um den Antrieb der *Enterprise* wieder zum Laufen zu bringen.

9. *Menschen dürfen sich nicht versklaven lassen.* Um in »The Cage‹ der Sklaverei zu entgehen, droht Nummer Eins mit Selbstmord. Kirk erlöst in ›Die Stunde der Erkenntnis‹ die Einheimischen von den Diensten, die sie Vaal leisten müssen. In ›Meister der Sklaven‹ kämpft Kirk für die Freiheit der Sklaven.

10. *Der Mensch empfindet keine Ehrfurcht mehr vor Lebewesen mit überragenden Fähigkeiten.* Kirk läßt sich in ›Der Tempel des Apoll‹ nicht von den Kunststückchen der altgriechischen Gottheit beeindrucken. Kirk sucht in ›Das Spukschloß im Weltall‹ nach wissenschaftlichen Erklärungen für die Zaubereien Korobs und Sylvias. Kirk stellt in *Star Trek V: Am Rand des Universums* ›Gott‹ in Frage.

STAR TREK III:
AUF DER SUCHE NACH MR. SPOCK
(STAR TREK III: THE SEARCH FOR SPOCK)

Sternzeit: 8210.3

Nach der Rückkehr von der Auseinandersetzung mit Khan sucht Spocks Vater Sarek Kirk auf und möchte wissen, warum er nicht nach Vulkan gekommen ist: Wenn Vulkanier den Tod vor Augen haben, übertragen sie ihr *Katra* in ein anderes Lebewesen.

So bleiben ihr gesamtes Wissen und all ihre Erfahrungen erhalten. Es gibt sogar ein uraltes Ritual, das das *Katra* in den Körper dieses Lebewesens zurückbringen kann. Kirk hat nicht gewußt, daß Spock sein *Katra* in McCoy übertragen hat. Als er es entdeckt, will er nach Genesis zurück-

> **Trekker-Quiz**
>
> 1. Wer wird angefunkt, als Kirk sich mit dem Kommandeur des Raumdocks von seinem Getränk entfernt?
> 2. Wer sind Sareks Vorfahren?

kehren. Leider hat die Flotte das gesamte Gebiet unter Quarantäne gestellt und verfügt, daß die *Enterprise* ausgemustert wird. Mit der Hilfe seines Stabes stiehlt Kirk das Schiff und eilt zu dem verbotenen Planeten.

Inzwischen hat ein klingonischer Captain namens Kruge von der Genesis-Maschine erfahren. Seiner Ansicht nach handelt es sich um eine grausame Waffe, und er nimmt sich vor, ihr Geheimnis zu lüften. Sein ›Raubvogel‹ – ein kleines Schiff mit einer Besatzung von etwa einem Dutzend Mann – setzt Kurs auf den neuen Planeten. Dort angekommen, vernichtet er das Föderationsforschungsschiff *Grissom,* so daß Lieutenant Saavik und David Marcus nun mit einem einzigar-

STAR TREK III: AUF DER SUCHE NACH MR. SPOCK

tigen Individuum gestrandet sind: Nach der Landung auf dem Planeten haben sie Spocks leeren Sarg und einen vulkanischen Jungen gefunden. Der Planet altert nun in raschen Sprüngen, und der Junge ebenso. Offenbar hat die Genesis-Maschine die Zellen von Spocks Leiche neu belebt, und der Junge wächst nun zu einem vulkanischen Mann heran.

Als Kirk den Planeten erreicht, hat eine Landegruppe der Klingonen das Trio gefangengenommen. Es kommt zu einem kurzen Kampf zwischen der _Enterprise_ und dem Raubvogel, aber Kirks Schiff ist nach der Schlacht mit Khan noch nicht repariert. Kruge fordert, daß Kirk aufgibt und bringt sogar David um, um seine Entschlossenheit zu unterstreichen. Da Kirk nicht kämpfen kann, bittet er die Klingonen an Bord und leitet die Selbstvernichtung der _Enterprise_ ein. Er und seine Leute beamen in letzter Sekunde auf den Planeten. Die darauf folgende Explosion eliminiert die meisten Leute Kruges. Kirk lockt Kruge auf den Planeten, indem er behauptet, das Geheimnis der Genesis-Maschine zu kennen. Kruge, der kurz darauf erscheint, beamt bis auf Kirk alle auf seinen Raubvogel. Es kommt zu einem Kampf, in dem Kirk Kruge tötet. Dann bringt er den letzten Klingonen mit einem Trick dazu, ihn und Spock aufs Schiff zu beamen. Sie überwältigen ihn und fliegen mit dem Raubvogel zum Vulkan, wo Spocks _Katra_ wieder mit seinem Körper vereint wird.

Anmerkungen

Dieser Film enthält viele Elemente, die man auch in ST/DNJ sieht. Das Raumdock aus diesem Film tritt in ›11001001‹ (11001001) zum ersten Mal als Raumstation 74 in Erscheinung. Auch das Modell der USS Grissom _taucht mehrmals in ST/DNJ auf. Man fühlt sich an die Episode ›Augen in der Dunkelheit‹ (NIGHT TERRORS) erinnert, in der es als USS_ Brattain _zu sehen ist. Der Raubvogel ist mehrmals in ST/DNJ zu sehen, ich glaube, zum ersten Mal in ›Der Austauschoffizier‹ (A MATTER OF HONOR). Schließlich sieht man das Modell der_

STAR TREK III: AUF DER SUCHE NACH MR. SPOCK

USS Excelsior *in ›Der Mächtige/Mission Farpoint‹ (*ENCOUNTER AT FARPOINT*) als USS* Hood.

Ein schöner Produktionspatzer taucht im Vorspann dieses Films auf: Bislang kam Leonard Nimoys Name immer hinter dem Shatners. Nun, da Spock tot ist, wollte man Nimoy natürlich nicht im Vorspann nennen, doch statt ihn wegzulassen, wurde zwischen Shatner und DeForest Kelley einfach eine längere Pause eingefügt. Ich nehme an, man hat nur mit uns gespielt, weil man wußte, wir würden darauf achten, ob der Vorspann Nimoy erwähnt. Vielleicht ist Ihnen aufgefallen, daß man auch auf die alte TV-Serie zurückgegriffen und die noch immer beliebten Tribbles in die Szene eingebaut hat, in der McCoy in der Bar ein Schiff chartern will.

Kernige Dialoge

»*Ich bin mir meiner Logik nicht mehr sicher, da es sich hier um meinen Sohn handelt.*« – *Sarek zu T'Lar, nachdem sie gesagt hat, es sei unlogisch, um ein* Fal-tor-pan *zu bitten, da es nur eine Legende sei. (Auch dieser Film enthält viele großartige Dialoge.)*

Höhepunkte

Shatner spielt den Moment des Todes seines Sohnes sehr gut. Der stets starke Admiral wankt zurück und geht zu Boden, als Saavik ihn über Davids Tod informiert. Ich muß freilich auch die Selbstvernichtungsszene der Enterprise *erwähnen. Sie ist toll.*

Handlungsschwächen

• Zu Beginn des Films sagt Kirk, das Schiff fühle sich leer an – wie ein Haus, aus dem alle Kinder ausgezogen sind. Für einen unverheirateten Mann ein interessanter Vergleich.

• Erstaunlicherweise wird Kirk für seine Taten in *Star Trek II: Der Zorn des Khan* belobigt. Ist es allen egal, daß er die

STAR TREK III: AUF DER SUCHE NACH MR. SPOCK

Schutzschirme der *Enterprise* hat abschalten lassen und Khan dadurch einen Vorteil bekam?

• In diesem Film zeigt das Flottenkommando ganz offen chauvinistisches Verhalten: Kirk möchte ein Schiff, um Spocks Leiche zu bergen und nach Vulkan zu bringen, doch die einzige Entschuldigung, die dem Commander einfällt, um seine Bitte abzulehnen, ist: »Tja, ich habe den vulkanischen Mystizismus nie verstanden.« Vulkan ist angeblich Gründungsmitglied der Föderation. Spock entstammt einer angesehenen Familie. Er hat Jahrzehnte in der Flotte gedient, und da verwehrt man Kirk das Bergen seiner Leiche?

• Wie schnell hat Saavik nach dem letzten Film von der *Enterprise* abgemustert? Warum hat sie Kirk nichts von der *Katra*-Sache erzählt? Hat sie, da Spock hinter einer Glaswand starb, etwa angenommen, er könne den Transfer nicht bewerkstelligt haben?

• Die Macher nehmen offenbar an, daß es im 23. Jahrhundert kein Trägheitsmoment mehr gibt. Als der Antrieb der *Excelsior* aussetzt, bleibt sie stehen!

• Nachdem Kirk Kruges Leute kurz vor der Explosion dazu gebracht hat, an Bord der *Enterprise* zu kommen, beamen er und seine Freunde auf den Planeten. Wäre es nicht besser, auf den nun leeren Raubvogel zu beamen und Kruge das Schiff zu entreißen?

• Am Ende des Films spricht Sarek über den hohen Preis, den es gekostet hat, Spock nach Vulkan zu bringen. Er erwähnt dabei speziell den Tod von Kirks Sohn David. David ist aber nicht gestorben, weil Kirk Spock nach Hause holen wollte. Kruge hätte ihn wahrscheinlich ohnehin umgebracht.

Grundlagenveränderungen

• Als Kruge den Frachter sprengen will, der ihn mit den Informationen über die Genesis-Maschine versorgt, sieht es aus, als hätte er Tränen in den Augen. Verständlich, da die Sprengung des Frachters auch seine Geliebte Valkris umbrin-

STAR TREK III: AUF DER SUCHE NACH MR. SPOCK

gen wird. Die Sache hat nur einen Haken: In *Star Trek VI: Das unentdeckte Land* erwähnt Spock, daß Klingonen gar keine Tränendrüsen haben.

• Als sich sein Schiff der *Grissom* nähert, behauptet der klingonische Captain, er wolle Gefangene machen, aber in *Star Trek II: Der Zorn des Khan* sagt Kirk, daß Klingonen keine Gefangenen machen.

Gerätekokolores

• Wer hat die *Grissom* konstruiert, und wie soll die Mannschaft aus der Untertassensektion in den Maschinenraum gelangen? Oder wird dort unten nur Treibstoff gelagert?

• Irgendwie hat sich zwischen dem Ende des Kampfes mit Khan und dem Anfang dieses Films die Tür des Steuerbord-Turbolifts einen großen Brandfleck zugezogen: Als *Star Trek II: Der Zorn des Khan* endet, ist sie noch bestens in Schuß, aber am Anfang von *Star Trek III: Auf der Suche nach Mr. Spock* ist sie übel verbrannt. Außerdem ist eine Täfelung rechts von ihr einfach verschwunden.

• Eigenartigerweise hat zwischen den Filmen jemand auch das Liftinnere verändert: Nun verfügt der Turbolift über ein Schaltbrett, und die Sichtanzeigen sehen so aus, als hätte man sie versetzt. Ob es wohl angemessen ist, daß sich jemand angesichts der schweren Schäden, die das Schiff davongetragen hat, die Zeit nimmt, den Lift zu verschönern?

• Plötzlich haben alle neue Phaser! Die Phaser in *Star Trek II: Der Zorn des Khan* hatten flache Köpfe. Die in *Star Trek III: Auf der Suche nach Mr. Spock* enden in kleinen Zapfen. Okay, kann ja sein, daß man im Raumdock andere Phasertypen verwendet und Kirk sie beim Diebstahl des Schiffes mitgenommen hat. Das erklärt aber noch nicht, wieso der Muskelprotz – Verzeihung, die Bordwache –, der Kirk vor Spocks Quartier begegnet, einen neuen Phaser trägt. Müßte er nicht einen derjenigen haben, wie man sie in *Star Trek II: Der Zorn*

STAR TREK III: AUF DER SUCHE NACH MR. SPOCK

des Khan gesehen hat? Die *Enterprise* hat das Raumdock doch kaum erreicht. Es war nicht genug Zeit, den Phaservorrat zu ergänzen.

• Bei der Suche nach dem ›Aufenthaltsort‹ von Spocks *Katra* zieht Kirk die visuellen Logbücher der *Enterprise* zu Rate. Man beachte, daß sie Spocks Tod betreffen. Sie stammen vom *Ende* des zweiten Films. Als der Computer die erste Abspielung vornimmt, nennt er die Sternzeit 8128.78. Eine verwirrende Zahl, wenn man davon ausgeht, daß die *Anfangssternzeit* des vorigen Films 8130.3 ist!

• Habe ich was an den Augen, oder wurden die Aufnahmen von Spocks letztem Augenblick für das Computerlogbuch wirklich gekürzt?

• Als die *Enterprise* das Raumdock verläßt, befiehlt Kirk ›ein Viertel Impulskraft‹. Der Einfachheit halber sagen wir mal, volle Impulskraft sei ein Viertel Lichtgeschwindigkeit. Das bedeutet, volle Impulskraft sind etwa 74 000 km pro *Sekunde.* Ein Viertel davon sind mithin etwa 19 000 km pro Sekunde. Als die *Enterprise* sich der Dockausfahrt nähert, meldet Sulu, man werde selbigen in einer Minute erreichen. Anders ausgedrückt: das Raumdock muß einen inneren Durchmesser von wenigstens 1 060 000 km haben! (Man muß das Tempo, mit dem sie sich bewegen mal 60 nehmen, da die Minute 60 Sekunden hat.) Die Erde hat einen Durchmesser von etwa 11 200 km. Also ist der Innendurchmesser des Raumdocks fast hundertmal größer als der der Erde. Tja, da kann man eine Menge Schraubenschlüssel schwingen!

• Sobald die *Enterprise* das Raumdock verlassen hat, ordnet Kirk volle Impulskraft an, und das Schiff braucht zehn Sekunden, um über den Rand des Gebildes zu gleiten. Wenn volle Impulskraft ein Viertel Lichtgeschwindigkeit ist, ist dies eine Entfernung von mehr als 744 000 km. Fällt mir schwer zu glauben, daß das Raumdock so groß sein soll.

• McCoy weiß allem Anschein nach nicht, wie man Sensoren bedient: Als die *Enterprise* den Genesis-Planeten erreicht,

STAR TREK III: AUF DER SUCHE NACH MR. SPOCK

macht er sich nicht mal die Mühe, Kirk wissen zu lassen, daß die Trümmer der *Grissom* ihn umkreisen.

• Aus irgendeinem Grund brauchen die Klingonen, um die *Enterprise* zu entern, den *Enterprise*-Transporter. Kurz bevor Kruges Leute an Bord kommen, teilt Kirk ihnen mit, er sei im Begriff, den Transporter einzuschalten. Doch im nächsten Film kann der Transporter des Raubvogels dieses Kunststück ganz allein vollbringen, wie im vorherigen Film offenbar auch der der *Enterprise*. Vielleicht ist das Klingonenschiff so stark beschädigt, daß sein Transporter Hilfe braucht? Warum sollte Kruge sie in diesem Fall annehmen? Weiß er nicht, wie Kirk und Scott in ›Das Gleichgewicht der Kräfte‹ mit den Seinen verfahren sind? Sie haben die ganze Bande an Bord gebeamt und im Transporterpuffer gelassen, bis einige Crewmitglieder mit Phasern im Transporterraum erschienen.

• Die Schiffe der Klingonen können eine erstaunliche Menge an Hieben vertragen: Kruges Schiff fängt sich zwei Torpedotreffer ein – offenbar, als sein Schutzschirm nicht eingeschaltet war. Doch als Kirk es beschlagnahmt, meldet Sulu, es liefe mit voller Kraft. Wer hat denn nur die Schäden repariert? Die meisten von Kruges Leuten sind doch wenige Minuten nach dem Kampf auf die *Enterprise* übergewechselt.

Anschluß- und Produktionsprobleme

• Mann! Während die *Enterprise* nach Hause getuckert ist, hat sich Saavik aber sehr verändert! Sieht so aus, als hätte sie abgenommen und eine Gesichtsoperation hinter sich gebracht. Wahrscheinlich hatte McCoy nicht viel zu tun. (In Wahrheit hat die Produktion in diesem Film Kirstie Alley durch Robin Curtis als Saavik-Darstellerin ersetzt. Aber was schert unsereins die Realität?)

• Als die *Enterprise* ins Raumdock kommt, entdecken die Sensoren einen Eindringling in Spocks Quartier. Kirk geht von der Brücke, um nachzuschauen, und eine Großaufnahme zeigt den Aufbau der *Enterprise* und ein Kästchen, in dem

STAR TREK III: AUF DER SUCHE NACH MR. SPOCK

sich der Eindringling befindet. Da mir das Bild so bekannt vorkam, habe ich in den Bauplänen der *Enterprise*-TV-Serie nachgeschlagen – und siehe da, ich hab's gefunden! Der Bildschirm zeigt einen Abschnitt von Deck 7 – Steuerbord, in der Nähe der Impulstriebwerke. Es ist die Sektion mit den Arrestzellen, die Endstation für alle Lumpen, und das soll Spocks Quartier sein? (Ist natürlich auch möglich, daß Spocks Quartier nur so aussieht wie der Knast der *Enterprise*. Als Kirk dort ankommt, ähnelt es der Sichtanzeige auf Chekovs Monitor nicht sonderlich.)

• Als Sarek Kirk in seinem Haus auf der Erde besucht, zeigt ein Blick auf das Glasregal neben der Tür, daß der Admiral die Uhr umgestellt hat. Es ist die gleiche, die in *Star Trek II: Der Zorn des Khan* durch einen Riesenpatzer unsterblich wurde.

• Ich gebe zwar nur selten Kommentare über die Kostüme ab (solange sie von *Männern* getragen werden), doch hier scheint Chekov eine Schuljungen-Phase zu durchlaufen: Kurz nachdem Kirk an Bord der *Enterprise* geht, um sie zu entführen, trägt Chekov einen dicken weißen Kragen, in dem er wirkt wie die feisten Knaben auf den Ölgemälden der Klassiker im Amsterdamer Rijksmuseum.

• Als der Genesis-Planet sich selbst vernichtet, kommt es zu einem interessanten Moment: Als der Raubvogel sich verzieht, fliegt ein riesiger Lavabrocken ins All hinaus. Ganz am Ende der Szene *fällt* er wieder herunter. Müßte sich das Trümmerstück nicht weit genug im Raum befinden, um dort zu bleiben?

• Es hört sich an, als gäbe Scott für einen Augenblick seinen schottischen Akzent auf, als er und Chekov sich die Kontrollen im Schiff der Klingonen anschauen und sich bemühen, den Antimateriezünder aufzuspüren.[89]

---

[89] Ach, wirklich?

STAR TREK III: AUF DER SUCHE NACH MR. SPOCK

• Offenbar hat Saavik Spock auf dem Planeten Genesis mehrmals das Haar geschnitten: Laut Abspann ist Spock im Verlauf des Films um mehr als fünfundzwanzig Jahre gealtert – trotzdem hat sein Haar immer die gleiche Länge. Und wie war es mit dem Rasieren?

Quiz-Antworten

1. Captain Styles
2. Er ist das Kind von Skon, Kind von Solkar

★
STAR TREK IV:
ZURÜCK IN DIE GEGENWART
(STAR TREK IV: THE VOYAGE HOME)

Sternzeit: 8390.0

Nach dreimonatigem Exil auf dem Planeten Vulkan wollen Kirk und seine Leute zur Erde zurückkehren, um sich für ihre Taten, die Spocks Rettung dienten, zu rechtfertigen. Der von den Vulkaniern geistig wieder auf Vordermann gebrachte Spock begleitet sie. Man tauft den erbeuteten klingonischen Raubvogel in HMS *Bounty* um und reist nach Hause.

Was die *Bounty*-Besatzung nicht weiß: Ein riesiger Zylinder hat sich der Erde genähert und legt die Energiesysteme aller Objekte lahm, denen er begegnet. Als das fremde Ding die Erde erreicht, sendet es eine seltsame Klangmixtur in Richtung der Meere. Gleichzeitig bringt die Energieausstrahlung alles Leben auf der Erde in Gefahr. Als die *Bounty* sich der Erde nähert, hört die Mannschaft einen planetaren Notruf mit, der alle Schiffe warnt, sich dem Planeten zu nähern, und die gegenwärtige Gefahr beschreibt. Kirk und Spock lauschen kurz der Übertragung des fremden

> **Trekker-Quiz**
>
> 1. Welches Mineral wird die Mannschaft laut McCoys Befürchtung den Rest ihres Lebens abbauen müssen?
> 2. Wie lautet die in der Mitte des Film sichtbare Registriernummer der USS Enterprise?

Schiffes und identifizieren die Töne als Buckelwalgesang. Da diese Wale im 21. Jahrhundert ausgerottet wurden, können sie nicht mehr antworten.

Kirk möchte die Erde um jeden Preis retten. Er weist Spock

STAR TREK IV: ZURÜCK IN DIE GEGENWART

an, die Flugbahn der *Bounty* für einen Zeitsprung zu berechnen. Unter Ausnutzung der Sonnengravitation reist die Mannschaft in der Hoffnung in die Vergangenheit, dort Wale zu finden. Obwohl es eine Weile dauert, die Biologin Gillian Taylor von der Wahrheit zu überzeugen, findet Kirk in ihr eine Verbündete. Wie sich zeigt, verfügt das Unternehmen, in dem sie arbeitet – das Cetacean Institute bei San Francisco –, über ein Buckelwalpärchen. Gillians Vorgesetzte lassen die Wale aber, ohne ihr davon zu erzählen, eher als geplant frei. Mit Gillians Hilfe lokalisiert die *Bounty* die Wale auf dem offenen Meer, und Scott beamt sie an Bord.

Spocks Berechnungen gemäß jagt die *Bounty* erneut um die Sonne und kehrt in die Zukunft zurück. Man trifft wenige Sekunden vor der Abreise ein, und das fremde Schiff legt die Energiesysteme der *Bounty* lahm. Nachdem Sulu bei San Francisco eine Bruchlandung geglückt ist, sprengt Kirk die Schleuse, um die Wale freizulassen. Kurz darauf stimmt das Männchen seinen Gesang an, und das fremde Schiff zieht sich zurück.

Als der Film endet, läßt die Föderation sämtliche Anklagen gegen Kirk und die Mannschaft fallen – außer einer: Da Kirk sich den Befehlen seiner Vorgesetzten widersetzt hat, wird er zum Captain degradiert und erhält erneut das Kommando über ein Raumschiff: die neue USS *Enterprise* NCC 1701-A.

Anmerkungen

Ist dieser Film nicht toll? Er unterscheidet sich vom ernsthaften Ton seiner beiden Vorgänger durch einen rasanten Tempowechsel und wirkt wie eine Balgerei auf der Wiese. Ich erinnere mich noch immer an das erste Mal, als ich Kirk und Co. im 20. Jahrhundert durch die Straßen von San Francisco laufen sah: Ich mußte lauthals lachen, so sehr hat mich die Darstellung unserer vollendeten, disziplinierten Zukunftshelden erheitert, die in unserer Zeit umherirren.

STAR TREK IV: ZURÜCK IN DIE GEGENWART

Kernige Dialoge
»Ah – die Giganten!« – Literaturkritiker Spock, als er sich sarkastisch über die Werke von Jacqueline Susann und Harold Robbins ausläßt.

Höhepunkte
Das Ende des Films, als Sarek Spock erzählt, sein Widerstand gegen seine Berufswahl könne auch ein Fehler gewesen sein, erbringt eine sehr schöne ›Auflösung‹, die Fragen klärt, die seit der TV-Episode ›Reise nach Babel‹ offen waren.

Handlungsschwächen
• Die monströse Sonde kommt angeblich zur Erde, um nach Walen Ausschau zu halten. Spock geht sogar so weit zu sagen, sie sei gekommen, um in Erfahrung zu bringen, warum ›sie‹ den Kontakt mit den Walen verloren haben. Dann standen die Wale also mit ›ihnen‹ in Kontakt, bevor die Menschen sie ausrotteten? Wie aber haben sie das bewerkstelligt? Kein Mensch auf Erden hat bemerkt, daß Wale sich je irgend jemandem in den gewaltigen Weiten des Weltraumes mitgeteilt haben. Es könnte freilich so sein, daß die Methoden ihrer Verständigung unaufdringlich und nicht meßbar sind. Wenn dem so ist, was soll dann die Randale der Sonde? Wendet sie ein völlig andersartiges Verfahren an?

• In einer Szene meldet ein hoher Flottenoffizier dem Präsidenten der Föderation, man werfe der Sonde alles zur Verfügung stehende entgegen. Einige Minuten später erreicht die Sonde jedoch ein Raumdock, in dem sich noch immer nicht in Marsch gesetzte Schiffe befinden. In dieser Sequenz muß das Trägheitsmoment einen erneuten Rückschlag hinnehmen: Als die Sonde vorbeifliegt, geht sämtlichen Maschinchen im Inneren der Saft aus, und sie verharren. Im All, wo keine Schwerkraft herrscht, müßten sie aber weiterschweben und gegen die nächste Wand krachen.

• Kurz vor dem Verlassen Vulkans nimmt Saavik sich die

STAR TREK IV: ZURÜCK IN DIE GEGENWART

Zeit, Kirk zu sagen, wie tapfer sein Sohn David gestorben ist. Sie hat angeblich vorher keine Gelegenheit dazu gehabt. Kirk befindet sich seit drei Monaten auf dem Planeten. Selbst wenn sie nicht in der Gegend war – gibt es auf Vulkan keine Telefone?

• Als die Sonde die Erde verwüstet, liest ein Offizier der Flotte Zustandsberichte über mehrere irdische Städte vor, darunter auch Leningrad. Wenn ich mich recht erinnere, gibt es aber keine Stadt dieses Namens – sie heißt nun St. Petersburg. Wenn sie ihren Namen in der Zukunft nicht noch einmal ändert, dürfte im 23. Jahrhundert kein Ort dieses Namens existieren. (SF-Autoren haben es wirklich nicht leicht: Wer hätte 1986 den Untergang der Sowjetunion vorherzusagen gesagt?)

• Spock zieht eine überraschende Schlußfolgerung, die aber wesentlich für die Weiterentwicklung der Handlung ist: Die Mannschaft der *Bounty* lauscht dem Notruf der Erde. Der Präsident der Föderation gibt bekannt, daß die Sendungen der Sonde schwere Schäden hervorrufen. Er erwähnt vier Beispiele: Die Sonde hat die Atmosphäre fast völlig ionisiert, sämtliche Kraftwerke stillgelegt, alle Schiffe in der Kreisbahn antriebslos gemacht und ist im Begriff, die Meere zu verdunsten. Er beendet die Nachricht mit der schaurigen Warnung, auf der Erde werde alles Leben sterben, wenn man keine Möglichkeit findet, sich mit der Sonde zu verständigen. Kurz darauf meint Spock, der Präsident habe gesagt, die Sonde sende ihre Botschaft an die Meere. (Dieser Teil der Rede muß mir entgangen sein.) Hätte Spock Kirks Beachtung nicht auf die Meere gerichtet, hätte Kirk Uhura auch natürlich nicht gebeten, die Sendungen zu filtern, und Spock hätte nicht den Schluß gezogen, daß es sich dabei um Walgesang handelt. Und dann wären auf der Erde wirklich alle gestorben.

• Warum sind Kirk, Spock und Gillian eigentlich nicht angeschnallt, als sie mit Gillians Laster fahren?

• Noch etwas zum Thema Wale: Laut Spock macht es sie

STAR TREK IV: ZURÜCK IN DIE GEGENWART

unglücklich, wie die Menschen ihre Rasse behandeln. Er hat ihnen vermutlich erzählt, daß die Menschheit sie irgendwann ausrotten wird. Trotz alledem sind sie bereit, in die Zukunft zu reisen und uns vor der Ausrottung zu bewahren. (Da wünscht man sich irgendwie, daß man sich Finnen wachsen lassen könnte, nicht wahr?)

• Da man Hochenergiephotonen benötigt, um die Dilithiumkristalle der *Bounty* mit Energie zu versorgen, beamen Chekov und Uhura auf ein Marineschiff namens USS *Enterprise* und mopsen selbige aus dessen Atomreaktor. Dabei wird Chekov festgenommen, verletzt und in ein Krankenhaus gebracht. Kirk, McCoy und Taylor organisieren seine Befreiung, die in einer ›Hochgeschwindigkeitsjagd‹ durch die Krankenhauskorridore endet. Scott beamt das Quartett aus einem Aufzug heraus und setzt sie vor dem Raubvogel ab. Als Kirk sich von Taylor verabschiedet, eilen McCoy und Chekov die Gangway hinauf. Als er darum bittet, an Bord geholt zu werden, springt Taylor mit ihm hinein, weil sie die Zukunft kennenlernen möchte. Kirk erlaubt ihr knurrig mitzukommen. Ich habe mir diese Filmszene noch einmal angesehen, weil sie voller Kunstgriffe ist. Ja, sie ist lustig, aber (um Sarek zu zitieren) »zu welchem Preis«? Nachdem McCoy Chekovs Verletzungen kuriert hat, wäre es viel passender, Scott zu kontaktieren und sich sofort aufs Schiff holen lassen. (Ja, in einem geschlossenen Raum schauen Ärzte und Schwestern zu, aber ein listig aufgehängtes Laken könnte dieses Problem erledigen.) Kirk macht es jedoch nicht so. Er führt eine Jagd durch das Krankenhaus an, bis Scott sie aus dem Aufzug beamt. Doch aus irgendeinem Grund holt er sie nicht ins Schiff, sondern setzt sie im Park ab! Dies verlangt von dem geschwächten Chekov, sich mit Sulus Hilfe die Gangway hinaufzuschleppen. Kirk bleibt zurück, um sich von Gillian zu verabschieden, und sofort ist der Eingang zu. Wieso er sich schließt, obwohl er noch draußen steht? Weil die Regie ihn an Bord *beamen* wollte, damit Gillian mitgehen kann! (Ein ein-

STAR TREK IV: ZURÜCK IN DIE GEGENWART

deutig netter Zug, aber hoffnungslos überinszeniert.) Nachdem Gillian schließlich an Bord gelangt ist, zuckt Kirk die Achseln und läßt sie bleiben. Es gibt aber einen Ausgang. Er könnte sie hinauswerfen. Es gibt einen Transporter, der sie packen und irgendwo auf der Erde absetzen könnte. Doch Kirk ist es lieber, sie ihrer Zeit zu entreißen und in die Zukunft zu versetzen. Hat er ein verstecktes Motiv? (Am Ende des Films bittet er sie um ihre ›Telefonnummer‹.)

• Ich weiß noch immer nicht genau, warum ein Flug um die Sonne einen in die Vergangenheit versetzt – und ein zweiter in die Zukunft.

• Am Ende des Films läßt der Präsident der Föderation die Anklagen gegen Kirk und seine Mannschaft fallen. Er listet auf: Verschwörung, Angriff auf Föderationsbeamte, Diebstahl von Föderationseigentum, Sabotage der *Excelsior,* bewußte Zerstörung der *Enterprise* und Mißachtung der Befehle eines Vorgesetzten. Nach meiner Zählung sind dies sechs Delikte – doch zu Beginn der Szene spricht der Präsident von neun. Was ist mit den anderen?

Grundlagenveränderungen

• Um dem Amerika des 21. Jahrhunderts zu trotzen, sagt Kirk, es sei selbstverständlich, daß kein Einheimischer je einen Außerirdischen gesehen hat. Wie kann er so was sagen? Weiß er denn nicht, daß wir uns *Star Trek* anschauen?

• Alle Sorgen, die die Mannschaft in ›Morgen ist gestern‹ hinsichtlich der Möglichkeit äußert, man könne die Zukunft verändern, scheinen in diesem Film nicht mehr zu existieren. Scott und McCoy haben kein Problem, einem Industriellen die Formel für transparentes Aluminium zu geben, einer Substanz, die angeblich erst mehrere Jahre später entdeckt wird. McCoy heilt eine Frau im Krankenhaus. Und noch erstaunlicher: Chekov läßt einen klingonischen Phaser zurück!

• Kirk verblüfft Gillian mit der Restaurantrechnung, als er

STAR TREK IV: ZURÜCK IN DIE GEGENWART

sagt, in der Zukunft werde kein Geld mehr verwendet. Reißt McCoy also einen Witz, als er in *Star Trek III: Auf der Suche nach Mr. Spock* zu Fischgesicht sagt, er habe das Geld, um dessen Schiff zu chartern?[90]

Gerätekokolores

• Ganz am Anfang des Films zeigt der klingonische Botschafter der Föderationsversammlung Bilder von der Vernichtung der *Enterprise*. Wo kommen diese Aufnahmen her?

• Eine Szene zeigt eine Reihe von Computern, die Spock prüfen. Ihre Sichtanzeigen bestehen aus transparentem Kunststoff. Mehrere Aufnahmen werden durch die Anzeige gemacht, die Spock auf der anderen Seite zeigen, während er Fragen beantwortet. Komischerweise verläuft die Schrift auf unserer Seite der Anzeige von links nach rechts. Wenn die Anzeigen transparent sind und die Fragen richtig geschrieben sind, damit Spock sie lesen kann, müßte man sie nicht seitenverkehrt sehen? Wieso sind außerdem alle Fragen in englischer Sprache? Seine Mutter hat doch gesagt, man habe ihn auf *vulkanische* Art neu geschult.

• Während des dreimonatigen Exils hat Kirks Truppe das Innere des klingonischen Raubvogels völlig umgestaltet. Man hat alle Kontrollstationen in Positionen verbracht, die ihnen vertrauter sind. Doch interessanterweise hat man sogar neue Türen installiert. Trotz all dieser Modifikationen hat sich niemand die Mühe gemacht, die Sichtanzeigen aus dem Klingonischen zu übersetzen. (Es überrascht mich, daß man nicht auch ein neues Computersystem eingebaut hat. Sarek hätte ihnen doch aus Freude über die Rückkehr seines Sohnes bestimmt eins beschaffen können.) Noch etwas: Sulu und Chekov wollten offenbar mal anders sitzen. Im Vergleich zur TV-Serie sind ihre Positionen vertauscht.

---

[90] In ›Kennen Sie Tribbles?‹ zahlt man Rechnungen zudem in ›Föderationsdukaten‹.

STAR TREK IV: ZURÜCK IN DIE GEGENWART

• Existiert irgendein Grund, weshalb der Universaltranslator die Walgesänge *nicht* übersetzen kann? In ›Metamorphosen‹ hat er doch sogar die Übermittlungen einer Energiewolke prima übersetzt.

• Als die *Bounty* bei San Francisco landet und startet, macht sie eine Menge Wind, aber als sie von Vulkan abhebt, rührt sich kaum ein Stäubchen. Sie wühlt auch nicht den Ozean auf, als sie über den Walen schwebt.

• Es ist wirklich ein Glücksfall für unsere Helden, daß gerade niemand im Golden Gate Park ist, während sie ihn als Parkplatz für die *Bounty* verwenden. Möglicherweise geht überhaupt niemand in diesen Park, und selbst wenn es jemand täte – er würde die beiden riesigen Vertiefungen im Boden oder das riesige unsichtbare ›Etwas‹ nie bemerken.

• Kirk lernt Gillian im Cetacean Institute kennen, einem Walmuseum. Er und Spock treffen mit dem Bus dort ein, stellen sich zur nächsten Führung an, und – zack! – Gillian ist die Führerin! Vielleicht bin ich noch nie in einem richtigen Museum gewesen, aber mir ist es noch nie passiert, daß mich jemand mit Doktortitel dort herumgeführt hat. Die Wale sollen bald freigelassen werden, also ist die Studienzeit knapp. Warum also führt Dr. Gillian Taylor die Touristen herum?

• Ich habe zwar nicht vor, viel Zeit mit diesem Thema zu vergeuden, aber ich besitze einen MacPlus – den Computer, den auch Scott verwendet, als er die Formel für transparentes Aluminium berechnet. Die Szene ist zwar ganz niedlich, aber *völlig* unglaubwürdig. Diese Maschine hat nicht genug Betriebsenergie, um die Berechnungen so schnell vorzunehmen, wie sie es im Film angeblich kann. Natürlich hat man alle Bilder im Voraus produziert und sie dann einfach über den Bildschirm gejagt.

• Irgendwann baut Spock ein Gerät, um Hochenergiephotonen aus einem Atomreaktor zu erbeuten. Chekov und Uhura nehmen es zu einer verdeckten Mission mit – betreten unbefugt ein Marineschiff. Interessanterweise piepst das Gerät!

STAR TREK IV: ZURÜCK IN DIE GEGENWART

Nimmt man wirklich ein piepsendes Instrument mit, wenn man auf Raubzug ausgeht?

• Nach der Beschaffung der Wale weist Kirk Sulu an, Kurs auf die Sonne zu nehmen. Sulu schaltet den Warp-Antrieb ein, als die *Bounty* sich noch in der Erdatmosphäre befindet! In *Star Trek: Der Film* sagt Kirk jedoch, man müsse *riskieren,* diesen Antrieb einzuschalten, solange man noch *im Sonnensystem* sei. Wenn es riskant ist, den Antrieb in einem relativ großen Gebiet wie dem Sonnensystem einzuschalten, ist es dann in der irdischen Lufthülle nicht noch riskanter? Außerdem kommt in der *ST/DNJ*-Episode ›Der Kampf um das klingonische Reich (2)‹ (REDEMPTION II) ein Raubvogel vor, der in der Nähe eines Sterns den Warp-Antrieb aktiviert. Die Handlung führt zum Ausbruch eines gigantischen Flackerns, als sei ein Vakuum erzeugt worden. Müßte das gleiche nicht auch in der Erdatmosphäre passieren?

Anschluß- und Produktionsprobleme

• Allem Anschein nach war nicht nur Geordi La Forges Mutter Captain eines Raumschiffes, sondern auch seine Großmutter! Die Schauspielerin, die den Captain der USS *Saratoga* verkörpert, ist in ›Interface‹ (INTERFACE) auch als seine Mutter aufgetreten.

• Dies hier ist weniger ein Problem als eine Auswirkung: Die Macher haben aus einem späteren Teil des Films einen Dialog entnommen, um die erste Zeitreisesequenz mit den zerfließenden Köpfen zu unterlegen.

• In der Essensszene mit Kirk und Gillian kommt es zu einem klassischen Anschlußproblem: Zwischen den beiden steht eine Kerze, die aus beiden Aufnahmewinkeln sichtbar ist. In der gesamten Szene ist sie mal lang und mal kurz.

• Nachdem es Scott gelungen ist, eine örtliche Firma zur Produktion von lichtdurchlässigem Aluminium zu bewegen, holt Sulu selbiges mit einem Hubschrauber ab. Als sie es hinunterlassen, ist es in einem Behälter. Eine spätere Aufnahme

STAR TREK IV: ZURÜCK IN DIE GEGENWART

zeigt, daß sich der Behälter in den Frachtraum der *Bounty* hinabsenkt. Dann verschwindet er plötzlich, und das transparente Material wird weiter hinabgelassen. (Es muß kein Fehler sein. Es ist sehr kraß, und ich kann mir nicht vorstellen, daß es nicht absichtlich so ist. Ich finde aber keine verständliche Erklärung dafür.)

• Es ist schwierig zu erkennen, aber Kirks Phaser wechselt die Hand, als er die Türschlösser schmilzt, nachdem Kirk die Ärzte und Schwestern im Krankenhaus in den kleinen Raum gescheucht hat.

• Der Anfang des Films zeigt uns die Buchstaben ›HMS BOUNTY‹ deutlich in roter Farbe an der Seite des klingonischen Schiffes. Doch bei einem nahen Vorbeiflug am Ende des Films ist nichts mehr davon zu sehen.

• Ganz am Ende des Films steht McCoy neben Kirk auf der Brücke der neuen *Enterprise*. Er beugt sich vor und legt die rechte Hand aufs Geländer. Der Aufnahmewinkel ändert sich, und plötzlich stützt er sich mit dem rechten Ellbogen auf dem Geländer ab.

Quiz-Antworten

1. *Borit*
2. *CVN-65*

TRIATHLON-QUIZ: PLANETEN

Ordnen Sie den Planeten der Beschreibung und der Episode oder dem Film zu:

Planet		Beschreibung		Episode/Film
1. Alpha 177	A	Führt seine Kriege mit Computern	a	›Wen die Götter zerstören‹
2. Alpha Majoras I	B	Heimat zweifarbiger Völker	b	›Der Plan der Vianer‹
3. Antos IV	C	Reich an Pergium	c	›Kurs auf Markus 12‹
4. Argelius II	D	Standort einer Sende- und Astronavigationsstation	d	›Das Jahr des Roten Vogels‹
5. Argus X	E	Braucht dringend Zenait	e	›Implosion in der Spirale‹
6. Beta Antares IV	F	Ruks offizieller Wohnort	f	›Der Tempel des Apoll‹
7. Beta III	G	Strahlung läßt Forscher altern	g	›Spitze des Eisberges‹
8. Camus II	H	Trelanes Planet	h	›Seit es Menschen gibt‹
9. Capella IV	I	Bewohner beendeten einen Krieg	i	›Epigonen‹
10. Cestus III	J	Mellitus' Heimat	j	›Das Spukschloß im Weltall‹
11. Ceti Alpha V	K	Pflanzensporen sorgen für Glücksgefühle	k	›Weltraumfieber‹
12. Cheron	L	Telekinese führt zu Grausamkeit	l	›Portal in die Vergangenheit‹
13. Coridan	M	Heimat eines Riesenvolkes	m	›Kampf um Organia‹

TRIATHLON-QUIZ: PLANETEN

Planet		Beschreibung		Episode/Film
14. Delta Vega	N	Quelle alkoholischen Wassers	n	›Tödliche Wolken‹
15. Deneva	O	Empfänger dringend benötigter Arzneien	o	›Landru und die Ewigkeit‹
16. Eden	P	Zielort eines von Angst getriebenen Schiffes	p	›Das Letzte seiner Art‹
17. Elba II	Q	Ort der Hexen und Zauberer	q	›Die Wolkenstadt‹
18. Eminiar VII	R	Heimat des Riesen-trockenwurms	r	›Die Reise nach Eden‹
19. Excalbia	S	Außenposten von Gorn vernichtet	s	›Spock außer Kontrolle‹
20. Exo III	T	McCoy besuchte dort ein Kabarett	t	›Die Stunde der Erkenntnis‹
21. Gamma II	U	Heimat der Ge-schlechtertausch-Maschine	u	›Wie schnell die Zeit vergeht‹
22. Gamma Hydra IV	V	Bergleute suchen Frauen	v	›Der Wolf im Schafspelz‹
23. Gamma Trianguli VI	W	Kühlt nachts auf –120 Grad Fahren-heit ab	w	›Der alte Traum‹
24. Gamma Vertis IV	X	Standort einer Dili-thiumverarbeitungs-fabrik	x	›Meister der Sklaven‹
25. Gothos	Y	Heimat des Fizz-binspiels	y	›Krieg der Computer‹
26. Hansens Planet	Z	In seiner Eiszeit lebt eine einsame Frau	z	›Bele jagt Lokai‹
27. Janus IV	AA	Scott wegen Mordes vor Gericht	aa	›Kirk : 2 = ?‹
28. M-113	BB	Heimatplanet von Leonard James Akaar	bb	›Gefährlicher Tausch‹

TRIATHLON-QUIZ: PLANETEN

Planet		Beschreibung		Episode/Film
29. Makus III	CC	Zweite Heimat der Vampirwolke	cc	›Reise nach Babel‹
30. Markus XII	DD	Heimat des Salz- vampirs	dd	›Der schlafende Tiger‹
31. Merak II	EE	Wird von Hirnzellen- horden attackiert	ee	›Notlandung auf Galileo 7‹
32. Omega IV	FF	Heimat Apolls	ff	›Tödliche Spiele auf Gothos‹
33. Omicron Ceti III	GG	Letztes Ziel der *Archon*	gg	›Im Namen des jungen Tiru‹
34. Organia	HH	Geschmolzene Heimat der Fels- kreaturen	hh	›Horta rettet ihre Kinder‹
35. Platonius	II	Bestimmungsort des Quadrotricytal	ii	›Falsche Paradiese‹
36. Pollux IV	JJ	Sevrins Ziel	jj	›Spocks Gehirn‹
37. Psi 2000	KK	Heimat der Rie- senaalvögel	kk	›Landeurlaub‹
38. Pyris VII	LL	Hier wird Vaal ernährt	ll	›The Cage‹
39. Regulus V	MM	Heimat der Gangster	mm	›Ganz neue Dimen- sionen‹
40. Rigel II	NN	Vina ist hier not- gelandet	nn	›Der Zentralnerven- system-Manipulator‹
41. Rigel XII	OO	Heimat des stum- men Volkes	oo	›Die Frauen des Mr. Mudd‹
42. Sarpeidon	PP	Ort von Garths Gefangenschaft	pp	›Platos Stiefkinder‹
43. Shermans Planet	QQ	Heimat der Yangs und Kohms	qq	›Kennen Sie Tribbles?‹
44. Sigma Draconis VI	RR	Männer oben, Frauen unten	rr	*Star Trek: Der Film*
45. Sigma Iotia II	SS	Adams Strafkolonie	ss	›Der verirrte Planet‹
46. Talos IV	TT	Sein heißer Sand läutert Emotionen		

TRIATHLON-QUIZ: PLANETEN

Planet	Beschreibung
47. Tantalus V	UU In Wirklichkeit ein Raumschiff
48. Triacus	VV Beantragt Föderationsmitgliedschaft
49. Triskelion	WW Heimat der Übermenschen
50. Vulkan	XX Versorger setzen auf Sklaven
51. *Yonada*	YY Gorgan hat hier gelebt

Bewertung
(Grundlage: Anzahl richtiger Antworten)

0–7	Normal
8–15	Ihr Trekker jagt mir Angst ein!
16 und mehr	Sie leben wohl nicht zufällig im Keller Ihrer Eltern, wie?

Antworten

1. W aa	14. X g	27. C hh	40. T kk
2. J v	15. EE s	28. DD p	41. V oo
3. R f	16. JJ r	29. O ee	42. Z l
4. AA v	17. PP a	30. P c	43. ll qq
5. CC n	18. A y	31. E q	44. RR jj
6. Y i	19. HH h	32. QQ d	45. MM i
7. GG o	20. F w	33. K ii	46. NN ll
8. U bb	21. D x	34. I m	47. SS nn
9. BB gg	22. G u	35. L pp	48. YY c
10. S mm	23. LL t	36. FF f	49. XX x
11. WW dd	24. OO b	37. N e	50. TT rr
12. B z	25. H ff	38. Q j	51. UU ss
13. VV cc	26. M ee	39. Kk k	

STAR TREK V:
AM RAND DES UNIVERSUMS
(STAR TREK V: THE FINAL FRONTIER)

Sternzeit: 8454.1

Eine Krise unterbricht den Landeurlaub der *Enterprise*-Stabes. Terroristen haben die Hauptstadt von Nimbus III eingenommen, dem Planeten des galaktischen Friedens. Die Föderation, die Klingonen und die Romulaner haben dort Botschafter eingesetzt, um die Befähigung ihrer Regierungen zur Zusammenarbeit zu demonstrieren. Obwohl die *Enterprise* 1701-A noch nicht zur Gänze einsatzbereit ist, braucht die Flotte ihren erfahrensten Captain, um mit der Krise fertig zu

> **Trekker-Quiz**
>
> 1. Wer spielt in diesem Film den Flottenkommandanten?
> 2. Wie heißt die Enterprise-Raumfähre Nr. 3?

werden. Ohne Transporter, mit kaum funktionsfähigen Türen und einer auf ein Minimum reduzierten Mannschaft setzt Kirk Kurs nach Nimbus III, um die Botschafter zu befreien.

Inzwischen hat es Captain Klaa, der einen klingonischen Raubvogel führt, satt, immer nur auf im All treibende Trümmer zu schießen. Als er hört, daß Kirk nach Nimbus III unterwegs ist, setzt er ebenfalls Kurs auf den Planeten. Er will die *Enterprise* angreifen, Kirk vernichten und so zum größten Krieger der Galaxis aufsteigen.

Als Nimbus III erreicht ist, fliegen Kirk und sein Trupp in einer Fähre zu dem Planeten, um die Geiseln zu befreien. Leider sind die Botschafter inzwischen zum Anführer der Revolte übergelaufen: Es ist Sybok, ein Vulkanier und Halbbruder Spocks. Er hat den Angriff auf Nimbus III nur inszeniert, um Raumschiffe anzulocken. Als Kirk & Co. dort sind,

455

STAR TREK V: AM RAND DES UNIVERSUMS

werden sie schnell gefangengenommen, und bald beherrscht Sybok die *Enterprise*. Er macht sich auf den Weg ins Zentrum der Galaxis, denn er hat die Vision, daß Gott dort auf ihn und die seinen wartet.

Nach der Überwindung einer gewaltigen Energiemauer stößt man tatsächlich auf einen bis dato unbekannten Planeten. Sybok, Kirk, Spock und McCoy landen in einer Fähre, um sich umzusehen. Anfangs scheint das Wesen, dem sie begegnen, das Wissen und die Eigenschaften eines Gottes zu haben, doch dann sagt es, es benötige die *Enterprise,* um die große Barriere zu überwinden. Kirk stellt ihm die einfache Frage, wozu Gott ein Raumschiff brauche. Daraufhin wird das Wesen wütend und wirft ihn mit einem Energieblitz um. Sybok erkennt, daß dies nicht Gott sein kann. Er bedeutet den anderen, sie sollen fliehen, und lenkt den Feind ab. Kirk ordert ein Photonentorpedo an ihren Standort, und einen Moment lang scheint das Wesen vernichtet. Als das Trio jedoch zur Fähre zurückkehrt, muß es erkennen, daß die Manöverdüsen nicht zünden wollen.

Inzwischen hat Scott den Transporter soweit repariert, um Spock und McCoy an Bord zu beamen, aber ein Photonentorpedo von Klaas Schiff schaltet ihn wieder ab. Der klingonische Captain ist Kirk durch die Energiebarriere gefolgt. Da die *Enterprise* kampfunfähig ist, wendet Spock sich um Hilfe an General Koord, den klingonischen Botschafter von Nimbus III. Kurz bevor ›Gott‹ Kirk vernichtet, befiehlt der General Klaa erfolgreich, Kirk von dem Planeten zu retten.

Anmerkungen

In der ST/DNJ-*Episode ›Katastrophe auf der* Enterprise‹ (DISASTER) *steigt Picard mit drei Kindern einen Liftschacht hinauf. Da er die Moral der Kinder heben will, fragt er sie, ob sie irgendwelche schönen Lieder kennen. Ein Kind nennt den Titel ›Der lachende Vulkanier und sein Hund‹. Jedesmal, wenn ich die Eröffnungssequenz dieses Films sehe, frage ich mich, ob*

STAR TREK V: AM RAND DES UNIVERSUMS

sich das Lied auf Sybok und seinen Gefährten bezieht. (Ich weiß, das war nicht sehr nett.)

A propos ST/DNJ. *Die Fähre aus diesem Film ist später auch auf Picards* Enterprise *zu sehen. Außerdem tritt der Schauspieler David Warner, der den terranischen Botschafter verkörpert, als Gul Madred in den Episoden ›Geheime Mission auf Celtris III (1/2)‹ (CHAIN OF COMMAND 1/2) als Picards Folterer auf. Natürlich spielt er im nächsten Kinofilm auch den Gorkon.*

Kernige Dialoge

»Ehrlich gesagt, es ist mein erster Versuch.« – Sulu auf Syboks Frage, wie oft er schon eine Fähre ohne Leitstrahl in einen Hangar gesteuert hat.

Handlungsschwächen

• Zu Beginn des Films behauptet ein hoher Flottenoffizier, man müsse Kirk schicken; er sei der einzige erfahrene Mann, der zur Verfügung stehe. Und welche Rechtfertigung hat man, die *Enterprise* einzusetzen? In *Star Trek: Der Film* hat Kirk die *Enterprise* in einer Krisensituation übernommen. Warum stellt die Flotte nicht die *Excelsior* für ihn ab? Sie ist gleich neben der *Enterprise* angedockt, und laut allem, was man zuletzt von ihr gehört hat, ist sie gut in Schuß. (Na schön, Scott hat sie einiger Computerteilen entkleidet, aber könnte man die nicht wieder einbauen?)

• Versteht Sybok eigentlich die Technik der Flotte? Auf dem Planeten Nimbus III setzt Spock einen Tricorder ein, um die entführten Botschafter aufzuspüren. Könnte ein normal funktionierendes Raumschiff dies nicht auch in der Kreisbahn machen? Könnte ein normal funktionierender Transporter die Geiseln nicht der Gefahr entziehen, ohne jemanden auf den Planeten zu schicken? (Ja, ich weiß noch, daß Picards *Enterprise* in ›Die Rettungsoperation‹ (LEGACY) vor einem ähnlichen Problem stand, aber in dieser Episode befanden sich die Gei-

STAR TREK V: AM RAND DES UNIVERSUMS

seln tief unter der Erde und waren von den Sensoren nicht ortbar.)

• Ich erinnere mich nicht, auf Nimbus III irgendwelche Palmen gesehen zu haben, aber trotzdem taucht Uhura mit zwei Palmwedeln auf, um einen Fächertanz zu absolvieren. Hat sie sie ständig bei sich – für den Fall, daß sich mal eine Gelegenheit ergibt?

• In diesem Film gibt Kirk als Infanterist eine jämmerliche Figur ab. Zwar gelingt es ihm, in die Stadt einzudringen, in der die Rebellen die Botschafter festhalten, aber vergessen er und seine Leute wohl völlig, daß sie ihnen an Feuerkraft überlegen sind: Die Rebellen schlagen sie mit Waffen, die Steinchen verschießen! Warum läßt Kirk seine Leute nicht einfach die Phaser ziehen und alle Mann (wie in ›Landru und die Ewigkeit‹) per Fächerstrahl lähmen? Ist es nicht sinnvoller, die Besinnungslosen zu sortieren, wenn man ein gewisses Maß an Kontrolle errungen hat? Natürlich will die Regie, daß Sybok die *Enterprise* entführt – und Kirk zu schlagen war der erste Schritt auf dem Weg dorthin. Aber man hätte Kirk nicht so blöd dastehen zu lassen brauchen. Man hätte das geheime Einverständnis zwischen Sybok und den Botschaftern nutzen können, um Kirk die Stadt einnehmen und trotzdem verlieren zu lassen.

• Als Kirk, Spock, McCoy und Sybok in der Fähre zum Planeten fliegen, um ihn zu untersuchen, übernimmt ›Gott‹ die Steuerung und landet das Gefährt für sie. Komischerweise müssen die vier einen ziemlich weiten Weg gehen, bis sie ihm begegnen. ›Gott‹ hätte die Fähre ruhig etwas näher an seinem Aufenthaltsort abstellen können. Es ist doch nicht so, als gäbe es auf dem Planeten Parkplatzprobleme.

• Nachdem ›Gott‹ seinen ersten Blitz geschleudert hat, weist Kirks Uniformjacke vorn und hinten Verbrennungen auf. Soll dies bedeuten, daß der Blitz durch ihn hindurchgefahren ist? Wenn ja, wieso ist er nicht tot? (Daß Spock nicht tot ist, kann ich verstehen: Sein Herz sitzt auf der anderen Seite.)

STAR TREK V: AM RAND DES UNIVERSUMS

• Eine letzte Frage: Hat jemand die Barriere *gebaut,* die das
böse Wesen einschließt? Es sagt, es sei seit Jahrtausenden
›eingeschlossen‹. Von wem?

Grundlagenveränderungen

• Nachdem sich die neue romulanische Botschafterin Caith-
lin Dar auf Nimbus III dem terranischen und dem klingonischen Botschafter vorgestellt hat, erzählt sie die Geschichte
des Planeten und sagt, ihre Regierungen hätten diese Kolonie als Beispiel für das errichtet, was man erreichen könne,
wenn man zusammenarbeite. Um diesen Patzer zu knacken,
muß man einen Zeitrahmen für diesen Film festsetzen. Wie in
Star Trek II: Der Zorn des Khan (STII) besprochen, existieren
für den zweiten Film zwei Zeitrahmen. Laut Khan hat Kirk die
Übermenschengruppe fünfzehn Jahre vor ihrer schließlichen
Flucht auf Ceti Alpha V ausgesetzt. Laut dieser Zahl spielt *STII*
mehr als fünfzehn Jahre nach Kirks erster Mission als Captain
der *Enterprise.* Andere Hinweise deuten jedoch an, daß *STII*
etwa acht Jahre nach dem Beginn der TV-Serie spielt. Geht
man davon aus, daß *STII* acht bis fünfzehn Jahre nach Be-
ginn der TV-Serie spielt, wieviel Zeit ist dann zwischen *STII*
und *Star Trek V: Am Rand des Universums* vergangen? Die
Ereignisse in *STII* gehen direkt zu *Star Trek III: Auf der Suche
nach Mr. Spock* über. Kirk & Co. verbringen drei Monate auf
Vulkan, ehe sie sich in *Star Trek IV: Zurück in die Gegenwart
(STIV)* zur Erde aufmachen. Am Ende von *STIV* sitzt Kirk im
Kommandosessel der neuen *Enterprise* 1701-A und sagt:
»Mal sehen, was sie kann.« Am Anfang von *Star Trek V: Am
Rand des Universums* brummelt Scott, der Captain habe
eben dies gesagt, und sie hätten es ausprobiert. Dies erweckt
den Eindruck, daß Scott nach dem Probeflug der haarige Job
des Ausbügelns aller Macken zugefallen sei. Aus dem Urlaub
kommend, sagt Kirk, er habe Scott drei Wochen gegeben,
die *Enterprise* hinzukriegen. Diese Faktoren führen mich zu
der Annahme, daß zwischen *STII* und *STV* nicht mehr als ein

STAR TREK V: AM RAND DES UNIVERSUMS

Jahr vergangen ist. Wenn es stimmt, muß Dars Aussage falsch sein, weil die TV-Serie weniger – wahrscheinlich viel weniger – als zwanzig Jahre zuvor begann. Unter diesen Umständen hätten die Terraner, Klingonen und Romulaner die Siedlung auf Nimbus III vor dem Start der TV-Serie beschlossen. Laut der Episode ›Spock unter Verdacht‹ (erste Staffel) ist man den Romulanern aber hundert Jahre zuvor, bei der Errichtung der Neutralen Zone, zuletzt begegnet.

• Urplötzlich erblüht in diesem Film die Gottlosigkeit. Das Alter scheint Kirk zu Ausrutschern zu verleiten. Oder hat ihm das Fluchen in *Star Trek IV: Zurück in die Gegenwart* so viel Spaß gemacht?

• Nach der Bruchlandung der Fähre im Hangar kriegen Kirk und Spock sich in die Wolle, als Spock eine Waffe in der Hand hält: Sybok geht auf Spock zu und gestattet, daß dieser ihm die Waffe auf den Brustkorb drückt. Kirk befiehlt Spock zu schießen, doch dieser weigert sich. Später, in der Arrestzelle, sagt Spock, wenn er abgedrückt hätte, wäre Sybok nun tot. Wie das? Das Herz der Vulkanier liegt doch auf der anderen Brustseite (siehe ›Die Frauen des Mr. Mudd‹). Deswegen hat Spock auch überlebt, als er in der Episode ›Der erste Krieg‹ von einer Kugel getroffen wurde.

Gerätekokolores

• Der heiße Börsentip der Woche! Kaufen sie Boreal-Aktien! Die Firma stellt Bergsteigerschuhe her. Laut dem kletterbegeisterten Robert Chisnall trägt Kirk diese Schuhe am Anfang des Films.

• Am Anfang des Films zeigt eine Großaufnahme deutlich, daß Spocks Stiefeldüsen nach unten feuern. Als beide auf dem Kopf stehen, rettet er Kirk, indem er dessen Unterschenkel packt. Müßten die Stiefel nicht beschleunigen, statt den Abstieg der beiden zu bremsen?

• Am Ende des vorherigen Films macht Kirk mit der *Enterprise* eine Spritztour. McCoy steht neben ihm, und knapp

STAR TREK V: AM RAND DES UNIVERSUMS

über ihm kann man den Buchstaben ›A‹ an der Turbolifttür erkennen. Logisch: Ab *Star Trek II: Der Zorn des Khan* sind die Decks durch Buchstaben gekennzeichnet, und die Brücke befindet sich auf Deck A. Doch am Anfang von *Star Trek V: Am Rand des Universums* weisen die Lifttüren kein A mehr auf. Wer hat das geändert, und warum? Hatte Scott etwa nicht genug zu tun, um die neue *Enterprise* einsatzbereit zu machen? Außerdem hat sich nicht nur die Bezeichnung geändert, auch die Lifts wurden verlegt! Vor dem Film befand sich zwischen den Lifts ein Arbeitsplatz. Nun sind es zwei. Merke: Turbolifts bewegen sich in Röhren. Man kann die Tür nicht so einfach verlegen; man müßte die ganze Röhre herausreißen, verschieben und dann sämtliche Deckkreuzungen neu bauen. Ob das wohl vernünftig wäre?

• Als die *Enterprise* nach Nimbus III unterwegs ist, will Kirk mit Hilfe eines neumodischen Aufzeichnungsgeräts, das wie ein Buch geformt ist, eine Logbucheintragung vornehmen. Er soll es wohl aufschlagen, sein Sprüchlein ablassen und zuklappen. Die Szene beginnt mit dem aufgeschlagenen Buch, dessen Oberfläche mit einem großen Rechteck versehen ist. Darin blinken die Worte SYSTEM FAILURE [Systemversagen]. Das Komische daran ist, daß es einem geradezu *ins Auge springt.* Offenbar besteht seine einzige Funktion darin, dem Benutzer ein Systemversagen zu melden. Das ist kein gutes Zeichen. Wie oft mag es wohl aufleuchten? Die Logbuchgestalter weisen der Meldung auf der Oberfläche eine beträchtliche Menge Raum zu. Soll dies etwa bedeuten, sie rechnen damit, daß sie sehr oft aufleuchtet? (Man hört zwar hin und wieder von Leuten, die Waren auf den Markt bringen und ihre Macken erst hinterher beseitigen, aber das hier ist unglaublich!)

• Die neue *Enterprise* bewegt sich mit ungeheurem Karacho durch den Weltraum. Wie man sieht, braucht sie nicht sehr lange, um Nimbus III von der Erde aus zu erreichen, und kaum einen halben Tag später ist sie von dort im Zentrum der

STAR TREK V: AM RAND DES UNIVERSUMS

Galaxis. (Sulu spricht von 6,7 Stunden, aber da sind sie schon eine Weile mit Warp-Geschwindigkeit unterwegs.) Seien wir nicht knauserig, nehmen wir an, die *Enterprise* hat dreißig Stunden gebraucht, um von der Erde ins Zentrum der Galaxis zu gelangen. Unser Planet liegt am Ende der Westspirale der Milchstraße, und die Galaxis durchmißt 100 000 Lichtjahre. Um die Sache zu vereinfachen, sagen wir, das Zentrum sei 30 000′ Lichtjahre von der Erde entfernt. Wenn dies stimmt, bewegt sich die *Enterprise* mit einer Geschwindigkeit von 1000 Lichtjahren pro Stunde. Das sind 8 760 000 Lichtstunden pro Stunde (1000 mal 365 mal 24) oder 8 760 000 mal die Geschwindigkeit des Lichts. Anders ausgedrückt, sie ist fast 9 000 000 mal schneller als das Licht! Und das ist *wirklich schnell!* Im Vergleich dazu dümpelt die *Enterprise* 1701-D nur so dahin. Laut den Aussagen verschiedener *ST/DNJ*-Episoden benötigt Picards Schiff bei Maximalgeschwindigkeit mehr als acht Jahre, um das Zentrum der Galaxis zu erreichen.

• Laut der Raserei durch den Turboliftschacht hat die *Enterprise* 1701-A achtundsiebzig von unten nach oben numerierte Decks. Was ziemlich faszinierend ist, da Decks normalerweise von oben nach unten numeriert werden und die größere *Enterprise* NCC 1701-D nur über *zweiundvierzig* Decks verfügt. Zudem hat dieser Turboliftschacht keine Tür und keine seitlichen Verbindungen zu horizontalen Turboliftschächten. *Zudem* ist seine Form dreieckig und viel größer als ein Turbolift! Ist es der Frachtaufzug?

• Als Kirk, Spock, McCoy und Sybok auf dem Planeten aus der Fähre steigen, schaut die Mannschaft der *Enterprise* ihnen zu. Als die vier auf die Bergkette zumarschieren, wird das Bild auf dem Schirm aus der Bodenperspektive einige Schritte von der Fähre entfernt aufgenommen. Wer nimmt diese Bilder auf? ›Gottes‹ Kamera?

• Die Photonentorpedos sind wohl doch nicht so stark, wie man uns immer glauben gemacht hat. ›Gottes Zentrale‹ erhält einen Volltreffer, aber die Steinsäulen stehen noch. Ich hätte

STAR TREK V: AM RAND DES UNIVERSUMS

angenommen, ein Photonentorpedo würde das ganze Gebiet in Wohlgefallen auflösen. Aber natürlich währen dann auch unsere Helden tot.

• Der Transporterraum der *Enterprise* sieht verdächtig nach dem der Picardschen *Enterprise* aus. Die Transportertechnik hat sich wohl in den vergangenen achtzig Jahren nicht allzusehr verändert.

Anschluß- und Produktionsprobleme

• Die gerissenen Macher veräppeln uns in der Szene am Anfang des Films, als Spock Kirk festhält, kurz bevor er den Boden berührt. Statt den Haltedraht an Shatners Fuß zu befestigen und ihn mit dem Kopf nach unten aufzuhängen, befindet er sich an seiner Seite und hält ihn horizontal. Dann wurde die Kulisse gedreht, damit es aussieht, er hinge er mit dem Kopf nach unten, und die Kamera auf die Seite gekippt. Man achte genau darauf: Als sie rotiert und zurückfährt, um Kirk im Ganzen zu zeigen, sieht man den Draht an seiner Seite.

• Spock verursacht ein Anschlußproblem, als er sein Marshmallow an Kirks Lagerfeuer röstet: Er zieht den Stock zurück und hält ihn übers Knie. Die Aufnahme wechselt – und sofort ist das Marshmallow wieder im Feuer. Dies passiert einen Augenblick später noch einmal.

• Werden Fähren nicht einheitlich markiert? Das Emblem an der Seite der *Galileo* weist, wie der Maschinenraum der *Enterprise,* ein ›V‹ auf. An Bord der *Enterprise* zeigt die Spitze des ›V‹ nach oben, auf der Fähre jedoch nach unten.

• Als Klaa Nimbus III erreicht, befiehlt er, das Tempo auf Impulskraft zu drosseln. Offenbar hat niemand auf ihn gehört, denn die nächste Aufnahme zeigt den Raubvogel im Warp-Transit.

• Während des selbstmörderischen Flugs der Fähre *Galileo* zur *Enterprise* zeigt eine Großaufnahme den Fährenhangar geschlossen. Dann ändert sich der Aufnahmewinkel, und das Hangartor ist plötzlich offen.

STAR TREK V: AM RAND DES UNIVERSUMS

• Als Kirk, Spock und McCoy durch den Turboliftschacht nach oben jagen, ergibt sich ein Decknummernchaos. Die Decks sind auf folgende Weise beziffert: 35, 36, 52, 64 (60 und noch was), 52, 77, 78 – und wieder 78.

Quiz-Antworten

1. *Harve Bennett (Ko-Autor von* Star Trek II: Der Zorn des Khan*; Autor und Produzent von* Star Trek III: Auf der Suche nach Mr. Spock*; Ko-Autor und Produzent von* Star Trek IV: Zurück in die Gegenwart*; Ko-Autor und Produzent von* Star Trek V: Am Rand des Universums*)*
2. *Copernicus*

STAR TREK VI:
DAS UNENTDECKTE LAND
(STAR TREK VI: THE UNDISCOVERED COUNTRY)

Sternzeit: 9521.6-9529.1

Als der klingonische Mond Praxis explodiert, scheint der Heimatplanet der Klingonen zum Untergang verurteilt. Spock ergreift die Initiative, eröffnet einen Dialog mit dem klingonischen Kanzler Gorkon und organisiert ein Gipfeltreffen. Er bietet an, die *Enterprise* solle Gorkons Schiff sicher durch das Gebiet der Föderation zu einer Friedenskonferenz begleiten.

Mehrere Stunden nach dem Zusammentreffen wird plötzlich der Eindruck erweckt, als feuere die *Enterprise* auf Gorkons Schiff zwei Photonentorpedos ab.

> **Trekker-Quiz**
>
> 1. Wie werden – laut Spock – die Schwerkraftstiefel um den Hals der Mörder hängen?
> 2. Auf welchem Deck befindet sich Sulus Quartier auf der *Excelsior*?

Die Detonationen schalten die künstliche Schwerkraft an Bord aus. Kurz darauf beamen zwei Männer mit Schwerkraftstiefeln auf Gorkons Schiff. Sie morden sich ruhig und zielsicher den Weg zu Gorkon frei und bringen ihn um. Verständlicherweise ist der klingonische General Chang sehr ungehalten und bereitet einen Angriff auf die *Enterprise* vor. Kirk ergibt sich sofort und beamt mit McCoy auf das Klingonenschiff, um jede mögliche Hilfe anzubieten. Chang nimmt sie einfach fest. Als die klingonische Regierung Kirk und McCoy wegen Mordes vor Gericht bringt, stellt Spock Ermittlungen an. Obwohl es stimmt, daß die Mörder von der *Enterprise* kamen, sind die Photonentorpedos seiner Ansicht nach von einem Schiff abgefeuert worden, das trotz eines aktivierten Tarnschirms dazu fähig war.

465

STAR TREK VI: DAS UNENTDECKTE LAND

Kirk und McCoy werden verurteilt und landen in der Strafkolonie Rura Penthe. Jene, die sich gegen Gorkon verschworen haben, organisieren ihren Ausbruch, denn sie wollen sich der beiden in den Eiswüsten entledigen, die das Gefängnis umgeben. Glücklicherweise ist Spock schnell zur Stelle, als sie den Magnetschirm überwunden haben, der Rura Penthe umgibt. An Bord der *Enterprise* entlarven Kirk und Spock eine Mitverschwörerin – den weiblichen Lieutenant Valeris vom Planeten Vulkan. Spocks nimmt eine Bewußtseinsverschmelzung mit ihr vor und erhält so die Namen einer Reihe von Verschwörern, zu denen auch Chang gehört. Captain Sulu von der USS *Excelsior* besorgt den Namen des Planeten, auf dem die Friedensverhandlungen stattfinden sollen. Kirk geht sofort auf Kurs. Er weiß, daß die Verschwörer auch die Verhandlungen stören wollen. Die *Enterprise* erreicht den Planeten, doch Chang, der sie verfolgt, teilt mit seinem getarnten Schiff wiederholt Hiebe aus. Die *Excelsior* greift in das Scharmützel ein, wird aber ebenfalls von Chang ins Visier genommen. Die so gewonnene Zeit hilft Spock dabei, einen Photonentorpedo zu bauen, der die ›Auspuffgase‹ von Changs Schiff aufspürt. Als der Torpedo detoniert, richten Kirk und Sulu alle Waffen auf den Ort des Geschehens und vernichten Chang. Dann beamen sie eilig zu der Konferenz hinunter, entwaffnen die Verschwörer und retten den Friedensprozeß.

Anmerkungen
Obwohl es auf der Leinwand nicht zu sehen ist, schickte mir Maryann Smialkowski Fotos, die beweisen, daß die Blitze auf Changs Augenklappe mit winzigen klingonischen Symbolen bedeckt sind. Das nenne ich Liebe zum Detail!

Kernige Dialoge
»Ich war schon mal tot.« – Spock zu Scott, als der Chefingenieur sagt, sie seien ›tot‹, da niemand wisse, wo die Friedenskonferenz stattfinde und man das geplante Attentat nicht ver-

STAR TREK VI: DAS UNENTDECKTE LAND

hindern könne. (Auch dieser Film enthält eine Menge zitierenswerter Dialoge.)

Höhepunkte
Die Bewußtseinsverschmelzung zwischen Spock und Valeris ist eine schöne Szene, die eine bis jetzt unbekannte Tatsache enthüllt: Bei jeder vorherigen Bewußtseinsverschmelzung ging Spock sanft mit seinen ›Partnern‹ um – nicht, weil es ihm an Kraft mangelte, ihren Geist gewaltsam zu sondieren, sondern aus Respekt vor ihnen. Diesmal prescht er aufgrund der bevorstehenden Sabotage des Friedensprozesses voran und verlangt, daß Valeris ihr Wissen preisgibt.

Handlungsschwächen
• Müßte die von Praxis ausgehende Energiewelle nicht in *alle* Richtungen (dreidimensional) verlaufen? Und ist es nicht günstig, daß sie die *Excelsior* überhaupt erwischt? Befände sich das Schiff auf einer anderen Ebene, die Welle hätte es völlig verfehlt.

• In der Anfangslagebesprechung behauptet Spock, die Friedensinitiative werde siebzig Jahren ›unablässiger Feindseligkeiten‹ ein Ende bereiten. Mein Wörterbuch behauptet, ›unablässig‹ bedeute ›fortwährend, ständig, unaufhörlich‹. Hat der in der Episode ›Kampf um Organia‹ abgeschlossene Friedensvertrag, der auch in ›Kennen Sie Tribbles‹ erwähnt wird, die Feindseligkeiten zwischen der Föderation und dem klingonischen Imperium nicht auf ein Minimum reduziert?

• Die Lagebesprechung ist ›vertraulich‹. Die große Gruppe, die sich dort versammelt hat, trifft keine Entscheidung über den Status der Friedenskonferenz. Offenbar haben die Führer der Föderation und das Flottenkommando schon alle relevanten Entscheidungen getroffen. Wenn die Angelegenheit vertraulich ist, wäre es da nicht angebrachter, sich mit Kirk und seinen Leuten im geheimen zu treffen, um das Risiko eines Informationslecks zu reduzieren?

STAR TREK VI: DAS UNENTDECKTE LAND

• Laut Spock ist Valeris die erste vulkanische Absolventin ihres Jahrgangs, die alle anderen übertroffen hat. Das überrascht mich. Sind die Vulkanier nicht angeblich die Geistesriesen der Föderation?

• Angeblich kommt es bei den Klingonen zur Krise, weil ihre Heimatwelt nicht mehr in der Lage ist, seine Bewohner in den nächsten fünfzig Jahren am Leben zu erhalten. Ist denn ein einzelner Planet für das ganze klingonische Reich so wichtig? Warum zieht man nicht einfach auf einen anderen um? Haben die Klingonen so viel für das Militär ausgegeben, daß die Umzugskosten nicht mehr drin sind? Ist dies etwa ein Teil des Abkommens mit der Föderation – daß die Klingonen versprechen, brave Buben und Mädels zu sein, wenn die Föderierten die Kohle aufbringen, die die Umzugsfrachter von Kühne & Nagel kosten?

• Für eine Vulkanierin geht Valeris ziemlich kriecherisch vor, als sie Kirk in seinem Quartier aufsucht: Sie erzählt, welche Ehre es ist, unter ihm zu dienen. Sie erzählt, sie habe schon immer ein Schiff mit einem Viertel Impulsgeschwindigkeit aus einem Raumdock fliegen wollen. Yeah, stimmt. Aber ist es logisch, Schäden an einem Raumschiff zu riskieren, nur weil man ein Raumdock ein paar Sekunden früher verlassen will? Kann natürlich auch sein, daß Valeris sich einfach nur bei Kirk einschmeicheln will, um bei der Verschwörung eine wichtigere Rolle zu spielen.

• Nachdem die Klingonen zum Essen an Bord gebeamt sind, ertappt Valeris zwei Männer, die verächtliche Bemerkungen über den Besuch machen. Als sie die beiden fragt, ob sie nichts zu tun haben, antworten sie: »Doch, Madam.« Ich dachte, die Flotte hätte geschlechtsspezifische Titel abgeschafft. Frauen werden fortwährend ›Sir‹ genannt.[91] (Es wäre wohl passender, wenn man sagt, die Flotte habe *feminine* Titel abgeschafft.)

---

[91] Dies ist wohl nur bei ST/DNJ usus.

STAR TREK VI: DAS UNENTDECKTE LAND

- In diesem Film erleiden die Gesetze der Trägheit wieder einen Schlag. Als auf Gorkons Schiff die Schwerkraft aussetzt, scheint alles nach oben zu hüpfen. Wie sagte doch Newton? »Körper neigen zur Trägheit.«

- Nach der Konferenz des Föderationspräsidenten mit dem klingonischen Botschafter, bei der es um Kirks Einsatz geht, diskutiert die Flotte einen möglichen Rettungsplan. Bei *beiden* Treffen ist der romulanische Botschafter anwesend. Daß er am ersten teilgenommen hat, verstehe ich, aber was hat er beim zweiten verloren? Ist man plötzlich so dicke mit den Romulanern, daß man sie wissen lassen möchte, daß die Flotte einen Rettungsversuch plant?

- Wieso weiß Chekov nicht, daß ein auf Töten eingestellter und abgefeuerter Phaser an Bord der *Enterprise* Alarm auslöst?

- Bei Kirks Gerichtsverhandlung sagt ein Offizier von Gorkons Schiff aus, er sei ›schwerelos und funktionsunfähig‹ gewesen. Allem Anschein nach bilden die Klingonen ihre Offiziere nicht dazu aus, in schwereloser Umgebung zu funktionieren. Sind ihre Schwerkraftgeneratoren im Kampf wirklich so verläßlich?

- Die Klingonen haben offenbar vergessen, daß sie am Anfang von *Star Trek IV: Zurück in die Gegenwart* Kirks Auslieferung verlangt haben. Sie ignorieren den Tod Kruges und seiner Mannschaft und stellen den Captain nur wegen des Mordes an Gorkon vor Gericht.

- Während des Prozesses spielen die Klingonen einen Teil von Kirks privatem Logbuch ab. Darin redet er über seine Gefühle den Klingonen gegenüber und sagt: »I've never been able to forgive them for the death of my boy.«[92] Doch bei der Premiere dieses Satzes sagt er: »I could never forgive them for the death of my boy.«[93]

---

[92] »Ich war nie fähig, ihnen den Tod meines Jungen zu verzeihen.«
[93] »Ich konnte ihnen den Tod meines Jungen nie verzeihen.«

STAR TREK VI: DAS UNENTDECKTE LAND

• Wie unten erwähnt, sind die Schiffe der Flotte in diesem Film plötzlich mit Schlafkojen ausgerüstet. Noch interessanter: Männer und Frauen schlafen zusammen. Komischerweise belegen wohl die Frauen die oberen Liegen. (Tja, Jungs sind eben Jungs: »Sie nehmen das obere Bett, Gefreite Uschi. Seien Sie versichert, daß wir jeden Abend sorgfältig darauf achten, daß Sie auch problemlos hineinkommen.«)

• Als Valeris die Motive erläutert, die sie auf die Seite der Verschwörer gebracht haben, wiederholt sie, was Kirk über die Klingonen gesagt hat: »Sie sollen sterben.« Doch als Kirk diesen Satz sagt, ist er mit Spock allein im Lagebesprechungsraum. Ist der Raum etwa verwanzt? (Manch einer glaubt, die Hintergrund-Silhouette während der Lagebesprechung gehöre Valeris, aber ich kann in der Szene im Hintergrund keine Silhouette erkennen. Wahrscheinlich ist sie bei der Umwandlung ins TV-Format herausgeschnitten worden, und ich besitze leider keine Videoaufnahmen im Kinoformat.)

• Nachdem Spock Valeris als Verschwörerin entlarvt hat, geht er in sein Quartier und schmollt. Kirk tritt ein. Als er das Licht einschalten will, sagt Spock, er habe es lieber dunkel. Leuchtet deswegen eine Lampe in sein Gesicht?

• Als die *Enterprise* Khitomer erreicht, sieht es so aus, als sei sie das einzige Schiff in der Kreisbahn. Müßten da nicht mehrere Schiffe herumhängen? Die Konferenz ist ziemlich groß.

• Um den ›Auspuff‹ von Changs Schiff zu finden, schlägt Uhura vor, die Anlage einzusetzen, die sich an Bord befindet, um gasförmige Anomalien aufzuspüren. Hat die *Enterprise* die gleichen Aufgaben erledigt wie die *Excelsior?* Zu Beginn des Films nimmt Captain Sulu einen langen Logbucheintrag vor, in dem er sagt, man kehre gerade von einer Dreijahresmission zurück, um gasförmige Anomalien zu katalogisieren.

Grundlagenveränderungen

• Unterwegs zum Treffen mit Gorkons Schiff befiehlt Kirk Valeris, die *Enterprise* mit einem Viertel Impulskraft aus dem

STAR TREK VI: DAS UNENTDECKTE LAND

Raumdock zu fliegen. Daraufhin erwidert sie, die Vorschriften verlangen Manöverdüsen. Wann hat die Flotte diese Vorschrift erlassen? In *Star Trek III: Auf der Suche nach Mr. Spock* hat Captain Stiles (ein Bürokrat erster Klasse) die *Excelsior* angewiesen, das Raumdock mit einem Viertel Impulskraft zu verlassen.

• Nach dem Treffen mit Gorkons Schiff behauptet Kirk, er sei einem klingonischen Schiff noch nie so nahe gekommen. Er hat wohl die Ereignisse im vorherigen Film vergessen: An dessen Ende haben die Offiziere der Flotte und der Klingonen in einem Salon auf der *Enterprise* einen zusammen gehoben und flogen neben einem klingonischen Raubvogel her. (Ich weiß, unter den Fans geht die Legende um, Gene Roddenberry habe die ›Echtheit‹ von *Star Trek V: Am Rand des Universums* als fragwürdig bezeichnet. Ich verstehe auch, wieso es gewissen Kreisen lieber gewesen wäre, der Film wäre nie entstanden. Aber was mich betrifft – es wäre schade. Er ist im Kino gelaufen. Er hat einen Haufen Geld gekostet. Paramount verkauft ihn *noch immer*. Er ist authentisch!)

• Das klingonische Todesgeheul, das in der *ST/DNJ*-Episode ›Worfs Brüder‹ (HEART OF GLORY) erwähnt wird, scheint bei Gorkons Ableben zu fehlen.

• In der *ST/DNJ*-Episode ›Der Kampf um das klingonische Reich‹ (REDEMPTION) sagt Gowron, Frauen dürften im Hohen Rat nicht dienen. Offenbar gilt diese Vorschrift im Moment noch nicht, denn Azetbur ist eindeutig eine Frau, und sie leitet den Hohen Rat sogar.

• Nachdem eine Dame Kirk und McCoy bei der Flucht aus dem Gefängnis geholfen hat, entpuppt sie sich als Gestaltwandler. Kirk äußert, er habe geglaubt, Gestaltwandler seien nur ein Mythos. Ist der Salzvampir in ›Das Letzte seiner Art‹ nicht als Gestaltwandler qualifiziert? Wenn nicht, wie wäre es dann mit Garth in ›Wen die Götter zerstören‹?

• Am Ende des Films sagt Colonel Worf, der auf den Föderationspräsidenten angesetzte Attentäter sei nur als Klingone

STAR TREK VI: DAS UNENTDECKTE LAND

verkleidet. Sein erster Anhaltspunkt ist das rote Blut des Bur-
schen. Der Film stellt groß heraus, daß die Klingonen pur-
purnes Blut haben. Doch erstaunlicherweise hat Lieutenant
Worf – sein Enkel – rotes Blut! So gesehen in der *ST/DNJ*-
Episode ›Der Kampf um das klingonische Reich (2)‹ (RE-
DEMPTION [2]).

Gerätekokolores

• Zu Beginn des Films trinkt Captain Sulu Tee aus einer Por-
zellantasse. Als die Energiewelle heranrauscht, hüpft die
Tasse von ihrer Plattform und zerschellt am Boden. Warum
verwendet die Flotte noch immer zerbrechliche Behälter?
Müßte es inzwischen nicht unzerbrechliches Porzellan
geben? Oder steht Sulu einfach nur auf Traditionen?

• Offensichtlich sind alle Transporter auf der Erde, der *Enterprise* und in dem Raumdock außer Betrieb: Auch diesmal
kehrt die Mannschaft mit einer Fähre aufs Schiff zurück.

• In diesem Film kommen die Macher endlich wieder zu Sinnen und nennen das Hauptdeck Deck 1.

• A propos *Enterprise.* Sie hat anscheinend so etwas wie
eine Art rückläufige Anomalie hinter sich. Wie üblich ähnelt
sie der *Enterprise* aus dem vorherigen Film *Star Trek V: Am
Rand des Universums* nur rudimentär. Diese Veränderungen kann man aber einem Umbau zuschreiben, zu dem es
kam, als wir gerade anderweitig beschäftigt waren. Andererseits verfügt das Schiff, das im letzten Film noch über Bildschirme verfügte, die auf Berührung reagieren, nun über
Knöpfe und Regler (die aussehen, als gehörten sie zu einem
Mischpult). Außerdem existiert eine Kombüse, in der tatsächlich Menschen das Essen zubereiten. Ja, die alte *Enterprise*
hatte auch eine Kombüse, aber in diesem Film steht ein Nah-
rungsautomat in Kirks Quartier – der genau so aussieht wie
die Automaten in *ST/DNJ.* (Falls Sie sich fragen: Er versorgt
die Leute sogar mit Nahrung.) Außerdem schläft die Besatzung nun in dreistöckigen Kojen. In den Bauplänen der alten

STAR TREK VI: DAS UNENTDECKTE LAND

Enterprise gibt es keine Schlafsäle. (Die Pläne wurden von Gene Roddenberry genehmigt und in *Star Trek: Der Film* gezeigt.)

• A propos Umbau: Warum, in aller Welt, haben die Konstrukteure die Turbolifts *schon wieder* verlegt? Als eine Art Arbeitstherapie für die Malocher? Dieser Film zeigt mehrere Arbeitsplätze zwischen den Lifttüren.

• Die Meuchelmörder, die von der *Enterprise* auf Gorkons Schiff beamen, materialisieren in einem gelben Schein. Dies ist die Farbe der Klingonen. Die Flotte verwendet einen blauen Schein. Hat sie jemand von Gorkons Schiff herübergeholt? Wenn ja, warum bringen die Mörder sofort den klingonischen Transporteringenieur um?

• In der Kombüse der *Enterprise* sind Phaser. Unter diesen Umständen müssen die Köche ihre Arbeit ja wohl sehr ernst nehmen!

• Als die *Enterprise* in den klingonischen Machtbereich eindringt, erlebt man einen niedlichen Moment: die Stabsoffiziere wälzen Wörterbücher (!), um die Anfrage eines klingonischen Außenpostens zu beantworten. Laut Chekov kann man den Universaltranslator nicht einsetzen, weil die Klingonen dies bemerken würden. Sind die klingonischen Sensoren wirklich so schlecht, daß sie einen Frachter nicht von einem schweren Schlachtkreuzer unterscheiden können? Und warum setzt die Mannschaft den Translator nicht ein, um die Meldung des Außenpostens zu *empfangen?* So bekäme man immerhin sofort eine Übersetzung der Fragen, die die Klingonen beantwortet haben wollen. Warum verwendet man zudem Bücher? Sind sie nicht in den Datenbanken des Computers enthalten? Schon unsere primitive Zeit kennt doch tragbare Geräte, die Sprachen übersetzen. Wieso steht die Technik der *Enterprise* dahinter zurück? (Antwort: Man brauchte einen kleinen Gag, und man wollte auch 'ne komische Szene im Film haben.)

• Irgendwann entdeckt man, daß die Attentäter umgebracht

STAR TREK VI: DAS UNENTDECKTE LAND

worden sind. Kirk tüftelt einen Plan aus: Er läßt im ganzen Schiff nach dem ›Protokollanten‹ suchen, weil er in dem Mörder den Eindruck erwecken will, die Meuchler hätten überlebt und würden bald eine Aussage machen. Valeris läßt sich überraschenderweise von ihm foppen. Bis dato hat in der TV-Serie und in den Filmen stets der Computer als Protokollant fungiert. Drei Beispiele: ›Talos IV – Tabu (1)‹, ›Kirk unter Anklage‹, ›Der Wolf im Schafspelz‹. (Möglicherweise ist auch dies ein erneuter Fall der schon erwähnten rückläufigen Anomalie. Vielleicht setzt die *Enterprise* doch humanoide Protokollanten ein.)

• Trotz aller verblüffenden Fortschritte auf Picards *Enterprise* gleicht ihr Warp-Kern überraschend dem in diesem Film.

• Als Kirk Chang in dessen getarntem Raubvogel erstmals sprechen hört, bleibt die Uhr über dem Bildschirm stehen.

• Um den frisierten Photonentorpedo abzufeuern, drückt jemand einen Knopf mit der Aufschrift ›Mode Select‹ (MODUS-AUSWAHL). Ob das wohl stimmen kann?

• Bei dem Versuch, den Föderationspräsidenten zu ermorden, schneidet der als Klingone maskierte Attentäter ein kleines kreisförmiges Loch in eine Milchglasscheibe. Dann schiebt er den Lauf eines Schießeisens hindurch. Man beachte, daß seine Waffe über ein Zielfernrohr verfügt. Man beachte ebenso die Größe des Loches. Ich glaube nicht, daß der Mann in der Lage wäre, durch das Zielfernrohr und das Loch zu blicken. Das Zielfernrohr sitzt auf der Waffe zu hoch. Das Loch müßte viel größer sein.

Anschluß- und Produktionsprobleme

• Als die Energiewelle heranfegt und die *Excelsior* auf und nieder wirft, macht der Wissenschaftsoffizier Sulu Meldung. Dann zeigt eine Aufnahme den Mann an seinem Arbeitsplatz. Danach zeigt eine Halbtotale, daß er sich erst an selbigen begibt.

STAR TREK VI: DAS UNENTDECKTE·LAND

- Laut Sulus Steuermann nähert sich die Energiewelle der *Excelsior* von Backbord her. Als sie aufschlägt, zeigt das Bild den Aufschlag an der Steuerbordseite des Schiffes.

- Die Anzeigen auf der Turbolifttür der Brücke deuten an, daß der Lift nach oben und unten fahren kann. Liegt die Brücke nicht auf dem obersten Deck des Schiffes? (Ist natürlich möglich, daß das Design an allen Turbolifts gleich ist. Irdische Aufzüge haben im obersten Stockwerk allerdings keine weiter nach oben weisenden Anzeigen.

- Warum ist Valeris' Schulterriemen nicht auf ihren Kragen abgestimmt? Alle an Bord haben passende Schulterriemen und Kragen. Liegt es daran, daß sie nur zeitweise an Bord ist?

- Scott ist ganz schön schnell für sein Alter: Als die Klingonen zum Essen an Bord kommen, zeigt ihn eine Aufnahme an der Transportersteuerung, doch schon bei der nächsten hält er sich im Kreis seiner Freunde auf.

- Der Schauspieler, der im vorherigen Film den terranischen Botschafter verkörpert, tritt diesmal als Gorkon auf.

- Kurz bevor Valeris den Topf in der Kombüse verdampft, schlendert eine Helferin ins Bild. Sie trägt ein Servierbrett mit Kartoffeln. Als sie sieht, wie die Waffe sich hebt, dreht sie sich flugs um und nimmt einen anderen Weg. Dann wechselt die Aufnahme: Valeris will schießen, und die Frau dreht sich erneut um.

- Sieht das Büro des Föderationspräsidenten etwa nicht wie der Gesellschaftsraum auf Picards *Enterprise* aus?

- Sarek hat bei der Versammlung im Büro des Präsidenten der Föderation ziemliche Schwierigkeiten, einen guten Sitzplatz zu finden. Zuerst sitzt er zur Rechten des Präsidenten. Als der klingonische Botschafter geht und die Leute von der Flotte eintreffen, steht er auf, geht hinter dem Präsidenten her und setzt sich an dessen rechte Seite. Er erleichtert uns damit das Zuschauen, weil er sonst für den Rest der Szene aus dem Bild wäre. (Ich kann mir schwer vorstellen, daß er eitel ist. Da stelle ich mir schon lieber vor, daß seine Augen mit zu-

STAR TREK VI: DAS UNENTDECKTE LAND

nehmendem Alter schwächer werden und er einfach näher an Wests Karte dran sein möchte.)

• Als Valeris die Feuerwehrstange hinunterrutscht, um mit Spock zu sprechen, wackelt hinter ihr, als sie landet, ein Schott. Das Raumschiff scheint nicht sehr robust zu sein.

• Nach der Flucht aus dem Gefängnis rauft Kirk mit dem Gestaltwandler. McCoy liegt besinnungslos am Boden; seine Beine deuten in Richtung der Auseinandersetzung. Dann rollen Kirk und der Gestaltwandler auf ihn zu und wälzen sich über ihn – jetzt liegen die beiden und der Arzt nebeneinander.

• Um die dramatische Lage bei der Bewußtseinsverschmelzung Spocks und Valeris' spannender zu machen, lassen die Macher Valeris' Herzschlag ertönen. Je spannender die Szene wird, um so lauter ist er zu hören. Als Beckmesser sehe ich mich freilich zu der Frage gezwungen: Wessen Herzschlag hört man da? Er kann weder der Spocks noch der Valeris' sein. Sie sind Vulkanier – und deren Herzen schlagen zweihundertmal in der Minute.

• Der Abspann buchstabiert Uhuras Namen falsch.

Quiz-Antworten

1. Wie tiberianische Fledermäuse

2. Deck 3

DER INTERGALAKTISCHE TREKKER-PREIS

**Eine Sammlung ungewöhnlicher Kategorien
für Dienstleistungen,
die weit über das Verlangte hinausgehen.**

Der Sieger in jeder Kategorie wird mit dem begehrten Patzer ausgezeichnet – einer kleinen Statue, deren Proportionen nicht stimmen, da sie Chekovs Haare, Mr. Spocks Ohren, James T. Kirks Augen, Leonard McCoys Nase, Uhuras Lippen und Zähne, Hikaru Sulus Hals, Khan Noonian Singhs Oberkörper und Janice Lesters Beine aufweist.

1. Nominationen in der Kategorie ›Episode, in der innerhalb der ersten sechzig Sekunden die meisten Flottenangehörigen sterben‹: A) ›Die Stunde der Erkenntnis‹; B) ›Tödliche Wolken‹; C) ›Das Loch im Weltraum‹.

2. Nominationen in der Kategorie ›Leichtbekleidetste Außerirdische‹: A) Shahna in ›Meister der Sklaven‹; B) Die dreimopsige Katzenfrau in *Star Trek V: Am Rand des Universums;* C) Zarabeth in ›Portal in die Vergangenheit‹. (Die Aufnahme von Ilia unter der Dusche zählt nicht, da wir nicht genau wissen, was sie trug, bevor Kirk sie rücksichtsvoll in ein kurzberocktes Gewand kleidete.)

3. Nominationen in der Kategorie ›Mieseste Maske eines Außerirdischen‹: A) Korob und Sylvia in ›Das Spukschloß im Weltall‹; B) Gav [Gar] in ›Reise nach Babel‹; C) Die beiden Excalbianer in ›Seit es Menschen gibt‹. (Die dritte Maske ist eigentlich gar nicht so übel, aber für die Kategorie wurde ein dritter Kandidat gebraucht.)

DER INTERGALAKTISCHE TREKKER-PREIS

4. Nominationen in der Kategorie ›Kirk-Rede, in der die meisten Platitüden gedroschen werden‹: A) ›Das Risiko ist unser Geschäft‹ aus ›Geist sucht Körper‹; B) ›Bei jeder Revolution macht auch ein Mensch mit, der in die Zukunft blickt‹ aus ›Ein Parallel-Universum‹; C) ›Vielleicht sind wir gar nicht für das Paradies geschaffen‹ aus ›Die Reise nach Eden.‹

5. Nominationen in der Kategorie ›Schnellster Sprung hinter der Transportersteuerung hervor‹: A) Montgomery Scott in *Star Trek VI: Das unentdeckte Land;* B) Lieutenant Kyle in ›Ein Parallel-Universum‹; C) John B. Watson in ›Gefährliche Planetengirls‹.

6. Nominationen in der Kategorie ›Episode mit dem längsten gezwungen klingenden Schlußszenengelächter‹: A) ›Landeurlaub‹; B) ›Notlandung auf Galileo 7‹; C) ›Das Spinnennetz‹.

7. Nominationen in der Kategorie ›Bootsmann mit dem aufreizendsten Häschenhoppelgang‹: A) Janice Rand in ›Miri, ein Kleinling‹; B) Tonia Barrows in ›Landeurlaub‹; C) Mears in ›Notlandung auf Galileo 7‹.

8. Nominationen in der Kategorie ›Episode mit den meisten beinahe tödlichen Begegnungen für Spock‹: A) ›Die Stunde der Erkenntnis‹; B) ›Der erste Krieg‹; C) ›Spock außer Kontrolle‹.

9. Nominationen in der Kategorie ›Männlicher *Humanoide* mit dem besten Aufreißerspruch‹ (Ließen wir Horta hier zu, würde sie mit Leichtigkeit jeden Blumentopf gewinnen): A) James T. Kirk in ›Stein und Staub‹; B) Khan Noonian Sing in ›Der schlafende Tiger‹; C) Apoll in ›Der Tempel des Apoll‹.

DER INTERGALAKTISCHE TREKKER-PREIS

10. Nominationen in der Kategorie ›Flottenoffizier, der die dämlichste Miene aufsetzen kann‹: A) Hikaru Sulu in ›Der Wolf im Schafspelz‹; B) Pavel Chekov in ›Ein Parallel-Universum‹; C) Kevin Riley in ›Implosion in der Spirale‹.

Und gewonnen haben ...

1. C) ›Das Loch im Weltraum‹. Hier sterben bei der Vernichtung der USS *Intrepid* vierhundert Vulkanier.

2. B) Die Katzenfrau in *Star Trek V: Am Rand des Universums.* (Interessanterweise gewinnt die dreibrüstige Dame den Preis mit Leichtigkeit, auch wenn sie nur in dem einzigen *Star Trek*-Film auftaucht, den kein anderer als William Shatner geschrieben und inszeniert hat.)

3. B) Gav [Gar] aus ›Reise nach Babel‹. Seine Schweinemaske ist eindeutig für den Karneval konzipiert.

4. C) ›Vielleicht sind wir gar nicht für das Paradies geschaffen‹ aus ›Die Reise nach Eden‹. Weil die Rede gleich fünf Klischees in einer Reihe serviert.[94]

5. A) Montgomery Scott in *Star Trek VI: Das unentdeckte Land.* Er kommt in einem spontanen Sprung hinter der Transporterkonsole hervor, um neben seinen Kollegen zu stehen, als die Klingonen zum Essen an Bord kommen.

6. B) ›Notlandung auf Galileo 7‹. Als Spock nicht müde wird, seine Behauptung zu verteidigen, seine Verzweiflungstat sei logisch gewesen.

---

[94] Die deutsche Fassung erspart sie uns gnädigerweise.

DER INTERGALAKTISCHE TREKKER-PREIS

7. C) Mears, in ›Notlandung auf Galileo 7‹, mit ihrem Hopser aus dem Sitz und der perfekten Landung, als die *Galileo* den Planeten verläßt.

8. A) ›Die Stunde der Erkenntnis‹. In dieser Episode wird Spock von Giftpfeilen getroffen, von einem Energiefeld auf den Hintern geschlagen und vom Blitz getroffen.

9. B) Khan Noonian Singh in ›Der schlafende Tiger‹, mit dem stets aktuellen Satz: »Setzen Sie sich, und erzählen Sie mir was.«

10. A) Hikaru Sulu in ›Der Wolf im Schafspelz‹, nachdem er von einer Ladung Beruhigungsmittel zugeballert wurde.

ACHTUNG!
AN ALLE BECKMESSER!

Treten Sie noch heute der Beckmessergilde bei!

Senden Sie nur einen Patzer ein, den sie in einer Folge der Serien *Raumschiff Enterprise, Star Trek: Das nächste Jahrhundert, Star Trek: Deep Space Nine* oder *Star Trek: Voyager* gefunden haben – oder eventuell auch einen Fehler, der in diesem Buch enthalten ist. Damit werden Sie automatisch Mitglied der Beckmessergilde! (Bitte, haben Sie aber Verständnis dafür, daß ich sehr viel Post erhalte. Ich lese zwar jeden Brief, aber manchmal ist es schwierig, alle persönlich zu beantworten.)

> Schicken Sie Ihren Fund an:
> Phil Farrand
> The Nitpicker's Guild
> P.O. Box 6248
> Springfield, MO 65801-6248
> U.S.A.

Anmerkung: Alle Einsendungen gehen in Phil Farrands Besitz über und werden nicht zurückgesandt. Verwendete Beiträge müssen nicht unbedingt rückbestätigt werden. Mit der Einsendung des Materials erklären Sie sich einverstanden, daß dieses ebenso wie Ihr Name in einer zukünftigen Veröffentlichung des Autors erscheinen darf. Sollten mehrmals eingesandte Beiträge in einem Medium der Beckmessergilde verwendet werden, wird Phil Farrand sich bemühen, den ersten Einsender namentlich zu erwähnen. Er übernimmt jedoch keine Garantie, daß dies immer möglich ist.

INDEX

A

Adams, Dr. Tristan 65 ff.
Akuta 187 ff.
Alexander 325, 348
Alice-Serie 201 ff., 282
›Der alte Traum‹ 57 ff., 125, 135, 143, 256
Alley, Kirstie 438
›All Our Yesterdays‹ 383 ff.
Alpha V 29
Alpha 177 42 ff., 68, 87, 146, 150, 155, 203, 223
Alpha Carinae II 272
Alpha Majoras I 227
›Alternative Factor, The‹ 152 ff.
Amar 412
›Amok Time‹ 171 ff.
Anan 7 133 ff., 224
Andrea 57 ff., 256, 314
Andromeda-Galaxis 262 ff., 282
›And The Children Shall Lead‹ 298 ff.
Antares 29 ff.
Antos IV 174, 345 ff.
Apollo 174 ff., 177, 393
›Apple, The‹ 187 ff.
Archanis IV 315
Archon 123 ff.
Ardana 374 ff.
›Arena‹ 105 ff., 135
Argama II 136
Argelianer 80
Argelius II 227 ff.

Argus X 220 ff.
Ariannus 352
Asherman, Allan 24
›Assignment: Earth‹ 277 ff.
Atoz 383 ff.
›Auf Messers Schneide‹ 152 ff., 296, 308
Axanar 348
Ayelborne 147 ff.

B

Babcock, Barbara 327
›Balance of Terror‹ 88 ff.
Balok, Commander 69 ff., 149, 281
Barclay, Lieutenant Reginald 125
Baris, Nilz 230 ff.
Barrows, Bootsmann Tonia 92, 95, 478
Batman 352
Bele 349 ff.
›Bele jagt Lokai‹ 265, 349 ff., 375, 409
Bennett, Harve 464
Berengaria VII 140
Berthold-Strahlung 137 ff.
Beta III 123 ff., 134
Beta 12A 315
Beta Geminorum 177
Boma 98
›Brautschiff Enterprise‹ 49, 142, 284, 340 ff.
›Bread and Circuses‹ 273 ff.

INDEX

›Brot und Spiele‹ 125, 273 ff., 282, 295, 386
›By Any Other Name‹ 262 ff.

C

›Cage, The‹ 15, 73, 75, 87, 175, 229, 252, 271, 308, 397 ff.
Camus II 387 ff.
Capella IV 212 ff.
Capellaner 212 ff., 306
›Catspaw‹ 196 ff.
Cestus III 105 ff.
Ceti Alpha IV 415 ff.
Ceti Alpha V 128 ff., 415 ff., 459
›Chain of Command (1)‹ 457
›Chain of Command (2)‹ 457
Chandra, Captain 122
Chang, General 465 ff.
›Changeling, The‹ 178 ff.
›Charlie X‹ 29 ff.
Cheron 349 ff.
Childress, Ben 47 ff.
Christopher, Captain John 114 ff., 139
›City on the Edge of Forever‹ 156 ff.
›Cloud-Minders, The‹ 374 ff.
Cochrane, Zephram 204 ff., 282
Coleman 387 ff.
Companion 204 ff., 257, 282
›Computer M5‹ 142, 264, 270 ff.
Coridan 207 ff.
Cory, Gouverneur Donald 345 ff.

›Court-Martial‹ 118 ff.
Crater, Nancy 23
Crater, Robert 23
Cromwell 280
Curtis, Robin 438

D

›Dagger of the Mind‹ 65 ff.
D'Amato, Lieutenant 357 ff.
Daran IV 318
Darnell 24
Data 242, 334, 366
›Data's Day‹ 89
›Day of the Dove‹ 312 ff.
Daystrom, Dr. Richard 270 ff., 280, 282
Daystrom-Technologieinstitut 271
›Deadly Years, The‹ 216 ff.
Decker, Commodore Matthew 190 ff., 405 ff.
Decker, Will 407
Deela 329 ff.
Dehner, Dr. Elizabeth 34 ff.
Delta Vega 34, 68
Deneva 161 ff.
DeSalle, Lieutenant 102 f.
›Devil in the Dark, The‹ 143 ff.
›Devil's Due‹ 314
Dilithiumkristalle 47 ff., 152 f., 182 ff., 296, 340 ff., 445
›Disaster‹ 456
Dohlman von Elaas 340 ff.
Doohan, James 43 f., 175
›Doomsday Machine, The‹ 190 ff.
Dravin, Arne 230 ff.

483

INDEX

›Der dressierte Herrscher‹ 200 ff., 222, 253, 257, 282, 284, 393, 417

Droxine 142, 375

Drusilla 276

Dunn, Michael 325

E

Eden 370 ff.

›Ein Parallel-Universum‹ 182 ff., 209, 236, 243, 282, 356, 478, 480

›Ein Planet, genannt Erde‹ 277 ff., 386

Ekos 259 ff.

Ekosianer 259 ff.

Elaan 340 ff.

›Elaan of Troyius‹ 340 ff.

Elas 340 ff.

Elasier 340 ff.

Elba II 345 ff.

Eleen 212 ff., 394

Eminiarer 133 ff., 150

Eminiar VII 133 ff.

›Empath, The‹ 333 ff.

›Encounter at Farpoint‹ 434

›Enemy Within, The‹ 42 ff.

›Enterprise Incident, The‹ 291 ff.

›Epigonen‹ 195, 237 ff., 247, 276, 282

Epsilon Canaris III 206

›Errand of Mercy‹ 147 ff.

›Der erste Krieg‹ 111, 165, 245 ff., 281, 392 f., 460

›Ethics‹ 163

Evans, Charlie 29 ff.

Excalbia 378 ff.

Exo III 57 ff., 125, 135

F

Fabrini 317

›Der Fall Charlie‹ 29 ff., 110, 149

›Falsche Paradiese‹ 137 ff., 142 f., 198, 326

Farrell, Lieutenant John 45

›Fast unsterblich‹ 143, 208, 353 ff.

Finney, Lieutenant Commander Benjamin 118 ff.

Fischer, Techniker 43

Fizzbin 237

Flint 365 ff.

›For the World is Hollow, and I Have Touched the Sky‹ 316 ff.

›Die Frauen des Mr. Mudd‹ 47 ff., 121, 142, 200, 250, 417, 460

Frauen, Verhalten gegenüber 249 ff.

›Die fremde Materie‹ 142, 252, 282, 301 ff., 393

›Friday's Child‹ 212 ff.

G

Gaetano 98, 100

Galileo 97 ff., 204 ff., 463

›Galileo Seven, The‹ 97 ff.

Galliulin, Irina 143

Galloway, Lieutenant 269

INDEX

Galt 234 ff.
›Gamesters of Triskelion‹
   234 ff.
Gamma II 234
Gamma 7A-System 241 ff.
Gamma Canaris-Region
   206
Gamma Hydra IV 216
Gamma Trianguli VI 187 ff.
Gamma Vertis IV 335
›Ganz neue Dimensionen‹
   105 ff., 135, 142, 149, 202,
   205, 218, 314
Garrovick, Fähnrich 220 ff.
Garth von Izar 345 ff.
Gav [Gar] 477
›Gefährliche Planetengirls‹
   142 f., 357 ff., 478
›Gefährlicher Tausch‹ 142 f.,
   176, 249, 252, 387 ff.
›Geist sucht Körper‹ 143,
   254 ff., 282 f., 386, 389, 393,
   478
Gem [Juwel] 333 ff.
Genesis 415 ff.
Gideon 353
Gideonen 353 ff.
Gill, John 259 ff., 282, 295
›Das Gleichgewicht der Kräfte‹
   40, 142, 282, 312 ff.
Gorgan 298 ff.
Gorkon 456, 465 ff.
Gorn 105 ff., 135
Gothos 101
Gowron 471
Green 48
›Griff in die Geschichte‹ 111,
   142, 156 ff., 278, 281, 283

H

Halkaner 182 ff.
Hansens Planet 100
Harrison, William B. 276
›Heart of Glory‹ 471
Hedford, Nancy 204 ff.
Hengist 227 ff.
Henoch 254 ff.
HMS *Bounty* 441 ff.
Hodgkins Gesetz paralleler
   Planetenentwicklung
   295 f.
Hodin 353 ff.
Horta 144 ff.
›Horta rettet ihre Kinder‹ 111,
   144 ff., 213, 236, 283

I

›I, Mudd‹ 200 ff.
›Ich heiße Nomad‹ 142, 178 ff.,
   252, 281, 393
Ilia, Lieutenant 142, 284,
   405 ff.
›Im Namen des jungen
   Tiru‹ 212 ff., 283 f., 306,
   394
›Immunity Syndrome, The‹
   241 ff.
›Implosion in der Spirale‹
   38 ff., 67, 72, 142 f., 250,
   281, 392, 411, 479
›Interface‹ 449
Iotianer 237 ff.
›Is There In Truth No Beauty?‹
   301 ff.

INDEX

J

Jackson   199
›Das Jahr des roten Vogels‹
    143, 266 ff., 275, 295, 308,
    389, 393, 398
Janus IV   144 ff.
Jarvis   227 ff.
Johanson, Lieutenant Helen
    141
Jones, Cyrano   230 ff.
Jones, Dr. Miranda   251 ff.,
    301 ff.
›Journey to Babel‹   207 ff.

K

Kahless   380
Kahn-ut-tu-Frauen   245 ff.
Kalandaner   357 ff.
Kalomi, Leila   137 ff., 142 f.
›Der Kampf um das klingonische
    Reich (2)‹   449
›Kampf um Organia‹   147 ff.,
    165 f., 213, 218, 281, 467
Kang   312 ff.
Kapec, Rayna   365 ff.
Kara   287 ff.
Karidian, Anton   83 ff.
Katra   432 ff.
Keeler, Edith   111, 142,
    156 ff.
Kelinda   143, 263, 303, 394
Kelvaner   262 ff., 410
›Kennen Sie Tribbles?‹   230 ff.,
    246, 284, 467
Khan Noonian Singh   128 ff.,
    415 ff., 433, 478, 480

›Kirk unter Anklage‹   118 ff.,
    143, 191, 222, 250, 372, 422,
    474
›Kirk : 2 = ?‹   42 ff., 68, 87,
    110, 146, 155, 175, 223, 250,
    393
Kironid   324 ff.
Klaa   455 ff.
Klingonen   147 ff., 167, 212 ff.,
    230 ff., 245 ff., 312 ff., 340,
    409, 422, 432 ff., 455 ff.,
    465 ff.
Kobayashi Maru   112, 415 ff.
Kode 7   73, 389
Kodos, Gouverneur   83 ff.
›Kodos, der Henker‹   16, 83 ff.,
    181, 184, 203, 280 f.
Kohms   266 ff.
Kohlinar   25
Kollos, Botschafter   253,
    301 ff.
Koon-ut-kal-if-fee   171 ff., 347,
    394
Koord, General   456 ff.
Kor   147 ff.
Korby, Dr. Roger   57 ff., 143
Korob   196 ff., 282, 477
Krake, Jojo   238, 247
Kras   212 ff.
Krasnowsky, Captain   122
›Krieg der Computer‹   133 ff.,
    150, 183, 194, 268, 283 f.,
    327, 332
Krieg der Sterne   45, 412
Kruge   432 ff.
Kryton   340
›Kurs auf Markus 12‹   142, 284,
    298, 393
Kyle, Lieutenant   243

INDEX

L

LaForge, Geordi 125, 449
Lal 334
Landon, Bootsmann Martha 143
Landru 123 ff., 135, 229
›Landru und die Ewigkeit‹ 111, 123 ff., 135, 142, 180, 194, 284, 392
›Landeurlaub‹ 92 ff., 111, 131, 140, 142, 149, 253, 478 f.
Latimer 99 f.
Lazarus 152 ff.
›Legacy‹ 457 ff.
Leighton, Martha 203
Leighton, Thomas 86
Lester, Dr. Janice 142, 387 ff.
›Let That Be Your Last Battle-field‹ 349 ff.
›Das Letzte seiner Art‹ 23 ff., 61, 130, 142, 471
›Lights of Zetar, The‹ 361 ff.
Lincoln, Abraham 378 ff.
Lindstrom, Soziologe 127
Lindstrom 122
Lirpa 347
›Das Loch im Weltraum‹ 85, 142, 165, 241 ff., 253, 256, 477 ff.
Lokai 349 ff.
Losira 143, 357 ff.
Luma 290

M

M4 283, 365 ff.
M5 270 ff., 280

M-113 23 ff.
Maab 212 ff.
Madred, Gul 457
The Making of Star Trek (Whitfield) 89, 175
Makus III 97 ff.
Maluria-System 178 ff.
Manark IV 335
›Man Trap, The‹ 23 ff.
Mara 313
Marcus, David 165, 415 ff., 432
Marcus, Dr. Carol 142, 251, 415 ff.
Marcus, Prokonsul Claudius 273 ff.
Markus XII 298 ff.
›Mark of Gideon, The‹ 353 ff.
Martine, Fähnrich Angela 93
Marvick, Larry 301 ff., 393
Masters, Lieutenant 155
›Matter of Honor, A‹ 433
›Matter of Time, A‹ 279
McGivers, Lieutenant Marla 128 ff.
Mea 134, 327
Mears, Bootsmann 478, 480
›Measure of a Man, The‹ 120, 406
Medusaner 301 ff.
›Meister der Sklaven‹ 142 f., 234 ff., 282, 352, 394, 477
Melakon 259 ff.
Melkoten 305 ff.
Mellitus 229
Memory Alpha 251, 361 ff., 393

INDEX

›Menagerie, The (1)‹   73 ff.
›Menagerie, The (2)‹   77 ff.
Mendez, Commodore   73 ff.,
   120, 133
Merak II   377
Merrick, R.M.   273 ff.
›Metamorphose‹   204 ff., 257,
   282 f., 351, 448
›Metamorphosis‹   204 ff.
Metronen   105 ff., 149
Minara-System   333 ff.
›Miri‹   62 ff.
›Miri, ein Kleinling‹   62 ff., 281,
   295, 308, 392 f., 478
›Mirror, Mirror‹   182 ff.
Mitchell, Commander Gary
   34 ff., 141
Mojave   87, 401
Montalban, Ricardo   129
Moreau, Lieutenant Marlena
   184 f.
›Morgen ist gestern‹   114 ff.,
   139, 142, 276
Mudd, Harcourt Fenton
   ›Harry‹   47 ff., 200 ff., 284,
   417
›Mudd's Women‹   47 ff.
Mugato   111, 245 ff.
Muldaur, Diana   303
Mulhall, Dr. Ann   254 ff.,
   303
Mutara-Nebel   416 ff.

N

›Naked Now, The‹   39
›The Naked Time, The‹   38 ff.
NASA   406 ff.

Natira   142, 316 ff.
Nervensystem-Manipulator
   65 ff.
Neutrale Zone   88 ff., 216 ff.,
   418, 421
›Next Phase, The‹   320
›Night Terrors‹   32, 433
Nimbus III   165, 455 ff.
Noel, Dr. Helen   65 ff.
Nomad   178 ff., 252, 281 f.
Nona   245 ff.
Norman   200 ff.
›Notlandung auf Galileo 7‹
   97, 352, 478 ff.
›Nth Degree, The‹   125, 154,
   180, 350
Nuyen, France   341

O

›Der Obelisk‹   284, 294 ff.
O'Brien, Keiko   89
O'Brien, Miles   89
›Obsession‹   220 ff.
Odona   143, 353 ff.
›Offspring, The‹   334
Omega IV   266 ff.
›Omega Glory, The‹   266 ff.
Omega-System   365 ff.
Omicron Ceti III   137 ff.,
   326
Omicron Delta   92
Organia   147 ff.
Organianer   147 ff., 281
Organia-Friedensvertrag
   230
Orion   207 ff., 229
Okmyx   237 ff., 247

INDEX

P

Painter, Mark S.   221
Palomas, Lieutenant Carolyn
   174 ff., 251, 253, 393
›Paradiese Syndrome, The‹
   284 ff.
Parallelerde   62, 308
Parmen   324 ff.
›Patterns of Force‹   259 ff.,
   275, 282, 295
Perez, Fähnrich   414
›Perfect Mate, The‹   341
Pergium   213 f.
Petri   340 ff.
Picard, Captain   242, 279,
   456 ff.
›Piece of the Action, A‹
   237 ff.
Pike, Christopher   73 ff.,
   77 ff., 397 ff.
Piper, Miss   74, 142
›Der Plan der Vianer‹   283,
   326, 333 ff.
›Planet der Unsterblichen‹
   283, 365 ff.
›Planeten-Killer‹   17, 190 ff.,
   243, 283
Plasus   374 ff.
Platonier   324 ff.
Platonius   324 ff.
›Plato's Stepchildren‹   324 ff.
›Platos Stiefkinder‹   282, 324 ff.
›Pokerspiele‹   26, 69 ff., 142,
   149, 252, 281, 283, 393
Pollux IV   174
Pon Farr   59, 171 ff., 376, 389
›Portal in die Vergangenheit‹
   142, 383 ff., 477

›Private Little War, A‹   245 ff.
Psi 2000   38 ff.
Pyris VII   196 ff.

Q

Q   102
Quatrotritical   230
›Q Who‹   350

R

Rael   332
Rand, Bootsmann Janice
   43 f., 250, 478
Rasmussen   279
Raumbasis 9   117
Raumbasis 11   73 ff.
›Redemption (1)‹   471
›Redemption (2)‹   449
Redjac   227 ff., 257, 425
Reger   125
Regula I   416 f.
›Reise nach Babel‹   207 ff.,
   243, 261, 322, 346, 360,
   392, 443
›Die Reise nach Eden‹   143,
   310, 370 ff., 478
›Relics‹
›Requiem for Methuselah‹
   365 ff.
›Return of the Archons, The‹
   123 ff.
›Return to Tomorrow‹   254 ff.
Rigel II   96
Rigel IV   227, 327
Rigel XII   47

489

INDEX

›Rightful Heir‹ 380
Riker, Will 146
Riley, Lieutenant Kevin 38 ff., 83 ff.
Ritalin 365 ff.
Roddenberry, Gene 63, 129, 165, 222, 398 ff., 473
Romaine, Lieutenant Mira 251, 253, 361 ff.
Romulaner 88 ff., 216 ff., 253, 291 ff., 342, 455 ff.
Roykirk, Jackson 178 ff.
Ruk 57 ff.
Rura Penthe 466 ff.
Ruth 93, 95

S

Saavik 112, 416 ff., 432 ff
Sarek 207 ff., 243, 432 ff., 443
Sargon 254 ff., 282
Sarpeidon 383 ff.
›Savage Curtain, The‹ 378 ff.
Scalosianer 328 ff.
Scalosianisches Wasser 328 ff.
›Der schlafende Tiger‹ 128 ff., 415 ff., 478
›Seit es Menschen gibt‹ 111, 283, 378 ff., 477
Septimus 386
Seven[-Rock], Gary 277 ff., 386
Sevrin, Dr. 370 ff.
Shahna 143, 235, 394, 477
Sha Ka Ree 283
Shaw, Lieutenant Areel 142

Shermans Planet 230 ff., 284
›Shore Leave‹ 92 ff.
Sigma Draconis-System 287 ff.
Sigma Iotia II 237 ff., 282
Signet XIV 117
Solo, Mr. 45
›Space Seed‹ 128 ff.
›Spectre of the Gun‹ 305 ff.
›Das Spinnennetz‹ 142, 317 ff., 346, 393, 478
›Spitze des Eisberges‹ 24, 26, 34 ff., 68, 141, 142, 392, 394, 398
›Spock außer Kontrolle‹ 40, 161 ff., 281, 317
›Spock unter Verdacht‹ 88 ff., 93, 165, 219, 251
›Spock's Brain‹ 287 ff.
›Spocks Gehirn‹ 282, 287 ff., 317, 360, 373, 376
›Das Spukschloß im Weltall‹ 108, 196 ff., 282, 393, 477
›Squire of Gothos, The‹ 101 ff.
SS *Beagle* 273 ff.
SS *Botany Bay* 128 ff., 271, 418
SS *Deirdre* 215
Star Trek: Der Film 18, 25, 112, 142, 179, 249 f., 284, 393, 399, 405 ff., 419, 449, 473
Star Trek: The Next Generation 16 f., 131, 146, 150, 176, 212, 242, 263, 271, 279, 311, 314, 320, 325, 334, 341, 350, 366, 380, 406, 433, 456 ff., 471 f.
Star Trek II: The Wrath of Khan 415 ff.

490

INDEX

Star Trek II: Der Zorn des Khan
112, 142, 165, 251, 283,
393 f., 415 ff., 434, 459 ff.,
471
*Star Trek III: The Search for
'Spock* 432 ff.
*Star Trek III: Auf der Suche nach
Mr. Spock* 112, 394, 409,
432 ff., 447, 459
Star Trek IV: The Voyage Home
441 ff.
*Star Trek IV: Zurück in die
Gegenwart* 43, 250, 252,
311, 393, 441 ff., 459 f.,
469
Star Trek V: The Final Frontier
455 ff.
*Star Trek V: Am Rand des
Universums* 43, 112, 142,
154, 166, 250, 283, 311,
455 ff., 459 ff., 477
*Star Trek VI: The Undiscovered
Country* 465 ff.
*Star Trek VI: Das unentdeckte
Land* 113, 142, 165, 284,
311, 421, 436, 465 ff., 478 ff.
Star Trek Compendium, The
(Asherman) 24, 240
Star Trek Encyclopedia, The
240
Star Trek Lives (Lichtenberg,
Marshak und Winston) 348,
390
›Stein und Staub‹ 143, 262 ff.,
282, 303, 351, 394, 410, 478
Stiles, Captain 471
Stocker, Commodore George
216 ff.
Stone, Commodore 118 ff.

›Strahlen greifen an‹ 251, 253,
361 ff., 393
Stratos 374 ff.
›Die Stunde der Erkenntnis‹
143, 187 ff., 194, 243, 268,
284, 314, 477
Surak 150, 378 ff.
Sybo 227 ff.
Sybok 455 ff.
Sylvia 143, 196 ff., 282, 477

T

Tal 293
Talos IV 397 ff.
Talos IV – Tabu (1) 73 ff., 78,
120, 133, 141, 149, 327, 389,
474
Talos IV – Tabu (2) 74, 77 ff.,
87
Talosianer 74 f., 77 ff., 149,
397 ff.
Tamoon 236, 394
Tan-Ru 178 ff.
Tantalus V 65 ff., 75
Tarsus IV 83 ff.
›Taste of Armageddon, A‹
133 ff.
Taylor, Dr. Gillian 250, 442 ff.
Telluriten 210
Tellun-System 340 ff.
›Der Tempel des Apoll‹ 17,
174 ff., 179, 251, 281, 284,
393, 478
Terrell, Captain 251, 415 ff.
Thalassa 255 ff.
Thasianer 29, 149
›That Which Survives‹ 357 ff.

INDEX

Theragen 320
›This Side of Paradise‹ 137 ff.
Tholianer 319 ff.
›Tholian Web, The‹ 317 ff.
›Tödliche Spiele auf Gothos‹
  101 ff., 149, 232, 250
›Tödliche Wolken‹ 142, 220 ff.,
  236, 242, 257, 275, 477
Tomlinson 90
›Tomorrow is Yesterday‹ 114 ff.
Topalin 213
Tormolen, Lieutenant Joe
  38 ff.
T'Pau 172
T'Pring 59, 143, 171 ff.
Tracey, Roland 266 ff., 389
Trelane 101 ff., 149, 232
Triacus 298
Tribbles 230 ff., 434
Triskelion 234 ff.
Troglyten 374 ff.
›Trouble With Tribbles, The‹
  230 ff.
›Turnabout Intruder‹ 387 ff.
Tycho IV 223
Tyree 245 ff.

U

›Ultimate Computer, The‹
  270 ff.
›Unnatural Selection‹ 217
›Die unsichtbare Falle‹ 142,
  253, 284, 291 ff., 363, 394
USS Brattain 433
USS Carolina 215
USS Constellation 190 ff.
USS Defiant 282, 317 ff., 346

USS Excelsior 457, 465 ff.,
  474 f.
USS Exeter 266 ff.
USS Farragut 220 ff.
USS Grissom 432 ff.
USS Horizon 237 ff.
USS Intrepid 241 ff., 479
USS Potemkin 387
USS Reliant 251, 415 ff.
USS Republic 222
USS Revere 414
USS Saratoga 252, 449
USS Valiant 34 ff., 134
USS Yorktown 223

V

Vaal 187 ff.
Valeris, Lieutenant 466 ff.
Valkris 435
Vanderberg 145 f.
Van Gelder, Dr. Simon 65 ff.,
  75
Vanna 374 ff.
Venusdroge 47
›Der verirrte Planet‹ 142,
  316 ff.
Versorger 234 ff.
V'ger 405 ff.
Vianer 333 ff.
Vina 77 ff., 250, 252,
  397 ff.
Vixis 142
Voyager 6 14, 406 ff.
Vulkan 25, 409, 441, 466 f.
Vulkanier 31, 33, 85, 88,
  207 ff., 269, 301, 378 ff.,
  432 ff., 441 ff., 455 ff.

W

Wallace, Dr. Janet   142
›Was summt denn da?‹   143, 326, 328 ff.
Watson, John B.   344, 478
›Way to Eden, The‹   370 ff.
›Weltraumfieber‹   17, 143, 171 ff., 376, 392 ff.
›Wen die Götter zerstören‹   166, 345 ff., 368, 389, 471
Westervliet, Admiral   318
›What Are Little Girls Made of?‹   57 ff.
›Where No Man Has Gone Before‹   34 ff.
›Where Silence Has Lease‹   242
Whitfield, Stephen E.   175
›Whom Gods Destroy‹   345 ff.
›Who Mourns for Adonais?‹   174 ff.
›Wie schnell die Zeit vergeht‹   142, 216 ff., 393
›Wildwest im Weltraum‹   143, 282, 305 ff.
William, Cloud   143, 267
Wilson, Techniker   43

›Wink of an Eye‹   328 ff.
Woden   271
›Der Wolf im Schafspelz‹   227 ff., 253, 257, 284, 327, 393, 425, 476, 479 f.
›Wolf in the Fold‹   227 ff.
›Die Wolkenstadt‹   59, 142, 374 ff., 386
Worf, Colonel   148, 150
Worf, Lieutenant   472

Y

Yangs   266 ff.
Yonada   316 ff.

Z

Zarabeth   142, 383, 477
Zenait   374 ff.
›Der Zentralnervensystem-manipulator‹   65 ff., 75, 155, 268, 393
Zeoniten   259 ff.
Zetar   361 ff.
Zetarier   251, 393
Ziolkovski   39

Douglas Adams

Kultautor & Phantast

Einmal Rupert und zurück
Der fünfte »Per Anhalter durch die Galaxis«-Roman
01/9404

Douglas Adams/
Mark Carwardine
Die Letzten ihrer Art
Eine Reise zu den aussterbenden Tieren unserer Erde
01/8613

Douglas Adams/John Loyd/Sven Böttcher
Der tiefere Sinn des Labenz
Das Wörterbuch der bisher unbenannten Gegenstände und Gefühle
01/9891 (in Vorb.)

01/9404

Heyne-Taschenbücher

Star Trek
Die Classic Serie

Seit den 60er Jahren dringt die Enterprise unter dem Kommando von Captain James T. Kirk in die unerforschten Tiefen der Galaxis vor. Ihre Crew schlichtet Konflikte, entschlüsselt die Geheimnisse des Universums und sichert die friedliche Koexistenz der Föderation mit den benachbarten Imperien.

06/5273

Eine Auswahl aus über 50 lieferbaren Bänden:

Peter Morwood
Angriff auf Dekkanar
06/5147

Carolyn Clowes
Das Pandora-Prinzip
06/5167

Michael Jan Friedman
Schatten auf der Sonne
06/5179

Diane Duane
Die Befehle des Doktors
06/5247

V.E. Mitchell
Der unsichtbare Gegner
06/5248

Wilhelm Heyne Verlag
München

Star Trek
Deep Space Nine

Eine weitere Serie im Star Trek-Universum: eine geheimnisvolle Raumstation weit draußen in der Galaxis, von vielen intelligenten Spezies besucht und am Rande eines Wurmlochs gelegen, durch das die Routen zu den entferntesten Bereichen der Milchstraße führen - und weit darüber hinaus.

06/5115

Außerdem erschienen:

Peter David
Die Belagerung
06/5129

K.W. Jeter
Die Station der Cardassianer
06/5130

Sandy Schofield
Das große Spiel
06/5187

Wilhelm Heyne Verlag
München